農巖 金昌協 研究

車溶柱

景仁文化社

□ 序　文

　性理學과 詞章은 다같이 儒學에 뿌리를 둔 것이기는 하나 그 성질
이 서로 다른 것이기 때문에 성리학에 조예가 깊으면 사장이 따르지 못
하고, 사장이 뛰어나면 성리학에 대한 깊은 소양을 갖추기 어려웠을 것
이다. 農巖 金昌協은 조선조 중기를 약간 지났을 즈음에 생존했던 인물
로서 그가 활동했던 시기에는 우리나라에서도 성리학과 사장이 상당히
발달했던 시기였는데, 그는 보기 드물게 성리학에 연구가 깊었고, 사장
에도 뛰어나 우리의 儒學史와 漢文學史의 양면에서 큰 비중을 차지하
는 인물이었다. 필자는 이미 金昌協 研究(韓國漢文學作家研究 2)가
있었으나 그때는 詞章에서도 시만을 중심으로 했고, 또 다른 작가들과
같이 묶어 했기 때문에 균형에 따른 제한도 없지 않았다.

　본저는 農巖의 사장에서도 시에 편중하지 않고 평론과 산문은 물론
그의 인물에 대한 傳記的인 고찰과 함께 사상과 학문에 이르기까지 폭
넓게 살펴보고자 했다. 그리고 방법면에서는 기록자료를 근거로 하여
實相에 접근하는데 주력하고자 했고 지나친 부연은 삼가했다.

　필자가 농암에 대해 관심을 가지게 된 것은 60년대 초에 그의 문집인
『農巖集』을 입수하게 되면서부터 그가 학문이 깊고 시문에 능했음을
짐작하게 되었으나, 그때는 그것으로 그치었다. 그런데, 근간에 한문학
에 관심을 가지게 되면서 본저를 시도해 보았지만, 의욕과는 달리 정밀
하고 심도있게 하지 못해 自愧를 금할 수 없게 되었다.

　年前에 『韓國漢文學의 理解』를 간행하면서 책머리에 이제 이같은 글을 초할 기회를 가지기 어렵지 않을까 했는데, 이 글을 쓰게 되었으니 그것으로 自慰할 수밖에 없지 않을까 한다. 그리고 출판을 쾌히 맡아 준 景仁文化社 韓相夏 회장과 韓政熙 사장 부자에 사의를 표한다.

2006년 8월

月泉齋에서

著者 識

목 차

□ 序 文

제1장   傳記的 考察 ___ 1

제1장

傳記的 考察

제1절 家門의 背景

농경으로 발달한 사회에서는 集姓村이 형성되게 마련이고, 이 집성촌에서는 氏族의 성쇠에 따라 家門의 차별이 자연히 있게 된다. 지난날 우리나라에서 좋은 가문으로 알려지게 되기 위해서는 벼슬이나 유명한 선비들이 단절되지 않고 계속 배출되어야 하며, 이러한 가문은 신분을 의미하는 것으로서 인물 연구에도 중요한 비중을 차지한다. 그러므로 金昌協 연구에서 그의 가문부터 먼저 살펴보고자 한다.

金昌協(1651~1708)의 자는 仲和, 호는 農巖이며, 본관은 安東으로서 조선조 중기를 지나면서 그의 가문은 우리나라 굴지의 명문이었다. 그에 대한 이해를 돕기 위해 그의 가문부터 알아보고자 하며, 먼저 그의 家系에서 五代祖부터 도시해 보고자 한다.

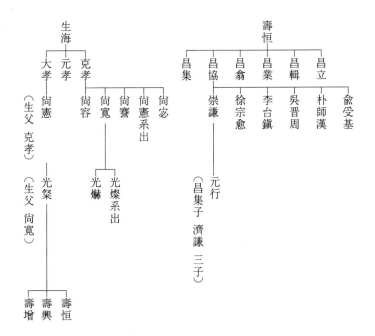

앞에 도시한 그의 가계에서 벼슬과 문명이 높았던 인물에 대해 간단
히 살펴보고자 하는데, 그의 가문을 크게 빛낸 분은 從曾祖 尙容과 曾
祖인 尙憲부터였다.

金尙容(1561∼1637)의 자는 景擇, 호는 仙源이다. 그는 宣祖 15년,
그의 나이 22세에 司馬試에, 30세에 문과에 급제했다. 임진왜란 때 都
體察使 鄭澈의 幕府從事와 都元帥 權慄의 從事를 한 바 있으며, 선
조 31년에 聖節使로 명나라에 갔다 왔다. 그는 여러 관직을 역임했는데,
그 중에 位品이 높았던 것을 들어보면 都承旨, 兵曹, 禮曹, 吏曹判書
와 右議政을 역임했다.

이와같이 그는 역임한 관직도 화려했지만 그에 대한 것으로 더욱 유명
한 것은 병자호란 때 강화도에 있다가 강화도가 적군에게 함락되자 화약
고 위에 앉아 燒死한 것이다. 문집 『仙源遺稿』 上下와 續集이 전한다.[1]

金尙憲(1570∼1652)은 金尙容의 동생으로서 자는 叔度, 호는 淸陰
이었는데, 병자호란 후에는 石室이라 했다. 그는 선조 23년, 그의 나이
21세에 진사시에, 32세에 문과에 급제했으며, 光海君 초에 文臣重試에
합격하여 湖堂에 피선되었다. 그가 역임한 중요관직으로는 刑, 禮, 工,
吏曹判書와 大提學, 左議政 등이었다. 그는 鄭仁弘이 李彦迪, 李滉
을 誣毁하고자 할 때 그 부당함을 지적하며 반대했다가 면직이 되기도
했다.

그리고 당시 毛文龍의 誣害로 명나라에서 우리나라를 좋지 않게 생
각하고 있으므로 조정에서 사신을 보내 辨誣하고자 했다. 그 때 중국은
明과 淸으로 양분되어 동북쪽은 청나라가 차지하고 있었기 때문에 육로
로 가지 못하고 배로 갈 수밖에 없었는데, 뱃길이 위험해 가는 것을 피
했으므로 인선이 지연되었다. 그 때 金尙憲이 자청하여 인조 4년에 출

---

1) 金尙憲 撰, 『淸陰集』 卷26, 「仙源先生神道碑銘」; 『淸陰集』 卷37, 伯氏右議
   政仙源先生行狀」을 참고했음.

발해 명나라에 가서 우리에 대한 오해를 완전히 풀었다고 한다.

　이와같이 金尙憲은 주목을 받을 만한 활동을 많이 했지만 그의 일생에서 후세 사람들로부터 가장 많이 이야기되는 것은 병자호란 때 청나라에 대해 그가 취한 태도일 것이다. 그는 당시 斥和를 가장 강하게 주장했던 인사로서 講和가 논의될 때 그는 싸우다가 화해를 청해야지 싸우지도 않고 화해를 하자고 하면 받아주지 않을 것이라 하며 싸우기를 강력히 주장했다. 그리고 斥和派의 반대에도 불구하고 主和派를 중심으로 講和가 진행될 때 崔鳴吉이 초한 國書가 비굴하다고 하며 그것을 찢었다고 한다.

　金尙憲은 청과 강화가 되자 서울에 있지 않고 경북 안동으로 내려갔으며, 얼마 후 청나라에서 그가 斥和의 중심 인물이었음을 알고 瀋陽으로 데리고 가서 구금했으나 굴복하지 않고 끝까지 절의를 지켰다고 한다. 뒤에 昭顯世子가 송환될 때 같이 돌아왔다. 그는 고국에 돌아오자 石室로 갔으며, 그의 명성은 국내에 크게 알려졌다고 한다. 金尙憲은 일생 동안 청나라에 두 번이나 구금되어 갔다가 돌아왔으며, 역임한 관직도 화려했을 뿐만 아니라, 그는 명분을 중시하여 행동에서도 철저히 지키고자 했다.[2] 그리고 그는 문명도 높았으며, 특히 시로써 유명했다. 문집 『淸陰集』 40권이 전한다.

　金壽增(1624～1701)의 자는 延之 호는 谷雲이며, 金昌協의 백부로서 그의 후기 은거생활에 많은 영향을 끼쳤다. 金壽增은 성격이 恬靖한 것을 좋아했고, 禮書에 능했다고 하며, 孝宗 원년에 생원시에 합격하여 여러 고을 수령을 역임했으나 동생인 壽恒이 靈巖으로 유배된 후 가족을 데리고 谷雲山으로 들어가서 지은 집의 扁額을 籠水亭이라 하고 현실세계와 단절하고자 했다. 숙종 6년에 老論이 다시 정권을 잡게 되고 동생 壽恒이 領議政에 임명된 후 나왔다가 壽恒이 珍島에 유배되어

---

2) 宋時烈, 『宋子大全』 卷182, 「石室金先生墓誌銘」.

賜死되자 다시 산으로 들어갔다고 한다.

金壽增은 좋은 가문에서 성장하여 벼슬에 관심을 가졌더라면 높은 관직에 오를 수도 있었을 것이며, 한 때 工曹參判에 임명되었으나 사은하고 바로 사직했다고 하니 관직에는 관심이 없었던 것으로 짐작된다. 그의 이러한 태도는 당시 치열했던 당쟁과 상관이 있었겠지만, 위에서 말한 바와 같이 金昌協이 鷹巖으로 가게 된 것에도 적지 않은 영향이 있었을 것이다.3) 문집 『谷雲集』 6권이 전한다.

金壽興(1626~1690)의 자는 起之 호는 退憂堂이며, 生家로는 昌協의 仲父가 된다. 그는 인조 26년, 그의 나이 23세 때 司馬試에 장원으로 합격했으며, 효종 6년 그의 나이 28세에 문과에 급제했다. 그리고 뒤에 文臣 庭試에 합격했다. 역임한 관직 가운데 중요한 것을 들어보면 都承旨, 戶曹判書, 右議政, 領議政 등을 들 수 있는데, 그는 영의정을 두 번이나 역임했다. 金壽興은 동생인 壽恒과 비슷한 시기에 출사하여 젊었을 때부터 顯要職을 거치면서 능력을 인정받게 되었고, 중년이 지나면서부터 高位職을 동생과 번갈아 맡게 되었으며, 보기 드물게 형제가 영의정을 역임했다.

그런데, 金壽興이 조정에서 활동할 시기에는 당쟁이 가장 치열했던 시기였다. 선조 때 동서로 나누어졌던 것이 이 때 동에서는 南人과 北人으로, 서에서는 老論과 少論으로 갈라져 서로 치열한 싸움이 계속 되었다. 당시의 당쟁은 조정에 국한된 것이 아니고 家門에까지 계승되었는데, 그의 가문은 조부인 金尙憲 형제 때부터 당쟁에 관여되었고, 그도 동생 壽恒과 더불어 다같이 相位에 오래 있었기 때문에 노론의 중심인물이 되어 남인과 소론의 공격 표적이 되었다.

선조 때 당쟁이 동서로 나누어진 후 조선조 최후기까지 계속 되었는데, 그 가운데 가장 치열했던 시기는 숙종 때로서 권력구조가 여러 번

---

3) 金邁淳, 『臺山集』 卷14, 谷雲公, 家史 外傳.

개편되었다. 특히 숙종 15년에 王子의 名號를 정하고자 했을 때 노론과 남인들 사이에 의견이 크게 대립되어 宋時烈은 濟州道로, 金壽恒은 珍島로 유배되었다가 잇따라 賜死되었는데, 그 때 壽興은 영의정으로 있다가 관직을 삭탈당하고 먼 곳으로 安置되었다가 다음 해 배소에서 세상을 떠났다. 이 때 金壽興이 극형을 면하게 된 것은 영의정이었기 때문에 반대는 했지만 왕자의 명호를 정하는데 적극성을 띠지 못했을 것이며, 또 배소에 가서 건강이 매우 좋지 않았던 것도 극형을 면한 이유 중의 하나가 되지 않았던가 한다.

金壽興은 관직을 삭탈 당하고 배소에서 세상을 떠났으나, 일찍 出仕하여 일생 동안 顯要職을 두루 거쳤고 얼마 후 바로 신원이 되었을 뿐만 아니라, 후대에는 그러한 파란을 겪게 된 일이 비록 노론에 국한된 것이기는 하나, 더욱 존경을 받게 된 계기가 되지 않았던가 한다.[4] 문집 『退憂堂集』 10권이 전한다.

金壽恒(1629~1689)의 자는 久之 호는 文谷이며, 金尙憲의 손자로서 壽興의 동생이며, 昌協의 아버지이다. 그는 17세 때 당시 大提學이었던 李植으로부터 크게 칭찬을 받았기 때문에 일찍 문명이 세상에 알려졌으며, 18세 때 司馬試에 장원했다. 그는 이른 나이에 사마시에 합격한 것을 꺼리게 여겨 몇 년 동안 科試에 나가지 않았다가 23세 때 문과에 장원했으며, 28세 때 文臣 重試에 합격했다. 그리고 뒤에 湖堂에 피선되기도 했다.

金壽恒은 출사한 후 31세에 嘉善, 34세에 資憲, 43세에 崇政大夫가 되었고, 그 다음 해 左議政에 임명되었으므로 일찍 그 유례를 찾아보기 드물 정도로 승진이 빨랐다고 한다. 그리고 仲兄인 壽興과 같이 요직을 맡게 되었는데, 형은 戶曹에, 동생은 吏曹를 오랫동안 맡고 있으면서

---

4) 李喜朝,『芝村集』卷26,「退憂堂先生金公行狀」; 金邁淳,『臺山集』卷14, 谷雲公, 家史 外傳 참고함.

좋은 업적을 남겼다고 한다. 그가 역임한 중요 관직을 들어보면, 禮曹, 刑曹, 吏曹判書, 兩館大提學, 右議政, 左議政, 領議政 등을 들 수 있는데, 이 가운데 중임한 경우도 없지 않았다. 그리고 사신으로 중국에 다녀오기도 했다.

이와같이 金壽恒은 역임한 관직이 그 유례를 찾아보기 드물 정도로 화려함을 볼 수 있으나, 그의 일생이 화려하고 평탄했던 것만은 아니었다. 그는 靈巖, 鐵原 등지에 몇 년 동안 유배되기도 했고, 뒤에는 진도에 유배되었다가 賜死되었다. 壽恒이 그의 仲兄 壽興과 같이 역임한 관직이 화려하면서도 적지 않은 파란을 겪게 된 것은 당시 당쟁도 격심했겠지만 조부 때부터 높은 직위에 있었기 때문에 같은 당의 중심인물이 되었고, 이에 따라 반대파의 표적이 될 수밖에 없었을 것이다.

金壽恒은 賜死될 만한 죄목도 찾아보기 어려움에도 불구하고 불행하게 絶島에서 최후를 마치게 되었으나 그의 仲兄과 같이 바로 신원이 되었으며, 문집 『文谷集』 28권이 전한다.[5]

金昌集(1648~1722)의 자는 汝成 호는 夢窩이며, 金昌協의 형이다. 그는 숙종 10년 그의 나이 37세에 문과에 급제했다. 그는 숙종 15년 아버지 金壽恒이 賜死된 후 한동안 출사하지 않고 집에 있다가 숙종 20년에 남인들이 축출되고 老論과 少論들이 권력을 장악했을 때 동생 昌協과 같이 召命을 받았으나 昌協은 나가지 않았고, 그는 한 번 나가 謝恩하지 않을 수 없다고 하며 出仕했다가 바로 돌아왔으며, 뒤에도 수차 임명되었으나 오래 있지 않고 물러났다. 그런데, 그 후 그는 義禁府에 있으면서 자신의 아버지를 죽이게 한 張希載 등이 처형되는 것을 보았고, 또 都摠府에 당직하고 있을 때 숙종으로부터 아버지 文忠公을 애도하는 시 두 수를 받고 관직에서 물러나고자 하지 않고 報國할 것을 결심했다고 한다.

─────────

5) 金邁淳, 『臺山集』 卷13, 文忠公府君, 家史 內傳 참고함.

그는 사신으로 중국에 다녀오기도 했으며, 역임한 중요 관직으로는 吏曹判書, 右議政, 左議政, 領議政 등이었다. 그가 조정에서 활동했던 시기에는 老論, 少論, 南人들이 번갈아 정권을 장악하면서 살육과 함께 치열한 당쟁이 계속되었다. 金昌集 일가가 소속된 노론은 남인과 싸우기도 하고 소론과 공방을 하기도 했는데, 그는 아버지 金壽恒 때부터 노론의 중심인물이었으며, 이에 따라 반대파의 표적의 대상이 되어 심한 공격을 받았다.

이때 노론과 소론과의 싸움을 懷尼之訟이라 하기도 했는데, 그것이 金壽恒, 宋時烈의 賜死와도 상관이 있었으며, 張禧嬪 사건에서도 서로 의견이 달라 싸움이 계속되었다. 그리고 남인과는 숙종 15년 왕자의 名號를 정할 때와 景宗때 王世弟를 儲嗣로 지정할 때의 전후과정에 치열한 논쟁이 있었다. 왕자의 名號를 정할 때는 金昌集이 출사하고 있었으나 하위직에 있었기 때문에 반대당의 표적이 되지는 않았다. 그러나 景宗이 즉위한 후 王世弟를 策定하는 과정에서는 金昌集은 영의정으로서 주도하다가 남인과 소론의 공격을 받아 巨濟島에 유배되었다가 拿致되어 올라오던 도중에 星州에서 賜死되었고, 이때 承旨였던 아들 濟謙은 蔚山으로 유배되었다가 바로 賜死되었으며, 그의 아들 省行도 옥중에서 죽었다.[6]

이와같이 金昌集의 집안은 4대에 걸쳐 당쟁으로 참혹하게 희생되었으나 바로 신원이 되었고, 또 반대당으로부터 공격의 표적이 된 것은 그만큼 당시 정계에서 비중이 컸기 때문일 것이며, 그것은 그의 가문이 화려했음을 반증한 것이 될 것이다. 문집 『夢窩集』 10권이 있다.

金昌翕(1653~1722)의 자는 子益 호는 三淵이며, 金昌協의 바로 밑에 동생이다. 그는 화려한 가문에서 생장했으면서도 부귀에 뜻을 두지 않아 과거에 관심이 없었는데, 부친의 명령으로 21세 때 진사시에 합격

---

6) 金邁淳, 『臺山集』 卷14, 忠獻公, 家史 外傳 참고함.

한 후 과거에 응시하지 않았다고 한다. 그는 詩文에 정진하면서 白嶽山 밑에 洛誦樓를 지어 洪世泰 등과 詩社를 결성하여 활동했다. 그는 시문에 주력하여 莊周, 太史公, 古詩 등을 애독하다가 중년이 지나면서 朱子書의 연구에 몰두했다고 한다.

金昌翕은 그의 아버지 金壽恒이 賜死된 후 더욱 출세에 관심을 두지 않고 학문에 정진했으며, 국가에서 金壽恒을 신원한 후 그에게도 관직을 임명하며 여러 번 불렀으나 나가지 않았다. 그리고 그는 부친이 賜死된 후 현실세계와 멀리하고자 했으나 모부인이 연로해 있었기 때문에 결행하지 못하고 있다가 모부인이 세상을 떠나자 雪嶽山 깊은 곳에 永矢庵을 짓고 십여년 동안 있다가 虎警을 당해 春川 谷雲으로 나왔다. 그 후에도 국가에서 여러 번 관직을 제수했으나 한번도 나가지 않았다고 한다.

그리고 金昌翕이 활동했던 시기에 畿湖地域을 중심으로 湖論과 洛論의 시비가 있었는데, 그는 洛論을 주도했던 중심인물이었으며, 그는 布衣로서 당시 사림사회의 領袖였다. 그는 出仕하지 않았음에도 文康公의 諡號를 받았으며, 문집으로는 『三淵集』 原集 36권과, 拾遺 32권이 있다.[7]

이상에서 金昌協의 家門에 대해 인물 중심으로 간단히 살펴보았는데, 어느 가문이든지 좋은 가문으로 알려지게 되는 것은 위에서 말한 바와 같이 벼슬과 학문 또는 詞章에 능한 선비들이 배출되어야 한다. 金昌協의 가문에서는 曾祖에서부터 자신의 형제들에 이르기까지 相位에 오른 분이 다섯이었는데, 그 중에 영의정에 오른 분이 셋이었다. 그리고 그들 가운데는 문명이 높았던 분도 있었다.

이와같이 仕宦도 우리나라에서 그 유례를 찾아보기 드물 정도로 화려했을 뿐만 아니라, 金昌協과 金昌翕은 학문과 사장으로 이름이 높았

---

7) 金邁淳, 『臺山集』 卷13, 文康公府君, 家史 內傳 참고함.

으며, 그의 동생인 昌業, 昌緝 등도 학문으로 이름이 알려졌다. 이 가문
은 후대에서도 仕宦과 文翰이 계속 되었지만 金昌協에 이르기까지만
해도 매우 화려했음을 알 수 있다.

제2절 生 涯

金昌協의 생애에 관해 참고할 만한 기록은 적지 않게 전하고 있다.
우선 그의 문집인 『農巖集』의 原集 34권과 附錄에 있는 「年譜」와
「續集」, 別集에 실려 있는 「語錄」과 「諸家記述」 등이 있으며, 그의
동생인 金昌翕이 撰한 「仲氏農巖先生墓表」와 「墓誌銘」이 있다. 그
런데, 農巖은 타고난 성격이 조용했고, 또 중년이후부터 겪은 여러 가지
혹독한 家禍로 인한 탓이었던지 사회적인 활동은 피하고자 했고, 시골
에 은거해 있으면서 학문에 정진하고 있었기 때문에 생애가 다양하거나
복잡하지 않았다. 그리고 그의 문집 부록에 실려 있는 年譜는 그의 死
後에 바로 작성된 것이 아니고 그의 손자인 元行에 의해 농암이 세상을
떠난지 45년 되던 해에 작성되었다고 한다.[8] 그리고 元行이 7세 때 농
암이 세상을 떠났다고 한다. 그러므로 元行은 조부의 儀容에 대해서도
잘 알고 있지 못하고 있었는데, 하물며 道學에 대한 조예와 義理에 대
한 講說을 어찌 자세히 알 수 있겠는가. 당시에 출입했던 제자들은 찾아
도 모두 세상을 떠났다. 평생의 언행에 대해 문자 또는 傳聞을 중심으로
모았지만 약간의 것에 불과한 것이니 어찌 紀實이라 할 수 있겠는가 했
다.[9] 이로써 보면 연보도 후대에 작성되어 기록과 傳聞을 중심으로 한

---

8) 金元行, 「年譜跋」 「年譜後尾」. "右我祖考農巖先生年譜一卷 先生沒後四十
  五年而始成"
9) "顧不肖生晚 才七歲而先生棄背 自其容儀謦欬之彷彿 而至今盖茫如也 況

것이기 때문에 그의 일생에서 전할 만한 것 가운데 유실된 것이 적지
않았음을 알 수 있다.

本著에서 농암의 생애에 대한 고찰은 그의 일생을 구체적으로 알아
보고자 한 것이 아니고 그의 학문과 문학을 이해하는데 도움이 되고자
하는 것을 중심으로 한 것이기 때문에 그의 연보와 아울러『朝鮮王朝
實錄』및 기타 문헌들을 참고하고자 한다.10) 그리고 농암은 성격이 조
용했고, 또 활동적이 아니었다 할지라도 일생 동안 파란이 없지 않았
다. 그 가운데 그의 아버지 金壽恒이 賜死된 것이 가장 큰 것이 아니
었던가 한다. 농암이 그 사건으로 인해 전후의 생활태도가 달라졌기 때
문이다. 즉, 그 전에는 벼슬을 하고 있었지만, 그 후에는 국가에서 여러
차례로 관직에 임명하며 불렀으나 나가지 않고 학문에 전념했다. 그러
므로 그의 아버지가 賜死된 해를 중심으로 하여 전후기로 나누어 고찰
하고자 한다.

1. 전 기

농암 생애의 전기는 위에서 말한 바와 같이 출생에서부터 그의 아버
지가 賜死된 해인 그의 나이 39세 때까지로 했는데, 이 시기는 修學과
出仕한 때였다. 농암은 1651(孝宗 2)년에 果川 그의 외가에서 출생했
다. 그는 어렸을 때부터 총명했으며, 9세 때 책 읽는 것을 좋아하여 침식
을 잊을 때가 있었다고 하며, 있는 곳을 몰라 찾아보면 書庫에 단정히
앉아 책을 보고 있었다고 한다.

其道學造詣之功程 義理講說之次弟 其可傳而不可遺者 其何得而詳焉 而當
時及門之士 猶幸可以訪問 則又皆廓然淪落 無復存者矣 其於人事俛仰之際
可爲悲夫 而卽其平生言行之大 區區掇拾於文字傳聞之餘者 盖百不一二矣"
위와 같음.
10) 생애의 고찰에서 연보로부터 인출한 내용은 出典을 밝히지 않기로 한다.

15세 때 결혼을 했는데, 부인은 당시 학문과 詞章으로 이름이 높았던 靜觀齋 李端相의 딸로서 같은 나이었으며, 후일 같은 해 세상을 떠났다. 농암은 언제부터였는지 알 수 없지만 그의 동생 昌翕과 같이 이단상에게 수학했다. 열 다섯 살 되던 해 12월에 결혼했다고 했는데, 수학을 하다가 했는지, 결혼을 하고 바로 수학을 하게 되었는지 연보에서도 말하지 않았기 때문에 알 수 없으나, 결혼을 섣달에 했다고 하니 수학을 하다가 성혼이 되지 않았는가 한다. 그때 이단상은 벼슬을 그만두고 楊州에서 講學을 하고 있었는데, 농암의 뛰어난 재능을 보고 학문하는 방향을 가르쳤다고 한다. 그리고 농암은 그 후부터 求道에 뜻을 두게 되었다고 한다. 19세 때 進士試에 합격했으며, 그 해 그의 학문에 많은 영향을 끼친 靜觀齋 이단상이 세상을 떠났다.

20세 때 「荀子性惡辯」을 지었다. 이 글은 그의 문집(卷25) 雜著에 실려 있다. 한 편의 논문으로서 그가 매우 조숙했음을 알 수 있다. 21세 때 金昌翕과 같이 江華府에 있는 仲父 金壽興에게 문안 갔다가 돌아오는 길에 개경에 들려 天磨山을 구경했으며, 그때 쓴 「遊松京記」가 문집(卷23)에 실려 있다. 그리고 이 해 팔월에 金剛山과 三日浦, 叢石亭을 유람하고 기행문 「東遊記」(卷23)를 썼다. 뒤에 다시 언급하겠지만 이 「동유기」는 문장이 아름다워 紀行文學으로서 높게 평가할 만한 가치가 있다.

24세 때 龍門山에서 尤菴 宋時烈을 처음 보게 되었는데, 여러 날 같이 있으면서 많은 질의를 한 것이 송시열로부터 크게 인정을 받았다고 한다. 25세 때 아버지 김수항이 靈巖으로 유배되었다. 이때 禮論으로 남인들과 다투다가 송시열이 먼저 德源으로 유배되었는데, 김수항이 그것을 공박하다가 뒤따라 유배를 가게 되었다고 한다. 그리고 27세 때까지 김수항이 유배되어 있는 영암을 여러 번 찾았으며, 이때 쓴 「登月出山九井峰記」가 있다. 28세 때 동생인 昌翕, 昌緝과 같이 三角山 重興

寺에 들어가서 공부하기도 했으며, 김수항이 철원으로 移配가 되었기 때문에 그곳까지 수행하기도 했다.

29세 때 永平의 鷹巖에 집을 지어 그곳에 가족을 데리고 가서 살았다. 농암이 그곳에 집을 짓게 된 동기는 아버지 김수항이 유배되는 것을 보고 벼슬하려는 생각을 포기하고자 했고, 또 그곳의 水石이 좋기 때문에 김수항이 노년에 그곳에 들어가서 살기 위해 먼저 농암에게 집을 짓게 했다고 한다. 그리고 이 때 洞陰對(卷25)를 지어 자신의 의지를 나타내었다. 그리고 鷹巖은 뒤에 農巖으로 개칭했으며, 그의 雅號로 했다. 그가 鷹巖에서 생활한 것은 그의 일생에서 큰 비중을 가지기 때문에 뒤에 다시 언급하고자 한다.

30세 때 3월에 아버지 김수항이 領議政에 임명된 후 농암을 서울로 오게 했으므로 鷹巖에서 나왔다. 그리고 여름에 응암에 가서 독서했으나 오래 있지는 않았다. 가을에 別試 初試에 장원했다. 이로써 보면 그 때까지 한동안 南人들이 정권을 장악하고 있었기 때문에 농암 부자는 유배되기도 하고 서울을 떠나 있었다. 南人들이 쫓겨나고 金壽恒이 영의정에 임명되자 농암에게 과거에 응시시키기 위해 서울로 오게 한 것이 아닌가 한다.

농암은 이 시기에 대해 자신이 24세 때부터 30세에 이르기까지 과거 공부를 하지 않고 오로지 독서에만 마음을 기울려 得力한 바가 있었는데, 일생 동안 사용하고 있는 것이 이 몇 년 사이의 공부가 밑천이 되었다. 사람이 한평생 살아가면서 이러한 때도 있어야 할 것이라고 했다.[11] 이로써 보면 농암은 당시 부친이 잘못한 것도 없었는데 당쟁에 휘말려 유배되는 것을 보고 出仕에 회의를 느끼면서 과거에는 관심을 두지 않

---

11) 『農巖集』別集 卷3, 附錄, 魚有鳳 錄 語錄. "先生曰 吾自甲寅後至庚申 廢學業 專心讀書 頗有得力 一生所用 只此數年工夫 人生處世 亦不可無此等時節"

고, 유배지인 靈巖을 왕래하면서도 공부를 열심히 하지 않았던가 한다. 그리고 金邁淳(1776～1840)은 농암이 24세 되던 해부터 국가와 가정에 많은 어려움이 있는 것을 보고 출세에 뜻을 두지 않고 永平의 鷹巖으로 들어가게 되었다고 했다.[12)

31세 때는 주목할 만한 활동이 없었고, 32세 때는 아들 崇謙이 태어났는데, 그는 文才가 뛰어났으나 19세의 나이에 죽어 농암에게 깊은 상처를 주었다. 이에 대해서는 뒤에 다시 언급하기로 한다. 그리고 이해 11월에 別試, 문과 會試에 합격했고, 잇따라 殿試에 장원하여 成均館 典籍에 임명되었다.

33세 때는 兵曹佐郎, 持平, 副修撰, 副校理 등으로 옮겼는데, 持平으로 임명되었을 때는 諫官이므로 그때 부친이 相位에 있어 避嫌으로 사직했고, 副校理로 있을 때 御前에서 강독을 할 때 숙종이 전혀 질문을 하지 않으므로 "지금까지 筵臣들은 납득을 하지 못한 것으로 말하고 있습니다. 계속 침묵을 지키시는 것에 대해 민망하게 생각하고 있으니 옛날 聖君들도 학문을 논할 때 審問을 하며 의심이 되면 묻는다고 했습니다. 학문에는 의심이 없을 순 없고, 의심나면 묻는 것은 도리상 당연한 것이라 했다."[13)] 임금에게 이러한 進言은 하기 어려울 것으로 생각되는데, 그럼에도 불구하고 할 수 있었던 것은 농암의 학문하는 자세가 진지했기 때문에 가능했을 것이다. 그리고 여기에서 그는 젊은 儒臣으로서 기상이 당당했음을 엿볼 수 있다.

34세 때는 宋時烈의 소환을 건의했고, 8월에는 嶺南 按廉使로 임명되어 10월에 돌아왔다. 이때 丹陽으로 해서 安東, 伽倻山, 晋州, 巨濟,

---

12) 金邁淳,『臺山集』卷14, 農巖先生, 家史 外傳. "乙卯以後 見家國多艱 益無意進取 卜居于永平農巖"

13) 金昌協,『農巖集』卷35,「年譜」33歲條. "一日進曰 竊見殿下於臨筵講讀之際 絶無問難之事 前後筵臣 固多以此爲言 而未蒙採納 一向淵默 臣竊悶焉 古之聖賢論學 有曰審問之 有曰疑思問 蓋學不能無疑 疑則必問 道理之所當然"

東萊 등지를 거쳐 돌아왔다. 농암이 右水營에서 지은 「到右水營閱三
鎭戰船詩」를 들어 본다.

斜日朱旗閃遠空   斜日에 붉은 깃발 높은 공중에 번쩍이고
柁樓看劍坐秋風   가을 바람에 칼을 잡고 뱃머리에 앉았다오.
淸霜洗海如明鏡   이슬에 바다는 거울처럼 밝은데
高視扶桑一路通.   넓게 트인 동쪽 하늘을 바라본다오.
　　　<文集 卷二>

　　이 시는 지은 장소가 右水營이기 때문인지 농암 시에서 보기 드물게
豪健함을 볼 수 있다.
　　35세 때 3월에 咸鏡北道 兵馬評事에 임명되어 그 해 6월에 鏡城에
도착했다. 그리고 7월에 鍾城을 출발하여 列鎭을 순찰하고 8월에 鏡城
으로 돌아왔다. 경성은 번화한 곳으로 알려졌으나 그는 宴會에서도 초
연했으며, 공무가 없을 때는 독서에 열중했다. 이때 그는 동생인 昌翕과
昌緝에게 보낸 편지에 軍中에서 周易을 연구한다는 것이 걸맞지 않을
듯하나 너무 고요해 山齋와 같으므로 연구에 조금도 지장이 없다고 했
다.14) 그리고 그곳에 列鎭을 순찰한 후 昌翕에게 보낸 편지 가운데 내
가 列鎭을 돌면서 바로 西水羅까지 갔다가 돌아왔는데, 그곳은 중국과
마주치는 곳으로서 동쪽은 큰 바다에 접했고, 북쪽은 사막을 볼 수 있어
이 세상에서 가장 관광하기 좋은 곳일 것이다. 博望 龍門과 비교하면
어떨지, 詩情이 엷어 짧은 말로써 표현하기 어렵다고 했다.15) 이와같이
국경지대의 풍경은 다른 지역에서는 볼 수 없는 것으로써 관광으로 좋은

---

14) 金昌協,『農巖集』卷11, 與子益 敬明. "軍中讀易 大似不着題 而輒門関然 無
　　異山齋 觀象玩爻也 不妨深細"
15) 金昌協,『農巖集』卷11, 答子益. "俺歷徧列鎭 直窮西水羅而歸 此是華夷地
　　盡頭也 東臨大海 北眺沙漠 天下之觀 無以加此 不知博望龍門之游 果何如
　　耳 獨恨詩情甚薄 未有一二語 記得實境"

곳이기는 하나 詩情이 약해 표현하기 어렵다고 했다. 그러나 농암이 이
곳에 있으면서 적지 않은 시를 지었다. 그 가운데 「轅門詩」를 들어본다.

轅門北接古匈奴   轅門은 북쪽으로 옛 匈奴에 접했고
書記腰間佩轆轤   書記는 허리에 가죽띠를 둘렀다.
兵事只今休草檄   兵事는 지금 檄文을 초하지 않고
雅歌終日且投壺   종일 노래하고 投壺한다오.
功名恥賣盧龍塞   功名은 盧龍塞 잃은 것 부끄럽게 여기며
意氣思摧白馬胡   의기는 白馬 탄 胡將 잡는데 있다오.
會待將軍行射虎   마침 장군의 범 사냥 기다려
短衣同去試馳驅.   短衣로 같이 가서 달려보련다.
　　<文集 卷二>

　詩題가 轅門이기 때문인지 雄健함이 돋보인다. 그리고 그 해 10월에
조정으로 돌아와서 吏曹佐郎에 임명되었다.

　36세 때 吏曹正郎에 승진되었고, 숙종으로부터 『朱子大全箚疑』에
대한 교정의 명령을 받았다. 宋時烈이 『朱子大全』의 어려운 말을 註
釋한 것을 箚疑라 했는데, 이때 金壽興이 사관을 통해 숙종이 볼 수
있도록 한 후 간행할 것을 주청하였다. 숙종이 김수흥의 주청에 따라 가
지고 오게 하여 교정하게 하고 의심되는 것이 있으면 송시열에게 물어보
게 했는데, 그 책임을 농암에게 맡겼다. 『朱子大全箚疑』와 농암과의 관
계에 대해서는 다음에 따로 언급하고자 한다.

　그리고 右副承旨에 임명되었다. 그때 李徵明이 戚里와 坤殿을 勉
戒하는 글을 올렸는데, 숙종이 보고 크게 화를 내어 그를 퇴직시키고 벼
슬에 임명하지 않겠다고 했다. 농암은 동료들과 더불어 그 지나침을 말
했는데, 그것으로 농암이 처벌은 받지 않았으나 그 후부터 朝廷에 있는
것을 불안하게 여겼다고 한다. 얼마 후 병으로 체직되었다. 농암에게 吐
血症이 있었는데, 이때 講筵에 入侍했다가 갑자기 피를 토해 물러났다.

숙종은 경과를 묻고 약을 보냈다고 한다. 농암의 토혈과 건강에 대해서는 뒤에 따로 언급하고자 한다. 그리고 이해에 成均館 大司成과 禮曹 參議에 임명되기도 했다.

37세 때 1월에 司諫院 大司諫에 임명되었다. 농암이 출사한 후 憲職에 세 번, 諫官에 일곱 번 임명되었는데, 간혹 직무를 수행한 적도 있었으나 대부분 避嫌으로 遞職을 원했다. 이때도 바로 大司成으로 옮겼다. 농암이 成均館 大司成으로 있을 때 그곳 유생들과 같이 시를 짓기도 하고 열심히 공부하게 諭示를 하기도 했다. 연보의 기록에 따르면 그가 대사성으로 있을 때 국가의 인재 양성을 책임으로 하여 항시 學宮에 머물면서 날마다 그곳 선비들과 經義를 토론하며 성의를 다해 가르쳤기 때문에 공부하는 분위기가 상당히 조성되었다고 했다.16) 그리고 그 해 11월에 淸風府使에 임명되었다.

농암이 과거에 급제한 후 처음 出仕하여 淸風府使에 임명될 때까지 역임한 관직에 대해 玉堂에서는 修撰, 校理, 憲府에서는 持平, 執義, 諫院에서는 獻納, 大司諫과 同副承旨를 거쳐 大司成에 옮겼다가 淸風府使로 임명되어 그쳤다고 했다.17) 이 시기에 임명된 관직의 位品이 낮았기 때문인지 實錄의 기록으로 모두 실증하기 어렵고, 연보에는 金昌翕이 말한 것보다 더욱 많은 관직에 임명되어 옮기고 승진되었다고 기록되었다.

농암이 청풍부사로 임명된 것은 37세 때 11월이었는데, 그것은 그를 이해하는 데 중요한 의미를 지닌다고 생각된다. 청풍부사 이후에도 높은 관직에 여러 번 임명되었으나 나가지 않았고, 관직에 있으면서 임무를 수행한 것은 청풍부사가 마지막이기 때문이다. 그러므로 임명되기 전후

---

16) 金昌協,『農巖集』卷35,「年譜」37歲條. "蓋先生自拜國子 一以作成人材爲己任 常留處學宮 日引諸生 討論經義 反復諄切 誠意藹然 學者頗有興起之漸"
17) 金昌翕,『三淵集』卷30,「仲氏農巖先生墓表」. "所更三司 玉堂則修撰校理 憲府則持平執義 諫院則獻納大司諫 由同副承旨 移大司成 出爲淸風府使而止"

부터 살펴보고자 한다.

　어느 시대든지 관계에 있는 사람들은 특수한 개인적인 사정을 제외하고는 內職을 선호하고 外職을 달갑지 않게 생각한다. 이때 농암이 청풍부사에 임명된 것은 어떻게 된 것이었을까. 다시 말하면 자신이 원했던 것이었을까. 아니면 부득이 갈 수밖에 없었던 사정이 있었을까. 먼저 이에 대해 알아보고자 한다.

　농암이 청풍부사로 임명된 것에 대해 연보에는 농암이 李徵明에 대해 罷職 不敍하겠다는 숙종의 조치를 보고 글을 올린 후 마음에 편치 못한 批旨가 내렸고, 또 당시 정치적인 사정도 점차 불리하게 변해 議政公(金壽恒)이 嚴旨를 받은 일이 있었다. 이때 金萬重이 숙종에게 "죄명이 분명하지 않은 대신을 박대하니 사람들은 金昌協이 전일 올린 글 때문이라고 합니다. 자식으로 인한 화를 아버지에게 옮길 까닭도 없겠지만 외부에서 그렇게 말하고 있으니 알아야 할 것"이라고 했다. 숙종이 더욱 화를 내어 관직에 추천하면 落點을 하지 않으므로 朝廷에 있는 것을 불안하게 여겨 外邑을 구해 가고자 했다.[18] 이로써 보면 조정의 불안한 분위기를 피해 淸風府使로 가고자 했음을 알 수 있다.

　金昌翕은 이에 대해 丙寅年에 李徵明이 後宮에 관해 말한 것에 숙종이 크게 화를 냈고, 선생이 이징명의 말을 받아들이게 한 것도 隱微한 것으로서 말하기 어려운 것이다. 이로써 조정에 있는 것을 불안하게 여겨 청풍부사로 나가고자 한 것이라 했다.[19] 그리고 金邁淳도 이와 비슷

---

18) 金昌協, 『農巖集』卷35, 「年譜」37歲條. "先生自上應旨疏 旣承未安之批 又時事漸變 議政公被嚴旨遜荒 金公萬重嘗入言 大臣罪名不明 而遽示厭薄之色 外人或以金某前日之疏爲祟 因其子而移怒於父 固無是理 而外間傳說如此 此亦殿下所宜知 上怒益甚 凡有擬除 屢靳恩點 先生不安於朝 遂求外邑而去"

19) 金昌翕, 『三淵集』卷27, 「仲氏農巖先生墓誌銘」. "丙寅因李徵明 言後宮事 天怒過度 … 其一 卽此疏 而語逼隱微 尤人所難言 然以此不安於內 圖出爲淸風府使"

한 말을 하면서 淸風에 가서 한 해가 넘게 있었다고 했다.[20]

이와같이 농암이 청풍부사로 가게 된 것은 조정에 있는 것이 불안하기 때문이라고 한 것을 보면 他意로 간 것이 아님을 알 수 있다. 그리고 당시 농암이 外職을 구하게 된 것에 대해 자신이 부친에게 말한 바 있으므로 그것을 여기에 옮겨보면 "저가 외직을 구하고자 하는 계획이 지금 이루어 지지 않으면 앞으로 더욱 어려울 것 같습니다. 전에도 빈자리가 없지 않았으나 인사를 맡은 부서에서 주선해 줄 사람이 없었기 때문에 쉽게 되지 않았습니다. 지금 宋叔이 그 부서에 있으므로 주선해 주지 않을까 합니다. 富平이 자리가 비는 듯하고 청풍이 멀지 않아 바뀐다고 하니 이 기회를 놓칠 수 없습니다. … 만약 父主께서 이러한 사정을 감안하시어 宋叔에게 편지하여 도와주게 하고 송숙이 判書에게 말을 하게 되면 될 수 있을 듯하니 어떻게 하면 좋겠습니까" 했다.[21] 이로써 보면 농암은 이징명이 後宮에 관한 말을 했다가 숙종으로부터 엄한 견책을 받은 것에 대해 上疏한 후 숙종의 반응이 차갑게 나타나자 바로 외직을 구하고자 했으며, 청풍으로 부임하게 된 것도 한적한 곳이기 때문에 선택해서 간 것이 아니고 전임 府使의 임기가 끝났으므로 그 곳을 가고자 했음을 알 수 있으며, 그것도 부탁까지 해서 된 것이 아닌가 한다. 그리고 농암이 청풍부사로 부임한지 일년이 약간 지난 후에 그의 부친이 珍島로 유배되었다가 얼마 되지 않아 賜死된 것을 보면 이징명을 구출하기 위해 上疏한 것뿐만 아니라, 그때 이미 南人들이 조정의 권력을

---

20) 金邁淳, 『臺山集』 卷13, 農巖先生, 家史 外傳. "校理李徵明 言後宮事得罪 先生上疏納戒 語逼微隱 上批示咈 以此不安於朝 圖出淸風府使 居歲餘"

21) 金昌協, 『農巖集』 卷11,「上親庭」. "子之求外之計 至今不得成 情勢日益悶 迫 而前此不但無窠闕 銓地又無出力人 其勢固未易遂矣 今則宋叔在銓地 若 可以周旋 而富平又方見闕 淸風似亦不久當遞 此誠不可失之機 … 若自父主 以此等曲折 抵書於宋叔 使之加意力贊 則宋叔之言於判相 可以是藉重 而事 或可成 未知如何"

장악하기 시작한 듯하며, 그것이 더욱 농암에게 외직을 구하게 부채질을
한 것이 아닌가 한다.

38세 때는 청풍에 있었다. 농암의 부형은 위에서 말한 바와 같이 老
論의 핵심세력들이었다. 그때 숙종은 노론을 점차 멀리 하고 남인들을
가까이 하여 조정의 권력구조에 변동이 일어나기 시작했는데, 그것이 농
암에게 불안이 되지 않을 수 없겠으나, 청풍이 적은 고을이고 벽지이기
때문에 한가한 틈을 타서 독서도 하고 그곳에 있는 많은 명승지도 찾았
다. 다음 해에 잃었지만 둘째 아들도 얻었고, 그곳에 있으면서 시도 적지
않게 지었는데, 그때 지은 詩題 가운데 달밤에 딸아이들이 寒碧樓에 올
라가서 오래도록 돌아오지 않으므로 郡齋에 있다가 자신도 모르게 일어
나 찾아 갔는데, 이때 늙은이의 흥이 적지 않았다고 했다.[22] 이로써 보
면 그의 일생에서 이때가 가장 행복했던 시기가 아니었던가 한다. 그리
고 뒤에 다시 언급하겠지만 이때 그의 동생 昌翕과 洪世泰와 李喜朝를
비롯하여 숙종에게 後宮에 대한 것으로 直言했다가 심한 견책을 받은
이징명도 그곳을 찾아와서 같이 시를 지으며 놀다가 갔다.

金昌翕은 농암이 淸風府使로 있을 때에 대한 기록에 청풍부사로 나
가 다스림에 요령이 있어 관리들은 기강이 잡히었고 백성들은 편안해 전
혀 일이 없는 듯 했으며, 朝廷과 어버이를 걱정하는 것이 짓는 시에 나
타나 離騷賦와 같은 뜻이 있었다고 했다.[23]

39세 때는 농암의 일생에서 큰 轉機를 가져왔다. 그 해 2월에 아버지
金壽恒이 珍島로, 仲父 金壽興이 長鬐로 유배되자 바로 府使職을 사
임하고 서울로 돌아왔다. 이로써 보면 府使로 재임한 기간은 일년이 약
간 지났음을 알 수 있다. 그리고 3월에 진도에 내려갔고, 4월에 金壽恒

22) 金昌協, 『農巖集』 卷3. "月夜女兒輩登寒碧樓 久不下 余方坐翛然齋 不覺起
興隨至 眞所謂老子於此 興復不淺也"
23) 金昌翕, 『三淵集』 卷27, 「仲氏農巖先生墓誌銘」. "圖出爲淸風府使 治有綱要
吏肅民晏 翛然簾閣 若無一事也 每憂親戀闕 形諸歌詠 有離騷眷顧之意"

이 배소에서 後命을 받았다. 농암은 그 해 9월에 鷹巖으로 들어갔다.

위에서 알아본 바와 같이 농암의 家門은 역대로 仕宦이 계속 되었고, 또 당시 사회의 선비들은 특수한 경우가 아니면 과거를 치루고 出仕하여 본인의 영달과 가문을 빛내는 것이 염원이었는데, 처음에는 농암도 여기에서 벗어나지 않았다. 그러나 이때 농암은 그의 아버지가 사사된 후 출사를 단념하고 서울을 떠나 깊은 산속으로 들어가서 학문에 전념했으므로 농암의 생애를 양분했을 때 이 시기를 분기점으로 하여 前後로 나누었다.[24]

2. 후 기

農巖의 생애에서 전기가 수학과 아울러 출사한 시기였다면 후기는 退藏해 있으면서 학문에 정진했던 것으로 볼 수 있다. 그리고 전기가 화려한 가문에 출생하여 약관에 文名이 널리 알려졌고, 벼슬길도 순탄하여 아버지 김수항이 사사되기 전까지만 해도 보기 드물게 행운이었다고 할 수 있을 것이다. 그런데, 후기는 학문과 詞章에는 더욱 성취했다고 볼 수 있지만 가정적으로는 불행이 계속되었다. 후기의 첫 해인 40세 때는 전년도의 참화가 이어졌다. 그 해 11월에 長鬐로 유배되었던 중부 김수흥이 유배지에서 세상을 떠났으며, 41세 때는 喪中이었기 때문인지 주목할 만한 일이 없었다.

42세 때 2월에 農巖書室이 완성되었다고 한다. 연보의 기록에 따르면 농암서실은 응암의 옛날 살던 곳 동쪽에 있었는데, 籠巖이라 부르는 것을 農巖으로 이름을 바꾸어 일생 동안 시골에서 살려는 의지를 나타내고자 하며 자신의 호로 했다. 이때 지은 書室은 세칸이었는데 앞에

---

24) 年譜에는 上下로 나누어 上은 43세까지로 했고, 44세 때 金壽恒이 伸冤이 된 해를 下의 첫머리로 했다.

양쪽으로 못을 팠으며 서실의 扁額은 觀白이라 하고, 軒은 壺月이라 하여 그곳을 모두 農巖樹屋이라 했다.[25] 이로써 보면 농암이 29세 때 가족을 데리고 응암에 들어가서 살았던 곳의 동쪽에 서실을 지었음을 알 수 있다.[26]

농암이 그곳에서 일생을 마친 것은 아니지만 그의 후기 생애에서 그곳에 있었던 것이 여러 가지로 주목되는 바 있으므로 이에 대해서는 뒤에 따로 언급하고자 한다. 43세 때는 白雲寺에서 독서하였다고 했는데, 이 절은 응암 주변에 있었던 것이 아닌가 한다. 그리고 이 해 五子粹言을 편찬했는데, 이에 대해서도 뒤에 따로 언급하고자 한다.

44세 때는 甲戌年으로서 한동안 정권을 장악하고 있던 南人들이 쫓겨나고 少論과 老論들이 등용됨과 동시에 廢妃閔氏가 복위되고 송시열, 김수항 등도 신원되었다. 농암은 이해 1월에 奉印寺에 있었는데, 母夫人이 楊州에 있었기 때문에 그곳을 자주 찾아 문안하기 위해 가까운 곳으로 옮겼다고 한다. 4월에 戶曹參議에 제수되었다. 농암이 호조참의에 임명된 것에 대해 金邁淳은 이에 앞서 임금이 조회 때 탄식하며 말하기를 經典을 講하는데 김창협과 같은 사람을 다시 볼 수 있겠는가 했다. 그 말을 들은 사람들은 士類들이 復興할 것이라 했는데, 얼마 후 호조참의에 임명되었다고 했다.[27]

농암이 호조참의에 임명된 것은 청풍부사를 그만두고 응암으로 들어간 후 처음 임명된 것이었는데, 취임하지 않고 辭職疏를 올렸다. 그 사직소에 따르면 그가 취임하지 않은 것에 대해 자신의 형제들이 요직에

---

25) 「年譜」 42歲條. "農巖在鷹巖舊居之東 俗稱籠巖 先生改今名 寓其沒身田畝之志 因以自號焉 作書室三間 鑿兩方塘于堂前 扁其室曰觀白 軒曰壺月 摠而名之曰 農巖樹屋"

26) 농암이 이때 지은 서실이 있는 곳에서 상당 기간 머물었고, 그 후에도 그곳에 자주 출입했는데, 그곳을 호와 구분하기 위해 계속 鷹巖이라 하고자 한다.

27) 金邁淳, 『臺山集』卷14, 農巖先生, 家史 外傳. "先是 上中朝歎曰 說經如金昌協者安得復見 識者卜士類復興 至是以戶曹參議召之"

올라 지나치게 많이 차지한 것이 재앙을 부르게 되었는데 자신들의 아버지만 화를 입었고 자신들만은 면하게 되었으니 불효함이 이것보다 큰 것이 없다고 전제하면서 자신들이 그것을 생각하면 매우 부끄럽고 원통해 스스로 맹세하기를 죽을 때 농부가 되어 사대부들과 어울리지 않겠다고 한지 오래였는데, 지금 일시의 행운으로 지난 날 다짐한 것을 잊고 조정에 나아가 벼슬을 하게 되면 君子들에게 두 번 죄를 얻게 되고, 저 세상에서 부친을 뵈올 수 없게 될 것이니 아무리 완고하다 할지라도 그것을 어찌 할 수 있겠습니까 했다.[28] 이로써 임명에 취임할 수 없음을 간곡하게 밝혔다. 농암은 여러 번 사직소를 올렸는데, 어느 것이든지 자신의 감정을 곡진하게 개진하지 않은 것이 없지만, 그 가운데 이 辭戶曹參議 疏가 가장 돋보이는 것이 아닌가 한다.

이때 숙종은 三疏까지 올라왔으나 허락하지 않고 있다가 얼마 후 承文院 副提調와 잇따라 弘文館 副提學에 임명했다. 그러나 농암이 그 임명에도 辭職하기 위해 三疏까지 올렸다. 그 삼소에서 신의 亡父가 臨命할 즈음에 遺戒를 직접 써 자신들의 형제에게 주었는데, 그 내용에 才德이 없으면서 先蔭으로 분수에 넘치는 벼슬을 하게 되어 화를 스스로 부르게 되었다. 오늘의 이와같은 일은 물러설 줄을 몰라 이렇게 되었으니 후회할 수 없게 되었다. 내 자손들은 나를 거울로 하여 항시 물러날 생각을 가지고 顯要職을 피해 몸과 가정을 보호하는 것이 좋을 것이라 했으므로 자신들의 형제는 그 말을 잊을 수 없다고 했다.[29] 이와같이

---

28) 金昌協, 『農巖集』 卷8, 「辭戶曹參議疏」. "竊自誓長爲農夫 以沒其世 而不復列於士大夫之林久矣 今若幸一時之會 忘宿昔之志 輒復影纓結綬 以馳騁於當世 則是將重得罪於仁孝君子 而無以見先臣於地下矣 臣雖甚頑 豈忍爲此哉"

29) 金昌協, 『農巖集』 卷8, 「辭副提學疏」 三疏. "盖臣亡父於臨命之日 手書遺戒一紙 以授臣兄弟 其言有曰 余素無才德 徒以憑藉先蔭 厚蒙國恩 竊位踰分 自速釁孽 今日之事 無非履盛不止 求退不得 以至於此 雖悔曷及 凡我子孫 宜以我爲戒 常存謙退之志 居家則力行恭儉 仕宦則避遠顯要 以爲褆身保家

사양하고 물러설 줄 알고 현요직을 피하게 한 것은 부친으로부터 받은 遺訓이라고 했다.

그리고 이해 大司諫, 同副承旨, 右副承旨로 임명되었으나 사직소만 올리고 나가지 않았으며, 左副承旨로 승진되어 임명되었을 때 올린 사직소에서 보잘 것 없는 자신이 큰 죄를 셋이나 가지고 있다. 즉, 국가로부터 큰 은혜를 받았음에도 모른 채 하고 보답하려 하지 않은 것이 하나이고, 몇 개월 사이에 여러 번 관직을 제수하는 임명을 받았으나 한 번도 취임하지 않은 것이 둘째이며, 임금의 권위는 엄중한 것임에도 십여 번이나 사직소로써 모독함을 그치지 않았으니 그 죄가 셋이라 했다.[30] 이때도 사직소를 세 번이나 올렸으나 숙종은 허락하지 않았다고 한다.

肅宗은 뒤에도 한동안 더욱 높은 관직으로 임명했고, 농암은 계속 사직소를 올리며 취임하지 않았는데, 위에서 살펴본 사직소의 내용을 분석해 보면 지나치게 많은 것을 사양하지 않았던 죄는 자신들에게도 있었는데 부친만 화를 당했으니 출세를 단념하고 농부가 되겠다고 했으며, 다음에는 顯要職을 피하라는 遺訓을 받들고자 함이라 했다. 그리고 십여 차나 임명했음에도 한 번도 나가지 않고 사직소만 올리는 죄를 범했다고 했다. 이로써 볼 때 농암은 출사하지 않으려는 의지가 확고했음을 알 수 있다.

45세 때도 吏曹參議, 副提學, 開城留守, 刑曹參判, 大司憲 등에 임명되었으나 취임하지 않고 사직소만 올렸다. 그리고 수시로 응암을 찾기도 했으며 石室書院에 머물기도 했다.

46세 때 2월에 滄溪 林泳이 세상을 떠났다. 농암은 그와 함께 靜觀齋 李端相에게 受學했다. 그와의 友誼에 대해서는 뒤에 師友關係에서

之地至佳 臣之兄弟 泣受而藏之 不敢忘失焉"

30) 金昌協, 『農巖集』卷8, 「辭左副承旨疏」. "伏以無狀小臣 負大罪三 受恩深厚 與天無極 而昧然無所報謝罪一也 除命稠疊 式月斯降 而偃然不一趨承罪二也 天威嚴重 不容干冒 而强聒累瀆 殆歷十數 而不知止罪三也"

다시 언급하기로 한다. 그리고 3월에 禮曹參判에 임명되었다. 이때 崔錫鼎(1646~1715)이 金昌協은 문학과 才望을 갖춘 국가의 重臣인데 비록 禍故로써 취임은 하지 않고 있으나 군신간의 의리상으로 말해도 꼭 그렇게 해야 할 것이 없는데, 개인적인 의리만으로 관직을 맡지 않으려 하고 있으니 마땅히 서울에 있게 해야 할 것이라고 건의했을 때 숙종은 유의하겠다고 했다.[31]

최석정의 이러한 건의는 농암이 지난 해에도 관직에 여러 번 임명되었음에도 응암으로 들어가서 사직소를 올리고 출사하려는 의지를 보이지 않으므로 학문과 덕망을 갖춘 농암을 취임하게 적극적으로 추진하게 한 것으로 생각되는데, 이로써 볼 때 농암에 대한 관직의 임명은 숙종의 의사만으로 볼 것이 아니고 당시 조정의 여론이 아니었던가 한다. 이 해도 농암은 응암을 여러 번 왕래했으며, 弘文館 提學, 副提學, 吏曹參判에 임명되었으나 나가지 않았다.

47세 때는 同知經筵事, 副提學, 兵曹參判에 임명되었으나 모두 사직소만 올리고 나가지 않았다. 그리고 이해 8월에 三洲로 거처를 옮겼다. 삼주로 옮기게 된 것은 응암에 계속 있고자 했으나, 母夫人이 서울 집에 계시기 때문에 歸省이 어려워 가까운 곳으로 옮겼다고 하며, 또 그곳에 있는 石室書院의 경치가 좋은 것도 옮기게 된 이유의 하나라고 했다. 농암의 삼주 생활에 대해서는 뒤에 따로 언급하고자 한다. 그리고 11월에는 水鍾寺에 머물면서 아버지 議政公의 行狀을 완성했다고 한다.

48세 때 7월에 大司憲에 임명되었으나 再疏까지 올리며 취임하지 않았다. 그리고 그해 8월에 숙종이 健元陵의 行次가 있었으므로 들에까지 나가 엎드려 大駕를 멀리서 瞻望하고 있다가 돌아왔다. 이때 尹世

---

31) 『肅宗實錄』 卷30, 22년 4월조. "大司憲崔錫鼎仍言 金昌協文學才望, 國之重臣 雖以禍故 不欲卽出 論以義理 本不當如是 豈可只守私義 不必縻以職名 宜令留在京裏 上以留意答之"

紀, 趙泰采 등은 숙종에게 陵行時에 김창협이 나와 길에서 맞이하게
되면 데리고 오게 건의했다. 그때 농암은 위에서 말한 바와 같이 陵이
있는 곳 가까이 가지 아니했고, 또 그렇다고 집에 있을 수도 없어 들에
나가 있다가 지나간 후에 돌아왔다. 그러므로 侍衛했던 인사들은 농암
을 보지 못했다. 도중에 숙종이 김창협이 근처에 왔던가 하고 물었을 때
政院에서 오지 않았다고 했다 한다.

농암의 이러한 태도에 대해 崔重泰는 慨惜하다고 하면서 그는 시골
에서 경전에 많은 연구를 하여 학문이 깊은 것으로 널리 알려졌으니 벼
슬만으로 부르지 말고 성의를 다해 禮待를 하면 대대로 관직에 있었던
사람으로서 계속 도피하고자 하겠는가. 만약 그가 經筵에 출입하면서
王世子를 돕게 되면 도움이 적지 않을 것이라 했다.[32] 이로써 보면 당
시 숙종은 김창협을 초치하기 위해 많은 노력을 했으며, 또 그때 조정에
있었던 많은 인사들이 그의 높은 학문을 인정하고 초치하게 권유했음을
알 수 있다.

49세 때는 삼주와 응암을 왕래하기도 했으며, 형 金昌集이 江都留
守로 있으면서 모부인을 모시고 있었기 때문에 그 곳에 가서 뵈옵기도
하고, 松都의 天磨山을 유람하기도 했다. 그리고 이 해에도 戶曹 및 吏
曹參判과 副提學에 임명되어 사직소를 여러 번 올렸으나 숙종은 끝까
지 허락하지 않았다.

50세 때는 농암의 일생에서 가장 불행했던 한 해였다. 이 해에도 삼
주와 응암을 왕래했으며, 지난 해 연말에 이조참판에 임명된 것에 대해
사직소를 네 번이나 올렸고, 6월에는 대사헌에 임명되어 사직소를 올

32)『肅宗實錄』卷32, 24년 8월조. "持平崔重泰上疏曰 … 大司憲金昌協 果於輦
過之時 祗迎於山陵洞口 而自上俯問之時 近侍諸臣 全然不知 糢糊仰對云
臣竊慨惜也 … 然而忍性猷猷 肆力經籍 學識大闡 雅望彌重 今殿下 毋以爵
祿縻之 必以誠禮待之 則彼以喬木世臣 宜不敢果於忘世 一向逃遁 苟令出入
經筵 衛翼春宮 則其所裨益 豈淺鮮哉"

렸으나 숙종은 허락하지 않았다. 그리고 7월에는 셋째 딸 吳氏婦人이
産後에 갑자기 세상을 떠났으며, 10월에는 獨子인 崇謙이 19세의 나
이로 죽었다. 그는 詩才가 뛰어나 부자가 시로써 唱和했는데, 그가 죽
은 후 농암은 시를 짓지 않았다고 한다. 이에 대해서는 뒤에 다시 언급
하고자 한다.

51세 때 1월에는 건강이 좋지 않아 동생 昌業의 別墅에 머물면서 치
료를 받았다고 한다. 농암은 장년기부터 건강이 좋지 않았던 것으로 짐
작되었는데, 지난 해 갑자기 아들과 딸을 잃고 심한 상처를 받아 건강이
더욱 나빠진 것이 아닌가 한다. 이 해에도 大司成과 副提學에 임명되었
으나 취임하지 않았다. 그리고 이 해 학문적으로 농암의 독특한 견해라
할 수 있는 四端七情說이 완성되었다고 한다. 52세 때는 同知敦寧府
事, 副提學, 藝文館 提學에 임명되었으나, 취임하지 않았다.

53세 때 2월에 둘째 딸 李氏婦人을 잃었고, 6월에는 모부인이 세상
을 떠났다. 54세 때는 居喪中에 있었기 때문에 관직에 임명되지 않았고,
朴世堂의 思辨錄에 대해 論辨했다. 이 사변록은 朱子의 四書集註와
많은 차이가 있으므로 농암이 이것은 斯文과 관계되는 큰 일로 생각하
고 局外에 있는 것으로 피하려 하지 않고 그 부당성을 逐條 論辨했다.

55세 때 8월에는 탈상을 하고 삼주로 돌아왔다. 9월에는 漢城府尹에
제수되었으나 취임하지 않고 사직소를 올렸는데, 이때 숙종은 그 批答
에서 꼭 취임하게 하겠다는 생각을 굳게 하고 있으니 卿이 아무리 사양
하나 내가 허락하지 않을 것이니 君臣의 大義를 생각하고 빨리 오라고
했다.33) 이와같이 농암을 초치하기 위한 숙종의 의지가 매우 강했음을
알 수 있다. 그리고 이 해에도 잇따라 大司諫, 吏曹參判에 임명되었으
나 취임하지 않았다.

---

33) 『肅宗實錄』卷42, 31년 10월조. "左尹金昌協在楊州上疏辭職 答曰 必致乃己
之志 牢定於心 卿雖固辭 奈予之不許何 須念君臣大義 卽速上來"

56세 때 2월에 弘文館 및 藝文館 大提學에 임명되어 사직소를 올
렸으나 하락되지 않았다. 이 때 농암이 대제학에 임명되었으나 취임하
지 않으므로 숙종은 그가 비록 遺戒가 있다 할지라도 君臣間의 의리도
무거운 것이니 빨리 와서 취임하게 하라고 했다.[34] 이와 같이 숙종은
受灸時에도 농암이 취임하지 않은 것에 대해 관심을 가지고 빨리 오게
독촉했다.

농암이 관직에 임명되었을 때 취임하지 않고 사직소를 올렸으나 허락
을 받지 못했으므로 여러 번 올리는 경우가 많았는데, 대제학에 임명되
었을 때는 네 번이나 올렸다. 그가 첫 번째 疏에서는 취임도 하지 않았
는데 직함을 가진 지 한 달이 지났다고 하면서 자신은 병이 깊어 다시
사람이 될 희망이 없으며, 아직 숨이 끊어지지 않은 것은 얼마간의 壽를
연장하고 있는 것인데, 뜻밖에 그릇된 은혜를 입게 되었으니 이것은 하
늘이 재앙을 더해 죽기를 재촉하는 것이라 했다.[35] 그리고 再疏에서는
자신은 三家村의 老學究에 불과하므로 대제학은 전혀 맡을 능력이 없
음에도 밖에 있었기 때문에 노출이 되지 않아 능력이 있는 것으로 생각
한다고 했다.

三疏에서는 대제학이 맡은 의무 가운데 과거의 시험을 관리하는 것
이 가장 중요한 것인데, 지난 庭試에 대제학이 참석하지 않았으니 그것
은 자신이 직함만 띠고 외부에 있었기 때문이라고 했다.[36] 그리고 끝에
올린 소에서는 근래의 대제학이 해야 할 일을 하지 않은 것이 오래였다.
辭令과 敎命의 撰述과 文士들의 課試까지 매번 제학이 代行하고 있으

34)『肅宗實錄』卷43, 32년 4월조. "受灸時 上曰 大提學金昌協 雖有遺戒 君臣之
　　義亦重 使之斯速上來"
35) 金昌協,『農巖集』卷9,「辭大提學疏」. "伏以臣之虛帶銓任 已逾時月 … 臣
　　病在膏肓 無望復起爲人 尙以一息未絶 冀或延時月之壽矣 千萬意外 有此不
　　似之誤恩 殆天所以益其殊 而促其死"
36) 金昌協,『農巖集』卷9, 三疏. "至於文衡之任 本以掌試爲重 而日昨庭試 文
　　衡不與焉 則以臣在外虛帶故也"

니 제학은 능력이 있어 잘 하고 있으나 모양은 구차스러움이 있다. 그리
고 자신이 병으로 직함만 가지고 있은지 일년이 되면서 일은 다른 사람
이 하고 있으니 명분과 실상이 모두 잘못되었다고 했다.[37] 대제학은 많
은 벼슬 가운데 淸顯職으로서 文臣이면 누구나 念願하는 자리였으나,
농암은 끝까지 취임하지 않고 사양했으며, 숙종은 일년여 동안 그 자리
를 비어 두고 기다리고 있었으니, 농암은 固辭하고 숙종은 꼭 招致하고
자 한 의지가 평행을 이루고 있었음을 알 수 있다.

그리고 잇따라 刑曹判書와 禮曹判書에 임명되었는데, 대제학은 겸
임이었다. 농암이 형조판서에 임명되자 사직소를 올렸는데 숙종은 허락
하지 않고 그의 형 金昌集에게 농암이 취임하기를 권하게 下敎를 내렸
다. 이때 숙종은 金昌協이 조정에 나올 생각이 없는 것을 알고 김창집에
게 하교하여 출사하기를 간곡하게 바라고 있음을 전하게 했다. 김창집은
하교를 듣고 사례하며 그가 취임을 고사하는 사정과 아울러 병으로 실무
를 감당할 수 없음을 말하면서 이와 같은 특별한 은혜를 전하겠다고 말
했다.[38]

조선조에서는 이미 출사하고 있었던 인물이나 학덕이 높은 인사를 승
진 또는 초치했을 때 의례적으로 사양하는 것이 일반적이며, 한 두 번
사양하다가 취임하는 것이 대부분이었다. 그리고 출사하지 않는다 할지
라도 주위의 인물까지 동원하여 출사를 종용하는 것은 극히 드문 경우인
데, 숙종은 그의 형에게까지 하교하여 권유하게 했다. 이와 같이 특수한

---

37) 金昌協, 『農巖集』 卷9, 「辭大提學疏」. "近來大提學 作一虛器久矣 凡辭令敎
命之撰述 儒生文士之課試 每令提學代行 雖其人足以優爲而無不堪者 事體
則已苟矣 況以臣之廢疾在野 而虛假其號 殆至於一年之久 而尸其事者 顧在
他人 名實之乖舛 孰甚於此"

38) 『肅宗實錄』 卷43, 32년 4월조. "上以金昌協無意造朝 下敎昌集 使之傳致 上
意敦勉出仕 昌集起謝 仍陳昌協 不但情勢爲然 病在膏肓 實無運動之勢 然
異數至此 謹當以此傳言"

國恩이었음에도 농암은 고사하고 출사하지 않았다.

金壽恒이 신원된 후 처음으로 농암에게 내린 관직은 戶曹參議였는데, 해를 거듭할수록 내린 관직은 점차 높아 뒤에는 兩館大提學, 刑曹判書, 禮曹判書 등이었다. 농암은 예조판서에 제수되었을 때 그 사직소에서 십만을 주면 사양하고 만을 주면 받는 것은 옛날의 君子도 옳지 않다고 했는데, 참판을 주면 사양하고 판서를 주면 취임하게 되었을 때 자신의 혀가 있다 할지라도 사람들에게 어떻게 해명할 수 있겠습니까 하며 취임하지 않았다.[39]

57세 때 4월에 대제학의 사직소를 올렸으나 허락하지 않았다가 그 해 5월에 허락하며 知敦寧府事職만 가지게 했다. 농암은 44에서부터 57세에 이르기까지 수십 차례나 관직에 제수되었고 위에서 말한 바와 같이 位品도 점차 높아 뒤에는 대제학과 판서에 이르렀다. 이 과정에서 사회적인 여론도 적지 않았을 것이다. 즉, 농암은 수대에 걸쳐 仕宦을 했던 가문이었으므로 결국 취임할 것이라는 말도 있었을 것이고, 이와 반대로 나가지 않을 것이라는 의견도 있었을 것이다. 그리고 취임을 하지 않는다 할지라도 숙종의 특별한 예우에 한 번 나가 謝恩하는 것이 마땅하다는 주장도 있었을 것이다.

농암의 伯氏까지 동원하여 취임을 권유하게 한 숙종의 간곡한 초치에 농암이 출사할 것인가, 하지 않을 것인가 하는 당시의 여론에 대해 농암의 제자인 申靖夏는 깊은 연못에 있는 쏘가리를 보기 어렵더니 좋은 미끼를 보자 꼬리를 치고 온다네 한 것은 농암이 釣魚하면서 지은 시이다. 晩年에 임금께서 꼭 초치하고자 伯氏에게까지 출사를 권고하게 했는데, 그때 어떤 사람이 자신에게 선생께서 나갈 것인가 하고 물었을 때 위의 시를 외우며 이미 뜻을 밝힌 바 있어 나가지 않을 것이라고 했

---

39) 「年譜」 56歲條. "夫辭十萬而受萬 古之君子猶以爲不可 況今在貳卿則辭之 在上卿則就之 臣雖有喙三尺 其何以自解於人言乎"

는데, 과연 그렇다고 했다.[40] 이로써 볼 때 농암의 출처에 대해 당시 사류사회에서 많은 관심을 가지고 있었음을 알 수 있다.

그리고 농암에 대해 숙종이 초치하려는 의지가 강했고, 또 농암은 학문과 문장으로 이름이 높았으므로 당시 많은 사람들이 그가 출사하기를 바라고 있었고, 또 벼슬은 계속하지 않는다 할지라도 한 번 나가 謝恩하기를 기대하고 있었음에도 불구하고 결국 그는 취임하지 않았고 사은도 하지 않았는데, 이와 같이 여론을 외면한 농암의 태도에 대해 살펴보고자 한다. 이에 대해 농암의 제자인 魚有鳳은 선생이 만년에 계속 召命을 받아 禮遇가 극히 높았기 때문에 사람들은 한 번 나가기를 바라고 있었으나 선생의 뜻은 굳었다. 자신이 선생에게 임금의 보살피는 것이 이와 같은데 계속 움직이지 않고 있으니 어떻게 하고자 하십니까. 한 번 나가 사은하는 것도 의리에 해가 되지 않을 듯 합니다 했더니, 선생께서 한 번 나가 사은하는 것이 좋고 나도 그렇게 생각하고 있으나 우리 처지가 山林의 遺逸과 다르기 때문에 옛 사람과 같이 도망쳐 올 수도 없고, 또 나가서 더욱 禮遇를 많이 받게 되어 크게 난처한 처지에 이르게 되면 어떻게 하겠느냐, 그것을 염려하지 않을 수 없다고 했다.[41]

앞에서 살펴본 바와 같이 농암의 가문은 몇 대로 相臣이 계속 되었던 喬木世臣이었다. 당시 농암 자신도 숙종의 恩遇에 한 번 나가 사은하는 것이 도리인 줄은 알고 있었으나, 나가게 되면 山林遺逸과는 달리 쉽게 빠져 나올 수 없기 때문에 사은하지 못하고 있었음을 알 수 있다. 농암

---

40) 申靖夏, 『恕菴集』 卷16, 「雜記」. "深潭老鱖常難見 香餌前頭冉冉來 此農巖先生釣魚作也 晚年上必欲召致先生 至令其伯相公勸起 或有問於余曰 先生當出乎 余爲誦此作 曰未必然 先生已見志矣 已而果然"

41) 『農巖集』 別集 卷3, 附錄, 魚有鳳 錄 語錄. "先生晚年荐被恩召 禮遇極隆重 世或望其一出 而先生之志 堅如介石 有鳳嘗從容問曰 聖眷至此 而終不變動 果何如 若使古聖賢處之 或似有道理 一謝恩命而歸 莫亦無害於義否 先生曰 一謝未爲不可 吾意固如此 但吾輩處地與山林遺逸有異 不敢用古人逃遁法 一出脚後 或轉益層加 至於大難處之境 則何以收殺 此不可不慮也"

의 이러한 태도에 대해 농암 자신이 직접 밝힌 바 있다. 그가 權尙夏에
게 보낸 글에서 전후로 관직을 제수한다는 명령이 거듭되기 때문에 여러
번 사직소를 올렸으나 허락을 얻지 못했고 주위의 많은 사람들이 한 번
나가 사은해야 한다고 하나, 이미 마음으로 결정한 것인데, 한 번 나갔다
가 물러나기 어려울까 두려워 사은하지 못한다고 했다.42) 이로써 여러
번 召命에서도 나가지 않은 것은 농암이 벼슬하지 않겠다는 그의 의지
가 굳었기 때문이고, 또 숙종의 예우에 사은하지 않은 그의 의도도 짐작
할 수 있을 듯하다.

儒家에서는 명분을 重視하기 때문에 사림사회에서는 出處에 대해
신중하게 생각할 뿐만 아니라, 그것이 인물에 대한 평가에 指標가 되기
도 한다. 다시 말하면 나가야 할 때 나가지 않은 것도 비난의 대상이 되
고 있지만, 나가서는 아니 될 때 나가는 것도 지탄의 대상이 된다. 이와
같이 士林社會의 전통적인 관념을 전제해 두고 이때 농암이 취한 태도
에 대해 간단히 언급하고자 한다.

먼저 농암이 임명된 관직에 대해 취임하는 것이 마땅한가, 하지 않은
것이 옳은가 했을 때 농암은 숙종 8년에 과거에 합격하여 벼슬을 다년간
한 바 있었기 때문에 政局이 바뀐 후 숙종의 소명을 받고 출사한다 해도
나가서는 아니 될 때 나갔다는 비난받을 것은 없다고 생각된다. 그런데,
취임해도 무방했음에도 불구하고 끝까지 나가지 않은 것에 대해 이해되
는 바도 없지 않다. 그것은 그의 아버지 議政公은 뚜렷한 잘못도 없었는
데 당쟁에서 밀려났기 때문에 유배되었다가 잇따라 사사되었다. 그러한
참상을 직접 체험한 농암이 顯要職은 아니라 할지라도 하지 않겠다는
것에 대해 취임을 해야 했을 때 나가지 않았다는 비난은 받지 않았을
것으로 생각된다. 그리고 농암에 대해 숙종이 십여년 동안 일찍 유례가

---

42) 金昌協, 『農巖集』 卷12, 「與權致道」. "前後除命荐仍 屢辭不獲請 人多謂一
   謝不可已 而區區宿志 旣有所自定 正恐一出之後 盆難收殺 故不敢出此計"

드물 정도의 예우를 했음에도 불구하고 출사한 적이 없는 士林遺逸도 아니면서 당시의 현실적인 체제에서 한 번도 사은이 없었던 것은 출사를 하지 않겠다는 그의 단호한 의지의 표현이라 할지라도 지나친 것이 아닌가 할 수도 있을 듯하다.

57세 때 1월에 겸임하고 있었던 직위에 대해 사직소를 올렸으나 允許를 받지 못했고, 5월에 이르러 대제학은 遞職되었고, 知敦寧府事만 가지게 되었다. 그리고 서울 근처에 있는 道峯書院과 水落山에 있는 玉流洞을 유람하기도 했으며 10월에 三洲로 돌아왔다. 58세 때 봄까지 형제들과 같이 모여 서울 근교에 유람하기도 했는데, 4월에 삼주에서 세상을 떠났다. 농암의 건강에 대해서는 뒤에 따로 언급할 기회가 있겠지만 그는 세상을 떠날 때 오래 동안 병중에 있지 않았던 것으로 짐작된다. 연보에는 이때 寒熱證이 있었으며, 吐血이 재발되어 세상을 떠났다고 했다.[43]

이상에서 농암의 생애에 대해 전후기로 나누어 고찰해 보았다. 그는 30대 초에 과거에 급제하여 30대 후기까지 관직에 있었으나, 그때 位品이 높지 않기 때문인지 활동은 활발하지 않은 듯하다. 그리고 아버지 議政公이 유배지에서 後命을 받게 된 후부터 출사를 단념했다. 성격도 조용한 것을 좋아했던 것 같고, 중년부터 吐血症이 있어 그때부터 건강도 좋지 않았던 것으로 짐작된다. 후기에는 文才가 뛰어나 주위의 기대를 모았던 아들 崇謙과 아울러 두 딸을 몇 년 사이에 잃었기 때문인지 시골로 들어가서 활동은 많이 하지 않고 학문에 대한 연구와 찾아오는 제자들을 가르치는 것이 그의 후기 생애의 전부가 아니었던가 한다. 그러므로 그의 후기 생애는 복잡하지 않고 조용했으며, 물리치기 어려운 현요직을 외면하고 학자로서 學究에 정진하며 일생을 마쳤음을 알 수 있다.

---

43)「年譜」58歲條, "至是又寒熱之證 吐血乘虛猝發 以至於此"

제3절 人物 性格

농암의 일생에 파란이 없었던 바 아니었으나 그의 성격이 형성되었을 시기인 청소년기에 그의 가정은 극히 화려했다. 그러한 가정에서 성장했던 농암의 인물 성격이 어떠했는지 알아보고자 한다. 먼저 농암 자신이 쓴 글 가운데 그의 인물 성격을 이해하는데 도움이 될 만한 것부터 들어보고자 한다.

우리나라 선비들의 문집에는 죽음을 애도하는 挽詩가 많은 비중을 차지하고 있으며, 『農巖集』에서도 만시가 없는 바 아니다. 그런데, 만시가 지어지는 경우는 친분이 있었던 분이 세상을 떠났을 때 애도하는 의미에서 지어 보내는 것이 대부분일 것이고, 문명이 있는 분에게는 지어주기를 부탁하는 경우도 간혹 있는 듯하다. 농암에게도 만시의 청탁이 있었는데, 그것을 거절하는 내용을 들어보면 본인이 이같은 글의 酬應을 하지 않은지 오래였기 때문에 아는 분들의 부탁을 모두 거절했으며, 전일 李尙書의 초상에서도 결별의 말이 없을 수 없었는데, 그 청을 갚지 못했다. 지금 부탁도 꼭 해야 하겠지만 그렇게 되면 取捨에 혐의가 있어 마음이 불안할 뿐만 아니라, 이상서에게 두 번 죄를 얻게 되므로 어렵게 되었다. 그러므로 여러 번 생각하다가 부탁을 받아들이지 못하고 空幅을 돌려보낸다고 했다.[44]

이때 농암에게 挽詩를 부탁한 인물은 右議政이었던 申琓으로서 그의 冢婦가 세상을 떠난 것에 대한 부탁이었으며, 써 보낼 비단까지 전해

---

44) 金昌協, 『農巖集』 卷17, 「答申右相」. "第以昌協 久廢此等酬應 前後新舊所屬 一皆辭謝 如向來李尙書台丈之喪 尤不容無一語 而亦未副其請矣 今以台旨之重 而不免破戒 則實有彼此取捨之嫌 不但心不安 亦將重得罪於人 此殊難處 故反復思量 終不得承命 謹以空幅納于下執事"

졌음을 알 수 있다. 농암이 이 답장을 쓴 해를 壬午라 했으니 52세 때였
다. 농암이 50세 때 아들을 잃고 그 후부터 詩作을 하지 않았다고 하지
만 만시는 생자와 사자와의 결별의 슬픔을 반영한 것이므로 지어 주어도
무방하리라고 생각되는데, 농암이 그것을 완곡하게 거절한 것을 볼 때
그의 성격의 한 단면을 엿볼 수 있지 않을까 한다.

농암의 여섯 형제 가운데 昌翕은 나이 차이도 가장 적었을 뿐만 아니
라, 소년이었을 때부터 靜觀齋 李端相에게 같이 受學했고, 일생 동안
학문과 詩文을 중심으로 대화가 가장 많았다. 그는 농암에 대해 家兄이
선비들과 講論을 할 때 비록 젊은 후생이라 할지라도 그가 배우고자 하
는 의욕이 있으면 성의를 다해 가르치며, 종일 해도 피곤한 줄을 몰랐다.
그럴 때 친구들이 방문을 해도 그들과 말을 하지 않았다. 어느 날 同甫
가 찾아왔는데 가형이 院生을 가르치고 있으면서 인사말만 하고 다른
말이 없었기 때문에 그가 섭섭하게 생각하며 돌아갔다.[45] 김창흡이 여
기서 말한 동보는 李喜朝의 字이며, 농암의 바로 손아래 妻男이다. 그
가 왔을 때 원생을 가르쳤다고 했으니 농암이 삼주에 있을 때가 아니었
을까 짐작되는데, 서로 떨어져 있었으므로 자주 만나기 어려웠을 것임에
도 그가 찾아왔으나 안부만 묻고 강론을 계속했다고 하니 그는 理智的
이면서 냉정한 일면이 있지 않았던가 한다.

申靖夏는 자신이 聖源과 더불어 우연히 농암과 三淵에 대해 말하게
되었는데, 성원이 두 분의 같지 않은 점을 말하면서 농암은 경치가 좋은
곳을 찾아 유람을 가고자 했을 때 반드시 그곳에 볼 만한 것이 있으니
가서 보자고 하며, 돌아올 때도 가자고 말을 한다. 그러나 삼연은 갈 때
도 옆에 사람에게 말하지 않고 돌아올 때도 같이 가기를 기다리지 않는

---

45) 金昌翕,『三淵集』『拾遺集』卷31. "先生曰 家兄與諸生講論 雖新學後生 其
心向善 則必極意敎告 終日不知疲 或親友來訪 而不交一語 同甫一日來訪
家兄適院生論經 故寒暄之外 更無他語 同甫悵然而返"

다. 어느 날 삼연이 자신과 더불어 妙寂寺에 가기로 약속하고 자신의
집에 와서 자게 되었다. 다음 날 날씨도 춥고 눈이 오려하므로 가기 어
렵겠다고 했더니 삼연이 크게 꾸짖으며 破興을 시킨다고 하고 혼자 나
서기 때문에 부득이 가지 않을 수 없게 되었다.

골짜기에 들어섰을 때 눈이 많이 내리고 쌓였는데, 자신은 소매로 모
자에 쌓인 눈을 털고 가면서 삼연을 바라보았더니 몸이 온통 눈이었고
모자에 눈이 싸여 기울어지고자 했으나 끝까지 눈을 털지 않았는데 유리
빛과 비슷하며 如來佛이 출현한 것과 같았다고 했다. 혹은 말하기를 농
암이면 그 눈을 털었을까. 자신이 말하기를 털고 털지 않은 것은 자신이
알 수 없으나 털지 않는다 할지라도 아마 털어버리고 싶은 생각이 없지
않았을 것이라고 했다.[46] 이러한 기록은 농암과 삼연의 성격 차이에 대
한 기록이라 할 수 있겠으나 농암의 인물 성격을 이해하는데 좋은 자료
가 될 것으로 생각된다.

金昌翕은 농암에 대해 많은 기록을 남겼다. 그는 농암의 墓表에서
經學이 일세의 으뜸이었고 朝廷에서 논의할 때는 옳은 것으로 근본을
했고 마음가짐이 정대하여 의심이나 막힘이 없었다. 당쟁이 격해 反目이
서로 심했는데 한쪽으로 치우친 것이 없었다고 했다.[47] 농암은 32세 때
과거에 급제하여 成均館 典籍으로 벼슬을 출발하여 37세 때까지 관직에
있었는데, 34세 때 吏曹佐郎, 36세 때 吏曹正郎을 역임했다. 조선조 당

---

46) 申靖夏, 『恕菴集』卷16, 「雜記」. "余與聖源 … 適語及農巖三淵 聖源論二公
之不同處 曰凡與二公遊山水間 農巖則必曰 某處有可觀 可往 歸時又曰 可
還 三淵則往不語人 歸不待偕 一日約與聖源訪妙寂寺 來宿聖源湛華軒 翼朝
天寒欲雪 聖源以雪辭之 三淵大責以沒興 獨自步出 聖源不得已從之 入谷
雪大作鋪地一尺 聖源則以袖頻拂其巾帽而行 回顧三淵 渾身皆雪 帽壓欲摧
而終不一拂 怳然如琉璃光 如來佛出世 或曰 農巖則拂之乎 余曰 拂與不拂
則吾未知 縱使無拂 恐不當有意於無拂"
47) 金昌翕, 『三淵集』卷30. "先生經術伏一世 立朝言議 以是爲本 而處心正大
坦然無疑礙 在銓曹 注擬甚公 時士類載歧 睽猜甚矣 猶以先生爲無偏"

쟁은 宣祖 때부터 시작되어 최후기까지 계속 되었지만, 농암이 활동했던 시기인 숙종 때 가장 치열했다. 농암의 가문도 전대에서부터 西人이었고, 老少로 갈린 뒤에는 老論의 핵심세력의 하나였다고 해도 과언이 아니다. 옛날이나 지금이나 당쟁에는 黨利와 黨略으로부터 벗어나기 어려운 것인데, 농암이 조정에서 논의할 때 자신이 소속된 당쪽에 치우치지 않고 옳은 것으로 근본을 했다는 것은 그의 인품이 이해에 흔들리지 않았기 때문이라고 할 수 있을 것이다. 그리고 銓曹에 있을 때 인사의 추천이 偏私에 두지 않았다는 것은 높게 평가할 만한 것이 아닌가 한다.

김창흡이 농암의 사회적인 활동뿐만 아니라, 성격에 대해서도 언급한 바 있으므로 들어보고자 한다. 선생은 바탕이 밝았고 마음가짐이 까다롭지 않았으며, 젊었을 때부터 생각해서 행동하여 자랑하고 교만하거나 억지스러운 태도를 볼 수 없었고, 가족과 친척을 대할 때도 한결같이 온화했다. 평상시에는 표정이 밝고 화기가 있었으며 말할 때는 사람을 다치게 할까 두려워했으나, 論辨을 할 때 간사하거나 道를 어지럽게 하는 것이 있으면 그대로 두지 않고 반드시 분별을 했는데 음성이 크고 힘이 있어 대적할 수가 없었다. 그러나 선입견으로 편협하게 고집하지 않았으며, 상대의 말이 옳다고 생각되면 자신의 주장을 버리고 따랐다고 했다.[48] 이로써 보면 성격이 온순했으나 부당한 것과는 타협하지 않고 분명히 밝히고자 했음을 알 수 있다.

김창흡은 농암과 형제로서 비슷한 나이로 같이 자라면서 성장했기 때문에 누구보다도 농암의 인품을 잘 알고 있었을 것으로 생각되는데, 약간 과찬은 있었는지 모르지만 비교적 정확하게 언급한 것이 아닌가 한

---

48) 金昌翕, 『三淵集』 卷27, 「仲氏農巖先生墓誌銘」. "先生仁明成質 簡易爲心 從少至老 由內達外 設於容體 無矜持之態 見於踐履 無苟難之行 自事親從 兄 以至居室接賓 一以和順而無他 … 平居溫潤玉色 盎和滿面 出語如恐傷 人 而至有論辨 或惡其詖遁亂道也 必辨之不措 聲調高厲 氣節慷慨 凜乎其 鋒 殆不可犯 然未嘗偏主先入 見人一言之當 輒捨己見而從之"

다. 그리고 吳大濬은 농암에 대해 그의 강론이 정밀했기 때문에 체험한 것이 깊었고 본 것이 밝았기 때문에 행동이 독실했으며, 일상생활에서 하는 것이 모두 넓고 平正해 법을 할 만 했으며, 맑은 기상과 和順한 덕이 밖에까지 나타나게 되어 愛慕와 感服을 시키고 있는데, 그것은 학문이 깊어 道가 성취되었기 때문이 아니겠는가 했다.[49] 오대준은 농암의 제자였다. 그는 제자로서 스승의 학문이 정밀하고 행동이 독실하여 사람들을 스스로 감복하게 한다고 했다.

그리고 李瑋는 선생의 立志가 원대했고 학문하는 자세가 진실하고 간절했기 때문에 성취한 바가 우뚝하여 참으로 세상에서 쉽게 볼 수 없는 인물이라 할 수 있을 것이다. 어떤 사람은 선생이 소년이었을 때는 문장에 많은 관심을 가졌다가 후기에는 학문까지 渾成했는데, 중년에 참화를 입으면서 물러나 있었다고 했다. 선생을 그렇게 알고 있는 것도 정확하게 본 것이라고 했다.[50] 이위 역시 농암의 제자였다. 그렇기 때문인지 농암의 학문의 성취를 중심으로 언급하지 않았는가 생각된다. 그런데, 농암이 학문과 문장으로 상당히 성취했음에도 중년에 참화를 겪었기 때문에 退藏했다고 하지만 농암은 참화를 30대 후반부터 겪었다. 만일 그러한 禍故가 없었다면 관직에서 물러나지 못하고 계속 벼슬을 하고 있지 않았을까 하는 생각도 해 볼 수 있다. 그렇다면 후기의 학문적인 성취가 가능했을까 하는 생각도 없지 않을 듯하다.

吳熙常(1763~1833)은 농암이 일찍 말하기를 글은 精讀해야 하고 이치에는 깊게 논의해야 하며 마음가짐은 공정하고 바르게 가져야 한다. 그

---

49) 吳大濬, 『農巖集』 別集 卷2, 「祭文」. 夫其講之也精 故體之也深 見之也明
故行之也篤 日用之間 言動事爲 廓然平正 皆可爲法 而淸明之氣 和順之德
粹然發見於外 自令人愛慕而感服 則學其已至 而道其已成歟.

50) 李瑋, 『農巖集』 別集 卷2, 「祭文」. "以先生立志之遠大 爲學之眞切 所成就
之卓然者而論之 眞所謂不世出之大賢 而或者見先生之少習文章 而老自渾
成 中經禍故 而甘於退藏 遂欲以此而知先生 其亦童觀也已"

리고 일을 할 때는 굳게 또는 반드시 성취하게 해야 하며 사물을 대할 때
는 지혜로써 처리해야 할 것이라고 했다.[51] 이로써 보면 농암이 학문을
논할 때는 정밀하고 분석적이었으며, 모든 일에 신중했음을 알 수 있다.

그리고 李喜朝는 공의 인품이 높고 出處가 확실했으며 학문이 순정
하고 문장이 뛰어난 것은 오늘날에서만 얻기 어려울 뿐만 아니라, 아마
전대에도 드물 것인데, 좋은 때를 만나지 못해 禍故로 출세를 단념했
다.[52] 이희조는 어렸을 때부터 농암을 보아왔고 일생 동안 가깝게 지냈
기 때문에 누구보다도 잘 알고 있었을 것으로 생각되는데, 농암의 인품
이 높고 출처가 확실했다는 것에 대해 인품이 높다는 것도 인정이 되지
만 출처가 확실했다는 것을 볼 때 숙종의 여러 차례의 소명에 농암이
취한 태도가 당시 사람들의 여론으로부터 좋게 평가되었다는 것을 立證
한 것이 아닌가 한다.

金邁淳(1776~1840)은 논자들이 말하기를 國朝에서 儒賢들이 많이
배출되었지만 歐陽修의 문장과 朱熹의 의리를 합쳐 일가를 이룬 자는
오직 선생이 접근했을 것이라고 했다.[53] 여기에서 朱子의 義理는 그의
經學에 바탕을 둔 학문을 의미한 것이라 하겠는데, 학문과 문장은 선비
들이 누구나 하고자 하는 것이겠지만 서로 성질이 다른 것이다. 그러므
로 문장에 능하게 되면 학문에 깊지 못할 수 있고, 따라서 학문에 깊게
되면 문장을 소홀히 할 수밖에 없을 것이다. 그러므로 조선조의 많은 유
현들에서도 두 가지에 모두 능한 인물은 드물었는데, 다음에 다시 구체
적으로 언급할 기회가 있겠지만 농암은 학문과 문장에도 깊었기 때문에

---

51) 吳熙常, 『農巖集』別集 卷4, 附錄, 「請從祀文廟疏」. "而嘗曰 書不可不細讀
   理不可不熟講 處心不可不公平 作事不可以固必 應物不可以用智也"
52) 李喜朝, 『芝村集』卷18, 「祭農巖金公文」. "公人品之高 出處之確 學問之正
   文章之卓 不惟斯世之難得 抑亦前代之所罕 顧乃生不遇時 禍故自廢"
53) 金邁淳, 『臺山集』卷14, 農巖先生, 家史 外傳. "論者曰 國朝儒賢盛矣 若歐
   陽子之文章 朱文公之義理 合爲一家者 惟先生庶幾焉"

당시는 물론 후대에서도 존경받는 인물이 되었다.

농암의 인물 성격에 대한 이상의 고찰은 김창흡을 비롯하여 그의 주변 인물들의 기록을 중심으로 살펴보았는데, 다음에는 肅宗實錄에 실려 있는 그의 書卒을 들어보고자 한다. 昌協의 자는 仲和이며, 영의정 김수항의 둘째 아들이다. 타고난 바탕이 溫粹하고 깨끗해 한 점의 俗氣가 없었다. 문장이 典則하고 두터워 歐陽修 문체의 영향을 많이 받았으며, 건국 후 작가다운 작가가 몇 사람에 불과했는데, 그들과 겨룰 만하다고 한다. 시는 漢魏의 시와 杜甫의 영향을 받아 高古하고 雅健하며 淺薄하지 않았으나, 얼마 후 그것이 선비들의 할 일이 아니라 하고 六經과 性理學에 침식을 잊고 정진하여 견해가 정밀하고 정확했으며 공부가 독실해 근대의 선비들과 비교할 바 아니다. 朱子書에 더욱 연구가 깊어 宋時烈이 『朱子大全箚疑』를 저작할 때 그의 의견을 많이 따랐다고 한다.

만년에 政界와 學界가 어지러울 때 정의로써 邪詖한 것을 물러치는 것을 자신의 책임으로 했기 때문에 그것으로 世道가 유지되어 儒林의 宗匠이 되었으며, 그를 좇아 배우는 자가 많았는데 가르침을 게을리 하지 않았다. 후생들 가운데 文詞로써 묻는 자가 있으면 학문을 하게 권유했다. 젊었을 때 殿試에 장원하여 그에 대한 기대가 높았으며, 經筵에서 임금에 강을 할 때 范祖禹와 같이 철저하게 했으며, 더욱 임금의 잘못은 시정하고자 했고 어려운 일을 만나게 되어도 피하려 하지 않았다.

己巳年의 화를 당한 후 벼슬하려 하지 않았고, 신원이 된 뒤에 여러 번 불렀으나 나가지 않았으며, 산 속에서 굶주리면서도 끝까지 지켰기 때문에 그와 생각을 달리하는 자들도 높이 여기며 따라하기 어렵다고 했다. 그는 資稟이 순수했고 문장이 뛰어났으며 학문이 깊어 어느 때나 있을 수 없는 큰 선비였는데, 이때 세상을 떠났으니 58세였다. 太學生들이 모두 와서 奠을 드리었고 학자들이 농암선생이라 했으며, 문집 34권이 세상에 유행하며 謚號를 文簡이라 했다.54)

實錄의 書卒에서 인물에 대한 논평은 개인이 한 것과는 달리 국가에
서 史官이 한 것이기 때문에 정확하다고 볼 수 있다. 물론 조선조 중기
이후부터 實錄이 편찬될 당시 집권세력이 어느 쪽이었느냐 하는 것에
따라 서졸의 대상인물에 대한 논평이 지나친 바가 없지 않았다. 그러나
그러한 경우는 드물었고 비교적 공정했다고 볼 수 있다. 위에 인시한 농
암에 대한 논평은 諸家들의 기록과 별반 차이가 없다고 보겠는데, 이로
써 보면 농암의 인물 성격은 온화하면서도 부당하다고 생각되는 것과는
용서하거나 타협하려 하지 않았으며, 일생 동안 학문에 전념했음을 알
수 있다.

제4절 趣味와 嗜好

1. 취 미

옛날 선비들은 절제된 생활을 했기 때문에 특별한 취미와 기호를 가

---

54)『肅宗實錄』卷46, 34년 4월조. "知敦寧府事金昌協卒 昌協字仲和 領議政壽
恒第二子也 天資溫粹 潔淸無一點塵俗氣 爲文章典則醲郁 深得六一精髓 國
朝以來作者 不過一二公 昌協可以鼎峙云 詩亦出入漢魏 翼以少陵 高古雅健
不事膚革 己而謂此不足爲吾儒究竟事業 逐專精六經 以及濂洛關閩 浸涵演
迤 至忘寢食 見解精確 工夫篤實 非挽近拘儒可倫也 於朱子書用功尤深 宋
時烈著朱文箚疑 多用其說 晩歲當義理晦塞 斯文磔裂之會 以表正名義 攘斥
邪詖爲己任 世道賴以維持 蔚然爲儒林之宗 從學者甚衆 訓誨不少倦 後生有
以文詞取正者 輒引以進之於學問 少登魁科 望臨一時 進講法筵 有淳夫三昧
之譽 尤眷眷於君德闕遺 遇事規切 不避觸忤 及遭己巳之禍 不復有意於當世
更化之後 屢召不起 忍飢窮山 固守而終身 雖異趣者 亦高仰之 以爲難及 蓋
論其資稟之純 文章之高 學術之深 俱詣絶於人 允可爲間世之鴻儒云 至是卒
年五十八 太學生捲堂來奠 學者稱之爲農巖先生 有文集三十四卷行于世 後
贈諡文簡"

지기 어렵고, 또 가지고 있었다 할지라도 그것을 말하지 않았기 때문에 어떤 취미와 기호를 가졌는지 알기 어렵다. 그러므로 농암의 경우도 본인이 말한 바 없기 때문에 알기 어려운 바가 없지 않으나, 주위 사람들의 기록을 중심으로 농암의 취미와 기호가 어떤 것이었을까 하는 것을 살펴보고자 하는데, 먼저 취미부터 알아보고자 한다.

李喜朝는 농암에게 보낸 편지에서 足下가 詩文과 書畵에 이르기까지 잘하지 않은 것이 없었는데, 근간에는 모두 精美한 수준에까지 이르게 되었으니 그것은 才氣가 뛰어났기 때문에 가능했을 것이며, 세상 사람들의 처지에서 보면 매우 기특한 일이 될 것이다. 산문과 시를 잘 지으며, 또 그림과 글씨도 잘 그리고 쓰니 앞으로 칭찬을 받을 뿐만 아니라, 지금도 하례할 만한 일이라 했다.55) 이로써 보면 농암이 經學을 비롯하여 詩文은 물론이겠고 書畵에 이르기까지 상당한 수준으로 잘했음을 알 수 있다. 이희조가 이 글을 보낸 시기를 甲寅이라고 했으니 농암의 나이 24세 때였다. 이 시기에 서화까지 잘했다고 하니 어렸을 때부터 素養이 있었음을 알 수 있다.

詩書는 선비들 사회에서 강조되었던 것이기 때문에 어느 정도의 수준은 잘 할 수 있었을 것이다. 그런데, 농암은 그림까지 잘했다고 하니 그것은 드문 일이 아닐 수 없다. 위에서 이희조는 농암이 그림도 상당한 수준이었다고 했으니 이에 대한 다른 기록과 전해지는 그림이 있는지 알아보고자 한다.

金邁淳이 農巖先生扇畵贊을 쓴 것이 있다. 그 小序에 老湖 吳丈56)의 집에 농암선생이 그린 그림이 있는 부채가 있었는데, 그 그림을 넣은

55) 李喜朝,『芝村集』卷8,「與金仲和」. "足下於詩文書畵 俱亦無所不能 至於近日 皆造精美之域 此固才氣過人而然矣 自世人觀之 此何許奇特事 旣文而詩 又筆而畫 誠足可稱於來 今必將奉賀之不暇矣"
56) 老湖 吳丈은 老洲 吳熙常일 것이다. 그의 生家 曾祖母는 농암의 셋째 딸 吳氏 婦人이다.

상자에 국문으로 아버지가 그린 秋景이라고 썼다. 그 글씨는 吳丈의 曾
祖妣가 직접 쓴 글씨이며, 그림은 선생이 그린 것이라 했다.[57] 老湖의
증조비는 농암의 셋째 딸이다. 이로써 미루어 볼 때 부채에 그린 秋景은
농암이 그린 것임을 확인 할 수 있다.

농암의 그림에 대한 기록은 김매순의 扇畵贊만 있는 것이 아니고, 그
의 族姪 金時敏이 쓴 농암의 筆畵跋이 있다. 그 내용을 들어보면 선생
이 어찌 이런 일에 종사했을까. 天才가 뛰어나 먹으로써 묘하게 표현한
것이 스스로 그렇게 된 것이다. 평범한 가운데 정밀함이 있고 法度가
조용하며 구성이 아름다워 일반 사람으로서는 미치기 어려운 것이다. 들
은 바 退溪先生이 그림을 잘 그려 세상에 전한다고 했으니 規模와 格
調面에서 두 선생의 것이 어떠했는지 알 수 없으나, 그린 것이 서로 비
슷하지 않았을까 생각해 본다. 선생의 이 부채는 언제 그렸으며, 누구에
게 준 것인지 알 수 없으나 많은 세월이 흐른 뒤에 내 손에 들어와서
가지게 되었으니 우연이 아닐 것이라 했다.[58]

이러한 跋文에 따르면 김시민이 가진 그림도 부채였음을 알 수 있으
며, 언제 그렸고 누구에게 그려 준 것인지 알 수 없다고 했으니, 김매순
이 선화찬을 쓴 것과 같은 것이 아니었을까 하는 생각을 할 수 있겠으나
같은 것은 아닐 것이다. 이렇게 보려는 것은 老湖 吳丈이 가지고 있었
다는 부채는 농암의 딸이 넣은 갑에 썼다고 한 것으로 보아 딸에게 그려
준 것으로써 그 가문에서 3대로 전해 오는 것이다. 그리고 김시민이 跋

---

57) 金邁淳, 『臺山集』 卷9, 「農巖先生扇畵贊」. "老湖吳丈宅 臧農巖先生扇畵 匣
    有諺識 曰父親所寫秋景 卽吳丈曾祖妣手蹟 是惟先生所銘"
58) 金時敏, 『農巖集』 別集 卷4, 「筆畵跋」. "先生何嘗從事於此 天才甚高 其發
    於墨妙者 自爾如此 平曠之中 精深縝密 法度從容 鋪舒宛轉 有非俗功所可
    及 … 嘗聞退溪先生 工於畵而傳於世 規模格調 未知兩先生果何如也 而想
    亦楮墨間 必有可以彷象者矣 噫先生此扇 不知何年所寫 何人所得 而今滄桑
    事變之後 落於吾手帖而藏之 事非偶然也"

文을 쓴 부채는 그린 연대와 누구에게 그려 준 것인지 알 수 없고 세월이 흐른 뒤에 자신이 가지게 되었다고 했으니, 그는 농암의 족질이므로 같은 부채가 아니었음을 분명히 알 수 있다. 이로써 보면 농암이 그린 그림이 또 어떤 것이 전하고 있는지 알 수 없지만 부채는 두 개가 전했음을 알 수 있는데, 딸이나 다른 사람에게 그려 줄 정도이면 김시민이 鋪敍가 婉轉하고 精美하다고 한 것이 지나친 과찬은 아니었던 것으로 짐작된다. 그리고 김시민이 가지고 있었던 扇畵는 其發於墨妙者라 했으니 墨畵였음을 짐작할 수 있다. 그러나 딸에게 그려 준 것은 秋景이었다고 하니 彩色畵가 아니었을까 생각된다. 우리나라 文人畵 가운데 四君子를 그린 墨畵는 적지 않게 볼 수 있으나 채색화는 드물다. 농암이 그린 그림 가운데 묵화만이 아니고 채색화까지 그렸다면 그의 그림 솜씨가 상당한 수준이었음을 짐작할 수 있다.

이와 같이 농암은 그림을 잘 그렸을 뿐만 아니라, 그림에 대한 이론도 어느 정도 갖추었음을 알 수 있는데, 그림에 대한 이론은 그의 谷雲九曲圖跋에서 세상 사람들이 좋은 것을 보면 逼眞하다고 하며, 또 경치가 아름다운 곳을 보게 되면 반드시 그림 같다고 말을 하는데, 그것은 산수의 아름다움을 모두 볼 수 없기 때문이 아니겠는가. 그리고 깊숙하고 멀리 떨어져 인적이 미치기 어려운 곳에 집을 짓고 개와 닭들이 한가롭게 놀고 있는 아름다운 경치를 쉽게 얻을 수 없지만 그림을 그리는 사람은 하고 싶은 대로 족자에 그려 좋은 경치가 있는 곳을 그려 낼 수 있다고 했다.[59] 이러한 跋文에 따르면 현실세계에서는 아름답고 자연스러운 곳을 찾기 어렵지만 화가는 임의대로 그러한 곳을 그릴 수 있다고 했다. 이로써 볼 때 농암은 그림에 대한 이론과 아울러 그림 솜씨도 상당한

---

59) 金昌協, 『農巖集』卷25, 「谷雲九曲圖跋」. "世言好圖畵 固曰 逼眞 而其稱好境界 又必曰 如畵 豈不以佳山秀水勝美難該 而其幽深夐絶 又人跡所難到 能於其間 著村莊民物雞犬煙火 以粧點物色 尤不易得 而畵者却能隨意所到 布置攢簇 往往於筆下 幻出一絶好境界故耶"

수준이었음을 알 수 있다.

농암이 화려한 가문에서 태어나 청소년이었을 때는 학문과 詞章에 몰두하면서 그림은 단순히 취미로 그려본 것으로 짐작되는데, 그와 같이 잘 그렸다고 하면 그것은 그림에 대한 천부적인 재능이 뛰어났기 때문이었을 것이다. 그림은 그들 형제 가운데 농암뿐만 아니라, 그의 동생 老稼齋 金昌業도 잘 그렸다고 한다. 그것은 송시열 후손 宗家에 소장된 尤菴 影幀의 影草를 그가 그렸다는 것에서도 알 수 있다. 그리고 김매순은 扇畵贊에서 丹靑은 世我家性이라 했다. 이로써 미루어 볼 때 농암이 그림에 천부적인 재능을 가진 것은 家性일 수도 있을 것이다.

농암이 그림을 그리게 된 것은 타고난 재능이 있어 젊었을 때 취미로 그려 본 것이지 그것으로 대가가 되어 보겠다는 의도는 조금도 없었을 것이다. 옛날 선비들은 취미로 하는 詩, 書, 畵 가운데 그림을 가장 낮게 보았을 뿐만 아니라, 專業으로 선택하는 것은 보기 드물었다. 그러므로 김매순도 예능에 능한 나머지 옆으로 그림까지 했는데, 잠깐 유희로 한 것이며, 대개 초년이었다고 했다.[60]

앞서 李喜朝가 농암에게 보낸 글 가운데 詩文과 書畵까지 잘한다고 했는데, 글씨는 옛날 선비들이 많이 썼기 때문에 어느 정도의 수준은 누구나 썼을 것이다. 그러나 이희조가 글씨를 잘 썼다고 한 것은 일반적인 수준을 중심으로 말한 것은 아닐 것이다. 그런데 농암의 글씨에 대해 자신도 말한 바 없을 뿐만 아니라, 그의 글씨에 대해 언급된 것을 보기 어렵고 다만 魚有鳳의 기록에 따르면 자신이 布衣로 있을 때 石室에 가서 선생을 뵈옵고 彩牋을 드리며 글씨를 써 주기를 청했던 바 陶淵明의 四言詩 두 편을 써 주므로 병풍을 만들어 사십 년 동안 가지고 있다고 했다.[61] 이로써 보면 농암이 글씨까지 상당한 수준으로 잘 썼음을 알 수

---

60) 金邁淳, 『臺山集』 卷9, 「農巖先生扇畵贊」. "藝能之餘 旁及粉繪 薄言遊戱 盖在初年"

있는데, 그것은 魚有鳳이 존경하는 스승의 글씨라 할지라도 잘 쓰지 않았다면 글씨를 받아 병풍을 만들지 않았을 것이기 때문이다. 농암이 글씨를 잘 쓰는 것은 타고난 재능이겠지만 그의 伯父인 金壽增도 八分으로 유명했고, 오늘날 그의 傍孫들 가운데 글씨를 잘 쓰는 후손이 여럿이 있는 것을 보면 글씨도 그림과 같이 그의 家性이 아닌가 한다.

이와 같이 농암이 시문은 물론 서화에 이르기까지 다재다능한 것에 대해 이희조는 실지 공부에 마음을 두지 않고 단지 과거에 합격하여 유명하고자 하면 가능하겠지만 聖賢의 지위에 이르고자 하는 공부에는 분명히 방해가 될 것이라고 하면서 사람의 마음은 두 곳에 쓸 수 없는 것이다. 이곳에 쓰고자 하면 저곳에 쓸 수 없고, 저곳에 쓰고자 하면 이곳에 쓸 수 없다. 만일 오늘 시에 마음을 두고 다음 날 산문에 마음을 두며, 그 다음에는 글씨에 또 그 다음 날에는 그림에, 그 다음 날에는 학문에 마음을 두고자 하면 노력이 분산되어 성공하기 어려울 것이다. 足下가 소년이었을 때는 여러 가지에 관심을 가졌다 할지라도 장성하게 된 후에는 하나에 精熟하게 해야 할 것이며, 하나씩 정리하여 크게 해가 되지 않게 해야 할 것이다. 그런데, 염려되는 것은 足下가 여러 곳에 재능이 뛰어나 한 곳에 전력을 다하지 못하고 그 재능을 잘못 사용할까 두렵다고 했다.[62]

조선조는 性理學이 발달했던 사회였으므로 理學에 독실하게 공부하고자 하는 학자들 가운데는 書畵는 물론 詩文에 이르기까지 관심밖에

---

61) 魚有鳳, 『農巖集』別集 卷4, 「書帖後小跋」. "余在布褐時 拜農巖先生於石室 呈彩牋乞得手筆 先生乃書陶靖節四言詩二篇以與之 作屛敬玩 垂四十年矣"
62) 李喜朝, 『芝村集』卷8, 「與金仲和」. "盖人心不可二用 如用於此時 不可用於彼 用於彼時 不可用於此 如或今日留心於詩 明日留心於文 又明日留心於筆 又明日留心於畵 又明日留心於學 則豈不力分而無所成乎 盖足下於此 自少時已然 長大自能精熟 苟或略略收拾 亦何至大害 但恐足下才高 或不能專一於此 而枉用工夫也"

두고자 하는 학자들이 없지 않았다. 농암이 서화로써 크게 성공해 보겠다는 의지가 있었다면 모르지만 그는 理學의 연구에 정진하고자 했기 때문에 그 자신도 성장하면서 학문 연구에 방해가 된다고 생각되는 서화에 점차 관심을 멀리하게 되었을 것이며, 이러한 결심을 하게 된 것에는 이희조와 같은 인사들의 권고도 일조가 되었을 것이다. 그러나 학문에 밀려 서화에 그 재능을 충분히 발휘하지 못하게 된 것도 아쉬움이 없는 바 아니다.

2. 기 호

論語에 선비가 道에 뜻을 두고 있으면서 惡衣와 惡食을 부끄럽게 여기는 자와는 논의할 것이 못된다고 했다.[63] 이와 같은 가르침에 따랐기 때문인지 지난 날 선비들의 생활은 극히 절제되어 어떤 嗜好가 있었는지 알기 어려웠는데, 농암도 마찬가지다. 특히 농암은 행동이 극히 신중했고 절제가 심했기 때문에 더욱 알 수 없다.

그런데, 농암의 기호로 술을 말하고자 한다. 술은 음식으로서 마시는 것은 일반에게까지 보편화되었다. 그러나 과음을 했을 경우에 실수를 할 수도 있으므로 행동에 성실한 분들은 과음을 삼갔다. 이러한 술을 농암의 기호로 말하고자 하는 것은 그의 시의 詩材와 내용에 술과 상관이 있는 것이 적지 않고, 또 與答書簡의 내용에서도 혼히 볼 수 있기 때문이다. 예를 들면 김창흡에게 보낸 答書에 요사이 12월에 보낸 글을 받은 후 가는 인편이 있었으나 그때 술을 마셔 답을 쓰지 못한 것이 한이 된다고 했다.[64] 이로써 보면 편지를 받고 인편이 있었으나 그때 술에 취해

---

63) 『論語』卷4, 「里仁篇」. "子曰 士志於道 而恥惡衣惡食者 未足與議也"
64) 金昌協, 『農巖集』卷11, 「答子益」. "頃得十二書後 旋有歸便 而適被酒 不能 作復爲歎"

답을 쓰지 못한 것이 후회가 된다고 했는데, 이와같이 술과 상관있는 것을 적지 않게 볼 수 있다.

농암이 술을 좋아 했다는 것은 그의 九日與諸生攜酒登高詩에서도 알 수 있으므로 여기 옮겨 보고자 한다.

臥病那能負菊觴　　臥病인들 국화철에 술을 거절하리
小驢扶我上高岡　　나귀 타고 산등성에 올랐다오.
森森萬木知霜氣　　무성한 나뭇잎에 단풍이 들려하고
歷歷三洲見夕陽　　뚜렷이 보이는 삼주에 석양이 진다.
老去尙堪供節序　　늙었으나 계절의 변화는 느끼지고
心期久已託滄浪　　마음은 이미 자연에 맡겼다오.
不須更問明年健　　명년 일은 다시 묻지 말고
且較樽前興長短.　　두루미 앞에서 흥이나 다투어 보세.
　（『農巖集』 卷五)

이 작품은 詩題에서 알 수 있는 바와 같이 九月 九日에 제자들과 함께 술을 가지고 높은 곳에 올라가서 지은 시인데, 언제 지었는지 말하지 않았기 때문에 알 수 없으나, 내용에 삼주가 있는 것으로 보아 농암이 鷹巖 등지에 거주하고 있다가 47세 때 모부인이 서울에 있었으므로 찾아 뵙기에 가까운 삼주로 옮긴다고 했으니 그 후에 지은 작품일 것이다.

이 시의 首聯은 병으로 누어 있었으나 국화꽃 피는 좋은 계절에 술을 사양할 수 없다고 하며 제자들과 더불어 야외의 높은 곳으로 나간다고 했으니 농암의 풍류를 짐작할 수 있을 듯하다. 頷聯은 높은 곳에서 바라본 주변의 광경인데, 知字의 感度에 계절의 시기를 짐작하게 한다. 頸聯은 늙었지만 계절의 감각은 아직 살아 있다고 하면서 자신의 건강은 자연적인 것 즉, 하늘에 맡겼다고 했으니 농암의 인생관을 짐작할 수 있지 않을까 한다. 尾聯은 명년의 건강은 묻지 말고 이 자리에서 서로 흥이나 돋구자고 했으니 낭만적임을 알 수 있는데, 농암의 시에서 보기 드문 것이라 할 수 있다.

위에서 살펴 본 농암의 書卒에서 농암의 시가 杜甫 시의 영향도 받았다고 했는데, 이 시는 格調가 渾厚하여 杜詩를 읽는 듯한 느낌이 든다. 조선조는 중기 이후부터 唐詩를 선호했던 문인들의 작품이 晚唐詩의 영향을 받아 穠麗한 시가 많았던 것을 볼 수 있는데, 농암은 유행을 따르지 않았다. 어쨌든, 농암의 건강에 대해 다음에 따로 언급하겠지만 그는 삼십대 중반부터 있었던 吐血症이 세상을 떠날 때까지 치유가 되지 않았다고 했는데, 그 病原에 대해 말하지 않았기 때문에 알 수 없으나 술이 좋지 않았을 것임에도 불구하고 술을 계속 마셨다고 하니 농암이 술을 좋아했음을 알 수 있으며, 아들인 崇謙도 19세에 세상을 떠났으나 그의 시에는 술과 상관있는 말이 적지 않으므로 부자가 愛酒하지 않았던가 한다.

제5절 健康과 家族

1. 건 강

농암의 건강에 대해 그의 연보에 최초로 나타난 기록으로는 36歲條에 병으로 遞職이 되었다고 하면서 선생이 본디부터 吐血症이 있었는데, 이때 講筵에 入侍해 있다가 갑자기 피를 토해 院中에 물러나 있었다. 임금께서 특별히 사람을 보내 물으시고 珍劑를 내렸고, 다음 날 사직소를 올리자 체직되었다고 했다.[65] 이로써 보면 이때 강연에서 토혈

---

65) 『農巖集』 卷35, 「年譜」 36歲條. "先生素有吐血症 一日入侍講筵 猝然血出 遂退出院中 上特下問 且賜珍劑 翌日因辭疏許遞"

을 해 체직되었음을 알 수 있다.

그런데, 농암에게 토혈은 이때 처음 나타난 것이 아니고 이미 있었다고 한다. 그리고 위에서 말한 바와 같이 중간에 치유가 된 것이 아니고 세상을 떠날 때도 토혈이 결정적인 원인이 되었다고 한다. 연보의 기록에 따르면 선생이 잇따라 喪禍를 겪으면서 병이 더욱 깊었고 지난 겨울에 여러 번 감기로 柴削하는 것이 더욱 심했다. 이때 寒熱症으로 고생을 하고 있었는데, 갑자기 토혈로 세상을 떠나게 되었다고 했다.[66] 이로써 보면 토혈증이 언제부터 있었는지 알 수는 없지만 중년부터 세상을 떠날 때까지 있었음을 알 수 있다.

이와 같이 농암이 오랫동안 고생을 하게 된 토혈증에 대해 다른 기록은 볼 수 없으니 그 病原이 무엇인지 알 수 없으나 필자의 상식으로는 結核같은 것도 생각해 볼 수 있겠는데, 위에서 말한 바와 같이 농암이 술을 좋아 했다는 것은 그의 시 여러 곳에서 발견할 수 있다. 그러므로 그 토혈이 결핵 때문이었다면 중년 때부터 금주를 철저히 하지 않았을까 하는 생각인데, 중년 후에도 계속 술을 마신 흔적이 있는 것을 보면 결핵으로 말하기도 어렵지 않을까 한다. 어쨌든, 농암이 중년부터 건강이 좋지 않았던 것은 사실이고, 자신도 건강이 좋지 않은 것에 대해 수차 말한 바 있으므로 중년부터 그의 건강에 대해 차례로 살펴보고자 한다.

농암이 34세 때 校理로 임명된 얼마 후 辭職疏에서 금년 봄에 자신이 중한 병에 걸려 징조가 매우 나쁘고 뿌리도 깊은 것이었으나, 그때 國喪이 있어 병을 말하지 못하고 분주하게 직무를 수행했기 때문에 힘이 빠져 남은 것이 없다고 전제하면서 엊그제부터 병세가 더욱 심해 열이 오르고 머리도 멍하고 눈도 현기증이 있으며 어깨가 결려 행동이 자유롭지 못하고 호흡이 급해 끊어질 듯한데, 이것은 모두 전에부터 있었

---

66)「年譜」58歲條. "先生洊經喪禍 疾病深痼 自前冬屢添外感 柴削益深 至是
　　又患寒熱之証 吐血乘虛猝發 以至於此"

던 것으로서 지나친 활동과 감기로 전에 비해 몇 갑절이 더하게 되었다
고 했다.[67]

이 遞職疏는 농암이 건강상의 이유로 현재 맡은 직책을 수행할 수
없으니 閑職으로 바꾸어 달라고 청원하는 것이기 때문에 약간의 과장은
있을 수 있겠으나, 임금에게 올린 글이므로 지나치게 말할 수는 없었을
것이다. 이 글은 34세 때 올린 글로서 講筵에서 토혈한 때로부터 2년
전이다. 여기에서 토혈했다는 말은 없으나 30대 중반이 되기 전부터 건
강이 좋지 않았음을 알 수 있다. 농암이 이 체직소를 올린 때가 그 해
4월이었는데, 8월에 按廉使로 嶺南에 갔다가 10월에 復命하게 되었다.

그리고 농암이 35세 때 2월에 副校理에 임명되었는데, 그때 올린 사
직소에 지난 해 영남으로 명령을 받고 사천여리나 다니면서 그곳 風土
의 瘴毒으로 인해 말할 수 없을 정도로 건강을 해친 바 되었고 … 지금
의 증세는 열이 높고 담이 많으며 吐血을 계속해 원기가 크게 소모되었
고 체중도 많이 줄어져 의원이 보고 病根이 깊고 증세가 매우 나쁘기
때문에 지금 치료하지 않으면 앞으로는 어찌할 수 없다고 한다 했다.[68]
이 疏文에 따르면 토혈을 많이 했다고 하니, 36세 때 강연에서 토혈했을
때 본디부터 그러한 증세가 있었다고 한 것이 사실이었음을 알 수 있다.
농암이 토혈을 언제부터 했는지 알 수 없으나 30대 중반에 계속했고, 위
에서 살펴 본 兩次 疏文에서 병세에 대해 열이 오르고 호흡이 헐떡거리
며 목에 담이 많다고 했으니 증세가 좋지 않은 병인 것만은 분명하다고

---

67) 金昌協, 『農巖集』 卷7, 「陳所懷仍乞遞職疏」. "自昨疾勢大作 火升痰厥 頭暈
目眩 腰脇牽痛 俯仰俱妨 呼吸喘促 煩悶欲絶 凡此皆素有之證 而因之以勞
傷 重之以外感 輾轉增劇 視前倍蓰"

68) 金昌協, 『農巖集』 卷7, 「辭副校理疏」. "往年 奉命嶺南 驅馳跋涉四千餘里
觸冒瘴毒 衝犯風寒 其所受傷 蓋不可勝計 … 以最是火熱極盛 頑痰用事 吐
血無數 眞元大耗 飮啜日益減損 肌肉日益銷削 醫人見者 皆以爲根柢深痼
證兆危惡 失今不治 將不可爲"

생각된다.

농암의 이러한 병세는 약을 먹고 치료를 하게 되면 小康 상태가 되었기 때문인지 34세 때 嶺南按廉使로 가서 과로 때문에 병세가 더욱 악화되었다고 하면서도 관직은 계속 맡고 있었으며, 35세 때는 咸鏡北道 兵馬評事로 임명되어 일년 가까이 있었는데, 이러한 外職이 그의 건강을 더욱 해치지 않았던가 한다.

농암이 토혈을 하면서부터 그의 건강은 대략 짐작할 수 있겠는데, 그 후 중지가 되었다면 어느 정도 치료가 된 것으로 생각할 수 있겠지만, 그렇지 않고 계속 되었다면 건강이 좋지 않은 것으로 볼 수밖에 없다. 그런데, 그가 제자인 李瑋에게 보낸 편지에 이 병은 더하고 덜한 것이 없으나 咯血이 매일 그치지 않으니 답답하다고 했다.[69] 여기에서 각혈을 매일 한다고 했으니 건강이 더욱 나빠졌음을 알 수 있는데, 농암이 이 편지를 보낸 해를 辛巳年이라고 했으니 51세 때였다. 이로써 볼 때 30대 초반이 지나면서부터 하게 된 토혈이 50대를 접어들면서까지 매일 한다고 했으니 치료가 되지 않고 건강이 더욱 나빠지고 있음을 알 수 있다.

농암이 50대 초반에 자신의 건강에 대해 말한 것을 들어보면 자신의 지병이 위급해 귀신과 사람 사이를 넘나든지 2년이 되었다. 그것은 연달아 아들과 딸을 잃어 자신의 성격이 그것을 달관하지 못하고 지나치게 哀傷한 나머지 목에 담이 많고 열이 오르면서 여러 가지 증세가 차례로 나타나는데, 그 중에 토혈과 천식이 가장 나쁘다고 하며, 그 가운데서도 천식이 더욱 심해 戶庭의 출입도 어려울 뿐만 아니라, 자리에 누어 약간 움직이기만 하면 호흡이 급하기 때문에 마음이 매우 답답하여 바로 숨이 끊어질 것 같다고 했다.[70] 이 글 역시 사직소이며, 올린 해를 壬午年이

69) 金昌協, 與李瑋, 『農巖集』 卷9. "此病大抵無加減 而咯血連日不止可悶"
70) 金昌協, 『農巖集』 卷9,「辭同知敦寧疏」. "顧臣疾病危欲 出入人鬼 已過兩年

라 했으니 농암이 52세 때였다.

　농암은 39세 때 아버지 議政公이 진도로 유배되면서 벼슬을 버리고 出仕하지 않았는데, 그 후 44세 때 伸寃이 된 후 朝廷에서 계속 관직에 임명하며 불렀으나 사직소만 올리고 나가지 않았다. 농암이 출사하지 않은 것에는 여러 가지 이유가 있었을 것이다. 즉, 顯要職에 나가지 말라는 遺訓과 아버지 의정공이 큰 잘못이 없었는 데도 당쟁에서 밀려 賜死되는 것을 보고 벼슬하지 않겠다고 마음속으로 굳게 다짐했을 것이며, 개인적인 감정으로 숙종이 임명하는 관직에 나가고 싶지 않았을 것이다. 조선조 사회에서 유훈과 건강이 좋지 않다는 것을 제외하고는 표면적으로 말할 수 없는 것이다. 그러므로 수차에 걸쳐 올린 사직소에서 유훈과 건강만을 강조해서 말한 것이 아닌가 한다.

　조선조 시대 사대부 사회에서는 관직에 임명되면 儀禮的으로 사직소를 몇 번 올렸다가 취임하는 것이 관례처럼 되었다. 그러나 농암은 벼슬을 하고 싶은 생각이 없었기 때문에 전후로 여러 번 올린 사직소는 의례적으로 올린 것과는 다르다. 그러므로 사직소에서 벼슬할 수 없다는 사정을 설득력 있게 개진해야 하겠는데, 농암이 출사할 수 없는 여러 가지 사정에서도 질병이 있어 건강이 좋지 않다고 말하는 것이 가장 설득력 있는 이유가 되었기 때문에 전후에 올린 사직소에서 지병으로 건강이 악화되었다는 것을 중점적으로 강조했을 것이다.

　농암이 전후로 올린 사직소에서 건강에 대해 말한 것을 비교해 보면 吐血과 열이 나고 호흡이 곤란하다는 것은 일치하며, 다만 30대 중반에 말한 것보다 50대 초반에 상태가 더욱 악화되었음을 알 수 있다. 이로써 보면 農巖이 40대의 건강에 대해 말한 것이 없기 때문에 알 수 없으나,

---

蓋緣向來 洴哭子女 小人之性 不能達觀 哀傷痛毒 摧剝澌鑠 以致痰火增劇 諸證迭作 其中吐血喘急兩證 最屬危惡 而喘證尤甚 無論庭戶出入 雖於床第之間 少有動作 輒覺呼吸急促 心腹煩悶 頃刻欲絶"

삼십대에 가졌던 지병이 치유되지 않고 사십대에서도 계속되면서 점차 악화되었음을 짐작할 수 있을 듯하다.

농암이 지병으로 건강이 좋지 않은 것에 대해 金昌翕은 선생이 잇따라 독자와 두 딸을 잃었고, 癸未年(53세)에 어머니가 세상을 떠나자 본디부터 건강이 좋지 않았는데, 이와 같은 혹독한 화를 당하자 柴削을 겨우 유지해 왔던 것이 심한 상처를 받고 吐血이 폭발되었다고 했다.[71] 농암은 50세 때 7월에 셋째 딸 吳氏婦와 그 해 10월에 아들 崇謙을 잃었다. 이들은 지병이 있었던 것이 아니고 産後 또는 갑자기 세상을 떠났다. 그리고 53세 때 2월에 둘째 딸 李氏婦와 6월에 어머니 羅氏夫人이 세상을 떠났다. 이와 같이 몇 년 사이에 모부인과 아들 딸들이 잇따라 세상을 떠났기 때문에 持病이 있어 건강이 좋지 않았던 농암의 병을 더욱 악화시켰을 것이다. 그러므로 농암 자신도 辭同知敦寧疏에서 잇따라 아들과 딸들을 잃고 吐血과 喘息이 더욱 심해졌다고 했으며, 金昌翕도 잇따른 喪故로 건강이 악화되었다고 말한 것이 아닌가 한다.

농암은 詞章으로 일찍부터 문명이 많이 알려졌고 학문도 30대부터 크게 인정을 받았으나 그때는 출사하여 관직에 있었으며, 40대 초반부터 農巖書室이 완성되자 원근에서 찾아오는 제자들이 적지 않았을 것으로 짐작되는데, 농암은 30대부터 吐血하는 병이 있었고 40대에 이르러 점차 심해졌음을 알 수 있다. 그러나 경전에 대한 연구와 제자들에게 講學은 계속하지 않았던가 한다. 이렇게 보고자 하는 것은 농암의 지병인 토혈과 천식은 치료에 따라 일진 일퇴가 있는 병이고, 그리고 40대 초반부터 50대까지는 鷹巖과 三洲로 자주 옮겨 다녔으며, 이때 朝廷에서는 일년에 여러 번 관직에 임명했는데, 농암의 건강이 출입에 지장이 있을 정도였다면 그와 같이 계속 임명은 하지 않았을 것이다.

---

71) 金昌翕, 『三淵集』卷27, 「仲氏農巖先生墓誌銘」. "旣而連喪獨子兩女 至癸未 遭內艱 先生素善病 自經酷禍 柴削僅全 仍以前後摧剝 血證暴發"

농암은 자신의 건강에 대해 금년이 54세인데 질병으로 많이 노쇠하여 노인의 형상을 모두 갖추었으나, 시력만은 젊었을 때와 같아 등불 아래에서도 細字로 쓴 것을 볼 수 있다고 했다.[72] 이로써 보면 50대 중반이 되었을 즈음에 질병으로 노쇠는 빨리 왔으나 시력만은 좋았다고 했으니, 그때까지 질병이 小康 상태가 되면 독서와 아울러 제자들에게 강학을 계속 했을 것으로 짐작된다.

농암이 58세 된던 해 4월에 세상을 떠났는데, 그해 3월에도 형 昌集과 동생 昌業, 昌緝과 더불어 강에서 船遊까지 했다고는 하나, 50대 후반부터는 건강이 매우 좋지 않아 자리에 눕는 경우가 많았던 것으로 짐작된다. 제자인 吳大濬은 丁亥年(57세)에 찾아뵈올 때 찾아오는 사람도 사절하고 치료에 최선을 다하고 있었는데, 제자들이 찾아가서 入侍를 하게 되었을 때 병으로 무리가 되면서도 같이 이야기를 하게 되면 늦게까지 그치지 않았다고 했다.[73] 이러한 吳大濬의 기록에 따르면 농암이 57세가 될 즈음에는 지병이 악화되어 방문객을 사절하고 다른 일은 하지 않고 치료에 전념하고 있었으면서도 아끼는 제자들이 찾아가면 오래동안 같이 이야기했음을 알 수 있다.

농암이 세상을 떠나기 전의 50대 중반의 건강에 대해 대략 짐작할 수 있는 기록으로는 魚有鳳이 丁亥年 別試의 합격자를 발표하던 날 石室書院에 갔더니 선생께서 건강이 좋지 않아 바로 접견을 하지 못하기 때문에 書院에 있었는데, 다음 날 아침에 동생 有龜가 과거에 합격했다는 소식이 전해 오자 선생께서 듣고 바로 누워 있는 곳으로 불러 축하했다고 한다.[74] 이러한 기록을 미루어 볼 때 이 시기에 지병이 소강상태일

---

72) 金昌協,『農巖集』卷34,「雜識 外篇」. "余今年五十四 衰疾已甚 老形皆具 獨眼力不減少日 燈下尙能讀細字書"

73) 吳大濬,『農巖集』別集 卷2,「祭文」. "至丁亥進拜時 先生方謝客省事 專意養疴 而至小子輩入侍 輒强病與語 或至日昃夜分 猶不知止"

74)『農巖集』別集 卷3, 魚有鳳 錄 語錄. "丁亥別試榜出之日 余出往石室 先生

경우에는 주변의 가까운 곳에 여행도 가능한 듯 했으나, 심할 때는 찾아오는 제자들도 바로 만나지 못했음을 알 수 있다.

이 시기의 농암의 건강에 대해 金昌翕은 세상을 떠나기 전 몇 년 사이에는 사람을 접견하는 것도 드물었고, 제자들에게 講學은 물론 서신도 하지 않았으며 碑誌와 記序같은 글도 거절하고 쓰지 않았다.[75] 金昌翕의 이러한 기록은 吳大濬, 魚有鳳이 말한 바와 차이가 없음을 알 수 있는데, 이로써 50대 중기의 농암의 건강을 짐작할 수 있을 듯 하다.

이상으로써 농암의 일생 동안의 건강을 살펴보았는데, 그는 30대 초부터 토혈증이 있었고, 40대에는 토혈과 아울러 高熱과 喘息이 심했음을 알 수 있다. 이러한 증세는 계속 되는 것이 아니고 일진일퇴가 있어 잠복한 상태에서는 나타나지 않았기 때문에 학문에 대한 연구와 제자들에게 하는 講學은 크게 지장을 받지 않고 계속 하지 않았던가 생각된다. 그리고 50대부터는 아들과 딸들을 연달아 잃고 큰 상처를 받아 토혈과 천식이 더욱 심해진 것 같고 세상을 떠나기 몇 년 전까지는 가까운 山寺를 찾기도 하였으나, 그러한 경우는 극히 드물었고 집에 찾아오는 사람도 사절하고 치료하며 출입도 삼갔음을 알 수 있다. 이로써 보면 농암은 타고난 체질도 건강하지 못했던 것 같고, 언제부터였는지 모르지만 30대 초반부터 나타난 吐血症은 세상을 떠날 때까지 치유가 되지 않았던 것을 미루어 볼 때 건강은 일찍부터 좋지 않았음을 알 수 있는데, 아버지 議政公의 참화와 아들, 딸들을 연달아 잃고 충격을 받아 후기의 건강이 더욱 빨리 악화되지 않았던가 한다.

有病 不卽接見 余留宿書院 翌朝舍弟有龜登第之報出來 先生聞之 卽命余入見臥內 欣然相賀"
75) 金昌翕,『三淵集』卷27,「仲氏農巖先生墓誌銘」. "末後數年 枕席居多 罕與人接 幷與講授而稀簡 凡有求乞文字 一例揮却"

2. 가 족

농암의 가족으로는 부인 延安李氏와 아들 崇謙과 다섯 딸이 있었으며,[76] 小室이 있은 듯하다. 부인 李氏는 靜觀齋 李端相의 딸이었는데, 15세 때 결혼했으며, 부인도 같은 나이였다고 한다. 그때 靜觀齋는 벼슬을 버리고 楊州 靈芝洞에서 강학하고 있었는데, 선생의 絶倫한 재질을 보고 性理書를 가르쳤으며 그 후부터 求道에 뜻을 두게 되었다고 한다.[77] 농암은 15세 때 靜觀齋 문하에 출입했고 잇따라 동생 昌翕도 수학했다고 하는데, 결혼은 그해 12월에 했다고 하니 배우다가 결혼을 하게 되었는지 결혼을 한 후부터 배웠는지 알 수 없으나, 결혼을 12월에 한 것으로 보아 배우다가 한 것이 아닌가 추측해 본다. 그리고 金昌翕의 기록에 따르면 부인의 인품도 매우 현숙했음을 알 수 있다.[78]

부인의 건강에 대해 농암은 昌翕에게 보낸 편지에서 집사람의 걱정은 비록 당장 세상을 떠날 정도로 위태롭지는 않으나 팔과 다리가 아픈 것이 해를 넘겼으므로 다시 치유가 되기는 어렵겠고, 기타 다른 증세들도 더했다가 덜하기도 해 잠깐도 편할 날이 없다고 했다.[79] 농암이 이 글을 보낸 때를 戊子年이라 했으니 58세로서 세상을 떠난 해였다. 부인의 건강이 말년에 좋지 않았음을 알 수 있는데, 그것은 50대 초에 아들과 딸을 연달아 잃은 참화를 겪었으니, 그것이 건강에 좋지 않은 영향을 끼쳤을 것이다. 그리고 농암이 세상을 떠나던 해 잇따라 세상을 떠났다.

---

76) 농암이 38세 때 얻은 둘째 아들 淸祥이 있었으나 다음 해에 잃었다.
77) 「年譜」 15歲條. "時李先生休官講學于楊州之靈芝洞 愛先生穎悟絶倫 出性理諸書 剖析大義 及論爲學之方 先生自是已慨然有求道之志矣"
78) 金昌翕, 『三淵集』 拾遺 卷26, 「祭仲嫂文」.
79) 金昌協, 『農巖集』 卷11, 「答子益」. "此間事何足言 室人所患 雖無朝夕危死之憂 臂脚之證 漸至深痼 今則旣周歲矣 固無望復起爲人 而其他種種諸證 更迭劇歇 未有頃暫之安"

농암의 小室이 있었다는 기록은 보지 못했으나 世昌書館의 增補海東詩選 七絶篇에 金農巖 妾의 시 한 수가 실려 있다. 그 시는 다음과 같다.

春生秋殺自平分	계절 따라 고르게 나고 지는데
八月梨花古未聞	팔월에 배꽃 소식 아직 듣지 못했다오.
萬樹西風方慘慄	나무마다 西風에 떨고 있으나
一枝留得少東君.	이 가지에서 봄을 보게 되었네.

우리나라에서 근대이전까지만 해도 남성들이 소실을 둔 경우가 많았으나 특수한 경우가 아니면 밝히지 않았기 때문에 있었는지 알 수 없다. 海東詩選의 選者가 어떤 문헌을 근거로 하여 시까지 실었는지 확인하지는 못했으나, 당시 사회적으로 지체 있는 명사들도 소실을 많이 두고 있었기 때문에 농암도 두지 않았다고는 말할 수 없을 것이다. 농암이 뒤에 다시 鷹巖에 들어갔을 때는 딸들이 성장하고 있었기 때문에 가족들은 서울에 두고 가지 않았던가 짐작되는데, 소실이 있었다면 그때 같이 가지 않았을까 한다. 위의 시는 함축적인 의미가 깊게 깔려 있다고 생각되므로 농암의 처지가 평탄했을 때 지은 것은 아닐 것이다.

농암은 화려한 가문에서 태어나 성장했고, 또 문재가 絶倫해 일찍 문명이 높게 알려졌으며 과거에 합격해 벼슬도 늦지 않게 했다. 그리고 자녀도 아들 하나에 딸 다섯을 두게 되어 중년 이후 참화를 당하기 전까지는 누구나 부러워 할 행복한 가정이었다. 다음에는 가족들과 행복했던 때와 아들 딸들을 잃고 참담했던 때에 대해 살펴보고자 한다.

농암이 37세 때 清風府使로 부임하게 되었는데, 그때 가족을 데리고 갔다. 그곳에 있을 때 달밤에 딸들이 寒碧樓에 올라가서 오래 동안 내려오지 않으므로 농암이 翛然齋에 앉아 있다가 자신도 모르게 일어나 그곳을 찾는데, 그때 느끼는 감흥이 적지 않아 五言律詩 3수를 지었다는데, 그 중 한 수를 들어본다.

月明笑語喧   달빛 아래 웃고 지껄이는 소리 들리더니
樓頭兒女遊   아이들이 누에 올라 놀구나.
綠江渙如春   파란 강물이 봄철처럼 흐르는데
花鴨一雙浮   한 쌍의 오리가 떠 있다.
卷簾相指似   발을 걷고 서로 가르키는 듯
夜寒不下樓   밤이 추워도 내려오지 않는다.
老子方獨坐   늙은이 그때까지 혼자 앉았다가
微吟對虛舟.   빈 배를 바라보며 중얼거린다.
(卷三)

年譜에 딸들의 출생을 밝히지 않았기 때문에 딸들의 나이를 정확히 알 수 없으나, 농암이 32세에 출생한 崇謙이 五女 一男 가운데 넷째였으니 이때 달밤에 寒碧樓로 나가 놀았던 딸들은 십여세를 전후로 한 셋이었을 것이다. 농암이 傯然齋에 있다가 달 밝은 밤에 누에 올라 웃고 지껄이는 아이들을 보고 감흥이 적지 않았다고 했는데, 이때 농암은 가족간의 사랑에 대한 행복함을 느끼었을 것이다.

옛날 선비들은 특수한 경우를 제외하고는 가정이나 가족에 대해 말하지 않는 것을 교양으로 생각했기 때문에 농암도 가족들에 대해 말한 것이 없으므로 알 수 없으나, 아들 崇謙에게 보낸 글에 요사이도 계속 綱目을 보고 있느냐, 반드시 조용한 방에서 마음을 집중하고 보다가 때때로 너의 누이와 講評을 해 보기도 하고, 유명한 인사들의 한 일 가운데 좋은 것이 있으면 너희 어머니에게 들려주어 병으로 신음하는 마음을 풀어주는 것도 즐거운 일이 아니겠는가 했다.[80] 이 글을 보낸 해를 戊寅 年이라고 했으니 48세 때였다. 이때 조정에서는 계속 관직을 임명했고,

---

80) 金昌協, 『農巖集』 卷11, 「與崇謙」. "近日連看綱目否 須堅坐一室 專意看閱 時與汝姊講評 其有名人好事可聞者 說與汝慈聽之 以開釋病懷 豈非樂事耶"

농암은 사직소를 올리며 鷹巖, 三州, 水鍾寺 등지로 옮겨 다녔기 때문
에 가족과 헤어져 있으면서 집에 있는 아들에게 보낸 편지인 듯한데, 내
용에 綱目을 공부하다가 누이와 토론도 하고 내용에 따라 어머니에게
들려주라고 했으니, 가족간의 화목한 분위기와 높은 교육수준을 짐작할
수 있다.

농암이 39세 되던 해 아버지 議政公이 배소에서 賜死하는 참화를 당
했으나 얼마 후 신원이 되었고, 조정에서는 높은 관직으로 召命이 계속
내려 왔으며 건강이 좋지 않았을 뿐 학문과 문명으로 士林社會의 존경
을 받았다. 그런데, 50세 되던 해 7월에 셋째 딸 吳氏婦와 그해 10월에
아들 崇謙을 잃었고, 53세 때 둘째 딸 李氏婦를 잃었다. 이와 같이 잇따
른 참화에 持病도 더욱 악화되었을 뿐만 아니라, 이들의 죽음에 애절한
祭文과 誌銘을 남겼다. 먼저 차례대로 吳氏婦부터 제문을 중심으로 살
펴보고자 한다.

농암은 아버지 議政公이 鐵原에 유배되자 永平 白雲山으로 들어가
서 隱求菴을 짓고 있었는데, 이 때 吳氏婦가 출생했기 때문에 이름을
雲이라고 했다. 그녀는 어렸을 때부터 총명했다고 한다. 그녀에 대해 己
巳年에 議政公이 賜死되자 다시 永平 白雲山으로 들어갔는데, 그때
11세였다. 비로소 동생 崇謙과 같이 글을 배웠는데 얼마 되지 않아 文
理가 통해 혼자 綱目을 읽었고, 날마다 침식을 잊을 정도로 공부를 열심
히 하므로 기특하게 여기었으며, 성격이 조용했기 때문에 글을 알아도
해가 되지 않을 것이라고 하며 論語와 書經을 가르쳤더니 끝내지도 않
았는데 이해가 明徹했으며, 六藝와 다른 經傳 읽는 것도 말리지 않았다
고 했다.[81] 이로써 그녀는 어렸을 때부터 매우 총명했기 때문에 더욱 사

81) 金昌協, 『農巖集』 卷27, 「亡女吳氏婦墓誌銘」. "而遭己巳之禍 復入永平山
中 時女年十一矣 始同弟崇謙 受書十數板 文理輒通 能自讀朱子綱目無所
礙 日閉戶手卷兀然潛玩 幾不省寢飯 居士憐而奇之 故不禁曰是女性靜而拙
雖識書無害也 因略授論語尙書 亦不竟 然其識解明徹 雖徧讀六藝經傳者

랑했음을 알 수 있다.

그리고 그때 아직 崇謙이 어렸으므로 조석으로 더불어 고금의 치란
과 聖賢의 언행을 말하며 閨門의 즐거움은 그가 있었기 때문이며, …
들어가서 그가 옆에 있는 것이 보이지 않으면 즐겁지 않았고 있으면 기
뻤다고 했다.82) 그런데, 이와 같이 총명했고, 또 사랑했던 딸이 22세 때
産後에 乳疾로 갑자기 세상을 떠났으며, 이때 낳은 아들이 大提學을
역임한 月谷 吳瑗(1700~1740)이었다. 吳瑗은 生母의 遷葬時 제문에
서 저의 面目을 어머니가 기억하지 못할 텐데 저가 어찌 어머니의 儀形
을 알 수 있었겠습니까. 모자의 인연이 칠일 간이었습니다고 했다.83) 이
로써 보면 출산 후 칠일 만에 세상을 떠났음을 알 수 있다.

농암은 이 딸의 제문에서 자신은 시골에 살면서 세간의 부귀에 관심
을 두지 않고 너희 형제들이 탈 없이 장성해 차례로 결혼하게 된 것을
복으로 생각하고 있는데, 이 복이 사치한 것인가. 어찌 하늘이 너와 崇
謙을 빼앗아 白首의 나를 지극히 궁한 사람으로 하는가 하면서84) 너희
들이 이렇게 된 것은 무슨 까닭이었을까, 그것은 모두 내 자신의 타고난
운명이 奇窮해 자식들을 보전하지 못하고 지은 죄가 많아 사랑하는 너
희들에게 옮겨졌음을 알 수 있으니, 그것은 나의 죄이며 너희들이 무슨
죄가 있겠는가 했다.85) 이와 같이 자녀들을 보전하지 못한 것은 자신이
죄가 많아 그것이 자녀들에게 돌아갔다고 하며 애절한 감정을 토로했다.

　　不能絶也"
82) "崇謙尙幼 其所朝夕左右從容 論古今治亂 聖賢言行 以爲閨門之樂者 惟女
　　而已 … 每入而不見女在側 輒悵然不樂 其在則未嘗不歡如也" 위와 같음.
83) 吳瑗, 『月谷集』卷13, 「本生妣安東金氏遷葬祭文」. "兒之面目 母應不記 母
　　之儀範 兒何由識 七日之間 母子之緣"
84) 농암이 이 제문을 지을 때 아들 崇謙도 잇따라 죽었기 때문에 같이 말한 것이다.
85) 金昌協, 『農巖集』卷30, 「祭亡女吳氏婦文」. "然則使汝輩至此者 又曷故哉
　　嗚呼 我知之矣 此皆余賦命奇窮 不足以保子姓 而孽孽深積 移禍於所鍾愛耳
　　惟我之咎 汝輩何罪"

농암은 이 딸의 죽음에 애절한 제문과 아울러 墓誌銘을 지었는데, 그
가 묘지명을 짓게 된 경위에 대해 일찍 집안 딸이 죽어 墓文을 짓는 것
을 보고 그는 오히려 아버지의 글을 얻어 그의 죽음이 썩지 않게 되었으
니 불행함이 아니라고 했고, 또 남편에게 자신은 여자이기 때문에 세상
에 알려질 만한 功德이 없는 것이 한스러우며, 일찍 죽게 되면 아버지가
지은 글을 墓石에 세겨주는 것이 좋겠다고 했다. 지금 딸이 죽었는데
銘文을 짓지 않고 죽게 되면 父女가 죽어서도 눈을 감지 못할 것이기
때문에 슬픔을 참고 울며 쓴다고 했다.[86]

농암이 아들 崇謙과 같이 吳氏婦의 장례에 다녀온 것이 그해 9월이
었는데, 다음 달 10월에 崇謙이 갑자기 세상을 떠났다. 그때 그는 19세
였으며, 결혼은 했으나 자녀는 없었다. 詩才가 뛰어났다고 하며, 詩集
觀復菴詩稿가 전하고 있다.

농암의 연보에는 그의 죽음에 대해 崇謙은 뜻이 컸고 재주가 뛰어나
아는 사람들이 많은 기대를 했고, 농암도 知己로 생각했다. 불행하게도
19세에 세상은 떠났으니 사람들이 모두 슬퍼했다. 崇謙이 시에 능했기
때문에 농암이 그와 唱和하는 것으로 즐거워했는데, 그가 세상을 떠난
후에는 다시 시를 짓지 않았다고 한다.[87] 농암은 총명했던 아들과 딸의
잇따른 죽음에 많은 상처를 받았는데, 아들의 죽음에 대한 농암의 감정
에 앞서 崇謙의 인물에 대해 간단히 살펴보고자 한다.

崇謙의 숙부인 金昌翕은 숭겸의 성격이 명석하고 넓게 열려 한계를
정하기 어렵고 보이는 그대로였다. 어렸을 때부터 아버지와 더불어 憂
樂을 같이 했으며 죽을 때 약관이 되지 않았으나 知己가 되었다고 했

---

86) 金昌協, 『農巖集』 卷27, 「亡女吳氏婦墓誌銘」. "今女旣死矣 而吾不以時爲銘
即一朝溘然 父子之目 俱不瞑於土中矣 遂忍痛泣書 以掩諸幽"

87) 「年譜」 50歲條. "崇謙志氣偉然 才行卓絶 知者皆以遠大期之 先生亦許爲父
子知己 不幸十九而夭 聞者無不相告嗟惜 崇謙又長於詩 先生有唱 輒和進以
爲樂 自是先生遂終身不復吟詠焉"

다.88) 이로써 보면 어렸을 때부터 조숙하여 농암의 사랑을 많이 받았음을 알 수 있다.

申靖夏는 자신의 詩友인 君山(崇謙의 字)은 뛰어난 재주가 있었다. 그는 말하기를 사람에게 시는 얼굴에 눈썹을 없게 할 수 없는 것과 같다고 했으니, 시에 대한 그의 주장이 이와 같았다고 했다. 그가 일찍 時危百慮聽江聲이라는 귀를 지었는데, 洪世泰가 그 귀를 듣고 밥을 먹다가 젓가락을 놓쳤다고 하니, 그가 주위로부터 높게 인정을 받은 것이 이와 같았다고 했다. 그런데, 그의 시가 너무 일찍 蒼老했고, 또 悲傷함이 지나쳤으며 和平함이 적었기 때문에 그의 재능을 아끼는 자들이 그것을 걱정했는데, 지금 그가 세상을 떠났으니 슬픈 일이라 했다.89) 洪世泰는 委巷文人으로서 그의 詩名이 일세를 풍미했는데, 그가 崇謙의 詩句를 듣고 落箸를 했다고 하니 당시 그의 詩才가 높게 인정받았음을 알 수 있다. 그리고 申昉은 그의 시가 老健 俊拔하고 뛰어난 聲響이 있어 비록 일찍 죽었으나 주위를 굴복시킬 만했으므로 이른바 나이는 비록 젊었으나 어른들의 스승이 될 정도라고 했다.90)

崇謙의 시집에는 여러 형식의 시가 삼백여수 실려 있는데, 金昌翕이 그 序를 쓴 해를 己丑年(1709)이라 했으며, 간행 비용은 그의 妻家에서 부담하지 않았던가 한다. 이렇게 보고자 하는 것은 농암이 아끼었던 제자이며 그의 친구인 申靖夏가 崇謙의 장인에게 보낸 與朴西伯權勸梓

---

88) 金昌翕,『三淵集』卷23,「觀復菴詩稿序」. "崇謙爲人 明潔開豁 不設畦畛 卽其眉目而肝膽是也 自梨栗之歲 已能與大人同憂樂 死時未弱冠耳 深爲知己乎我仲氏"

89) 申靖夏,『恕菴集』16,「雜錄」. "余有詩友 曰金君山 有獨絶才 嘗曰 詩之於人正如貌之不能廢眉 其論如此 嘗有時危百慮聽江聲之句 詩老洪世泰聞而方食失箸 其爲人所推服亦如此 然其蒼老太早 且過於悲傷 而和平者絶少 愛君山才者 兼以爲憂 今果入鬼錄 悲夫"

90) 申昉,『屯菴詩話』(趙鍾業 編,『韓國詩話叢編』5). "金君山詩 老健俊拔 有絶響 雖早死 正屈左徒 所謂年歲雖少 可師長者"

金君山詩集書에 詩集의 간행을 말하면서 그의 시 약간 권이 필사되어
그의 친구집에 있으니 간행하겠다고 하면 빨리 드리게 하겠다고 했다.[91]
그리고 이 글의 보낸 때를 令婿金君山之死 忽已再周矣라 하여 序文
을 쓴 己丑年의 직전이다. 여기에 그의 出山詩 한 수를 들어 둔다.

東風花落數村香	봄바람에 꽃이 지니 마을마다 향기롭고
野水縱橫滿路傍	들물이 이리저리 길 옆에 흐른다.
散髮行歌人莫笑	머리 풀고 노래한다고 비웃지 마오.
自是君山一詩狂.	지금부터 君山은 시광이 되었다네.
(觀復菴詩稿)	

　崇謙의 시에 대해 蒼老하다고 했는데, 그것은 어린 나이에 지은 시가
老熟했기 때문이 아닌가 한다. 위의 시는 詩題를 出山이라고 했으니 어
느 산에 있다가 나오면서 지은 것인지 알 수 없으나, 이십이 되지 않은
나이에 지은 시로서는 노련하다. 그리고 그의 시제에 敬次家君韻과 같
이 부자간에 同韻으로 지은 시가 적지 않음을 볼 수 있다.
　孔子의 제자인 子夏는 아들을 잃고 哭子喪明이라 했고, 朱子는 不
如無生이라 했다. 이와 같이 자식을 잃은 부모의 심정은 賢愚를 막론하
고 형언할 수 없는 것인데, 뛰어난 문재로 주위의 선망과 기대를 모았던
자식을 잃은 농암이 자신의 감정을 어떻게 나타내었는가 하는 것에 대해
알아보고자 한다. 농암은 아들의 祭文에서 지난 6월에 너의 어머니가
서울로 갈 때 네가 姉妹들과 같이 따라 간지 兩旬이 되지 못했는데, 吳
妻가 갑자기 죽어 너와 같이 장례에 참석했고, 그후 백일이 되지 못했는
데, 네가 죽어 장례를 치르게 되었으니 禍變이 혹독하고 사람의 일이
한결같지 않은 것이 어찌 이와 같이 심할 수 있는가 했다.[92]

91) 申靖夏, 『恕菴集』 卷6, 「與朴西伯權勤梓金君山詩集書」. "今其詩若干卷繕
　　寫一本 在君山友人處 如獲印可 當令馳上"
92) 金昌協, 『農巖集』 卷30, 「祭亡兒文」. "六月之末 汝母入京 汝與諸姉妹隨之

그리고 농암이 아들을 잃은 것에 대한 비통은 이것으로 그치지 않았
다. 자신이 吳妻를 잃었을 때 정신을 모두 상실했고 질병은 더욱 깊었으
며, 너를 잃고 어찌할 줄을 몰라 바보가 된 듯 미친 듯 살아 있다는 생각
이 없었는데, 지금 또 李妻(둘째 딸)도 병이 깊어 조석을 넘기지 못할
것 같으니 목석이 아니면 어찌 이것을 견딜 수 있겠는가 했다.[93]

농암이 아들을 잃었을 때의 제문은 갑자기 당한 참혹한 현실로 絶叫
에 가까운 비탄이었으나, 얼마 지난 후에 있었던 祭墓文에서는 슬픈 감
정을 차분하게 표현했다. 농암은 자신의 아버지가 賜死된 기사년의 禍
故를 입은 후부터 벼슬하는 것을 단념하고 시골로 물러나 살면서 비록
궁하게 살았으나 너희 형제들이 탈 없이 자라고 집에서도 무고했으며,
네가 십여 세가 지나면서 才學이 날로 뛰어났고 吳女가 총명해 글을 아
는 것이 남자와 같았기 때문에 내가 내외로 출입하면서 너희들과 더불어
번갈아 詩書를 논할 수 있었던 것을 지극한 즐거움으로 여겼는데, 불행
하게 吳女가 세상을 떠나 내 사는 취미가 반이나 감했으나 위로가 되었
던 것은 네가 있었기 때문이었는데, 얼마 후 너도 문득 이와 같이 되었
으니 조석으로 보고 듣는 것은 네 어머니의 눈물 흘리는 얼굴과 네 처의
울음소리뿐이다. 이로부터 집에서 지난 날의 즐거움을 어찌 얻을 수 있
겠는가 했다.[94]

不兩旬 而吳妻遽死 吾與汝同往 送葬于廣州之阡 今又未百日而汝死 獨使老
父扶櫬而送葬 嗚呼 禍變之酷 人事之不可常 何若是之甚哉"
93) 金昌協, 「祭亡兒文」. "余自哭吳妻 精神都喪 疾病益深 而及夫哭汝 則忽忽
茫茫 如癡如狂 無復有生人意思矣 今又李妻之病 日益殊殊 朝夕待盡 心非
木石 何以堪此"
94) 金昌協, 『農巖集』卷30, 「祭亡兒墓文」. "余自禍故以來 絶意仕宦 屛居田園
雖其窮約已甚 而尙幸汝兄弟無故 室家粗安 汝旣頭角嶄然 才學日進 而吳女
又聰慧識字 居然一男子 每出入內外 迭侍傍側 談說詩書 以爲至樂 而不幸
吳女遽死 則吾之生趣 已減半矣 然猶自慰者 徒以汝在耳 曾未幾何而汝又至
此 朝夕之所覩聞者 唯汝母之淚顔 與汝婦之哭聲耳 自是以往 雖欲復求如前
日閨門之樂 何可得也"

崇謙이 결혼은 했으나 독자로서 아이가 없이 죽었기 때문에 농암은 더욱 비통해 했다. 농암이 吳氏婦의 제문에서 너는 아이라도 있지만 숭겸은 그것도 없으니 너보다 더욱 궁하게 되었으며, 숭겸이 아들 없는 것은 내가 뒤가 없는 것이므로 그가 궁한 것이 아니고 내가 궁한 것이다. 네가 그것을 알면 네 자신을 슬퍼할 겨를이 없이 숭겸을 슬퍼할 것이며, 그것은 부모를 위해 슬퍼하는 것이라고 했다.[95] 이와 같이 숭겸이 자식도 남기지 못하고 죽은 것에 대해 슬퍼했다.

농암은 崇謙의 죽음에 대해 위에 살펴본 글들은 그의 祭文이었으나, 書札에서도 슬픈 감정을 나타낸 것이 없지 않다. 농암은 셋째 사위인 吳晉周에게 보낸 편지에서 載大 외에 누구와 같이 가느냐, 崇謙이 있었다면 두 사람 뒤에 가지는 않았을 것인데, 그는 홀로 空山에 누워 한 줌 흙이 되었으니 무슨 일인가 했다.[96] 이 때 吳晉周가 가는 곳이 어떤 곳인지 알 수는 없으나 숭겸이 살아 있었다면 같이 가게 되었을 것인데 가지 못하고 一杯土가 되었다고 하며 애통해 했다.

농암이 崇謙을 잃은 비통한 심정은 朴大叔에게 보낸 서찰에서도 나타나 있다. 지난 겨울에서부터 두 번이나 자녀를 잃은 슬픔이 있었고, 작년의 喪禍로 이미 많이 놀랐는데, 이와 같이 연달아 일어나는 참화를 어찌 견딜 수 있겠습니까. 그 사이에 당한 것을 어찌 말할 수 있겠습니까. 일신의 궁독한 것은 말하지 않겠지만 그의 재질과 포부는 碌碌하지 않았는데, 내가 쌓은 허물로 인해 성취를 하지 못하고 죽었으니 그것이 슬픈 것이며, 어찌 어미소가 송아지를 좋아하는 것과 같이 사사로운 감정이겠습니까 했다.[97] 이와 같이 死別에 따른 부자의 정뿐만 아니라, 뛰

---

95) 金昌協, 『農巖集』卷30, 「祭亡女吳氏婦文」. "然汝猶有此一塊肉 而崇則無之 此其窮又甚於汝矣 然而崇之無兒 余爲無後 非崇之窮 乃余窮耳 使汝有知 其必不暇於自悲 而爲崇悲 又不止爲崇悲 而爲父母悲也"

96) 金昌協, 『農巖集』卷20, 「與吳晉周」. "載大外 又誰同往耶 使吾兒在者 必不後於兩君 而今獨長臥空山 塊然作一抔土 此何事耶 哀哉痛哉"

어난 재질을 가졌음에도 성취하지 못하고 죽은 것을 슬퍼했다.

崇謙의 죽음에 대한 祭文과 書札 등에 나타난 農巖의 감정은 부자간의 사별에 따른 것과, 독자인 그의 죽음으로 자신의 後嗣가 끊어지게 되었다는 것과 아울러 뛰어난 재능을 가지고 성취하지 못하고 죽은 것을 슬퍼했는데, 그의 비통이 얼마나 컸던지 숭겸이 죽은 후 시를 짓지 않았으며, 挽詩와 送別詩의 부탁도 일체 응하지 않았다고 했다.98)

농암의 일생에서 자녀들의 죽음은 吳氏婦와 崇謙으로 끝나지 않고 53세 때 2월에 둘째 딸인 李氏婦가 세상을 떠났다. 농암이 아들과 셋째 딸을 잃은 지 4년이 되던 해 둘째 딸을 잃었기 때문인지 감정의 표현이 더욱 심각한 바도 없지 않았다. 농암은 그 제문에서 자신의 죄악이 많았다 할지라고 이미 몇 개월 사이에 아들과 딸을 빼앗아 後嗣를 끊었으니 나에게 내린 벌이 혹독해 그 죄악을 징계했다고 생각했기 때문에 너까지 죽게 하겠느냐 했으며, 내가 혼자 그렇게 생각하고 있었을 뿐만 아니라, 네가 여러 번 위태로운 것을 겪었으나 죽지 않고 여러 해를 견디었기 때문에 더욱 네가 죽지 않을 것으로 생각했는데, 어찌 네가 나를 속이고 죽느냐 했다.99) 이와 같이 둘째 딸의 죽음에 대해 자신의 죄값으로 죽었다고 하며 비통해 했다.

농암은 나이 50에 접어들면서 몇 년 사이에 아들과 두 딸을 잃은 참

---

97) 金昌協, 『農巖集』 卷16, 「答朴大叔」. "第承去冬以來 再遭尙右之慟 年前喪禍 已深驚怛 況此涉汸 何以堪之 … 此間所遭 又何忍言 一身窮獨 固置不論 念其才質志尙 實不碌碌 特坐其父積殃 不得成就以死 此其可哀 豈獨爲舐犢之私耶"

98) 申靖夏, 『恕菴集』 卷16, 「雜記」. "先生自哭子後 絶不作詩 如挽別之屬 一切不應"

99) 金昌協, 『農巖集』 卷30, 「祭亡女李氏婦文」. "余雖罪惡深積 而天旣以數月之間 奪其二兒 而後嗣遂斬焉 則其爲罰已酷 而亦足以懲其惡矣 豈宜復夭汝命 此余意汝之或不死也 余之所自忖於其中者旣如此 而汝亦屢經危域 綿延不絶 以至累歲之久 則益復意汝之終不死也 豈謂汝竟欺我而死矣"

상을 당했는데, 그것은 누구나 견디기 어려운 것으로서 운명에 따른 시
련이 매우 혹독하다고 할 수 있다. 이러한 충격으로 30대부터 있었던 吐
血症과 아울러 여러 가지 병으로 건강이 악화되지 않았던가 한다.

농암이 세상을 떠나자 그의 제자인 吳大濬은 선생의 일신과 가정으
로 볼 때 지극히 원통했던 것이 계속되어 궁하고 막히게 하더니 끝에는
재질이 뛰어난 後嗣까지 단절시켰고 오래 살지도 못하게 했으며, 일시
에 令配까지 세상을 떠나게 했다. 선생과 令配의 喪廳에는 전을 드릴
주인이 없고 靑孀인 며느리와 어린 손자가 의지할 곳이 없어 조석을 보
전하기 어려우니 어찌 報施의 어그러짐이 이처럼 심한가 했다.100) 吳大
濬의 이러한 제문은 농암이 겪은 厄運과 세상을 떠난 직후 처참한 사정
을 여실히 반영한 것으로 볼 수 있다.

위에서 농암의 건강과 가정의 비운을 중심으로 살펴보았는데, 다음에
는 가정의 생활양상에 대해 간단히 살펴보고자 한다. 농암은 父祖가 높
은 관직에 있었고 자신도 삼십대 중반까지 관직에 있었기 때문에 그때까
지의 생활은 말할 것이 없겠고, 그 후부터 세상을 떠날 때까지는 점차
곤궁하게 살지 않았던가 한다.

옛날 선비들이 경제적인 생활양상에 대해서는 말하는 경우가 드물기
때문에 농암의 생활상도 정확히 알 수 없으나, 그의 생활을 짐작할 수
있는 것으로는 다음과 같은 기록이 있다. 어느 날 궁하게 사는 먼 친족
되는 사람이 찾아와서 오래 동안 있다가 가면서 도와줄 것을 청했다. 선
생께서 웃으며 내가 지금 줄 것이 없지만, 있으면 줄 것이고 없으면 못
줄 것인데 일찍 말하지 않았느냐 했다.101) 농암이 사십대 이후부터 계속

---

100) 吳大濬, 『農巖集』別集 卷2, 「祭文」. "而若以先生身家而言 則又有所至冤
    而極痛者 窮阨其身之不已 而終絶克世之賢嗣 殲此退壽之不已 而荐奪令
    配於一時 兩喪在堂 奠獻無主 孀婦蝦孫 子子無依 若不保朝夕 則是何報施
    之舛 若此之甚耶"
101) 『農巖集』別集 卷3, 魚有鳳 錄 語錄. "嘗有一窮餓客 似是先生疎屬 來謁久

관직에 임명되었으나 취임하지 않았기 때문에 祿俸은 받지 않았을 것이고, 여러 형제들 가운데 伯氏 金昌集만 출사하고 있었다. 그러므로 선대로부터 받은 유산이 약간 있었다면 의식에 걱정은 없었는지 모르지만 생활은 점차 어렵지 않았던가 추측된다.

농암은 화려한 가정에서 출생하여 일찍부터 문명이 넓이 알려졌고, 삼십대 초에 과거에 급제하여 바로 출사했기 때문에 선망의 대상이 되어왔으나, 중년부터 건강이 좋지 않았고, 아버지 議政公이 배소에서 賜死되는 비운을 겪기도 했으며, 오십대에 접어들면서 몇 년 사이에 아들과 두 딸을 연달아 잃어 견디기 어려운 참상을 겪기도 했다. 그리고 위에서 언급한 바와 같이 사십대 초반부터는 생활도 먹고 입는 것에는 궁색하지 않았는지 모르지만 여유있게 살지는 못한 듯 하다. 이로써 볼 때 농암이 학문과 문명은 일세를 풍미했으나 가정적으로는 극히 불행하지 않았던가 한다.

제6절 鷹巖과 三洲의 생활

1. 웅 암

농암은 서울에서 생장하여 살았으나, 이십대 후반부터는 공부하기 위해 書院과 山寺 등 여러 곳으로 옮겨 다녔는데, 대부분 일시적으로 머물었을 뿐이며, 그 가운데 집을 짓고 살았던 곳은 鷹巖과 三洲였다. 다음에는 먼저 鷹巖의 생활부터 살펴보고자 한다.

坐 臨去請得救活之資 先生笑曰 吾今無物可救 然有則與 無則否 何不早發言乎"

年譜에 따르면 농암이 39세 때 4월에 아버지 議政公이 珍島 배소에서 後命을 받게 되자 그해 9월에 응암으로 들어갔으며, 42세 때 農巖書室이 낙성되면서 응암을 농암으로 이름을 바꾸어 호를 했다고 한다. 농암이 응암으로 간 것은 이 때가 처음이 아니었고 議政公이 농암의 나이 25세 때 靈岩으로 유배되었다가 鐵原으로 이배되었는데, 그 후 농암이 29세 때 8월에 응암에 집을 짓게 되었고, 그 해 11월에 가족을 모두 데리고 응암으로 들어갔다고 한다.

그때 농암이 응암에 집을 짓고 거처를 옮기게 된 것에 대해 연보에서는 선생이 시골을 좋아했는데, 議政公이 유배된 후부터 더욱 출세할 뜻이 없었고, 또 議政公이 응암의 수석이 아름다운 것을 좋아하여 앞으로 나이가 들었을 때 그곳으로 돌아갈 것을 계획하고 선생에게 먼저 가서 집을 짓게 했으므로 그곳에 가서 살게 되었다고 했다.102) 그리고 30세 때 議政公이 領議政에 임명되면서 다시 서울로 올라왔다.

농암이 응암으로 들어간 것에 대해 金昌翕도 연보의 기록과 비슷한 말을 한 바 있다. 乙卯年에 議政公이 靈岩으로 유배되었다가 鐵原으로 옮겨져 육칠년간 실심하여 유리하게 되었다. 선생이 세상일에 담백했는데 이때 시골에 가서 살고자 했다. 議政公이 永平 白雲山 밑에 물러나 살고자 했으나 이루지 못하고 老後에 갈 것을 생각하고 있었는데, 선생이 들어가서 그 집의 扁額을 隱求라 하고 性理學을 연구하며 그곳에서 늙을 때까지 살고자 했으나 庚申年에 議政公이 領議政에 임명되면서 서울로 들어왔다고 했다.103) 이때 농암이 올라오게 된 것은 과거에

---

102) 「年譜」 29歲條. "先生雅有林下志 自議政公被謫以來 尤不肯進取 且議政公愛鷹巖水石之勝 將爲歸老之計 命先生先往營室 遂定居"

103) 金昌翕, 『三淵集』 卷27, 「仲氏農巖先生墓誌銘」. "乙卯先君謫靈巖 自靈巖移鐵原 流離佗傺凡六七年 先生雅淡於世味 至是 有林下藏脩意 先君卜一區於永平白雲山下 求退未遂 猶存晚計也 先生遂以爲歸 扁其書室 曰隱求 希心理味 若將終身 庚申更化 從返京第"

응시하기 위한 것이 아니었던가 생각되는데, 그것은 그 해 가을에 별시 초시에 응시하여 장원했기 때문이다.

그리고 농암이 己巳年에 다시 그곳으로 가게 된 것에 대해 議政公을 따라 珍島 배소에 갔다가 後命이 내려 온 것을 만나게 되었는데, 議政公과 死別를 앞두고 白雲山의 응암에 들어가서 살겠다고 하여 승낙을 받았다고 했다.104) 이로써 보면 농암이 그때 이미 다시 그곳으로 들어가고자 결심했음을 알 수 있다.

농암이 두 번째 응암으로 들어간 것에 대해 약간 구체적으로 언급한 것을 들어보면 金昌翕은 이에 대해 농암이 議政公의 後命을 당하는 화를 보게 되자 白雲山에 집을 지어 農巖이라 이름을 바꾸었다. 그리고 출사를 단념했고, 세태도 점차 어려워 지자 그곳에 隱居해 있으면서 처음 가졌던 생각을 달성하기 위해 오직 性理學의 연구에 전념했는데, 그것은 선생이 바라고 하고 싶었던 것으로서 일생을 마치고자 했던 것이라 했다.105) 이로써 보면 농암이 다시 응암으로 가서 은거하게 된 직접적인 동기는 아버지 金壽恒이 後命을 받게 된 것에 충격을 받았고, 그 다음으로는 학문에 전념하고 싶었던 생각이 있었기 때문이라고 볼 수 있지 않을까 한다.

그리고 그곳으로 은거한 것에 대해 농암 자신이 밝힌 바에 다르면 자신은 이 세상의 죄인으로서 지금 지극히 원통한 것을 씻었다고는 하나 사실의 내용은 완전히 알려지지 않았으므로 지금 깊은 산속에 들어가서 자취를 감추어 세상 사람들에게 알려지게 하지 않는 것이 옳겠으나 특히 노모가 계시기 때문에 멀리 가지 못하고 있는데, 이것은 하고자 하는 생각이 아니라고 했다.106) 농암이 이와 같이 말한 것을 보면 아버지 金壽

---

104) "從先人于珍島謫所 遂遭大禍 其承末命之際 輒告以畢命白雲 蒙先君頷可焉" 위와 같음.

105) 金昌翕,「農巖集序」. "則嗚呼己巳之禍 白雲樹屋 始以農巖爲號 身之既廢 道亦日損矣 隱求初志 惟濂洛關閩是程 先生之所以安身立命 蓋以是終焉"

恒이 後命을 받고 죽은 것이 큰 원인이 아니었든가 생각된다.

그런데, 농암이 29세 때 처음 응암에 들어갔을 때는 盡室入鷹巖이라 했으니 가족을 모두 데리고 갔음을 알 수 있다. 그리고 祭伯父文에서도 응암에 있는 집은 죽을 때까지 살고자 했던 집으로서 선생이 살고 있는 谷雲과는 큰 재를 사이에 둔 곳이다. 간혹 그곳에 한 달 가까이 머물면서 돌아오는 것을 잊었으며, 어린 아이들까지 데리고 가서 냇가에 놀던 것이 엊그제 같이 생각된다고 했다.107) 이로써 농암이 응암을 매우 좋아했음을 알 수 있으며, 그 곳의 아름다운 泉石에 아이들까지 데리고 가서 놀았다고 했으니, 처음 그곳에 들어갔을 때 盡室入鷹巖이라 한 기록을 뒷받침한 것이 된다. 농암의 伯父는 金壽增이었는데, 농암일가에서 永平 白雲山과 인연을 맺게 된 것은 그가 처음으로 개척하지 않았던가 한다.

그런데, 농암이 두 번째 응암에 들어갔을 때는 가족을 모두 데리고 가지는 않았을 것으로 생각된다. 이렇게 보고자 하는 것은 농암의 年譜에 아들 출생만 기록하고 딸들은 말하지 않았기 때문에 나이를 정확히 알 수 없다. 다만 셋째 딸은 白雲山에 있는 응암에서 낳았다고 해서 이름을 雲이라 한다고 했으니 나이를 알 뿐이다. 이 셋째 딸의 나이를 중심으로 미루어 보면 두 번째 갈 때 큰 딸과 둘째 딸은 결혼을 시켰거나 혼령이 되었을 것이며, 그 밑의 딸들도 상당히 성장했을 것이기 때문에 주변에 人家도 드물었을 깊은 시골에 데리고 가지는 않았을 것이고, 위에서 말한 바 小室이 있었다고 했는데, 그것이 사실이라면 같이 가서

---

106) 金昌協, 『農巖集』卷17, 「與兪寧叔」. "如協者 天地間一罪人也 今雖至冤已雪 而情事實未伸 只合深入窮山 滅跡匿影 使當世不復知有金昌協一人 可矣 而特以老母在堂 不能遠去 此已非其心之所欲"

107) 金昌協, 『農巖集』卷30, 「祭伯父谷雲先生文」. "農巖之有弊廬 實小子畢命之所 而其去先生谷雲之居 只隔一大嶺 … 而間或留止旬月 徜徉忘返 以至童孺兒女 亦皆蒙提挈 從游於泉石之間 至今歷歷如昨日事"

시중을 들지 않았을까 추측해 본다. 그리고 제자인 李宜顯에게 보낸 편지에 지금 응암에 와 있는데 단지 아들만 같이와서 있다고 했다.[108] 이 편지를 보낸 해를 병자년이라 했으니 46세 때로서 두 번째 들어갔을 때였다.

농암이 처음 응암에 갔을 때는 아이들까지 데리고 가서 살기도 했고, 뒤에는 가족을 데리고 가지 않고 단신으로 가서 있기도 했을 뿐만 아니라, 그 곳에서 나온 뒤에도 수시로 그곳을 찾았기 때문에 생활할 수 있는 공간이 필요했을 것이다. 농암이 처음 그곳에 들어갔을 때 쓴 隱求菴記에 余結數椽이라 했으니 가족들과 살 수 있는 집을 지었음을 알수 있고, 두 번째 들어가서 얼마 후 農巖書室이 낙성되었다고 했으며, 44세 때는 그곳의 淸冷瀨 위에 정자를 지으며 上梁文을 썼다. 이때는 농암이 학문과 문명이 더욱 많이 알려져 제자들과 아울러 찾는 사람이 적지 않기 때문에 이러한 집들이 필요했을 것이다.

농암은 현실이 싫어졌을 때 응암을 찾았기 때문에 그곳에 대한 애착도 적지 않았다. 농암이 그곳의 살던 집 앞에는 큰 소나무가 있었는데 매우 奇壯하여 줄기는 곧고 가지는 굽어 바라보면 靑幢 翠盖와 같았다. 금년에 그 소나무 옆에 草堂을 짓고자 한 것은 그 나무 때문이었다. 초당이 낙성되자 소나무가 더욱 좋아 보였는데 바라보면 마음이 넓어졌으며 여름철이 되면 더욱 상쾌했다. 앞으로 그 밑에 단을 쌓고 못을 파서 물을 끌어들여 흐르게 하고자 하여 못은 겨우 팠으나 단은 아직 쌓지 못했다고 했다.[109] 이로써 보면 그곳에 상당히 애착을 가지고 草堂을 짓기도 하고 단을 쌓고자 했으며 못도 팠음을 알 수 있다.

---

108) 金昌協, 『農巖集』卷18,「與李宜顯」. "生方住農巖 只有兒子隨來"

109) 金昌協, 『農巖集』卷1,「悲松樹賦」. "余所居農巖宅前 有大松樹甚奇壯 幹直而柯偃 望之若靑幢翠蓋然 今年余置草堂其側 專爲此耳 堂旣成而松顧益勝 俯仰蔭映 令人意遠 暑月尤爽然也 方將築其下爲壇 穿池引流以周之 池甫穿而壇未築"

농암이 두 번째 응암을 찾았을 때는 문장은 물론 학문도 상당히 성숙했을 때였으므로 제자들이 적지 않게 찾아왔을 것이며, 44세 때부터는 朝廷에서 계속 관직을 임명했으므로 찾아오는 사람도 적지 않았겠으나, 그것이 생활의 모두는 될 수 없었을 것이다. 응암은 깊은 산골이었기 때문에 그곳에서 할 수 있는 일은 농사밖에 없었겠는데, 농암이 그곳에서 농사를 지었을까. 金昌翕은 이에 대해 議政公의 喪期가 끝난 후 農巖 廬舍에서 가족 수에 맞추어 농사도 짓고 누에도 치고 했다.[110] 이로써 보면 농암이 그 곳에 있을 때 농사를 약간 지었음을 알 수 있다. 농암이 그곳에서 농사를 지었다는 것으로 짐작할 수 있는 그의 到農巖詩를 들어 둔다.

菖杏催春事	창포와 살구꽃이 봄 일을 재촉해
還山及種田	응암에 돌아와서 밭에 씨를 뿌린다.
牛肥初負耒	송아지 자라 따비를 끌게 되었고
羸健不須鞭	노새는 건장해 길을 잘 간다.
西崦留斜日	西山에 해는 지려하고
東陂望夕烟	동쪽에 저녁 연기 끼었다.
關情最稚柳	어린 버들이 염려스러웠는데
綠已暗門前.	이미 문앞에서 녹음을 이루었다오.
(卷四)	

이 시의 詩題를 到農巖이라 했으니 언제인지는 모르지만 다른 곳에 머물다가 봄이 되어 응암으로 돌아갔음을 말한 것이다. 이 시에서 首聯과 頷聯을 보면 역시 농암이 그곳에 가서 농사를 지었다는 것이 사실이 아니었던가 하는 생각을 가지게 한다. 그러면서도 농암은 서울에서 몇 대로 고위관직을 역임한 화려한 가문에서 생장했고, 또 응암을 찾아갔을

---

110) 金昌翕, 『三淵集』 卷27, 「仲氏農巖先生墓誌銘」. "服闋住所謂農巖廬舍 與 家人度身計口 以治農桑"

때 농사를 짓지 않으면 생활이 어려운 처지도 아니었을 것으로 짐작되는
데, 과연 농사를 지었을까 하는 생각도 없지 않다.

농암이 두 번째 응암으로 들어갔을 때는 처음 갔을 때와는 달리 가족
을 데리고 가지 않았기 때문인지 常住하지는 않았다. 농암이 제자인 魚
有鳳에게 보낸 편지에 근간에 농암에 가서 보름 가까이 있다가 돌아왔
다고 한 것에서도 알 수 있다.[111] 이 편지를 보낸 해를 乙亥年이라고
했으니 45세 때이다. 年譜의 기록에 따르면 이 해 3월과 9월에 그곳을
찾았다고 했다. 그리고 三洲로 옮긴 뒤에도 간혹 그곳을 찾았다. 그렇다
면 농암이 그곳에 있을 때는 시중드는 사람이 있었을 것이고, 있지 않을
때는 집을 지키는 사람이 있었을 것으로 짐작되는데, 이들은 농암 집에
있는 노비로서 그곳에 있으면서 약간의 농사를 짓지 않았을까 한다.

위에서 언급한 바와 같이 농암의 그곳에 대한 애착은 대단했다고 짐
작된다. 鷹巖이라는 이름이 너무 날카롭다고 생각되었기 때문인지 農巖
으로 改名을 하고 그것으로 雅號를 했을 뿐만 아니라, 각박한 현실이
싫어졌을 때 두 번이나 그곳을 찾아 분노를 가라앉히며 마음을 달래었
다. 농암이 거처를 三洲로 옮긴 뒤에도 그곳을 찾아 아들 崇謙에게 보
낸 편지에 그저께 출발하여 어제 저녁에 농암에 도착했는데 草堂 앞에
나무들이 무성하게 자라 십 수 년이나 보지 못한 듯하다. … 水道는 이
미 복구되어 있으나 정자는 많이 기울어 져 지탱하기 어려울 듯하다. 지
금 다시 짓고자 계획을 하고 있는데 인력이 많이 들 것 같아 염려가 된
다고 했다.[112] 이 편지를 쓴 해를 己卯年이라고 했으니 49세 때이며,
연보에는 다음 해 50세 때 3월에도 그곳을 찾았다고 했다. 농암이 그곳
에 대한 애착을 짐작할 수 있는 別農巖詩를 들어 둔다.

---

111) 金昌協, 『農巖集』 卷20, 「與魚有鳳」. "服人頃往農巖 留得旬望而歸"
112) 金昌協, 『農巖集』 卷11, 「與崇謙」. "余再昨發行 昨夕到農巖 草堂前樹木茂
　　長 幾似隔十數年者 … 水道已有復舊之勢 而但亭子傾頹已甚 幾不可支柱
　　今方謀所以改礎 而恐多費人力 殊可念也"

池花未落我先歸	못에 꽃이 지지 않았는데 내 먼저 돌아가니
回首春山戀蕨薇	푸른산 바라보며 고사리를 생각한다오.
傳語草堂新燕子	초당의 제비에 전하노니
重來秋社恐相違.	가을에 다시 올 때 못 볼까 염려된다네.
(卷五)	

농암이 이 시의 후미에 자신이 매년 春秋로 이곳을 찾았는데, 금년 가을에도 올 것이기 때문에 이와 같이 말한다고 했다. 이로써 농암이 거처를 다른 곳으로 옮긴 후에도 응암에 수시로 출입한 것을 볼 때 얼마나 애착을 가졌던가 하는 것을 짐작할 수 있다. 그리고 伯父의 祭文에서 농암에 있는 집에서 실로 죽을 것으로 생각하고 있으며 … 그 후 老母와 가까이 있기 위해 三洲로 옮겨 비록 전일처럼 하지 못하고 있으나 晩年의 계획은 그곳에 있다고 했다.[113] 이와 같이 농암이 응암에 대해 애착을 가지게 된 것은 그곳의 水石이 좋았기 때문이 아닌가 생각되는데, 필자는 云丁 金春東先生으로부터 응암의 소재에 대해 자세히 들을 기회가 있었으나, 그때는 관심이 적어 흘려들었기 때문에 어느 곳에 있는지 정확히 알 수 없어 답사를 해보지 못한 것이 아쉽다.

2. 삼　주

年譜에 따르면 농암이 47세 때 응암에서 三洲로 옮겼다고 했다. 그리고 옮기게 된 동기에 대해 응암을 畢命의 곳으로 생각하고 있었으나 모부인이 서울 집에 계시기 때문에 자주 찾아 뵈옵기 위해 서울 근처로 옮겼으며, 또 石室書院의 주위가 淸曠해 학문을 연구하는데 좋을 것 같

---

113) 金昌協, 『農巖集』 卷30, 「祭伯父谷雲先生文」. "農巖之有弊廬 實小子畢命
之所 … 及後小子爲近老母 移住三洲 則雖不得復如前日之爲 而區區晩計
固未嘗不在於彼"

으므로 그곳으로 정하게 되었다. 外軒 몇 칸을 지어 扁額을 三山閣이라 했는데, 앞에 沙渚가 세 곳이 있었기 때문이라고 하며, 그 지역을 三洲라 이름했다고 한다.114)

그리고 金昌翕도 연보의 기록과 비슷한 말을 한 바 있다. 선생이 44세 이후부터 모부인이 서울 집에 있었기 때문에 省侍하는데 편하게 하기 위해 楊州의 삼주에 머물며 집을 짓고 살면서 그 사이의 육칠년 동안 農巖을 왕래했다.115) 이로써 볼 때 농암이 응암에서 삼주로 옮기게 된 것은 모부인이 서울 집에 계시기 때문에 찾아뵈옵는데 편하게 하기 위해 가까운 곳으로 옮겼음을 알 수 있다.

三洲는 서울에서 가까웠기 때문에 농암이 그곳에 있을 때는 제자들과 더불어 찾아오는 사람이 응암에 있을 때보다 많았을 것이다. 연보에는 外軒 數楹을 지어 거처한다고 했는데, 이에 대해 약간 구체적으로 언급한 것이 있다. 선생이 삼주에 外軒을 지었는데 매우 넓어 가운데 두 칸은 방을 하고 外三面은 둥글게 하여 난간으로 막았으며 방의 西北 半間을 별도로 자는 곳으로 했다. … 툇마루의 동쪽 처마 밑의 중방에 큰 글씨로 쓴 三山閣의 현판이 걸려 있었는데 趙正緒의 글씨였다. 방 서쪽 벽에 작은 書樓를 지어 光明閣이라 했으니 그것은 朱子의 惠我光明이라 한 말을 취한 것이며, 光明閣藏으로 印章을 했다.116) 이 집을 外軒이라 했으니 용도를 대략 짐작할 수 있겠지만 구조로 볼 때 제자

---

114) 「年譜」 47歲條. "先生本擬畢命農巖 而大夫人時在京第 故爲便省侍 棲息近郊 且以石室書院 江山淸曠 頗有齋居藏修之樂 遂定居焉 作外軒數楹以處焉 扁曰三山閣 前有沙渚三 故 又命其地曰三洲"

115) 金昌翕, 『三淵集』 卷27, 「仲氏農巖先生墓誌銘」. "先生自甲戌後 以大夫人在京第 取便省侍 出住楊州之三洲 結屋而居 以其間來往農巖者七八年"

116) 『農巖集』 別集 卷3, 魚有鳳 錄 語錄. "先生於三洲 作外軒頗敞豁 中二間爲房 外三面周以退檻遮截 房西北半間 別作寢處之所 … 軒之東面簷楣 大書三山閣懸板 卽趙繼之正緖筆也 房西壁作小書樓 名曰光明閣 取朱夫子銘惠我光明之語也 亦以光明閣藏作印章"

들을 비롯하여 찾아오는 사람들을 맞이하고 독서하기에 편하게 지은 집
임을 알 수 있다.

농암이 삼주로 옮기고 얼마 되지 않은 듯한 시기에 친한 분에게 보낸
편지에 지내는데 안정이 되어가고 있으나 짓는 집이 쉽게 落成이 되지
않아 특별히 마음이 쓰인다. 어저께는 작은 못을 팠더니 물이 맑고 깨끗
해 즐거움이 되는데 앞으로 연도 심고 물고기도 기르어 山林속의 경제
를 하고자 한다 했다.[117] 이로써 보면 그곳에 작은 못을 팠고 앞으로 물
고기도 기르고 연도 심겠다고 했다. 농암이 응암에 있을 때도 정원에 못
을 팠다고 했는데, 여기에서도 못을 팠다고 했으니 그의 취미를 짐작 할
수 있다. 이 글을 쓴 해를 戊寅年이라 했으니 48세 때이며, 三洲로 옮긴
다음 해이다.

농암이 응암에 있을 때 지은 到農巖詩에 牛肥初負未라 했고, 金昌
翕은 以治農桑이라 했기 때문에 농사를 짓지 않았던가 추측해 보았는
데, 三洲에 와서는 농암 자신이 治農에 대해 직접 말한 것이 있다. 이즈
음 두 번이나 漁舟를 타고 三洲 사이를 돌아 물고기를 많이 잡았다. 이
곳에 살게 된 후에 이러한 취미는 처음이었는데 형제들과 같이 못한 것
이 한이 된다. 볍씨를 여유있게 보내준다니 다행이다. 종과 말을 보낼
테니 보내주기 바란다. 작은 圃田을 마련했으니 좋은 참외씨를 같이 보
내주면 한다. 木花밭은 어느 시기에 갈면 되느냐. 小樂을 보내 갈려고
하나 소가 없어 걱정이라고 했다.[118] 이로써 보면 농암이 삼주에 있을

---

117) 金昌協, 『農巖集』 卷17, 「與北溪李公」. "弟棲息粗安 而新屋苦未易成 殊覺
費心 昨又於傍側 穿一小池 活水淸深 有足娛懷 方擬種荷養魚 作山林經濟
却是無事生事 自笑自笑"
118) 金昌協, 『農巖集』 卷11, 「與大有」. "頃者再上漁舟 溯洄三洲間 得魚頗多
自營此屋來 今年始有此趣味 所恨不與兄弟共之爾 稻種許優送深幸 今遣
奴馬 付致爲望 方治小圃 嘉瓜種子 隨有送來如何 木花田何間可耕耶 欲送
小樂耕之 而患無牛耳"

때 농사를 짓고자 논밭을 가지고 있었음을 알 수 있다.

그런데, 위의 기록에는 여러 가지 재미있는 내용이 있다. 우선 농암이 삼주에 있을 때는 농사를 지었음을 확인 할 수 있다. 그것도 약간의 밭 농사만 지었던 것이 아니고 논농사까지 짓고자 했음을 알 수 있다. 이 편지에 稻種을 구하고자 한 것을 보면 논농사를 처음으로 짓고자 한 것을 추측할 수 있겠고, 좋은 참외씨를 보내 달라고 했으며, 밭을 갈 소 걱정을 한 것에서 시골 농가의 정경을 느낄 수 있다. 그리고 목화 심을 밭을 언제 가느냐 했는데, 농암은 서울에서 생장했고, 또 그때까지 응암의 산골에 있은 적이 있었으나 목화를 심은 적이 없었기 때문에 심는 시기를 알지 못했을 것이다.

농암이 이 편지를 동생 昌業에게 보냈는데, 보낸 시기를 丙戌년이라고 했으니 농암이 56세 때이다. 昌業은 농암의 둘째 동생으로서 24세 때 進士試에 합격했으나 가정이 지나치게 융성한 것을 피해 大科에는 응시하지 않았다. 아버지 議政公이 화를 입을 때는 모부인을 모시고 白雲山으로 갔으며, 伸寃이 된 후 內侍敎官에 임명되었으나 부임하지 않고 松溪로 가서 힘써 농사를 지으며 숨어 살았다.[119]

농암은 삼주로 옮긴 지 얼마 되지 않아 아들과 딸을 잃었고, 또 몇 년 후 모부인과 둘째 딸이 세상을 떠났기 때문에 비통에 젖어 있다가 56세 때 비로소 농사를 지어보고자 한 것이 아닌가 생각되며, 농사를 짓고자 했을 때 준비가 되어 있지 않았고, 또 모르기 때문에 먼저 농사를 짓고 있었던 동생 昌業에게 구하고 물었던 것이 아닌가 한다.

농암이 두 번째 응암에 들어가서 있을 때는 가족을 모두 데리고 가서 있지 않았기 때문인지 여러 곳으로 옮겨 다녔고, 삼주에 있을 때도 응암

---

119) 金信謙 撰, 墓表, 『老稼齋集』 附錄. "二十四中辛酉進士 公戒家方隆盛 絶意公車 議政公惜其才云 及己巳議政公遇禍 侍羅夫人廬白雲 甲戌更化 授內侍敎官不應 遂就松溪 力農圃自晦"

에 가기도 했고, 다른 곳에 머물기도 했다. 삼주는 응암과 같이 깊은 산 골도 아니고, 또 서울이 가까웠기 때문에 가족들의 왕래가 자주 있지 않 았던가 한다. 처음 그곳에 갔을 때는 崇謙이 살아있었으므로 자주 와서 있었을 것이다. 그런데, 그가 죽은 뒤에는 한 동안 다른 곳으로 거처를 옮기지 않았는가 한다. 그즈음 농암이 道以에게 보낸 글에 삼주에는 돌 아가기 어렵겠고, 집에 남자가 없어 외로워도 의지할 때가 없어 昌業과 같이 지내고자 하는데, 마침 빈 집이 있어 있을 만 하다고 했다.[120] 이 글은 庚辰年에 보냈다고 했으니 50세 때 쓴 것으로서 崇謙과 吳氏婦 가 세상을 떠난 직후였던 것으로 짐작된다.

농암이 차마 삼주로 돌아갈 수 없다고 한 것은 아들 崇謙과 같이 있 었던 게 생생하게 되살아나기 때문이 아닌가 생각되는데, 시간이 많이 흐른 뒤인 55세 때는 삼주로 돌아가 농사를 지어보고자 했고, 57세 때 申靖夏에게 보낸 글에 초칠일에 삼주 집으로 옮겼는데 지내기는 어려움 이 없으나 室人의 고통이 덜하지 않으니 걱정이 된다고 했다.[121] 이때 는 농암이 혼자 있지 않고 부인과 같이 있었음을 알 수 있다.

그런데, 삼주에 있을 때 후기에는 부인도 와서 같이 있었던 것으로 짐작되지만 응암에서부터 삼주에 있을 때 초기까지는 혼자 가서 있은 듯 하므로 그때 가족들은 어디 있었을까 하는 생각도 없지 않다. 농암이 혼 자 응암에 있을 시기에는 부인과 아들 崇謙과 출가하지 않은 딸들이 같 이 있었을 것이고, 삼주로 옮긴 후에는 부인과 崇謙 내외가 있었을 것이 며, 숭겸이 죽은 뒤에는 姑婦와 약간의 비복들이 같이 살았을 것인데, 그 때 가족들은 서울 집에 있었을 것이다.

농암이 서울에 집을 가지고 있었던 것으로 짐작할 수 있는 것은 결혼

---

120) 金昌協, 『農巖集』 卷19, 「答道以」. "蓋三洲旣不忍歸 又家無男子 孤子無所 賴 欲與大有家 相依度過 且適有空家 粗可容接故耳"
121) 金昌協, 『農巖集』 卷18, 「答申靖夏」. "協初七搬歸洲上弊廬 棲息粗定 而室 病苦無減 私悶私悶"

후 분가했을 때 집이 있었을 것이며, 그 집에서 응암에 들어가기 전까지 서울에서 벼슬하고 있을 때 살았을 것이다. 이러한 추측과 같이 농암이 서울에 집이 있었던 것으로 볼 수 있는 것은 농암의 증손인 履安이 쓴 先府君(金元行) 家狀에 따르면 어렸을 때 氣가 성해 집이 白嶽山 밑에 있었으므로 날마다 정상을 몇 번씩 오르기 때문에 농암이 너는 글은 읽지 않고 놀기를 좋아하니 차라리 나무를 해 오는 것이 좋을 것이라고 했다 한다.[122] 元行은 濟謙의 아들로서 崇謙의 뒤로 系出되었는데, 그가 일곱 살이었을 때 農巖이 세상을 떠났다고 했으니,[123] 元行이 몇 살 때 入養되었는지 모르지만 입양될 때 농암의 가족들은 서울의 집에 있었음을 알 수 있다.[124]

농암이 생존했던 시기에는 당쟁이 가장 치열했다. 그리고 농암의 집은 당쟁과 직접 관련이 있었다. 농암은 일찍부터 당쟁의 치열한 양상을 보았고, 또 아버지 議政公이 배소에서 後命을 받자 서울이 싫어졌기 때문에 鷹巖과 三洲로 옮겨 다녔고, 서울에 집이 있었으면서도 삼주에서 세상을 떠나지 않았는가 한다.

제7절 師友關係

인물 연구에서 師友關係에 대해 살펴보고자 하는 것은 대상인물의 이해에 도움을 얻고자 하는 것이다. 조선조는 학문이 발달했던 사회였으므로 글을 배우기 위해서는 스승이 필요했고, 스승은 학문을 傳授하기

---

122) 金履安,『三山齋集』卷9,「先府君家狀」. "幼氣盛 家在白嶽山下 日日能上 絶頂數回 農巖先生嘗戲謂曰 汝不讀書 惟嬉遊是好 寧負柴爲可"
123) 金元行,『農巖集』「年譜跋」. "顧不肖生晩 才七歲而先生棄背"
124) 金昌翕도 白嶽山 밑에 집이 있었다고 하니, 다같이 分家할 때 부모로부터 받은 집이 아닌가 한다.

위해 제자가 있어야 했다. 그리고 학문을 토론하고 발전시키기 위해서도 친구가 필요했던 것이다. 그런데, 조선조는 중기 이후부터 당쟁이 치열했기 때문에 사제관계가 학문의 授受로 그치지 않았고 정치적으로 집단화된 경우도 없지 않았다. 이에 따라 정치적인 이해와 상관이 있기 때문에 背師하기도 하고 學緣과 상관없이 인연이 맺어지기도 했다.

농암이 생존했던 당시까지만 해도 政界는 물론 學界도 복잡했으나, 농암은 여러 곳으로 찾아다니지도 않았고 친구도 선택해서 사귄 듯하다. 그는 화려한 家門에서 출생하여 文才도 뛰어나 약관이 될 즈음에 문명이 크게 알려졌으므로 당시 명사들과 폭넓게 사귈 수도 있었겠으나, 그의 문집에 與答한 서간을 보면 사귄 폭이 넓지 못했음을 알 수 있다. 물론 그의 가정이 당시 치열했던 당쟁에서 宋時烈과 더불어 老論의 中心軸이었으므로 피차 기피하는 인물도 많았겠지만, 선택해서 사귄다는 그의 성격 탓도 있었을 것이다. 그러므로 그의 師友關係에서 스승으로는 그가 약관이 될 즈음까지 직접 배웠다는 李端相 및 학문적으로 적지 않은 영향을 받은 宋時烈과, 벗으로는 林泳과 權尙夏 및 洪世泰와의 관계에 대해 살펴보고자 한다. 그리고 여기에 부언하고자 하는 것은 師友關係의 선택은 단순히 친밀도만을 중심으로 선택하지 않았음을 밝혀둔다.

1. 李端相

李端相(1628~1669)의 자는 幼能 호는 靜觀齋이며, 李廷龜의 손자이다. 그는 21세에 進士試에, 22세에 庭試에 합격했으며, 28세 때 湖堂에 피선되었다. 역임한 관직은 弘文館 典翰, 吏曹正郎, 副題學 등을 들 수 있다. 그는 40세가 되면서부터 관직에 임명되었으나 부임하지 않고 학문 연구와 제자들을 가르치는데 더욱 열중했다고 하며, 42세에 세상을 떠났다. 문집 靜觀齋集 16卷, 別集 5卷, 續集 10卷이 전한다.

그의 인물에 대해 朴世采(1631~1695)는 공의 타고난 천성이 穎悟하고 器度가 단정했으며 和하면서 節制가 있었고 介하면서 막히지 않았다. 그와 더불어 이야기 해 보면 조용하고 好學하는 군자임을 알 수 있다고 했다.125) 그리고 金壽恒은 공이 벼슬을 사임한 후 바로 爲己의 학문에 뜻을 두어 날마다 性理書를 취해 읽고 쓰는 것을 즐거움으로 했고, 靈芝洞으로 돌아간 후 더욱 열심히 해 배우러 오는 사람들이 많았으며 그들과 토론하면서 정진했다. 생활이 어려웠으나 오직 학문에만 전념했다고 한다.126) 이로써 보면 그는 벼슬에 관심이 없는 듯하고 오로지 학문에만 뜻을 두었고 후기로 접어들면서 더욱 정진했음을 알 수 있다.

宋時烈은 그에 대해 살고 있는 東岡의 작은 골짜기를 靈芝라 이름하고 그 곳에 집을 지어 扁額을 靜觀이라 했다. 후생들이 많이 따랐는데, 공이 날마다 그들을 가르치는 것을 즐거움으로 했으나 일찍 세상을 떠나 그치게 되었다. 만약 그가 오래 살았다면 학문에 대한 조예가 매우 깊었을 것이라 했다.127) 이와 같이 그가 학문을 더욱 성취시키지 못하고 일찍 세상을 떠나게 된 것을 아쉽게 여겼다.

李端相은 좋은 家門에서 출생하여 재질도 뛰어나 약관이 지날 즈음 大科에 합격해 일찍 출사했으나, 중년이 가까이 되면서 性理學에 관심을 가지게 되었고, 후기에는 벼슬을 버리고 시골에 들어가서 학문 연구와 후생을 가르치는데 전념하다가 세상을 떠났음을 알 수 있다. 다음에

---

125) 朴世采, 『南溪集』 卷80, 「弘文館副提學靜齋李公行狀」. "公天資穎悟 器度
端方 和而有制 介而不滯 接其辭氣 聽其言論 輒知其爲恬養嗜學君子也"
126) 金壽恒, 『文谷集』 卷19, 「副提學靜觀李公墓誌銘」. "公旣卽聞 卽有志爲己
之學 日取性理諸書 手錄口諷 矻矻以爲樂 逮歸東岡 用力尤專 從游者日衆
相與講說琢劘 一室蕭然 唯以圖書自衛 蚤夜讀而思"
127) 宋時烈, 『宋子大全』 卷170, 「靜觀齋李公神道碑銘」. "所居東岡之左 得小洞
曰靈芝 結屋其間 扁以靜觀 後生頗從之 公日與酬答 扣端啓發 方且樂其如
斯 而中途便休 使天假之年 則其造詣何可量也"

는 농암과의 관계에 대해 살펴보고자 한다.

농암의 年譜에 따르면 15세 되던 해 12월에 靜觀齋 李端相의 딸과
결혼 했는데, 그때 李端相은 벼슬을 그만두고 楊州 靈芝洞에서 講學
하고 있으면서 선생의 穎悟함이 뛰어난 것을 보고 성리서를 가르치며
학문의 방법을 말했는데, 이로부터 求道에 뜻을 두게 되었다고 했다.[128]
이로써 보면 농암이 15세 때부터 수학했음을 알 수 있으며, 그 때 靜觀
齋는 중년이 약간 지난 나이에 벼슬을 그만 두고 시골에 물러나 講學하
고 있었다고 하니 농암이 후기에 응암과 삼주로 옮겨 다니며 학문 연구
와 제자들을 가르치게 된 것도 그의 영향이 없지 않았을 것이다.

농암과 靜觀齋와의 관계에 대해 金昌翕도 연보의 기록과 비슷하게
말한 바 있다. 仲氏는 열 다섯 살 때 李先生의 따님과 결혼했다. 그때
李先生은 벼슬을 버리고 시골에 있으면서 많은 제자들을 가르치고 있었
는데, 농암을 사랑하며 공부할 것을 알려 주었던 바 감동하여 비로소 과
거 준비하는 것 외에 할 것이 있음을 알았다고 했다.[129] 이로써 보면 농
암에게 학문의 방향을 처음으로 제시해 준 분이 靜觀齋였음을 알 수 있
다. 이를 더욱 뒷받침하는 것은 仲氏의 학문은 靜觀齋 門館에 있으면
서부터 이미 발단이 되었다고 했다.[130]

이상에서 인시한 기록들을 미루어 보면 靜觀齋는 농암에게 학문의
방향을 제시했다고 볼 수 있는데, 다음에는 농암이 그에 대해 어떻게 생
각하고 있었는가 하는 것에 대해 살펴보고자 한다. 靜觀齋는 농암의 빙
장이었지만 농암 자신이 쓴 靜觀齋先生狀誌 後序에 門人 金昌協 謹

---

128) 「年譜」15歲條. "李先生休官講學于楊州之靈芝洞 愛先生穎悟絶倫 出性理
    諸書 剖析大義 及論爲學之方 先生自是已慨然有求道之志矣"
129) 金昌翕, 『三淵集』卷27, 「仲氏農嚴先生墓誌銘」. "十五委禽于靜觀李先生
    之門 時李先生棄官投閒 大開講授 愛呼先生 告所以玩心高明者 先生慨然
    興起 始知科學外 有所用心處矣"
130) 金昌翕, 『三淵集』卷32, 「祭仲氏農嚴先生文」. "竊惟仲氏於此學 自在靜觀
    門館 已有發端"

書라고 한 것을 보면 결혼할 즈음부터 동생 昌翕과 같이 직접 글을 배우면서 학문의 방향에 대해 들었기 때문에 제자로 자처했다. 그리고 靜觀齋에 대해 道學을 하기 어렵다고 하는 것은 文詞의 폐단이 利祿의 유혹보다 더욱 심하기 때문이다. 세상에서 문사에 뛰어난 선비들이 대부분 자신이 능한 것을 좋아하며 도학에 종사하기를 즐거워하지 않는다. 간혹 뜻이 있다 할지라도 문사로 인해 도학에 깊게 접근하지 못하고 있다. 그런데, 선생은 詞翰家에서 성장하여 문예에 뛰어났고 더욱 시에 능해 그의 명성이 많이 알려졌으나 만년에 시를 짓지 않으면서 그와 같이 한가한 말은 하지 않겠다고 한다 했다.[131]

靜觀齋는 조부인 李廷龜와 아버지 李明漢과 숙부인 李昭漢 등이 모두 문명으로 일세를 풍미했기 때문에 우리나라에서 보기 드물게 詞翰家의 가문에서 출생하였고, 그도 문재가 뛰어나 일찍 과거에 합격하여 출사했는데, 삼십대 후반에 버리기 어려운 文詞와 爵祿을 모두 포기하고 理學에만 정진한 것을 농암은 높게 인정했다. 그리고 농암은 자신이 일찍 그의 문하에 들어가서 그의 학문과 인격에 대해 悅服했지만 장년이 지나 세상의 물정을 알게 되면서 그가 사물을 보는 것이 明哲하고 道學을 위해 정성이 간절했으며 志節이 높고 마음이 깨끗해 이와 같은 분이 다시 있기 어려울 것이라고 했다.[132] 이로써 그의 학문과 인품에 대해 농암이 얼마나 승복했던가 하는 것을 짐작할 수 있다.

다음에는 靜觀齋가 婿郞이요 제자인 농암을 얼마나 사랑했고 성의

---

131) 金昌協, 『農巖集』別集 卷1, 「靜觀先生狀誌後序」. "夫道之難入也 文詞之蔽 蓋甚於利祿之誘矣 世之高明文學之士 類皆自喜其能 不肯從事於聖人之學 或旣有志焉 而亦困於所長 終不能深造乎道也 先生旣生長詞翰家 其文藝絶人 尤長於爲詩 聲調奕奕動人 而晚年顧絶不爲 曰吾不喜閒言語也"
132) 金昌協, 『農巖集』卷30, 「祭靜觀先生文」遷葬時. "況余之早親門墻 固已悅服乎當年 及其旣壯而老 備人事之推遷 益知其見幾之明哲 衛道之誠切 志節之卓邁 心事之灑落 世無復有此賢矣"

있게 가르쳤던가 하는 것에 대해 살펴보고자 한다. 농암은 자신이 어려서 아는 것이 없을 때 부친과의 친분에 다라 자신을 壻郎으로 맞아들였는데, 그때 자신은 십여 세로서 배운 것이 없었음에도 처음부터 性理書를 놓고 그 大義를 가르쳤으며, 잇따라 학문하는 방법을 논하며 大道로 향하게 인도했다. 이로부터 매일 글을 배우며 듣지 못했던 것을 들었고, 일에 따라 가르침을 받으며 잘못한 것은 주의하게 하고 게으른 것은 일깨워 주었으며, 간혹 잘한 것이 있을 때는 매우 칭찬하면서 여러 가지 방법으로 가르치고자 노력했다.133) 농암이 처음으로 성리학에 관심을 가지게 유도한 분에 대해 앞서 인시한 내용에서도 靜觀齋였음을 말한 바 있었지만 그것은 주위에서 한 말이었는데, 위의 내용은 농암 자신이 직접 밝힌 것이다. 이로써 농암의 학문에 그의 영향이 컸음을 알 수 있다.

그리고 靜觀齋가 농암을 얼마나 사랑했던가 하는 것에 대해 자신이 선생으로 섬긴지 오년이었는데, 그 사이에 수개월 동안이라도 떠나 있은 적이 없었고 간혹 서울에 오게 되어도 사모하는 정성은 조금도 떠나지 않았는데, 그것은 자신뿐만 아니라, 선생께서는 자신보다도 더했다. 떠나고자 하면 돌아올 때를 물었고 서울에 있게 되면 편지로 빨리 돌아오게 했으며, 돌아와서 인사를 하게 되면 기뻐했다고 한다.134) 농암이 결혼한 지 오년이 되던 해 靜觀齋가 세상을 떠났는데 그는 농암을 壻郎으

---

133) 金昌協, 『農巖集』別集 卷1,「祭靜觀先生文」. "小子顯蒙 無所知識 而先生以嚴君之故 不鄙夷之 許以委禽 小子時年已舞象 而所學空如 先生首出 性理諸書 爲之剖釋大義 仍極論爲學之方 牖之於大道 … 自是朝夕函丈 日聞所不聞 而隨事誨詔 戒其失而警其惰 或有一得 亟加獎詡 提撕誘掖 靡所不至"
134) "小子之得事先生 于今五寒暑 蓋未嘗有數月之違 間爲歸覲入城 則區區戀慕之誠 不能自已 非惟小子之於先生爲然 先生之於小子 殆有加焉 其辭退也 必問以歸期 其留洛也 必書以趣歸 及其歸拜床下 則歡然傾倒" 위와 같음.

로 제자로 매우 사랑했고, 그리고 농암은 그를 聘丈으로 스승으로 존경하며 승복했음을 알 수 있다.

학자나 문인이 성장하는 과정에는 주위로부터 적지 않은 영향을 받게 되는 사람이 있게 마련인데, 농암은 靜觀齋로부터 학문의 향방에 대해 많은 영향을 받았다. 그것은 자신도 직접 말한 바 있지만 주위에서 인정한 것이다. 농암이 그로부터 배운 기간이 짧았다 할지라도 翁婿間이면서 그의 학문에 대해 悅服하여 영향을 많이 받았기 때문에 그에 대해 자신을 문인이라고 했는데, 그것은 다른 곳에서 그렇게 말한 것을 볼 수 없는 것이다.

2. 宋時烈

宋時烈(1607~1689)의 자는 英甫, 호는 尤菴이다. 그의 일생 동안의 이력을 간단히 들어보면 24세 때 沙溪 金長生에게 就學했으며, 그가 세상을 떠나자 그의 아들 愼獨齋 金集에게 師事했다. 26세 때 生員試에 제일로 합격했다고 하며, 그 후 大科에 응시했다는 기록은 찾아볼 수 없고, 38세 때 司憲府 持平에 임명되었다.

그리고 52세 때 吏曹判書에 임명되었으며, 그해 효종으로부터 貂裘一襲을 하사받았다. 그때 글을 올려 이같은 珍美한 물건은 받을 수 없다고 하며 사양하자 효종은 비답에서 卿이 내 뜻을 알지 못하느냐 앞으로 遼薊의 풍상에 같이 驅馳할 때 입게 하려는 것이라 했다.[135] 이 때 효종은 尤菴과 더불어 北伐을 계획하고 있을 때였다. 62세 때 右議政, 66세 때 左議政에 임명되었다. 69세 때는 숙종 元年이었는데 당시 禮論으로 南人들과 심한 논쟁을 하면서 그 여파로 인해 장기로 유배되어

---

135) 尹鳳九 撰,『屛溪集』卷51,「尤菴宋先生墓誌」. "卿未曉予意耶 遼薊風霜
　　將與同驅馳也"

圍籬되었다. 73세 때 巨濟로 이배되었다가 74세 때 解配되었다. 그리고 83세 때 元子의 名號에 반대하는 상소를 했다가 숙종으로부터 견책을 받고 濟州로 유배되었다가 국문을 받기 위해 서울로 압송되어 오던 도중에 井邑에서 受命되었다. 문집 宋子大全 215권, 附錄 19권, 拾遺 9권, 續拾遺 2권이 전한다.

이상의 고찰은 그의 연보를 중심으로 일생 동안 역임한 관직과 流配된 시기만을 중심으로 간단히 언급한 것이다. 그런데, 尤菴이 右議政과 左議政을 역임했다고 하지만 취임한 기간이 짧았기 때문에 크게 주목할 바가 아니라고 할지 모르겠으나, 당시 西人이 老論과 少論으로 나눠지면서 그는 노론의 중심인물로서 정치적인 비중도 매우 컸다. 尤菴은 이러한 정치적인 비중과 아울러 학문적인 비중도 적지 않았다. 당시 그의 학문적인 비중에 대해 숙종도 그에게 보낸 御札에서 卿은 나이 많을수록 덕이 더욱 높아 일세의 重望을 지고 있으면서 士林의 宗匠이 되었다고 했다.[136]

尤菴의 학문 성격에 대해 孔子를 배우고자 하면 먼저 朱子의 학문을 따라야 할 것이다. 六經과 四子書를 배운 후에 朱子書를 공부할 때 여러 번 반복해서 자신의 말과 같이 익숙하게 외워야 할 것이라 했으니, 그의 학문은 朱子가 세운 규정을 따랐다고 했다.[137] 이로써 尤菴의 학문적인 성격이 주자의 학문을 중심으로 한 것임을 알 수 있는데, 그것은 尤菴뿐만 아니라, 조선조 유학의 공통적인 경향이었으며, 농암의 학문도 여기에서 벗어나지 않았다고 볼 수 있다.

尤菴의 학문적인 비중에 대해 숙종도 사림의 宗匠이라 한 바 있지만, 尹鳳九는 선생의 전제적인 학문은 朱子의 학문을 법으로 하고, 또 여러

---

136) 尤菴,「年譜」74歲條. "惟卿年彌高 而德彌邵 負一世重望 爲士林宗匠"
137) 尹鳳九,『屛溪集』卷51,「尤菴宋先生墓誌」. "自言欲學孔子 當先從朱子 學既淹通六經四子 則究竟於朱子書 循環熟複 如誦己言 是以其學一遵朱子程式"

선생의 학문을 깊게 연구하여 그것을 모아 알기 쉽게 했으니, 그것은 集大成한 것으로서 百世의 스승이 될 것이라 했다.[138] 尤菴이 생존했을 당시에는 당쟁이 치열해 士林들이 사분오열되었으며, 尤菴도 당쟁에 깊게 관여하여 老論의 중심인물이 되었기 때문에 전체 士林의 종장은 되지 못했다 할지라도 그의 학문적인 비중은 매우 높았다고 할 수 있을 것이다.

다음에는 농암과의 관계에 대한 尤菴의 태도부터 들어보면 그에게 보낸 與答書簡이 38통이나 된다. 그 가운데 어찌 仲和(농암의 자)와 같은 사람을 만나 고요한 곳에서 서로 더불어 講論해 烏頭가 윤택이 나게 했으면 좋겠다고 했고, 또 『朱子大全箚疑』가 완성이 된지 이미 오래였으나 미진한 바가 있는가 염려되어 訂正을 그치지 않았는데, 지금에 와서 序文을 초해 權尙夏에게 주며 다음부터 箚疑는 자네가 仲和와 더불어 생각해서 수정하고 同甫(李喜朝의 字)가 詳密하니 서로 더불어 의논하라 했다.[139] 이러한 기록들을 미루어 보면 尤菴이 농암을 얼마나 아끼고 그의 학문을 신뢰했는가 하는 것을 짐작할 수 있다.

다음에는 尤菴으로부터 신뢰를 받았던 농암은 우암을 어떻게 생각하고 있었는가 하는 것에 대해 알아보고자 한다. 농암의 연보에 따르면 24세 때 우암을 모시고 龍門山에 모였다고 했고, 그 후 우암이 세상을 떠날 때까지 수시로 찾은 적이 있다. 그리고 우암과의 관계에 대해 그의 外叔에게 보낸 글에서 저희들이 우암과의 관계는 四世로 師友의 인연이 맺어졌기 때문에 한 때 잠깐 배운 사람과 비할 바가 아니라고 했다.[140] 우암이 농암의 증조부인 金尙憲에게 執贄를 한 문인이었다고

---

138) "而惟我先生全體大用之學 憲章朱子 又於諸先生之說 推窮源委 會而通之 此所以集大成而爲百世師也" 위와 같음.

139) 『宋子大全』附錄 卷2. "箚疑之成已久 而先生猶恐有所未盡 不住其訂正 至是始草序文 以授權公尙夏 曰從今箚疑 君與仲和商量修改 同甫頗詳密 可與相議也. 宋時烈 年譜 83歲條"

하니 자신까지 四世가 되기 때문에 깊은 인연이 있다고 한 것이다.

농암이 위의 글을 보낸 外叔은 羅良佐였는데, 그는 少論系의 인물로서 생질인 농암 형제들에게 우암과 인연을 끊게 종용했다. 그가 종용한 것에 대해 농암은 저희는 처음부터 끝까기 가슴에 한 사람의 우암이지 두 사람의 우암은 없다. 그러므로 모든 사람들이 존경해도 내가 생각하는 우암에 첨가할 것이 없으며, 모든 사람들이 비난해도 내가 생각하는 우암에 훼손이 되지 않을 것이다. 전자인 경우는 지나치다고 하겠지만 내 생각의 우암은 그대로 있다고 했다.141) 이와 같이 우암에 대한 생각은 세상 사람들의 여론에 따라 흔들리지 않는다고 했다.

그리고 농암의 제자인 愼無逸이 우암을 공격하는 일에 가담하자 농암은 그에게 보낸 글에 우암은 내가 존경하는 분이다. 비록 사제가 되어 受業은 하지 않았다 할지라도 그의 문하에 수십 년 동안 출입하면서 정의가 도타웠는데, 지금 足下가 내 제자라 하면서 우암을 공격하고 있으니 그것은 내가 우암을 공격는 것이 아니라 할지라도 바로 내가 하는 것과 약간의 차이가 있을 뿐이라고 했다.142) 이로써 우암에 대한 농암의 태도를 알 수 있으며, 우암으로부터 받은 영향과 은혜에 대해 門下에 이십여년 동안 출입하면서 보고 느낀 것에서 얻은 것은 일깨우고 가려주는데 그치지 않았으며, 『朱子大全箚疑』의 편찬에 참여시킨 것은 긴 세월로 잊을 수 없는 嘉惠라고 했다.143)

---

140) 金昌協, 『農巖集』卷11, 「上仲舅」. 姪輩於尤翁 實有四世師友之契 不止一時執業請益者比而已.

141) 金昌協, 『農巖集』卷11, 「上仲舅」. "若姪則自始至終 胸中只一尤翁 無二尤翁 是以雖擧世尊之 而亦不以增吾之尤翁 擧世毁之 而亦不以損吾之尤翁 由前則人疑其不足也者 由後則人疑其過隆也者 而若吾胸中之尤翁 則固自若也"

142) 金昌協, 『農巖集』卷20, 「與愼無逸」. "尤翁吾所尊也 雖未嘗受業爲師弟 而出入門下數十年 情義篤矣 今足下名師昌協 而遽出而攻尤翁 是昌協雖不自攻尤翁 而直一間耳"

이상의 고찰로써 볼 때 우암도 농암의 학문적인 능력을 인정하고 아
끼었음을 알 수 있고, 농암도 우암에 대한 존경은 사회의 여론과는 상관
이 없었고, 직접 배우지는 않았다 할지라도 수십년 동안 출입하면서 사
상과 학문적으로 적지 않은 영향을 받았음을 알 수 있다.

3. 林 泳

林泳(1649~1696)의 자는 德涵, 호는 滄溪이다. 그는 靜觀齋 李端
相의 제자이며, 농암과 동문 수학한 사이이다. 그는 顯宗 6년 그의 나이
17세 때 司馬試에 장원했고, 23세에 庭試에 합격했으며, 湖堂에 피선
되어 賜暇讀書했다. 관직은 同副承旨, 大司憲, 副提學 등을 역임했
다.[144] 문집 滄溪集 27권이 있다.

林泳은 遐鄕 출신으로서 과거에 이른 나이에 합격했으며, 일찍 세상
을 떠났음에도 역임한 관직이 하위직이 아닌 것을 보면 그의 재능이 범
상치 않았음을 알 수 있다. 南九萬(1629~1693)은 그의 疏章과 일을 논
하는 것을 보면 마음이 넓고 통찰력이 있음을 알 수 있고, 선비들 사이
에서 그의 재주와 학문이 조정에서 제일이라고 하는 말을 들었기 때문에
마음으로 국가와 학문의 발전에 공헌할 것을 기대한다고 했다.[145] 이로
써 그의 재능에 대한 주위의 기대를 짐작할 수 있을 듯하다.

그런데, 그는 여러 관직을 역임했으나 농암에게 보낸 서간의 내용을
보면 건강도 좋지 않았던 것 같고, 벼슬에 관심은 적고 시골에 있으면서

---

143) 金昌協,『農巖集』卷29,「祭尤齋先生文」. "蓋出入門屛二十有餘年 得於觀
感竦動之間者 不止於發蒙而祛蔽 顧惟簡疑之編 所以垂百世之嘉惠"
144) 年譜가 없고, 그의 身後文字를 보지 못해 생애를 자세히 알지 못한 것이 아쉽다.
145) 南九萬,『藥泉集』卷27,「南溪集序」. "每見其論事疏章 未嘗不心開而目明
且得士友間游談 咸推德涵之才學 以爲朝中第一人 心竊計後來君德之成
斯文之托 唯德涵是期"

학문에 정진하고자 한 것이 아닌가 한다. 그의 현실에 대한 태도의 한 단면을 엿볼 수 있는 것으로는 그가 伯氏와 과거의 응시에 대한 시비를 말한 것이 있다. 그의 伯氏가 과거에 응시하는 것이 옳지 않다고 하는 것은 무엇 때문인가 하자, 그는 선비가 하위직에 있으면서 有司의 집을 찾아다니며 말로써 자랑하며 승진을 구하고자 하는 것은 옳지 않다. 만약 가지고 있는 능력이 현실에 도움이 되지 못할 것 같으면 시골에 숨어 있으면서 학문을 연구할 것이지 어찌 승진하고자 바쁘게 찾아다니며 경솔하게 하겠느냐 했다.146) 이 대화의 기록 내용은 그가 과거에 합격하기 전에 있었던 것으로 짐작되는데, 여기에서 그가 현실의 영리에 집착하지 않는 사상의 한 단면을 엿볼 수 있지 않을까 한다.

　다음에는 농암이 林泳을 만나게 된 경위에 대해 살펴보고자 한다. 林泳이 세상을 떠났을 때 농암이 지은 挽詩인 哭林德涵詩의 其二에,

靜觀門下初相見　　靜觀 門下에서 처음 보게 되었고,
聽澗堂中幾度逢.　　聽澗堂에서 몇 번 만났던가.

이로써 농암과 林泳은 靜觀齋 문하에서 서로 처음 만나게 되었음을 알 수 있다. 농암과 林泳과의 연령의 차는 林泳이 두 살 많았다. 농암은 열 다섯 살 때 靜觀齋의 壻郞이 되었는데, 그 때 靜觀齋는 楊州 靈芝洞에서 講學하고 있을 때였다. 농암이 글을 배우다가 擇壻가 되었는지, 결혼을 한 후 글을 배우게 되었는지는 분명히 알 수 없으나 결혼할 즈음부터 글을 배운 것은 사실인 듯하다. 그리고 靜觀齋는 농암이 열 아홉되던 해 세상을 떠났으니 5년 사이에 林泳과 만난 셈이 된다.

---

146) 林泳, 『滄溪集』卷25, 「日錄」. "夜與伯氏及尹公 論赴擧是非 伯氏曰 若以赴擧爲不是何哉 曰有是也 夫士處下位 輻輳有司之庭 衒其文辭以求進 已非矣 若素所蓄積 不足以兼善當世者 尤當晦養林下 以立推己及人之本 安可營營焉求進以自輕哉"

그렇다면 林泳이 靜觀齋 문하에 언제부터 출입하게 되었는지 이에
대해 靜觀齋의 아들인 李喜朝는 형이 열 일곱 살 때 湖南으로부터 와
서 비로소 先人 門下에 유학하게 되었는데, 그때 형은 문명이 크게 알
려졌다. 司馬試에 장원하여 사람들의 칭찬이 많았다고 했다.[147] 이로써
보면 林泳은 17세 때 司馬試에 응시하기 위해 上京하여 비로소 靜觀
齋 門下에 출입하게 되었다고 하니 농암이 결혼하던 해 靜觀齋 문하에
서 서로 만났음을 알 수 있다.

이와 같이 농암과 林泳은 청소년이었을 때부터 同門修學한 사이로
서 오래 동안 友情은 변치 않고 사이좋게 지냈다. 林泳이 농암에게 보
낸 書信 여덟 통이 그의 문집에 실려있는데, 그 가운데 與信이 2통, 答
信이 6통으로서 우정에 젖은 내용이 적지 않다. 농암이 咸鏡北道 兵馬
評事로 임명되었을 때 北幕으로 간다는 말을 들었는데 젊은 나이에 멀
리 가는 것도 좋은 일이지만 君親과 멀리 떠나는 感懷도 진정하기 어려
울 것이니 조심하라고 했고,[148] 淸風府使로 나갈 때는 淸風은 大家의
舊物이 되어 다시 전후로 맡게 되었으니 그것은 奇異한 일로서 얻기 어
려운 일이라 했다.[149] 그리고 己巳年에 농암의 아버지 議政公이 珍島
에서 후명을 받았을 때도 조문하는 것을 잊지 않았다.

다음에는 농암이 林泳에 대해 어떻게 생각하고 있었는가 하는 것에
대해 살펴보고자 한다. 농암이 그의 인품과 재능에 대해 그는 자신에 대
한 기대가 컸기 때문에 小成에 만족하지 않았고 自省하는데 간절했으
므로 억지로 용서하려는 것을 받아드리지 않았다. 만약 하늘이 그의 나

---

147) 李喜朝, 『芝村集』卷17, 「祭林德涵文」. "兄年十七 來自湖南 始遊我先人之
門 是時兄之文名已大振矣 旋魁司馬 人爭艶稱"
148) 林泳, 『滄溪集』卷12, 「答金仲和」. "昨因人聞出佐北幕 盛年遠遊 未必不佳
但竊伏想遠離君親 必深有不易爲懷者 殊切奉念"
149) 林泳, 『滄溪集』卷12, 「答金仲和」. "仙府淸風 居然是大家舊物 更添水玉交
映於前後 似此一段奇事 世豈可復得"

이를 연장해 주었다면 그가 학문을 연구한 지식이 높고 깊어 어찌 여기
에 그쳤겠는가 했다.[150] 이와 같이 그의 재능을 높게 평가하며 일찍 세
상을 떠나게 된 것을 애석하게 여겼다.

그리고 그가 세상을 떠났을 때 농암은 그 祭文에서 옛날 형을 처음
알게 된 것은 靜觀齋 문하였다. 半世 동안 從遊하면서 사이좋게 지냈
는데, 남북으로 멀리 떨어져 있어 십 오년 동안 서신으로 우정을 전달하
면서 나의 혹독한 화를 민망하게 여겼고, 파리한 건강을 슬퍼했으며, 지
나친 厭世를 경계하게 했으며 잘 먹게 권했다고 했다.[151] 이로써 보면
두 사람의 사이가 얼마나 두터웠던가 하는 것을 짐작할 수 있을 듯하다.

농암은 글 짓는 것을 매우 아끼어 祭文과 다른 사람 문집의 序文 같
은 글을 잘 짓지 않는데, 林泳의 문집 滄溪集 序文을 지었을 뿐만
아니라, 교정까지 보았다고 하며 祭文과 함께 挽詩 七言律詩 다섯 수
를 지었다.

4. 權尙夏

權尙夏(1641~1721)의 자는 致道, 號는 遂菴 또는 寒水齋라 했다.
그의 연보를 중심으로 일생을 간단히 살펴보면 21세 때 進士 初試와
會試에 합격했으며, 22세 때 尤菴 宋時烈을 堤川에서 처음 만나게 되
었다. 28세 때 庭試에 응시했다고 한다. 35세 때 고향인 제천으로 寓居
를 옮겼다고 하며, 46세 때 持平에 임명되었다. 49세 때 宋時烈이 井邑

---

150) 金昌協,『農巖集』卷22, 滄溪集序. "蓋其自期也遠 故不安於小成 自省也切
　　故不容於苟恕 … 向使天假其年 而卒究其所學 則造詣之崇深 又豈止此而
　　已 噫 其可惜也已"
151) 金昌協,『農巖集』卷29,「祭林德涵文」. "我昔識兄 初于靜觀 半世從游 其
　　臭如蘭 契闊南北 十五年間 唯寓尺素 以通心肝 愍我酷禍 哀我棘欒 戒我
　　傷生 勸我加餐"

에서 후명을 받게 되자 그곳까지 가서 유명을 받았다고 한다. 62세 때 特旨로 戶曹參判, 71세 때 吏曹判書에 제수되었고, 77세 때 右議政에, 그해 左議政에 승진되었으며, 貂帽를 下賜받았다.

尹鳳九는 그의 인물에 대해 그가 학문하는 것은 독서를 통해 이치를 궁구하며 직접 실천하고자 했다. 처음부터 끝까지 공경하는 것으로 하며 天理와 人欲이 나누어지는 것에 더욱 신중히 했으며, 가지고 살피는 것은 나이가 많을수록 더욱 독실했다. 연구하지 않은 책이 없었으나 中庸과 周易에 가장 깊어 날마다 中庸을 한 번씩 읽는 것을 여러 해 계속했으며, 周易은 본의를 중심으로 하면서 항시 案上에 책을 두고 연구한다고 했다.152) 다음에는 농암과의 관계에 대해 살펴보고자 한다.

權尙夏는 宋時烈에게 執贄한 후 일년에 여러 번 찾았다고 한다. 그리고 宋時烈이 세상을 떠난 후 嫡傳으로서 遺命에 따른 사업을 충실히 추진했다. 그러므로 宋時烈의 門屛에 이십년이나 출입했다는 農巖과 자주 접촉이 있을 수밖에 없었을 것이다. 權尙夏의 연보 54歲條 6월에 농암에게 답서를 보냈는데, 그 해는 甲戌年으로서 농암의 부친 議政公이 신원되면서 농암이 戶曹參議에 임명되었는데, 그때 농암이 그 출처에 대해 물었으므로 權尙夏는 나갈 수 없다는 뜻으로 답했다고 한다.153) 당시 농암에게 출처는 중대한 문제였는데, 그러한 문제를 의논했다는 것은 두 사람의 사이가 가까웠고 신뢰했기 때문에 아닌가 한다.

그때 농암은 權尙夏의 의견과 같이 출사하지 않고 辭職疏를 올렸는데, 그 해 權尙夏는 농암에게 보낸 글에서 얼마 전에 첫 번 올린 사직소

---

152) 尹鳳九 撰,『屛溪集』卷51,「寒水齋權先生墓誌」. "其爲學 讀書以窮理 反躬以實踐 而敬則貫始終 尤致謹於天理人欲之分 操省之工 老而彌篤 於書無不硏窮 而易中庸用力寂深 日讀一遍 屢年不掇 易則專主本義 而案上常置一本玩究焉"

153) 寒水齋,「年譜」54歲條. "六月答農巖金公書 그 下註에 金公時承除命 以其出處書問之 先生答以不可出之意"

를 보았는데, 내용이 슬프고 의리가 분명해 참으로 귀신을 울리겠고 사
람의 마음을 감동시키기에 충분했으며 마음으로 다행하게 생각했다. 오
늘 날 내 벗이 의리에 처하는 방법이 이 위에 더할 것이 있겠는가 했
다.154) 그리고 宋時烈이 後命을 받고 세상을 떠난지 몇 해 후 신원이
되자 그의 行狀을 작성하고자 제자들 사이에 논의가 있었는데, 그때 행
장의 작성자에 대해 농암이 많이 거론되었기 때문인지 농암이 사양한 듯
한 글에 權尙夏는 선생의 行狀을 오늘 날 이 세상에서 형을 제외하고
누구에게 부탁할 것인가. 朱子의 行狀을 그의 제자들 가운데 勉齋(黃
榦)가 맡는 것과 같이 바로 執事가 할 일이다. 지금 다른 사람에 맡기고
자 하나 찾을 수 있겠는가 했다.155) 당시 학자나 문인들 가운데 宋時烈
의 行狀을 작성하는 책임을 맡게 된다는 것은 영광이 아닐 수 없고, 權
尙夏는 宋時烈의 제자들 가운데 중심인물이라 해도 과언이 아닐 것으
로 생각되는데, 그가 이와 같이 말한 것을 보면 농암의 학문과 문장을
높게 인정하고 있었음을 알 수 있다.

그리고 權尙夏의 연보 40세조에 강물을 따라 올라가서 李喜朝와 金
昌協을 寒碧樓에서 만났다고 했는데, 그 밑에 金公이 그 邑을 맡고 있
었으며, 다음 날 金李兩公과 배를 타고 돌아와서 寒水齋에서 같이 잤
다고 했다.156) 농암이 37세 때 淸風府使로 임명되어 일년이 넘게 있었
는데, 그때 權尙夏도 落鄕하여 그곳에 있으면서 자주 만나지 않았을까
한다. 당시 두 사람의 우정에 대해 농암이 淸風府使로 있다가 돌아올
때 지었다는 七言絶句 한 수가 있다.

---

154) 權尙夏, 『寒水齋集』 卷6, 答金仲和. "向者得伏見第一辭疏 辭意惻傷 義理
　　明白 眞足以泣鬼神 而感人心 私心竊自幸曰 今日吾友處義之方 其有加於
　　此者乎"
155) 權尙夏, 『寒水齋集』 卷5, 答金仲和. "師門行狀 當今之世 捨兄其誰 朱門勉
　　齋之任 正是執事事也 今欲委諸他人 其可得乎"
156) 寒水齋, 「年譜」, 48歲條. "六月沂江會李公喜朝金公昌協於寒碧樓라 했고,
　　下註에 金公時爲邑宰 翌日偕金李兩公 乘舟還 聯枕於寒水齋"

烟雨霏霏滿北津   북진에 부슬비 내리는데
江城無限柳條春   강변의 많은 버들에 봄빛이 돈다.
孤舟此日遲遲發   孤舟가 이 날은 왜 이렇게 더딜까
半爲屛山半故人.   반은 近屛山 반은 친구 때문이라네.

이 시에서 故人은 權尙夏라고 했다.[157) 두 사람의 관계에 대해 위의
고찰은 權尙夏를 중심으로 살펴 본 것인데, 다음에는 농암을 중심으로
알아보고자 한다.

농암은 좋은 家門 출신으로서 학문과 문명이 높아 많은 사람들을 사
귈 수 있었을 것으로 짐작되는데, 그의 성격 탓인지 문집을 보면 사귄
폭이 넓지 않다. 그리고 글을 아끼었기 때문에 序跋만 적은 것이 아니고
書札의 폭이나 回數도 많지 않으나 權尙夏에 보낸 書札은 12통이나
되며, 그 회수는 妻男인 李喜朝와 제자인 魚有鳳 다음으로 많은 편이
다. 두 사람의 書札을 보면 서로 어려운 일들을 의논한 것이 적지 않은
데, 그것은 사이가 좋았다는 것을 立證하는 것이 될 것이다. 그 가운데
농암이 權尙夏가 보낸 宋時烈 畵像讚의 草稿를 보고 像讚을 받아 읽
어 보았는데, 대체로 좋아 말할 것이 없으나, 그 가운데 한 두 곳에 의견
을 말하고자 하니 참고하기 바란다고 했다.[158) 농암은 이와 같이 말하면
서 權尙夏의 草稿에서 세 곳을 지적했다. 그런데, 지금 전하는 權尙夏
의 像贊은 농암의 지적을 수용하지 않았다. 농암은 자신에게 물었기 때
문에 의견을 말한 것이고, 權尙夏는 농암의 의견을 꼭 수용해야 할 것은
없다. 이것으로 인해 당시 양쪽의 감정이 어떻게 되었는지는 알 수 없지
만, 서로 어려운 일이 있으면 기탄없이 서로 묻고 말하며 의논한 것을

---

157) 編者 未詳, 『海東詩話』(趙鍾業 編, 『韓國詩話叢編』 8). "金農巖昌協 自淸
風遞歸時 賦一絶曰 … 故人卽權尙夏也" 이 시를 『農巖集』에서는 보지 못했
는데, 편집 당시 실지 않았는지 알 수 없다.
158) 金昌協, 『農巖集』 卷12, 「答權致道」. "敬受而讀之 大體儘好 無容異議 其
中一二處 略試冒稟 以俟財處"

볼 때 사이가 좋았음을 짐작할 수 있지 않을까 한다.

5. 洪世泰

洪世泰(1653~1725)의 자는 道長, 호는 滄浪 또는 柳下이다. 그는 한미한 가문의 출신으로서 성장 및 수학과정에 대한 기록은 볼 수 없고, 다만 그의 自警文(柳下集 권9)에 따르면 문리를 얻을 때까지만 배웠고 經書 등은 독학했음을 알 수 있다. 文集 柳下集 14권이 전한다.

洪世泰는 출신이 미천했기 때문인지 과거를 보았다는 기록은 볼 수 없고 역임한 관직은 吏文學官, 製述官, 主簿, 察訪, 監牧官 등으로서 사대부 가문에서는 하지 않는 하위직이었다. 그러나 당시 그의 문명은 높았다. 金澤榮(1850~1927)은 우리나라에 象胥族으로서 시에 유명했던 인물은 洪世泰, 李彦瑱, 李尙迪, 鄭芝潤이었다고 했다.159) 그리고 朴性陽(1809~1890)은 그가 閭巷人이었으나 金錫胄가 그의 재능을 아끼어 死地에 있는 것을 빼어주었으며, 시로서 유명했기 때문에 農巖과 三淵이 초치 하여 酬唱했다고 한다.160)

洪世泰가 시로써 농암 형제와 가깝게 지내게 되었다고 했는데, 이에 대해 洪世泰는 자신이 소년이었을 때 李奎明과 같이 놀게 되었다. 그때 金昌翕은 古詩를 倡導하며 洛誦樓를 열어 선비를 초청했다. 李奎明은 시로써 金昌翕과 雙璧이 되어 경쟁하며 서로 양보하지 않았다. 자신은 그들과 같은 나이로서 쉽게 의기가 投合되어 친하게 사귀었다고 했다.161) 여기에서 이들이 모인 곳을 洛誦樓라 했고, 그 모임을 洛誦樓

---

159) 金澤榮,『韶濩堂集』卷14,「鄭芝潤傳」. "吾韓象胥之族 以詩聞者 有洪世泰 李彦瑱李尙迪及芝潤四人"

160) 朴性陽,「芸窓瑣錄」(趙鍾業 編,『韓國詩話叢編』卷11). "洪世泰閭巷人也 金息菴愛其才 拔出死地 以詩名世 農巖三淵置諸門下 與之酬唱"

161) 洪世泰,『柳下集』卷10,「妙軒詩集跋」. "余少時 從妙軒李公遊 … 時三淵

詩社라 한다. 조선조에서는 중기로 접어들면서 委巷文人들을 중심으로
結社된 詩社를 적지 않게 볼 수 있는데, 이 洛誦樓詩社의 계원은 얼마
되지는 않았지만 화려한 가문의 자제와 委巷人이 같이 했다는 것에 의
의가 있다고 생각된다.

이와 같이 洪世泰가 시로써 유명했기 때문에 肅宗 8년에 正使인 尹
趾完과 같이 통신사 일행으로 일본에 가서 그곳 문인들로부터 칭찬을
받았다고 한다. 南有容(1698~ 1773)은 그에 대해 세상에서 柳下를 시
에만 능했다고 말하나 그의 공을 과소평가할 수 없을 것이다. 그가 委巷
출신으로서 문명이 사대부 사이에 많이 알려지자 委巷 사람들이 스스로
분발하여 공부를 열심히 하게 되었으니 그것이 누구의 공인가 했다.162)
조선조는 중기에 이르기까지 士族中心의 사회였으므로 문단에서도 委
巷文人들의 진출이 극히 어려웠다. 그런데 洪世泰가 문명으로 사대부
들 사이에 많이 알려지게 되어 그들과 교류를 하게 되면서 委巷人들의
자제들에게 적지 않은 격려가 되었을 것이다.

洪世泰는 金昌翕과 詩社를 같이 했기 때문에 일찍부터 농암과 접근
이 가능했을 것이다. 그리고 농암과의 직접적인 관계에 대해 그가 편찬
한 海東遺珠 序에서 농암이 자신에게 우리나라 시가 채집되어 전하는
것이 많으나, 委巷詩만 없어 전하지 않게 되는 것이 가석하니 자네가
채집해 보는 것이 어떻겠느냐 하므로 자신이 널리 찾아 諸家들 詩稿 가
운데 정선하여 좋은 작품을 수록하는데 십여 년이 걸리었다고 했다.163)

倡爲古詩 開洛誦樓 以招諸子 而公同里並峙 與之頡頏 不相讓焉 余於兩公
卽同年生 而一言道合 如石投水 許以忘形之交 故得遨遊兩間"

162) 南有容,『雷淵集』卷11,「省齋稿序」. "世謂滄浪洪君徒能詩耳 以余論之 其
功亦不可少也 始滄浪徒手起委巷 一唱爲正音 名動士大夫間 而閭井之人
各自奮厲 自五尺童子 咸知挾策讀書之爲貴 嗟乎 是誰之力也"

163) 洪世泰,『柳下集』卷9,「海東遺珠序」. "農巖金相公嘗謂余 曰東詩之採輯行
世者多矣 而閭巷之詩獨闕焉 泯滅不傳可惜 子其採之 余於是廣加搜索 得
諸家詩稿 披沙揀金 務歸精約 至於人所口誦 其可者靡不收錄 積十餘年而

이로써 海東遺珠의 편찬이 농암의 권고에 의해 이루어졌음을 알 수 있다.164) 그리고 申靖夏는 洪世泰가 젊었을 때 唐詩를 배우다가 만년에 杜甫의 시를 배우며 그 格調가 달라졌기 때문에 그의 시를 말하는 자들이 學杜가 學唐한 것보다 못하다고 했으나 그는 믿지 않았다. 어떤 사람이 농암에게 물었던 바 농암도 웃으며 나도 여러 사람들을 따르고자 한다 하여 득실에 따른 의견이 결정되었다고 했다.165) 이로써 보면 지은 시를 서로 보면서 논평을 한 것으로 짐작된다.

洪世泰에 대한 농암의 태도는 그가 淸風府使로 있을 때 洪世泰가 金昌翕과 같이 청풍을 찾은 적이 있다. 그때 같이 지은 儵然齋與洪生世泰同賦詩의 詩題 밑에 洪生이 申尙書 葬禮에 참석하기 위해 忠州에 왔으므로 말을 보내 맞아왔다고 했다. 그리고 洪世泰는 그곳에 며칠 머물면서 金昌翕과 그곳 명승지를 찾아 유람한 듯하다. 그때 농암이 洪世泰에게 보낸 서신에 엊그제 생이 子益과 더불어 같이 배를 타고 놀러가서 지금 漆巖에 이르렀을 것이니 지나간 江山이 맑고 초목이 우거졌을 것이다. 종일 배를 타고 시를 지으면서 피곤한 것을 몰랐을 것인데, 같이 있지 못한 것이 한스럽다. 며칠 후에 寒碧樓에 도착할 것인데, 돌아올 때 말을 보내 맞이하겠다. 혹시 늦었을 때 어떻게 하면 좋겠는가 했다.166) 농암은 洪世泰가 忠州에 왔다는 말을 듣고 말을 보내 오게 했고, 또 그곳 명승지로 유람하기 위해 떠날 때 같이 가지 못한 것을 한스럽게 생각한다고 했으며, 그곳으로 돌아올 즈음에도 말을 보내겠다고 했

編乃成"
164) "噫 斯篇之作 實自農巖公發之 而公今已下世 無可質者" 위와 같음.
165) 申靖夏, 『恕菴集』卷16, 「恕菴詩評」. "滄浪洪世泰 少日爲唐 晚乃學杜 其格頗變 論者以爲學杜者 不如學唐 而洪未之服也 有一詩人 就問於農巖者 農巖笑曰 吾從衆 得失之論遂定"
166) 金昌協, 『農巖集』卷18, 「與洪生世泰」. "生再昨 與子益同舟溯流 今到漆巖 所過江山淸曠 春物藹然 終日在蓬屋下 游目賦詩 不知舟楫之勞 甚恨不得左右在側也 再明間當到寒碧 歸後送馬相邀 恐稍後時 未知何以則可也"

으니 洪世泰에 대한 농암의 태도가 각별했음을 알 수 있다.

조선조는 班常의 신분관계가 뚜렷이 구분되었던 사회였다. 그럼에도 불구하고 당시 甲族이었던 농암과 한미했던 洪世泰가 서로 가까웠던 것은 洪世泰가 시에 능했고, 농암은 그것을 아끼었기 때문에 가능하지 않았던가 생각되며, 그렇다고 해서 신분의 한계까지 초월했다고는 보지 않는다. 다만 농암이 한미했던 인사라 할지라도 학문과 시문에 능하면 신분에 크게 구애하지 않고 친근했다는 것을 말하고자 洪世泰를 선정하여 그와의 관계에 대해 언급하고자 한 것이다.

제2장

文集과 編纂

제1절 문 집

金昌協은 우수한 작가였고 뛰어난 학자로서 많은 詩文과 論著들이 실려 있는 그의 문집 『農巖集』 34권은 그가 세상을 떠난 다음 해에 문인들에 의해 간행되었고, 그 후 附錄과 續集 및 別集이 간격을 두고 출간되었다. 다음에는 문집의 原集과 附錄 및 續集과 別集의 간행 경위에 대해 살펴보고자 한다.

『農巖集』原集 첫머리에 金昌翕의 序가 있다. 그는 『農巖集』의 간행 경위에 대해 仲氏 농암선생이 세상을 떠난 다음 해에 제자인 金時佐 등이 그 原文을 모아 약간 선택하여 30여권으로 편찬해 간행하고자 하면서 자신에게 卷尾에 一言해 주기를 말한다고 했다.[1] 그리고 金昌翕이 서문을 쓴 해를 崇禎紀元後八十二年이라 했으니 1709년으로서 肅宗 35년이 된다. 이로써 제자인 金時佐 등에 의해 편찬되어 농암이 세상을 떠난 다음 해인 숙종 35년에 간행이 착수되었음을 알 수 있다.

편집 체제는 권1에서 권6까지는 모두 시인데, 편집 순서는 지은 시기와 장소를 감안하지 않았는가 생각된다. 이렇게 보고자 하는 것은 권2에 金剛山 紀行詩가 실려 있는데, 이 시는 그가 약관이 지날 즈음과, 咸鏡北道 兵馬評事로 부인할 때 그 곳을 유람하면서 지은 시일 것이며, 그 뒤에 北靑, 鍾城 등지에서 지은 시들이 많다. 이러한 시들은 그가 35세 때 咸鏡北道 兵馬評事로 가서 있을 때 지은 시가 틀림없을 것이다.

권7에서 권9는 疏箚, 권10은 啓, 議, 講義이며, 권11에서 권20까지는 書札, 권21에서 권22까지는 序, 권25에서 권26은 題跋, 雜著이다. 권27은 墓誌銘, 권28은 神道碑銘, 墓碣銘, 墓表, 行狀이며, 권29에서 권30

---

1) 金昌翕, 「農巖集序」. "我仲氏農巖先生旣沒之踰年 門人金時佐等 裒輯其遺文 略有刊汰編次 爲三十餘卷將以印行于世 謂昌翕合有一語 以著卷尾"

까지는 祭文과 哀辭이다. 권31에서 권34까지는 雜誌로서 內篇과 外篇
으로 나누어져 있다.

이와 같이 『農巖集』原集은 34권인데, 뒤에 附錄으로 35권과 36권
이 첨가되었다. 35권은 世系와 年譜 上 이며, 36권은 年譜 下와 金昌
翕이 撰한 墓表와 墓誌銘이 있고, 뒤에 농암의 손자인 金元行의 跋文
이 있다. 이 跋文에 따르면 年譜는 농암 선생이 세상을 떠난 지 45년
후에 작성되었다. 자신이 일곱 살이었을 때 조부인 농암 선생이 세상을
떠났으므로 儀容도 잘 알 수 없는데 道學의 조예와 義理의 講說을 어
떻게 알 수 있으며, 당시의 제자들도 모두 세상을 떠났기 때문에 물을
곳이 없었다고 하면서 이 年譜에서 평생의 언행에 대한 기록과 傳聞을
모은 것이 백분의 일에 불과한데, 어찌 紀實이라 할 수 있겠는가 했다.[2]
이로써 보면 이 年譜는 농암의 손자인 金元行에 의해 작성되었음을 알
수 있다.

그리고 연보가 작성되었으나 재력이 없어 간행을 하지 못하고 있었는
데, 그 때 安東府使 趙暾이 本府에 있는 『農巖集』의 板本이 많이 파
손되어 바꾸고자 하고 있을 즈음에 연보의 편찬이 완료되었다는 말을 듣
고 첨부해서 같이 간행하게 되었다고 했다.[3] 金元行이 跋文을 쓴 해를
崇禎紀元之百二十七年이라 했으니 1754년으로 英祖 30년이 된다. 이
로써 『農巖集』補刊은 安東에서 趙暾에 의해 간행될 때 농암의 嗣孫
인 金元行이 작성한 年譜와 함께 金昌翕이 撰한 농암의 墓表와 墓誌
銘까지 첨부해서 간행했음을 알 수 있다.

『農巖集』續集은 上下 兩卷으로 나누었는데, 上卷은 농암의 先府
君 金壽恒의 行狀 上이며, 下卷은 行狀 下와 上尤齋先生書, 先府君

---

2) 金元行, 『農巖集』卷36 後尾, 「年譜」跋. "而卽其平生言行之大 區區掇拾於
   文字傳聞之餘者 蓋百不一二矣 嗚呼 是尙可謂紀實也乎"
3) "書旣成 又窮居無力 未及入梓 今趙侯暾光瑞 出守安東 見先生文集之在本
   府者 板多刓缺 慨然思以易之 聞有此編 仍並取而附刊焉" 위와 같음.

墓誌追記, 四端七情說 등이 실려 있고, 뒤에 농암의 五代孫인 金洙根의 跋文이 있다. 續集의 간행에 대해 金洙根은 농암선생이 세상을 떠난 지 3년 후에 문집이 간행되었고, 또 백사십여 년후에 續集이 처음으로 출간되었는데, 그것은 신중하게 하고자 한 것이라고 하면서 여기에 실린 것을 감추어 두고 쉽게 내어놓지 않았던 것은 후대의 여론을 기다리고자 함이었는데, 세월이 오래 되면 인멸 되서 알 수 없기 때문에 교정을 보아 간행하여 原本의 미비한 것을 갖추고자 한다 했다.4) 그리고 跋文을 쓴 해를 今上 5년 甲寅이라 했으니 哲宗 5년이며, 1854년이다.

이러한 金洙根의 跋文에 따르면 續集에 실린 글들은 급하게 보일 것이 아니고 여론을 기다린 것이라고 했는데, 농암의 先府君 行狀은 原集에 실어도 무방하리라고 생각되는데, 실지 않은 이유는 알 수 없다. 연보에 47세 때 농암이 廣州 水鍾寺에 머물며 議政公 行狀을 작성했다고 하니 문집이 간행될 때 이미 작성되어 있었다. 上尤齋先生書는 농암의 아버지 金壽恒이 珍島 유배지에서 後命을 받게 되자 尤菴 宋時烈에게 墓誌文을 청하면서 誌文의 자료로 작성한 글이다. 그때 尤菴도 濟州道에 유배되어 있다가 서울로 압송되어 오는 도중에 井邑에서 이 글을 받고 文谷金公墓誌銘을 지었다고 한다.5) 이 墓誌文은 농암이 작성한 자료를 근거로 하여 尤菴이 지었기 때문에 原集을 편찬할 때 제외하지 않았는가 짐작된다. 先府君墓誌 追記는 처음에 작성된 자료에서 누락된 것을 보완한 것이다.

그리고 四端七情說에 대해서는 뒤에 다시 언급할 기회가 있겠지만 당시 대립된 당쟁에서 농암의 가문이 속한 老論系의 학자들은 性理學의 理氣說에서 栗谷의 학설을 따르고 있었는데, 농암의 四端七情說은 栗

---

4) 金洙根, 『農巖集』續集 後尾, 「跋文」. "第藏弆有年 不敢遽出 以俟百世之論 而竊懼世遠言湮 靡所據依 止爲一家之訓 不肖乃敢校訂 首尾付諸剞劂 以備原集之未備者"

5) 이 글은 宋時烈의 문집인 宋子大全 卷18에 실려 있음.

谷의 주장과 적지 않은 차이가 있었다. 그러므로 原集이 편찬될 때 事端
을 일으킬 수 있다고 하여 제외한 것인데, 이 때 비로소 실은 것이다.

別集은 4권이다. 권1에는 시 2수, 書札 2통, 序와 祭文, 行錄, 試策
등이 각 한 편씩 실려 있다. 이로써 볼 때 別集 권1에 실려 있는 글들은
原集에서 누락된 것을 보완한 것으로 볼 수 있다. 그런데, 이러한 글들
이 원집을 간행할 때 왜 누락되었는지 알 수 없다. 그 이유로 간행 비용
을 줄이기 위해 제외시켰을 수도 있겠고, 또 草稿의 소재를 알지 못해
누락된 것으로 생각할 수도 있겠는데, 내용으로 보아 전자보다 후자가
아니었던가 한다.

別集 권2에는 농암이 세상을 떠난 후 朝廷에서 내린 賜祭文 3篇과
金昌翕를 비롯하여 知舊와 제자들의 祭文 46편과 靈巖鹿洞書院配享
奉安祭文 및 賜祭文과 兩丁祝文, 石室書院配享奉安祭文 등이 실려
있다. 別集, 권3에는 附錄으로서 제자인 魚有鳳, 吳大濬 등이 기록한
語錄이며, 別集 권4에는 역시 附錄으로 諸家章疏, 諸家撰述, 諸家記
述, 雜錄 등으로 나누어 있다.

諸家疏章에는 請配享石室書院疏, 請從祀文廟疏, 鹿洞書院請額
疏, 辨誣疏, 陳情疏 등의 글이 실려 있으며, 諸家撰述에는 朱子大全
箚疑問目後序, 五子粹言序, 論語詳說跋, 題二家詩選後, 筆畵跋, 書
帖後小跋, 扇畵贊이 실려 있다. 諸家記述 雜錄은 實錄을 비롯하여 후
대 인물들이 농암의 학문과 문장에 대해 기록한 것을 모아 놓은 것이다.

이러한 別集은 농암의 從九代孫 金寗漢에 의해 편찬된 것인데, 그
는 跋文에서 후대에 사람들이 농암의 글을 金石과 神明처럼 여기고 있
다고 전제하면서 原集의 刊行한 帙數가 많지 않았고, 續集은 더욱 적
어 많은 사람들이 가지기에는 부족하여 학문을 계승하고자 하는 사람들
이 탄식을 한 것이 오래였는데, 뜻을 같이 하는 사람들이 자신에게 原集
과 續集을 간행하는 것이 어떻겠느냐 했다. 從舅인 徐相春이 그 말을

듣고 그것도 좋은 일이지만 原集과 續集에 실려 있지 않은 것에 좋은 글이 있고, 뒷사람의 글에서 선생과 관계되는 글을 모아 첨부한 후에 全書가 갖춰질 것이라 했다. 이 말에 모두 좋다 하므로 凡例를 정해 간행하면서 跋文으로써 그 경위를 밝힌다고 했다.6) 이로써 別集의 편찬과 그것이 첨부된『農巖集』의 重刊 경위를 알 수 있게 되었으며, 이 跋文을 쓴 해를 戊辰 仲春이라 했으니, 金甯漢의 생존년대를 감안할 때 1928년이었음을 알 수 있다.7) 이상의 고찰로써『農巖集』原集, 續集, 別集의 편찬과 첨부된 경위를 밝혔는데, 이와 같이『農巖集』이 후대로 내려오면서 첨부되어 몇 차례 간행된 것은『農巖集』을 보고자 하는 사람이 많았기 때문이었을 것이다. 그리고 지금 民推에서 영인한 것은 金甯漢이 別集까지 편찬해 첨부한 重刊本이다.

제2절 편 찬

1. 五子粹言

농암의 연보 43歲條에 五子粹言을 편찬했다고 했으며, 그 밑에 五子는 荀卿, 董仲舒, 揚雄, 王通, 韓愈 등이다. 선생은 孟子 이후부터

6) 金甯漢,『農巖集』別集 後尾,「農巖集重刊跋」. "而原集之刊出者不多 續集之印頒者尤少 不能家丌而戶閣 承學之吁歎者久矣 有二三同志 詢于甯漢 取原續二集 將並刊博布 而從舅徐丈相春氏聞而悅之曰 不亦善夫 雖然原續之外 頗有遺文 零金片玉 皆足爲寶者 別爲一集 後來文字之有關先生 不可放失者 亦蒐而附之 然後一部全書 於是乎始備矣 僉曰諾 遂草定凡例 付之剖劂 徵之以跋語"
7) 金甯漢이 別集의 跋文을『農巖集』重刊跋이라 했다. 앞서 말한 趙暾이 安東에서 年譜와 같이 간행한 것은 重刊이 아니고 刊缺된 것만 補刻한 것인지 알 수 없다.

聖學이 전하지 않았는데, 이에 대해 알고 말한 자가 이 다섯 사람이었기 때문에 그들의 格言과 至論으로서 斯道에 합치되는 것을 골라 一編으로 하여 五子粹言이라 이름했다고 한다.8) 그리고 魚有鳳은 이 五子粹言에 대해 농암선생이 五子의 全書에서 선택하고 줄여 중요한 것만을 골라 다섯 권으로 하여 五子粹言이라 했다.9)

魚有鳳은 五子粹言 序에서 五子에 대해 그때 孔子의 가르침을 높이 여기고 仁義를 숭상할 것을 알며 先王의 법을 誦說하면서 異端의 말에 현혹되지 않은 자는 楚에서 荀卿, 漢에서 董仲舒와 揚雄, 隋에서 王通, 唐에서 韓愈뿐이었다고 했다.10) 이로써 보면 이들 五子는 孟子 이후에서부터 唐代에 이르기까지 儒學의 명맥을 이어온 유명한 학자였음을 알 수 있다. 이 五子粹言의 편찬이 완료된 후 농암이 읽으며 매우 좋아했다고 하면서 王通의 글은 論語와 같고, 韓愈는 孟子와 비슷하다고 했다 한다.11)

이와 같이 농암은 五子의 언행을 높게 인정하고 있음을 알 수 있는데, 여기에서 농암의 학문적인 태도가 당시 학자들과는 달리 상당히 개방적이었음을 발견할 수 있다. 다시 말하면 조선조에 성리학이 발달하면서 程朱學 특히 朱子學에 편중되어 韓愈는 詞章으로 많이 알려졌을 뿐이며, 그 외의 인물들의 저작은 크게 주목을 받지 못했을 뿐만 아니라, 많이 알려 지지도 않았다. 그런데, 농암은 그들의 저작을 읽고

---

8) 「年譜」43歲條. "五子 荀卿董仲舒揚雄王通韓愈也 先生以孟子以後 聖學不傳 而能知誦說斯道 有此五子 故擇其格言至論合於道 作爲一編 名曰五子粹語"

9) 魚有鳳, 『杞園集』卷19, 「五子粹言序」. "肆惟我農巖金先生 取其全書 揀汰節略 裒英萃要 釐爲五卷名曰五子粹言"

10) "于斯時也 能知宗孔氏崇仁義 誦說先王之法 而卓然不爲異言之所蔽惑者 於楚有荀卿 漢有董仲舒揚雄 隋有王通 唐有韓愈而已" 위와 같음.

11) 『農巖集』別集 卷3, 魚有鳳 錄 語錄. "五子粹言旣成 先生曰 讀之甚好 又曰 文中子似論語 韓子似孟子"

拔萃까지 했다.

五子粹言은 농암이 그들의 학문을 좋아했기 때문에 자신이 보는데 편하게 하기 위해 중요한 것을 拔萃한 것인지, 아니면 간행을 하기 위한 목적으로 편찬한 것인지 알 수 없다. 魚有鳳은 이에 대해 遺旨를 철저하게 따라 편집을 해 精書해 놓은 지 몇 년이 되었는데, 뜻을 같이 하는 분이 있어 간행을 부담하여 세상에 널리 전할 수 있게 하면 선생의 刪述한 뜻이 많은 사람들과 같이 할 수 있어 보자기에 싸두고 있지만은 않을 것이라고 했다.[12) 이로써 보면 魚有鳳이 粹言序를 쓸 때까지 간행되지 않았음을 알 수 있는데, 遺旨에 따라 繕寫 編次했다고 한 것을 보면 간행 의사가 없었다고는 볼 수 없을 듯 하다.

2. 二家詩選

二家詩選은 唐의 白樂天과 宋의 朱熹의 시를 選集한 것이다. 이 선집에 대해 魚有鳳은 여기에 실려 있는 白香山의 시 123수와 朱子의 시 147수는 농암선생이 抄選한 것이다. 선생은 만년에 시를 짓지 않았고, 또 시에 대해 말하지도 않았으나 이들 시를 초선하여 같이 보고자 한다고 했다.[13) 이로써 二家詩選의 선자가 농암이었음을 알 수 있다. 위에서도 말한 바 있지만 농암은 50세 때 아들 崇謙을 잃은 후부터 시를 짓지 않았다고 한다. 그러면서도 이 二家詩選을 抄選했다고 하니 그가 晩年에 한 것임을 알 수 있다.

---

12) 魚有鳳, 『杞園集』卷19, 「五子粹語序」. "乃敢一遵遺旨 編次繕寫有年 同志君子 有能出力剞劂 以廣其傳 則庶幾先生刪述之意 得與四方共之 而不獨巾衍之藏而已"

13) 魚有鳳, 『杞園集』卷21, 「題二家詩選後」. "右白香山詩一百二十三首 子朱子詩一百四十七首 即農岩先生所撰也 先生晩年 不作詩 亦不談詩 而獨手抄此編 以與同志者共之"

朱子는 詩文에서도 우수했으나 그의 뛰어난 학문에 가리어 빛을 보지 못했는데, 농암이 그의 시의 우수함을 알고 선발한 것으로 생각된다. 白樂天은 唐代 시인을 대표하는 인사 중의 한 사람이다. 그런데, 그는 晩唐 때 활동했던 시인이었으므로 그의 능력만큼 후대의 문인들로부터 인정을 받지 못한 것도 사실이다. 그러나 농암은 그의 시를 朱子詩와 같이 초선하여 二家詩選을 편찬했다. 농암이 二家詩를 초선할 당시에 글을 배우는 자들 가운데서 白樂天의 시는 높게 평가할 것이 못된다고 했을 때 농암이 웃으며 매우 높게 평가할 점이 있다고 했다. 그리고 항시 말하기를 樂天의 시가 道에 가까운 바가 있어 읽으면 사람으로 하여금 스스로 깨닫게 하여 현실세계의 悲愁와 憂惱를 잊게 한다고 했다.[14] 농암이 활동했던 시기의 우리나라 문단은 唐詩와 함께 宋明詩體들도 유행하고 있었다. 그리고 농암의 시는 古詩와 杜甫 시의 영향을 받았기 때문에 白樂天이 활동했던 晩唐詩體와는 거리가 있었다. 그럼에도 白樂天詩를 이와 같이 높게 평가한 것은 자신이 선호하는 詩體와는 상관하지 않고 작품의 가치를 중시했기 때문일 것이다.

그리고 농암이 편찬한 것 가운데 二家詩選 외에도 希賢錄이 있었다고 한다. 이에 대해 선생이 晩年에 顔子와 曾子의 언행을 기록하여 한 권의 책으로 하여 希賢錄이라 이름하고 여가가 있는 날에는 誦讀했는데 … 지금 그 책이 本宅에 있는지 모르겠다고 했다.[15] 이 希賢錄은 顔曾의 언행을 초선한 것으로 짐작되는데, 간행을 하기 위한 목적으로 한 것인지, 자신이 보기에 편하게 하기 위해 한 것인지 알 수 없다.

농암이 編次한 것 가운데 周易에 관한 것도 있었다고 한다. 魚有鳳은 이에 대해 지금 周易은 明의 儒臣들이 程子傳과 朱子本義를 합쳐

---

14) "記得當時有一學子 言樂天詩不高 先生笑曰 有至高者存焉 又嘗曰 樂天詩近道 讀之使人悠然自得 世間悲愁憂惱都忘了" 위와 같음.
15) 『農巖集』別集 卷3, 魚有鳳 錄 語錄. "先生晩年錄顔曾言行 作一冊 名希賢錄 暇日輒誦讀 … 不知此冊 今尙留在本宅否也"

하나로 하여 지금 유행하고 있는데, 分章과 析句에 서로 다르고 凡例도 차이가 있다고 전제하면서 자신의 스승인 文簡公 金昌協이 고증을 자세히 하여 古經에 따라 차례를 정해 一本을 편성했으며, 연구를 마칠 때까지 살기를 바랐는데 마치지 못하고 세상을 떠났다고 했다.[16] 이로써 보면 농암이 周易에 대해서도 상당히 조예가 있어 그것을 상세히 고증해 古經에 따라 編次하다가 마치지 못하고 세상을 떠났음을 알 수 있다.

3. 朱子大全箚疑

조선조는 건국과 더불어 고려 후기에 전래된 性理學을 지도이념으로 표방했다. 이에 따라 성리학을 집대성한 朱子의 思想과 학문이 매우 尊崇되면서 그에 대한 연구가 활발하게 진행되어 왔다. 조선조는 정책적으로 朱子學을 장려했기 때문에 중국처럼 학문이 다양하지 못하고 朱子學에 일변도 되었으며, 중기부터 陽明學에 관심을 가졌던 학자들도 없었던 바 아니었으나 극히 소수였다. 그리고 당쟁이 東西로 분당이 되면서 禮論과 함께 主理 主氣로 치열한 논쟁이 계속되었으나 동서를 막론하고 朱子에 대한 존숭에는 변함이 없었다.

이와 같이 朱子學에 대한 연구가 가열되면서 朱子의 문집인 『朱子大全』의 정확한 이해가 요구되었기 때문에 이에 대한 연구가 나오게 되었다. 『朱子大全』의 이해를 돕기 위한 연구에 대해 朱子의 全書가 세상에 유행한지 오래였으나 그것을 註解하여 밝힌 것이 있다는 말을 듣지 못했고, 다만 우리나라의 退溪先生이 처음으로 節要와 記疑를 저작하여 학자들에게 어두운 길을 밝히는 것이 되었으나 簡略해 구비한 것

---

16) 魚有鳳, 別集 卷4, 疏略, 諸家記述雜錄. "臣師故判書文簡公臣金昌協 嘗細加考察 依古經次序 編成一本 蓋有假我卒學之願 而不幸韋編未絶而遽歿矣"

이 되지 못해 한스럽다고 했다.[17] 여기에서 주목되는 것은 중국에서 『朱子大全』에 대한 註解가 있다는 말을 듣지 못했고, 우리나라에서 退溪에 의해 비로소 節要와 記疑가 나왔다고 한 것이다. 그런데, 그것이 簡略하다고 지적되었는데 처음 시도된 것이고 개인에 의해 이루어졌기 때문이었을 것이다.

『朱子大全』연구에 대한 약간 구체적인 것을 들어보면 退溪先生이 『朱子大全』의 簡牘을 뽑아 20篇으로 하여 朱子書節要를 했고, 또 記疑 한 권이 있는데 그것은 중요하고 어려운 것을 해석해 알기 쉽게 한 것이니 그 공이 크며, 그 뒤에 鄭經世가 편찬한 酌海 8권이 세상에 유행하고 있어 節要의 右翼이 된다고 했다.[18] 이로써 보면 節要는 朱子의 簡牘을 중심으로 抄取한 것이라 했고, 記疑는 중요한 것과 어려운 것을 해석한 것이라고 했으니, 이것이 箚疑의 기초가 된 것이라고 할 수 있다. 그리고 節要를 돕는 것으로 鄭經世의 酌海 8권이 유행한다고 했다.[19]

『주자대전』에 대한 연구가 후대로 내려올수록 더욱 가열되었기 때문에 그에 따라 節要와 酌海에 대해서도 관심이 적지 않았다. 그에 대해 朱書節要는 文純公 李滉이 편찬한 것이고 朱書酌海는 副提學 鄭經世가 편찬한 것이다. 그리고 節要와 酌海를 하나로 合編하여 그 명칭을 節酌通編이라고 한 것은 文正公 宋時烈이 편찬한 것이다. 節要는

---

17) 魚有鳳, 『杞園集』 卷19, 「朱子大全箚疑問目後序」. 朱子大全行於天下久矣 未聞有註解而明之者 獨吾東退溪李先生 始著節要書記疑 學者得之 不啻若 迷途之指南 然亦恨其畧而不備 簡而未暢也.

18) 宋時烈, 「朱子大全箚疑序」. "退陶李先生 手抄朱子大全簡牘爲二十篇 名曰 朱子書節要 而又有記疑一册 以釋其肯綮難解處 以訓蒙士 其功大矣 其後文 肅鄭公 又爲酌海八卷行於世 蓋節要之羽翼也"

19) 保景文化社 영인본 『朱子大全箚疑』의 解題에 酌海를 鄭曄(1563~1625)이 한 것이라고 했으나, 그것은 宋時烈이 序에서 其後文肅鄭公又爲酌海라 하여 이름을 말하지 않았기 때문에 鄭曄으로 속단한 것이 아닌가 한다.

다만 言語를 중심으로 했고, 酌海는 文字를 위주로 했는데, 오직 通編
이 문자와 언어를 함께 실었기 때문에 이 책이 가장 좋다고 했다.20)

위에서 말한 바와 같이 節要는 朱子의 簡牘 가운데 性理學의 이해
에 중요하다고 인정되는 것을 拔萃한 것이며, 酌海는 어려운 말을 註解
한 것이므로 記疑에 가까운 것이다. 그리고 宋時烈에 의해 이 兩篇을
합쳐 節酌通編이라고 했는데,『주자대전』에 대해 이와 같이 拔萃 註解
한 것이 있었고, 또 그것을 合編했다는 것은 필요에 따로 수요가 많았기
때문일 것이며, 따라서『朱子大全』에 대한 연구가 그만큼 높았다는 것
을 짐작할 수 있다. 그런데, 宋時烈은 節酌通編에 만족하지 않고 李滉
의 記疑와 鄭經世의 酌海를 기초로 하여『朱子大全』의 編次順의 板
數에 따라 차례대로 어려운 句節과 單語를 풀이한『朱子大全箚疑』를
저작했다.

宋時烈이『朱子大全箚疑』(다음부터 箚疑로 약칭함)를 저작한 것에
대해 尤菴 宋先生에 이르러 … 朱子의 道가 밝지 않으면 洪水와 猛獸
와 같은 해를 저지할 수 없다고 하며 깊은 산중과 유배되어 있으면서도
그 책을 가지고 가서 처음부터 註解를 하여『朱子大全箚疑』라 이름했
다.21) 魚有鳳의 이러한 기록은 宋時烈이 箚疑를 저작하게 된 목적과
경위에 대해 간단하나마 克明하게 밝혔다고 본다.

그런데, 宋時烈 자신은 箚疑를 언제 착수했으며, 그 경위에 대해 구
체적으로 밝힌 바 없으며, 다만 그의 연보 83歲條에 箚疑가 이루어 진

20) 正祖,『弘齋全書』卷161,「日得錄」一. "朱書節要 卽先正文純公李滉所編
而朱書酌海 故副提學鄭經世所編也 以節要酌海合編一書 名之曰節酌通編
此文正公宋時烈所編 節要只取言語 酌海只取文字 惟通編一書 俱載文字言
語 此書最好看"
21) 魚有鳳,『杞園集』卷19,「朱子大全箚疑問目後序」. "至若尤菴宋先生 … 以
爲朱子之道不明 則洪水猛獸之害 將無所底止 乃於蓬山栫棘之中 取其書 從
頭註解 名曰朱子大全箚疑"

지 이미 오래였으나 미진한 것이 있을까 겁내어 訂正을 멈추지 않았는
데, 이때 이르러 序文을 초해 權尙夏에게 주며 말하기를 지금부터 箚
疑는 자네가 金昌協과 의논해 수정하고 李喜朝가 상당히 詳密하니 같
이 의논할 수 있을 것이라고 했다.22) 이로써 보면 箚疑가 이루어 진지
오래였으나 계속 訂正을 했고, 83세 때에 門人들에게 의논을 해서 수정
하게 했다.

箚疑에 대해 연보의 이러한 기록과 비슷한 내용을 宋時烈이 箚疑序
에서 직접 밝힌 바 있다. 그것을 들어보면 箚疑의 편찬이 엉성하게 이루
어졌는데 權尙夏에게 부탁하여 金昌協과 같이 교정하게 하며, 자신은
더욱 쇠로해 여기에 노력할 수 없다고 했다.23) 宋時烈이 이 序를 쓴 해
를 崇禎 己巳春이라 했으니 宋時烈이 83세가 되던 해로서 後命을 받
고 세상을 떠난 해이다. 이와 같은 宋時烈의 연보와 箚疑序에 따르면
세상을 떠난 해인 83세까지 계속 수정 보완했고, 또 權尙夏와 金昌協
에게 교정을 부탁했음을 알 수 있는데, 이들에게 부탁하게 된 것은 權尙
夏에게 이룩하지 못한 사업들에 대해 遺囑한 바 있었고, 농암은 일찍부
터 箚疑 교정에 참여한 바 있었기 때문이었을 것이다.

宋時烈은 箚疑를 필생의 사업으로 생각하고 세상을 떠날 때까지 교
정에 게을리 하지 않았으며, 생존 당시에도 주위에서 간행을 권했으나
단호하게 거절했음을 볼 수 있다. 그가 농암에게 보낸 答金仲和에서,
箚疑의 간행은 서둘러 할 것이 아니다. 들은 바 退溪先生 때 어떤 사람
이 記疑 草本을 가지고 가서 간행을 하고자 했더니 退溪가 크게 놀라
며 아직 再修를 하지 않았는데 간행하게 되면 後學들에게 잘못 가르치

---

22) 宋時烈, 『宋子大全』附錄 卷2,「年譜」83歲條. "箚疑之成已久 而先生猶恐
有所未盡 不住其訂正 至是始草序文 以授權尙夏曰 從今箚疑 君與仲和商量
修改 同甫頗詳密 可與相議也"
23) 宋時烈, 『朱子大全』箚疑 序. "編帙粗成 乃屬友人權尙夏致道 俾與相國胤
子昌協仲和 同其梳洗 而余益衰老 不能復致力矣"

게 될 것이라 하며 板本을 빨리 깎아버리게 했다. 지금 이 箚疑는 記疑에 근본을 두었으나 내용에 자신의 의견을 첨부한 것도 있으니 大全의본의에 어긋난 것이 있으면 朱子學을 연구하는 학자들에 죄인이 될 뿐만 아니라, 책을 본 사람들로부터 쫓겨날 것이니 그것을 쉽게 할 수 있는 것인가 했다.[24] 이 글을 보낸 해를 丙寅年이라고 했으니 宋時烈은 81세 때이며, 농암은 36세 때이다. 이로써 箚疑에 대해 宋時烈이 얼마나 신중했는가 하는 것을 짐작할 수 있을 듯하다. 宋時烈의 연보와 箚疑序에서 농암에게 수정을 부탁했는데, 다음에는 농암이 수정에 얼마나참여했는가 하는 것에 대해 살펴보고자 한다.

　농암이 箚疑의 교정을 처음 하게 된 것에 대해 농암의 연보 36세조에『朱子大全箚疑』 교정의 명령을 받았다고 했고, 그 밑에 尤菴先生이일찍 유배중에 있으면서 朱子全書를 註釋하여 箚疑라 이름했는데, 金壽興이 임금에게 史官을 보내 그 책을 가져오게 하여 보시고 刊布하는것이 좋겠다고 아뢰었다. 임금이 바로 가지고 오게 하여 本館(弘文館)에 교정을 명령하여 만일 의심스러운 것이 있으면 宋時烈에게 문의하게명령했다. 농암이 전적으로 그 일을 맡아 問目을 만들어 여러 번 질의를했는데, 尤菴이 그의 말을 좇아 고친 것이 십에 팔구가 되었다고 했다.[25] 이로써 보면 농암이 箚疑의 교정을 맡게 된 것은 그가 副校理로있을 때 임금으로부터 本館에 명령된 것을 그가 온전히 맡게 되었음을알 수 있다.

---

24) 宋時烈,『宋子大全』卷93,「答金仲和」. "大全箚疑政不欲其刊役速就矣 竊聞退溪先生時 或人私取記疑草本 梓於西路 退溪大驚 以爲未及再修 恐誤後學亟削其板本 今日此書雖本於記疑 而間有竊附瞽見者 此若未允於大全本意則豈惟朱門之罪人而已 挾書者皆將執杖而敺之矣 此豈可容易爲之哉"

25)「年譜」36歲條. "尤齋先生曾在謫中 註釋朱子全書 名曰箚疑 退憂公陳達筵中 請特遣史官 取其書睿覽 仍令刊布 上卽命取進 令本館校正 如有可疑處問議于奉朝賀 先生遂專任其事 錄爲問目 反復講質 宋先生從其說 而修改者十居八九云"

그런데, 농암이 箚疑의 교정에 접근하게 된 것은 이때가 처음이 아니었다. 宋時烈이 농암에게 보낸 글 가운데 내가 젊었을 때부터 이 책(『朱子大全』)을 읽었으나 이해가 되지 않은 곳이 많았고 심지어 口讀도 되지 않은 것이 있었다. 근간에 와서 혼자 생각하기를 모르고 말을 못하고 죽는 것보다 모르는 것을 기록해서 친구들에게 묻는 것이 좋겠다고 생각되었기 때문에 지금 기록한 것이 책이 되었는데 옆에서 써 주는 사람이 없어 깨끗하게 정리해 주지 못한 것이 민망하고 답답하게 되었으나, 조만간에 가능하게 될 것이니 高明(농암을 지칭한 것임)이 가르쳐 주면 다행이겠다고 했다.[26] 이로써 宋時烈이 箚疑를 하게 된 동기를 더욱 구체적으로 알 수 있게 되었고, 또 그때까지 기록한 것을 정서할 사람이 없어 보내지 못했으나 조만간 되는 대로 주겠다고 했으니 宋時烈이 箚疑를 하고 있다는 것을 전에도 알고 있었는지 모르지만 이때 농암이 분명히 알게 되었음을 믿을 수 있다. 그리고 宋時烈이 이 서찰을 보낸 해를 丙辰年이라고 했으니 宋時烈은 71세이고 농암은 26세 때이다. 다른 이야기가 되겠지만 이때 宋時烈은 국내 屈指의 대학자였고, 농암은 촉망받는 젊은 선비에 불과했는데, 보낸 서찰의 내용이 너무 겸손해 후대의 학자들에게 교훈이 되지 않을까 한다.

농암이 26세 때 宋時烈로부터 직접 箚疑의 교정을 부탁받았고, 36세 때 弘文館 副校理로 있으면서 임금으로부터 교정의 명령을 받았기 때문인지 그 후부터 箚疑의 교정에 상당히 관심을 가지고 접근했다. 연보 38세조에 華陽洞에 가서 尤菴을 찾아 뵈옵게 되었는데, 그때 權尙夏와 같이 가서 箚疑를 토론했다고 한다.[27] 그리고 아버지 議政公이 後命을

---

26) 宋時烈, 『宋子大全』 卷92, 「答金仲和」. "愚自少於此書 讀來讀去 而未能曉解處甚多 甚或不能以句 比年以來 竊自慨然 以爲與其蓄疑抱悱 而窮年沒世 孰若隨手箚記 以取正於朋友乎 故今玆所錄 頗成卷帙 只以傍無寫手 不能淨脫 訖未奉呈 極令人悶鬱 然此是早晚事 幸高明有以終敎之也"

27) 「年譜」 38歲條. "拜尤齋先生于華陽洞 與遂庵權公尙夏同行 講討朱子大全

받은 후 喪中에 있으면서 조석으로 號哭하는 나머지 학문 연구에 더욱
노력하여 날마다 論語를 외우고 箚疑를 詳訂해 더욱 깊게 쌓인 내용을
풀이하였다고 했다.[28] 이로써 보면 농암이 箚疑에 관심을 가지고 교정
에 착수했음을 알 수 있다.

箚疑는 宋時烈이 언제부터 착수했는지는 말하지 않았기 때문에 알
수 없지만 세상을 떠난 해인 83세에 쓴 箚疑序에서 編帙粗成이라 했
고, 金昌協과 權尙夏에게 교정을 부탁한다고 했는데, 그것은 처음으로
부탁한 것이 아니고 宋時烈 자신이 지나치게 노쇠해 箚疑를 수정할 수
없기 때문에 마지막으로 부탁한 것이 아닌가 한다.

다음에는 箚疑의 교정에 농암이 어느 정도 참여했는가 하는 것에 대
해 살펴보고자 한다. 이에 대해 魚有鳳은 宋時烈이 지은 箚疑를 金昌
協이 玉堂에 있으면서 교정의 명령을 받게 되자 별도로 問目을 만들어
여러 번 질문하고 토의해 동의를 많이 얻게 되었으며, 마침내 그의 간곡
한 遺囑을 받아 깊은 산 속으로 책을 가지고 가서 계속 연구해 내용을
더욱 알차게 하여 마쳤다고 했다.[29] 이러한 기록은 위에서 인시한 농암
의 연보 36세조의 기록과 宋時烈이 쓴 箚疑序의 내용과 일치함을 알
수 있는데, 弘文館에 箚疑의 교정에 대한 명령이 내려왔을 때 그곳에
있는 많은 선비들 가운데 농암이 그 일을 전담하게 된 것은 그의 학문적
인 능력도 감안되었겠지만, 宋時烈과의 잦은 왕래로 箚疑에 대해 누구
보다도 잘 알고 있었기 때문이었을 것이다.

金昌翕도 농암이 箚疑의 교정에 깊게 관여했다는 것에 대해 尤齋

箚疑"
28) 「年譜」 39歲條. "先生於晨夕號隕之餘 硏究舊學 用力尤篤 日誦論語 詳訂朱
子大全箚疑 益闡精微之蘊"
29) 魚有鳳, 『杞園集』 卷10, 「代楊州儒生請改故判書金昌協配享石室書院疏」.
"先正臣宋時烈 曾撰大全箚疑 昌協在玉堂 承命校正 別爲問目 往復質難
多得其印可 卒受宋時烈遺囑之眷眷 則抱書窮山 講究不輟 發揮闡繹 以卒
其業"

宋先生이 뒤에 箚疑를 지을 때 태반이 선생의 의견을 좇았으며, 後命을 받을 때도 교정을 부탁했다고 한다.[30] 그리고 魚有鳳은 더욱 구체적으로 밝힌 바 있으므로 그것을 들어보면 肅宗이 대신의 건의를 받고 가지고 오게 하여 보고 간행하기 위해 儒臣들에게 자세히 살펴보기를 명령했는데, 그때 농암선생이 玉堂에 있으면서 그 책임을 맡았다. 이에 정밀하게 교정하여 잘못된 것을 바로잡고, 또 다듬고 분석하여 조그마한 것도 반드시 분별해 問目을 하여 올렸던 바 尤菴이 보고 그 말에 따라 고친 것이 십에 팔구가 되었으며, 이렇게 하여 만들어진 것이 약간 권이 되었다. 그리고 己巳年의 화가 일어나자 尤菴이 세상을 떠나기 직전에 箚疑의 교정을 간곡하게 부탁했기 때문에 그것을 일생의 책임으로 여겨 禍故로 산중에 있을 때와 병중에 있을 때도 깊게 생각하는 것을 잊지 않았으며, 權尙夏와 더불어 교정한 것을 의논하여 수십년이 지난 뒤에 마쳤다고 했다.[31] 이로써 농암이 箚疑를 교정하게 된 경위와 교정하는 과정에 얼마나 노력했는가 하는 것을 알 수 있다.

농암이 箚疑의 교정에 대해 宋時烈로부터 직접 여러 차례 부탁을 받았고, 또 朝廷으로부터 명령을 받았기 때문인지 수십 년 동안 각고의 노력으로 교정을 하면서 宋時烈이 살아 있을 때는 問目을 작성하여 그로부터 稟裁를 받았고, 그가 세상을 떠난 후에는 자신이 한 것을 착오가 없게 하기 위해 여러 사람에게 알려 논의하고자 했다. 농암이 宋時烈로부터 후사에 대해 유촉을 받은 權尙夏에게 보낸 서찰에 자신의 견해가

---

30) 金昌翕, 『三淵集』 卷27, 「仲氏農巖先生墓誌銘」. "後作朱子箚疑 太牛從先生說 而及至臨命 遙致其顧託云"

31) 魚有鳳, 『杞園集』 卷19, 「朱子大全箚疑問目後序」. "惟我肅廟 因大臣筵白 亟命取進睿覽 將以印行 而令儒臣看詳 時則我農巖金先生在玉堂 實任其責焉 於是專精考校 正其差謬 爬梳剔抉 毫釐必辨 錄爲問目 以取稟裁 老先生從其說 而刪改者 幾十之八九 如是者董若干卷而己巳之禍作矣 其臨命屬托 益丁寧 而先生亦作爲一生擔負 雖在禍故逋竄窮阨疾苦之中 刻意覃思 未或須臾忘也 乃與遂菴文純公 商訂可否 積數十年告訖"

많이 채택되었다고 하니 틀린 것이 많지 않아 다행으로 생각한다. 그리고 마땅히 고쳐야 할 것이라 할지라도 뒤에 깊게 논의하고 살펴보게 하는 것도 해롭지 않을 듯하니 執事의 생각은 어떠한가 했다.[32] 이 글을 보낸 시기를 壬申이라고 했으니 농암이 42세 때이며, 宋時烈이 後命을 받은 지 4년이 되는 해로서 생전에 완성하지 못한 일들을 제자들이 모여서 정리하고자 의논하던 때였을 것이다. 그때 箚疑에 대해서도 적지 않게 논의가 되었을 것으로 짐작되는데, 농암은 그러한 것에 대해 매우 신중했음을 볼 수 있다. 즉 넓게 논의하고 마땅히 고쳐야 할 것이라 할지라도 그대로 두고 계속 토의하고자 했다.

이상에서 箚疑의 교정에 대해 宋時烈의 생시와 그의 사후에도 농암의 견해가 많이 수용되었음을 살펴보았는데, 다음에는 농암 자신이 교정의 경위에 대해 직접 밝힌 것을 들어보고자 한다. 그는 靜觀齋 李端相의 문하에서 같이 受學한 林泳에게 보낸 글에 箚疑는 尤翁이 지은 바였는데, 『朱子大全』을 처음부터 註釋한 것이 20여권이 된다. 근년에 大臣의 건의로 간행하고자 하는 의견이 있어 玉堂에서 교정을 보게 명령이 내려왔는데, 자신이 그 일을 맡게 되었다. 내용을 본 바 의심스러운 바가 없지 않아 차례대로 뽑아 老先生이 살아 있을 때 수차에 걸쳐 서신의 왕복이 있었는데, 수긍하며 고친 것이 십에 육칠이 되었다. 불행하게도 끝내지 못하고 오늘의 화가 있었는데, 들은 바 老先生이 임종 때도 잊지 않고 이 일을 부탁했으니 슬픈 일이다. 지금 사정이 전과 다르다 할지라도 의심이 되는 부분을 모아 여러 門人들과 논의하고자 한다. 한번 본 것이 약간 발명한 것이 있었다 할지라도 대부분 文義와 訓詁에 불과한 것이며, 義理로 중요한 것에서도 있었지만 많지 않았다. … 이

---

32) 金昌協, 『農巖集』卷12, 「答權致道」. "鄙說多見俯採 竊幸其不甚悖謬 但不待通同博議 輒改於箚疑 則恐非愼重之意 其在區區 尤覺惶悚難安 此事雖執事與敍九爲政 如同甫汝九諸人 亦不可不使與聞 雖其當改無可疑者 亦姑存之 以待日後 似不害爲熟講審處之道 未知尊意以爲如何"

책에 대해 혹시 듣지 못했을 것 같아 이렇게 말한다고 했다.33) 농암이
이 글을 보낸 시기를 庚午年이라 했으니 농암이 40세 때이며, 箚疑의
교정은 뒤에도 계속되었다.

위에서 箚疑의 교정에 대해 농암이 직접 말한 바에 따르면 교정을 하
게 된 경위에 대해서는 다른 기록과 차이가 없음을 알 수 있겠고, 교정
내용에 대해서는 文義와 訓詁에서 벗어나지 않았고 義理와 肯綮에도
없는 바 아니나 그것은 많지 않다고 했다. 이러한 내용은 농암이 箚疑의
교정에 대해 자신이 한 부분을 분명하게 획을 그었다고 볼 수 있다. 그
리고 宋時烈이 생존 당시에 농암의 의견을 수용한 것에 대해 뒤에 箚疑
를 지을 때 태반은 선생의 의견을 들었다고 했는데,34) 이 때 태반은 金
昌協의 본의와는 상관없이 箚疑 전체의 반으로 볼 수도 있겠으나, 그것
은 可疑處를 逐段寫出한 것에서 修改한 것이 십의 육칠이었을 것이다.

위에서는 箚疑의 교정에 대해 농암이 참여하게 된 경위와 어느 정도
수용하게 되었는가 하는 것을 중심으로 살펴보았는데, 앞서 인시한 宋
時烈의 연보에서 箚疑序를 權尙夏에게 주며 金昌協과 李喜朝와 의논
해서 수정을 하게 했는데, 이로써 보면 농암 외에도 참여한 인사가 있을
수 있다. 이에 대해 李宜顯(1669~1745)은 尤菴이『朱子大全』을 모두
취해 註釋을 하여 箚疑라 이름하여 그것을 마치지 못하고 여러 제자들
에게 완성하기를 부탁했는데, 그 중에 농암이 한 것이 좋았고 기타의 것

---

33) 金昌協, 『農巖集』卷13, 「答林德涵」. "箚疑乃是尤翁所著 蓋將大全一書 從
頭註釋 爲卷幾二十餘 頃年嘗因大臣陳達 有刊行之議 命下玉堂校正 昌協遂
任其事矣 看得其間 不無可疑處 不免逐段寫出。老先生在時 蓋嘗數次往復
其所肯可以修改者十六七矣 不幸未及卒業 而遽有今日之禍 聞老先生臨終
眷眷以此事相寄託 此意極可悲 卽今事體 雖異前時 且欲悉疏所疑 俟與諸門
人商量 一得之見 雖或有發明 大抵不出於文義訓詁之間 至於義理肯綮處 亦
時有之 而蓋亦不能多也"
34) 金昌協, 『三淵集』卷27, 「仲氏農巖先生墓誌銘」. "後作朱子箚疑 太半從先
生說"

은 소루하고 잘못된 것이 있다고 했다.[35] 이로써 보면 箚疑의 교정에 몇 사람이 참여했고, 그것도 같이 하지 않고 각자 따로 했음을 말하고 있다. 그런데 箚疑의 교정에 權尙夏가 어느 정도 참여했는지는 알 수 없지만 그것도 교정에 직접 참여했다는 기록은 보지 못했고, 그 외의 다른 인사들에서도 보기 어렵다. 그러나 箚疑의 교정에 당시 老論系의 인사들이 많은 주목을 하고 있었던 것은 사실이었을 것이다.

조선조는 중기로 접어들면서 朱子學에 대한 연구가 더욱 고조되어 箚疑와 같은 저작이 나왔다고 볼 수 있겠는데, 이러한 箚疑에 대해 교정을 맡게 되었다는 것은 학자로서 학문적인 능력을 크게 인정받는 것이기 때문에 개인적으로는 영광이 아닐 수 없다. 더구나 농암은 弘文館 副校理로 있을 때 그곳으로 내린 교정의 명령에 따라 책임을 지게 되었고, 또 저자인 宋時烈로부터 수차 부탁을 받았을 뿐만 아니라, 저자가 後命을 받기 직전에 간곡하게 부탁한 것이다. 그러므로 농암은 자신에게 箚疑의 교정을 하게 한 것에 대해 祭尤菴先生文에서 百世의 嘉惠를 드리운 것이라 하며 교정을 매우 열심히 했다. 그리고 吳熙常(1763~1833)은 宋時烈이 朱書의 箚疑를 편찬할 때 昌協과 더불어 논의했는데, 宋時烈은 그의 주장에 빈틈이 없음을 칭찬하면서 자신의 생각을 버리고 따른 것이 많았다고 하며, 昌協이 그의 臨命 때의 유촉을 받아 연구에 노력을 다해 더욱 깊은 것까지 개발했다고 했다.[36]

그런데, 箚疑의 교정에 농암이 이와 같이 노력했음에도 불구하고 끝내지 못하고 세상을 떠난 듯하다. 그의 연보 46세조의 기록에 따르면 宋先生이 살아 있을 때 箚疑 修改하는 일이 삼분의 일에도 미치지 못

---

35) 李宜顯,『陶谷集』卷27,「雜著」. "尤翁盡取大全釋之 名曰箚疑 未及卒功 托諸門人 使之續成 其出農巖者固善 而其他類不免疎漏舛誤之患"

36) 吳熙常,『老洲集』卷1,「請農巖金文簡公從祀文廟疏」. "時烈 … 間嘗輯朱書箚疑也 與昌協往復商訂 時烈亟稱以盛水不漏 舍己說而從之者居多 及臨命昌協受其遺囑 遂竭力研鑽 益抽其微之奧"

했는데, 선생이 유촉을 받고 더욱 열심히 연구하면서 遂菴 權尙夏와 더불어 계속 논의를 했는데, 비록 어렵거나 병중에 있을 때도 잊거나 중지하지 않았다. 이로써 보면 선생의 일생 동안의 정력을 이 책에 두고 발휘하여 남은 것이 없게 하고자 했는데 끝내지 못하고 세상을 떠났으니 그것이 많은 한이 된다고 했다.[37] 이로써 농암이 일생 동안의 정력을 이 箚疑의 교정에 두고 매우 어려움에 처해 있을 때와 질병으로 위태로울 때도 멈추지 않고 계속했으나 완성하지 못하고 세상을 떠났음을 알 수 있다.

농암이 세상을 떠날 당시 箚疑의 교정이 얼마나 남았는지 알 수 없으나, 그가 세상을 떠난 후에도 교정은 계속 되어 완료된 듯하다. 농암이 세상을 떠난 지 9년이 되던 해 肅宗으로부터 처음 교정의 명령을 받는 弘文館의 啓請에 따르면 지난 날 相臣인 金壽興의 건의에 따라 宋時烈이 편찬한『朱子大全箚疑』를 간행하고자 玉堂에 그 교정을 명령한 것이 이제 끝이 났습니다. 당시 金昌協이 관직에 있으면서 그 책임을 혼자 맡았으며, 그가 승진된 후에 本館의 啓請에 따라 처음부터 끝까지 교정을 보게 했으므로 그가 물러난 뒤에도 계속 했습니다. 그리고 이 사업은 斯文에서도 중요한 일이므로 權尙夏와 논의하면서 여러 해 동안 修整했으나 마치지 못했습니다. 지금 權尙夏가 교정을 마쳐 淨寫한 것이 모두 17권인데 本館으로 보내 왔으므로 전에 내린 명령에 따라 간행하게 되었으면 합니다 했을 때 임금은 따른다고 했다.[38] 이로써 箚疑를

---

37)「年譜」46歲條. "宋先生在世時 箚疑修改之役 未及三之一 先生既受其遺囑 盆潛心講究 與遂庵權公 往復評訂 雖在禍變顚沛疾病危苦之中 而未嘗須臾 忘廢 蓋先生一生精力 盡在此書 而其所發揮 殆無餘蘊 至戊子猶未卒業 此 又無窮之恨也"

38)『肅宗實錄』卷58, 42년 9월조. "庚辰弘文館啓曰 曾因故相臣金壽興陳白 宋 時烈所編朱子大全箚疑 令玉堂校正開刊事 已有成命矣 其時故判書金昌協 在館職 專管校役 而及其陞職之後 因本館啓稟 仍令終始考校 昌協雖在屛退 之中 既承成命 且係斯文重事 故與今贊成權尙夏 往復商確 積年修整 未及

교정하게 된 경위와 교정의 과정은 물론 金昌協이 교정을 끝내지 못하고 세상을 떠난 후 權尙夏가 그것을 마무리하여 弘文館에 제출한 것과 그것을 간행하게 된 것을 알 수 있게 되었다.

그런데, 肅宗 42년에 權尙夏가 箚疑의 교정을 마무리하여 弘文館에 제출한 것에는 농암이 일생 동안 정력을 다해 교정한 것 가운데 후기에 한 것은 어떤 이유였는지는 알 수 없지만 수용이 되지 못하고 누락이 되지 않았는가 하는 생각이 없지 않다. 이렇게 보고자 하는 것은 英祖 때 侍講官인 李宗城이 英祖에게 金昌協이 지은 바『朱子大全箚疑』는 내용을 발휘하고 고증해 朱子의 학문에 공이 있다. 昌協의 經典에 대한 연구가 순수하고 깊었기 때문에 그 책이 後進들의 공부에 많은 도움이 되고 있으므로 講學을 할 때 참고로 보게 되면 좋을 것입니다. … 들은 바 그 책을 昌協의 제자가 가지고 있다고 하니 가지고 오게 하여 本館에서 一本을 謄出하는 것이 어떻겠습니까 했을 때 英祖가 그렇게 하라고 했다.[39] 이러한 英祖實錄의 기록에 따르면 농암이 한 箚疑를 그의 제자가 가지고 있다고 했는데, 肅宗 42년에 權尙夏가 弘文館에 제출한 箚疑에 농암의 교정한 것이 모두 반영이 되었다면 그가 한 교정본을 그의 제자가 따로 가지고 있을 까닭이 없을 것이다.

그리고 이를 뒷받침하는 것으로 洪奭周는 처음 農巖先生이 文正公으로부터 箚疑 교정의 부탁을 받고 訂定해 책을 만들어 그 間目의 稿本을 杞園 魚先生에게 모두 주었는데, 선생이 직접 校勘해 일부를 만들어 세상에 전하게 된 뒤로『朱子大全』의 넓고 깊은 뜻이 비로소 남김

卒業矣 今尙夏畢校淨寫 合十七冊 還送本館 請依前命 分付校書館引出 上從之"

39)『英祖實錄』卷31, 8년 3월조. "侍講官李宗城曰 … 而文簡公金昌協所著朱子大全箚疑 發揮考證 實有功於朱門 盖昌協經學醇深 故爲此書 嘉惠來後 講學之用資參閱固好 … 聞其書方在昌協之門生云 請自本館 謄出一本 上可之"

없이 발휘되었으니, 농암에 대한 선생의 태도와 宋文正公에 대한 농암
의 태도는 참으로 부탁을 저버리지 않았다고 할 것이라 했다.[40] 李宗城
은 金昌協이 저작한『朱子大全箚疑』라 했고, 洪奭周는 농암이 箚疑
교정한 것과 問目을 합쳐 일부로 한 것이 세상에 전한다고 했으니, 箚
疑에 농암의 교정본이 따로 전하고 있음을 말하고 있다.

확실하지 않지만 傳言에 따르면 權尙夏가 箚疑를 간행하고자 농암
에게 교정본을 요구했던 바 농암이 주지 않았다고 한다. 농암이 箚疑의
교정을 보게 된 것은 개인적으로 하고 싶어 한 것이 아니고 王命이고,
일생 동안 존경했던 선생의 간곡한 유촉이다. 그러므로 權尙夏의 요구
에 농암이 거절하지 않았을 것으로 짐작되는데, 만일 그것이 사실이라면
농암이 세상을 떠난 후에 있었던 일일 것이며, 李宗城과 洪奭周가 말한
것은 주지 않고 가지고 있었던 것이 아닌가 한다. 그렇다면 肅宗 42년에
權尙夏가 제출한 교정본으로 간행된 箚疑는 농암이 한 것과 상관이 없
다고 할 수 있겠는데, 그것은 그렇지 않을 것으로 생각한다. 농암이 箚
疑의 교정에 착수한 것은 尤菴이 생존했을 때부터였고, 그때 尤菴은 농
암의 의견을 대폭 수용했다고 하며, 尤菴이 세상을 떠난 얼마 후에도
權尙夏와 더불어 箚疑 교정에 대한 논의가 있었기 때문에 그때까지의
농암의 의견은 많이 반영되었을 것이며, 그 후에 교정한 것은 반영되지
않았을 수도 있었을 것이다.

다음에는 箚疑의 편찬 체제에 대해 간단히 언급하고자 한다. 우선 명
칭에 대해 箚는 記와 같이 기록한다는 의미이며, 疑는 의심스럽다고 하
는 것보다 이해하기 어려운 것을 의미한 것이 아닌가 한다. 다시 말하면
이해하기 어려운 것을 註釋한 것인데, 先賢의 것이기 때문에 註解라 하

---

40) 洪奭周,『淵泉集』卷31,「杞園魚先生行狀」. "初農巖先生 受宋文正公箚疑之
    托 旣訂定成書 以其問目稿本 悉付諸先生 先生又手自校勘 合爲一部 以幷
    傳于世 然後朱書之宏綱奧旨 始發揮無遺 先生之於農巖 農巖之於宋文正公
    眞可謂不負所托矣"

지 않고 기록한다고 한 것이 아닌가 한다.

宋時烈은 箚疑序에서 退陶 李先生의 朱子書節要가 있고, 또 記疑한 책이 있는데, 내용은 중요하고 어려운 것을 해석한 것으로서 선비들을 가르치는 데 그 공이 크다고 했다. 이로써 보면 李滉의 記疑는 朱子書 연구에 적지 않은 공헌을 한 바 있을 것이다. 그런데, 李滉이 記疑를 할 때 주위에서 얼마나 도와주었는지 모르지만 箚疑처럼 말이 없는 것을 보면 크게 도움을 받지 않고 혼자 하지 않았던가 생각된다. 중국에서 『朱子大全』에 대해 註釋書가 있었다면 다시 할 필요가 없었겠지만 없었기 때문에 하게 되었을 것으로 짐작되는데, 혼자서 방대한 『朱子大全』을 註解한다는 것은 감당하기 어렵기 때문에 疏略할 수밖에 없었을 것이다.

宋時烈의 箚疑는 이러한 記疑의 疏略한 점을 보완하기 위해 朱書의 原集에서부터 續集, 別集에 이르기까지 板數에 따라 차례대로 어려운 말을 제시하고 註解를 했는데, 알 수 없는 말은 當考라 했고, 記疑에 註解한 것이 있는 用語에 대해서는 먼저 記疑에서 한 것을 그대로 인시하고 그 다음에 보완하거나 달리 해석하기도 했다. 이러한 箚疑는 記疑를 전제로 한 것임을 알 수 있고, 또 宋時烈이 箚疑를 할 때 여러 사람의 의견을 受用하고자 했다. 그리고 농암도 교정을 할 때 필생의 사업으로 생각했으며, 수십 년 동안의 積功을 했을 뿐만 아니라, 주위 인사들과 논의하는데 인색하지 않았다.

이러한 箚疑는 朱子學을 존숭하는 士流社會의 요구에 따라 저작되었다고 할 수 있는 것으로서 朱子 연구에 필수적인 것이다. 지난 날 朱子學은 중국은 물론 동양일대를 풍미했다고 볼 수 있는데, 이것이 李滉을 비롯하여 宋時烈과 金昌協의 교정에 의해 완성되었다는 것은 높게 평가해야 할 것이다.

제3절 사 상

조선조 시대 士類들의 思想은 각양각색이 아니고 대동소이했다고 보
는 것이 타당하지 않을까 생각된다. 이러한 현상은 모두 儒學에 基底를
두었기 때문일 것이다. 조선조는 정책적으로 유학을 장려했다. 이에 따
라 다른 思想은 異端視하여 수용하는데 인색했다. 그러나 시대의 상황
과 각자의 사회적인 浮沈에 따라 다른 바도 없지 않았다.

이러한 것을 전제해 두고 다음에는 농암의 思想에 대해 살펴보고자
하는데, 그의 思想도 크게 다를 바 없겠으나, 그의 생애가 순탄하지 않
았기 때문에 그러한 환경에서 조성된 思想에 주목할 바가 없지 않다고
생각되어 그의 思想에서 隱求와 名分思想에 대한 것과 佛敎에 대한
관념도 당시 士類들과는 적지 않은 차이가 있다고 생각되므로 이들 思
想에 대해 고찰해 보고자 한다.

1. 隱求思想

儒家思想은 불교와 도가에서와 같이 도피하거나 은둔하는 것을 좋아
하지 않았다. 그러나 현실이 자신을 용납하지 않는다고 생각했을 때는
타협하려 하지 않고 상황에 따라서는 은둔하는 경우도 없지 않았다. 농
암은 위에서 알아본 바와 같이 화려한 가문에서 성장했고 자신도 출세가
보장되는 과거에 합격하여 승진이 계속되었으나, 그의 아버지 金壽恒이
유배, 또는 賜死되자 벼슬을 그만두고 깊은 산속인 鷹巖과 三洲에 들어
가서 隱居해 있다가 세상을 떠났다. 다음에는 농암의 그러한 태도에 대
해 思想的인 배경을 살펴보고자 한다.

　농암의 은거에는 그의 아버지 金壽恒의 浮沈과 밀접한 관계가 있다. 年譜에 따르면 농암이 25세 때 議政公이 靈巖으로 유배되었다가 28세 때 鐵原으로 移配되었다. 그 때 언제부터 들어갔는지는 모르지만 그의 伯父 金壽增이 春川 근처 깊은 산속인 谷雲에 살고 있었기 때문에 농암이 議政公의 배소에 가면서 찾은 적이 있어 그곳이 은거하기에 적합한 곳임을 알고 다음 해 29세 때 그 근처인 鷹巖에 집을 짓고 가족을 데리고 가서 살게 되었다. 그리고 자신이 거처한 집을 隱求菴이라 하고 隱求記를 지었다고 한다.

　隱求記에 대해서는 다음에 다시 언급하겠지만 이 때 농암의 나이는 29세로서 과거에 합격하기 전이었으므로 出仕도 하지 않았을 시기였는데, 왜 부모와 형제가 있는 서울을 떠나 깊은 산속인 鷹巖으로 들어가서 집을 짓고 살고자 했을까. 표면적인 이유로는 아버지 議政公이 유배된 것을 들 수 있다.

　이 때 朝廷에서는 南人과 西人, 그리고 西人에서 老論과 少論으로 나누어져 당쟁이 치열했다. 어느 시대를 막론하고 당쟁이 발생하게 되면 모략과 중상이 난무하게 마련인데, 조선조에서 당쟁이 발생한 후 가장 치열했던 시기가 농암이 활동했던 肅宗 때가 아니었던가 한다. 金壽恒은 宋時烈과 더불어 西人들의 중심인물이었는데, 顯宗 때부터 禮論으로 南人들과 치열한 논쟁이 계속되다가 이 때 宋時烈은 德源으로, 金壽恒은 靈巖으로 유배를 가게 된 것이다.

　金壽恒이 유배를 가게 된 것은 개인적으로 큰 과오가 있었던 것이 아니고 당시 西人의 중심인물이었기 때문이다. 그 때 아들인 농암으로 서는 잘못한 것이 없는 데도 유배를 가게 된 것이 더욱 억울했을 것이다. 그러나 그것이 가족을 데리고 서울을 떠나 鷹巖으로 들어갈 만한 것으로 생각하기는 어렵지 않을까 한다. 그러므로 그것도 이유의 하나가 되겠지만 농암 자신이 젊었을 때부터 체질적으로 번요한 것은 싫어하고 한

적한 것을 좋아했기 때문이 아닌가 한다.

그 때 농암은 鷹巖에 오래 있지 않고 다음 해 30세 되던 해에 金壽
恒이 領議政에 임명되자 따라 서울로 올라왔고, 잇따라 과거에 급제하
여 벼슬을 하다가 39세 때 議政公이 珍島로 유배되었다가 後命을 받게
되자 다시 鷹巖으로 들어갔으며, 그 후 朝廷에서 높은 관직을 임명하며
불렀으나 끝까지 나가지 않았다.

농암이 鷹巖으로 들어간 것은 현실의 모든 것을 포기하고 도피나 은
둔을 하고자 한 것은 아니다. 그가 그곳에서 隱求菴을 짓고 이름을 隱
求라 한 것에 대해 자신이 그곳에 와서 집을 짓고 살면서 孔子의 隱求
라 한 말을 취해 이름한 것이라 했다.[41] 隱求는 論語 季氏篇에 隱居
以求其志 行義以達道에서 취한 말이라고 했으니 隱居하여 그 뜻을
구하며 義를 행해 그 도에 達하는 것을 말한 것이다. 朱子는 이 句節
의 註解에서 求其志는 守其所達之道也라 했고, 達其道는 行其所求
之志라 했다. 그리고 朱子의 武夷精舍 雜詠에 隱求齋詩가 있다.[42]
朱子도 그 시에서 隱居復何求 無言道心長이라 했다. 이로써 볼 때 농
암이 鷹巖으로 들어간 것은 현실세계와 완전히 단절하고자 한 것이 아
니고 孔子의 隱求思想에 따라 학문 연구에 열중했고 찾아오는 제자들
을 가르쳤으며 원근에서 오는 사람들도 맞이했고 다른 곳으로 여행을
하기도 했다.

金邁淳은 농암이 隱居한 것에 대해 乙卯年 이후에 집안과 국가에
어려움이 많은 것을 보고 더욱 출세에 뜻이 없어 永平의 농암에 살면서
洞陰對를 지어 자신의 뜻을 나타내었다고 했다.[43] 여기에서 乙卯年은

---

41) 金昌協, 『農巖集』 卷23, 「隱求菴記」. "余之來洞陰也 結屋數椽以居焉 而竊
取夫子隱求之語名之"
42) 『朱子大全』 卷9 詩. "晨窓林影開 夜枕山泉響 隱去復何求 無言道心長"
43) 金邁淳, 『臺山集』 卷14, 農巖先生, 家史 外傳. "乙卯以後 見家國多艱 益無
意進取 卜居于永平農巖 著洞陰對以見志"

농암이 25세 된 해로서 그의 아버지 議政公이 靈巖으로 유배간 해였다.
이와 같이 농암이 鷹巖으로 들어가서 隱居하게 된 것은 守其所達之道
라는 뜻도 있었지만, 표면적으로는 그의 아버지 議政公의 유배와 後命
을 받게 된 것이 이유였다. 그러므로 肅宗 19년 농암의 나이 44세 때
伸冤이 되면서 은거해 있는 농암에게 계속 관직을 임명했으나 辭職疏
만 올리고 나가지 않았다.

그 때 辭職疏에서 취임하지 못하는 이유를 밝혔는데, 그 가운데 자신
의 아버지가 세상을 떠나기 직전에 遺戒를 써 주었으며, 그 내용에 자신
은 본디 才德이 없었음에도 불구하고 단지 조상의 蔭德을 빙자하여 국
가의 은혜를 많이 입어 분에 넘치는 벼슬을 하게 되어 스스로 화를 부르
게 되었다. 오늘 이 일을 당하게 된 것은 벼슬이 높게 되는 것을 막지
못하고, 또 물러나지 않아 이렇게 되었으니 후회한들 무슨 소용이 있겠
는가. 내 자손들은 내가 화를 당하는 것을 경계하여 항시 겸손하고 물러
날 뜻을 가지며 집에 있을 때는 공손하고 검소한 것을 힘써 하고 벼슬할
때는 높고 중요한 자리는 피하고 멀리하여 자신을 안전하게 하고 가정을
보호하는 것이 좋은 것이라고 했기 때문에 臣의 형제들이 울면서 받아
잊지 않고 있다고 했다.[44] 이로써 보면 높은 관직에 오르는 것을 마다하
지 않고 물러설 줄을 몰랐기 때문에 이와 같은 화를 당하게 되었으니
벼슬을 할 때는 顯要職을 피하고 멀리하라는 遺戒가 있었으므로 그것
이 出仕하지 않은 이유의 하나라고 했다. 지난 날 王朝社會에서는 억울
하게 희생을 당하는 경우를 많이 볼 수 있기 때문에 그 때 농암의 가족
들이 당한 참화는 그들만이 당하는 것이 아니라 할지라도 직접 당하는

---

44) 金昌協,『農巖集』卷8,「辭副提學三疏」. "盖臣亡父 於臨命之日 手書遺戒一
紙 以授臣兄弟 其言有曰 余素無才德 徒以憑藉先蔭 厚蒙國恩 竊位踰分 自
速釁孽 今日之事 無非履盛不止 求退不得 以至於此 雖悔曷及 凡我子孫 宜
以我爲戒 常存謙退之志 居家則力行恭儉 仕宦則避遠顯要 以爲禔身保家之
地至佳 臣之兄弟泣受而藏之 不敢忘失焉"

가족들의 충격은 컸을 것이므로 농암이 취임을 사양하고자 한 것은 충분
히 이해가 된다고 생각된다.

그런데, 위에서 언급한 바와 같이 농암이 사직을 하고 鷹巖에 은거하
게 된 것은 그의 아버지의 遺戒를 따른 것만은 아니고 그의 성격이 분요
한 것을 싫어하고 한적한 것을 좋아했던 것도 이유의 하나라고 했는데,
농암이 鷹巖에서 집을 짓고 있을 때 지은 것으로 추측되는 隱求菴記와
洞陰對와 같은 글에서 그의 隱求思想을 잘 반영했다고 볼 수 있으므로
이들 글을 통해 그의 隱求思想을 알아보고자 하며 먼저 洞陰對를 중심
으로 살펴본다.

洞陰對는『農巖集』卷25의 雜著에 실려 있는데, 이 洞陰이 어디인
지 말하지 않았기 때문에 알 수 없으나, 농암이 29세 때 議政公이 鐵原
으로 移配된 후 鷹巖에 들어가서 살았던 곳을 지칭한 것으로 생각된다.
그 때 농암이 그 곳에 집을 짓고 살게 된 것은 자신의 의사도 있었겠지
만 연보에 鷹巖에 卜築했다는 기록 밑에 농암이 본디 산골에 뜻이 있었
고, 또 議政公이 유배되는 것을 보고 더욱 벼슬에 뜻이 없었으며, 議政
公이 鷹巖의 水石이 아름다운 것을 좋아하여 늙었을 때 들어가서 살
것을 생각하고 농암에게 먼저 가서 집을 짓게 명령했기 때문에 그곳에
집을 짓고 살면서 洞陰對를 지어 그의 의지를 나타냈다고 했다.[45] 그리
고 내용에 雖未嘗涉仕宦之塗라 한 것은 이 때 농암이 과거에 합격하기
전이어서 벼슬을 하지 않았기 때문일 것이며, 妻子憔悴라 한 것은 이
때 농암이 처자들을 데리고 갔으므로 한 말이다.

이러한 배경에서 쓰여진 洞陰對에서는 자신을 대변하는 永嘉子와
지나가는 길손과 대화의 형식으로 내용이 서술되어 있다. 그 내용을 들
어보면 永嘉子가 洞陰의 산속에 자리를 정해 살고 있을 때 지나가는
길손이 고생하고 있다고 위로하면서 말하기를 당신이 어렸을 때 서울에

---

45)『農巖集』卷35,「年譜」29歲條. "命先生往營室 遂定居作洞陰對 以見其志"

서 자라면서 집이 대대로 卿相이었기 때문에 아직 벼슬은 하지 않았다
할지라도 부귀에 따른 호화로운 생활에 젖은 것이 오래였는데, 갑자기
산 속에서 띠로 덮은 집에 살며 나물만 먹게 되니 처자들이 초췌하고
노복들은 주린 기색이 있어 매우 괴로울 것이며, 또 이곳이 깊은 산속으
로서 주위에 사람이 살지 않고 범과 같은 맹수들이 살고 있기 때문에
걱정스럽다. 비록 지금은 이곳에 살고 있는 것을 후회하지 않는다 할지
라도 오래 있지 못할 것이라고 했다.[46]

이러한 길손의 말에 따르면 서울에서 대대로 卿相의 집에서 호화롭
게 자랐기 때문에 깊은 산 속에서 어렵게 살기 어려울 것이므로 이곳에
서 오래 있지 못할 것이라고 했다. 길손의 이러한 지적은 타당한 것으로
생각되는데, 농암은 어떠한 태도로써 어려움을 극복할 것이라고 했는지
알아보고자 한다.

길손의 이와 같은 말에 永嘉子는 한동안 막연히 있다가 염려에 감사
하다고 말하며 자신은 君子의 도를 들어 운명에 대한 말을 알고 있다고
하면서 만물을 변화시키는 것은 하늘이며, 그것을 기르는 것은 땅이 하
는 일이다. 그런데, 하늘이 항시 변화시키는 것이 아니고 生殺이 있으
며, 땅도 고루 기르는 것이 아니라, 盛衰가 있게 마련인데, 이 生殺과
盛衰에는 운명이 있어 어느 것이든지 여기에서 제외되지 않는다. 운명
은 하늘과 땅으로부터 받아 만물과 같이 형상을 이루어 사람이 되는데,
홀로 운명에서 벗어날 수 있겠는가 … 내가 비록 부귀의 집에서 생장했
다 할지라도 본디 성격이 담백해 부귀로써 자랑하며 권세를 부리는 것에
익숙하지 못했고, 지금 때를 만나지 못해 벼슬하는 것을 포기하고 세상

---

46) 金昌協,『農巖集』卷25,「洞陰對」. "永嘉子旣定居于洞陰之山 客有過門而勞
之者 曰吾子良苦 吾子少長京輦 家世卿相 雖未嘗涉仕宦之塗 … 漸漬富貴
非一日之久矣 乃今一朝窮居 茅茨之室 藜藿之食 妻子憔悴 而僕隷有飢色
亦甚苦矣 是其地又幽遠而無人 虎豹之所咆皐 熊羆之所往來 而吾子是處 吾
竊爲子憂焉 雖吾子亦豈無怨悔於其中哉 吾將見子不能久安於此也"

일을 사절하며 스스로 깊은 산속으로 물러나 있는데, 굶주리고 가난하게 살고 있는 것은 내가 하고자 한 것이다. 내가 그렇게 하기로 하고 원망하고 후회하면 목욕하고자 하는 사람이 습기를 싫어하고 몸을 말리고자 하면서 열을 피하는 것과 다름이 있겠는가. 내가 비록 어리석다 할지라도 그렇게 하지 않을 것이라고 했다.[47]

이와 같이 말한 내용에는 농암이 그곳에 은거하고자 하는 의도를 잘 반영했다고 볼 수 있다. 즉, 사람은 누구나 生殺과 盛衰의 운명을 지니고 있기 때문에 그것을 피할 수 없다고 했으며, 또 현실이 좋지 않으므로 사절하고 찾아왔는데 후회할 수 있겠는가 했다. 그리고 曾子가 가난했으면서도 그의 뜻은 浩然했고, 伯夷, 叔齊가 왕자였으나 부귀를 버린 것은 가난에서도 마음가짐을 흔들리지 않게 하고, 버려야 할 때는 부귀도 미련 없이 버린다고 했다.

그리고 농암은 鷹巖이 깊은 산속이기 때문에 맹수들이 많다는 것에 대해 자신은 소년이었을 때부터 한가한 곳에 살면서 求道에 뜻이 있어 宋의 邵雍이 靜坐하여 배우고자 한 것을 사모한지 오래였는데, 이곳을 찾은 것은 깊숙하고 깨끗한 것이 좋아 쉬면서 살 곳으로 생각하고 집을 지어 六藝에 관한 책을 가득 쌓아 놓고 열심히 연구해 성인의 遺志를 구하고자 하며, 그 여가에 거문고도 타고 시를 지어 감정을 표현하다가 그것도 싫증이 나면 높은 곳이나 깊은 냇가에 가서 쉬지 않고 흐르는 물과 하늘을 바라보고 구름이 변하는 것과 짐승들의 왕래하는 것을 보며

---

47) "夫化萬物者 莫善於天 養萬物者 莫善於地 然天不能常化 有生有殺 地不能均養 有盛有衰 生殺之分 盛衰之倪 蓋有命存焉 而物莫能違也 夫旣受命於天地 比形於萬物 以爲人矣 而獨可以免此乎 … 僕雖生長肉食之家 而素性澹泊 顧未嘗習爲富貴之容 而矜誇勢能之榮矣 今旣不偶於時 息意進取 謝絶世事 而自屛於深山嶄巖之中矣 窮餓之事 枯槁之處 乃其所自求也 夫旣已求之矣 而又從而怨悔 是何異於浴者之惡濕 而煬者之畏熱哉 僕雖甚駑 亦不爲此也" 위와 같음.

내 뜻에 따르고자 하는 것이 즐거워 죽는 것도 잊을 지경이니 불안할 것이 있겠는가. 주위에 있는 맹수들의 무서움은 없는 바 아니나, 이 세상에는 그것보다 무서운 것이 많은데 크게 근심할 것이 있겠는가 했다.[48]

위에 인시한 내용은 농암이 그곳에 가서 날마다 하고 있는 일과 그것에 즐거움을 느끼고 있음을 말하고 있다. 다시 말하면 그곳에 있는 것은 현실세계의 모든 것이 싫어 포기하고 은거해 있는 것이 아니고 六藝에 관한 책을 많이 가지고 와서 성인의 遺志를 찾고자 열심히 연구하고 있다고 했다. 그리고 주위의 아름다운 자연과 친화함으로써 즐거움을 느낀다고 하여 그의 隱求思想을 진솔하게 반영했다고 볼 수 있다.

농암이 이러한 洞陰對를 쓴 시기가 鷹巖에 처음 들어갔을 때였다고 하니 그 때는 오래 있지 않았고 그의 아버지 議政公의 명령으로 바로 서울로 올라왔다. 그러므로 그의 隱求思想은 일시적인 것이 아니었던가 할 지 모르겠으나, 그렇지 않고 뒤에는 더욱 심화되지 않았던가 한다. 다음에는 隱求菴記를 중심으로 살펴보고자 한다.

洞陰對는 언제 지었는지 농암도 언급한 바 없고 年譜에서도 말하지 않았으나 隱求菴記는 연보에 농암이 30세 때 隱求菴記를 지었다고 했으며, 농암은 그 내용에서 자신이 洞陰에 와서 집 몇 동을 지어 살면서 孔子가 말한 隱求의 말을 취해 이름을 한다고 했다.[49] 그런데, 이러한 隱求思想은 현실을 외면하거나 도피하고자 은둔하려는 것이 아니고 論語에서 말한 바 求其志 達其道하는 것이다. 농암은 이러한 隱求思想

---

48) "且僕少而有閒居求道之志 竊嘗慕邵堯夫百源 靜坐而願學焉久矣 今之來也 固樂其幽深淸曠 可以藏脩游息 旣已築環堵之室 而牣六藝之籍 晨夜吟諷 以求聖人之遺旨 其暇也 輒彈琴賦詩 以歌詠其性情 而及其倦也 則又登高而臨深 覽觀川流之不息 雲煙之變化 禽魚鳥獸之往來 以適其志 是亦足以樂而忘死矣 何不安之有 若乃虎豹猛獸之恐 雖或有之 而世之所可畏者 有甚於此者 多矣 以是而爲吾憂 不亦末哉" 위와 같음.

49) 金昌協, 『農巖集』卷23, 「隱求菴記」. "余之來洞陰也 結屋數椽以居焉 而竊取夫子隱求之語名之"

에 대해 뜻은 그러한 사상을 가지는 것이고 道는 그것을 행하는 것이다.
그러한 사상을 구해 얻게 되고 행해 사물에까지 미칠 수 있게 되면 군자
의 일이 갖추어 진 것이다. 그러므로 궁하게 살면서도 道義가 자신에
충만하고 가정에까지 실행되며 나아가 세상을 다스리게 되면 그 혜택이
멀리까지 미쳐 모든 것을 안정시키게 되니 큰 것이 아니겠는가 했다.50)

이와 같이 농암은 隱求思想이 현실을 외면한 도피사상이 아니고 현
실에 뿌리를 둔 것이며, 그리고 은구사상에서 취해야 할 태도에 대해 옛
날 君子는 시골에 살면서 세상일에 관심 없이 즐겁게 살며 부귀를 잊은
듯하면서도 마음으로 열심히 하여 그 뜻한 바를 구하게 되는데, 그것이
국가에 근본이 되는 것이기 때문이다. 그러다가 갑자기 실행하게 되면
파급 효과가 빨라 막을 수 없게 되므로 그 志와 道는 서로 다른 것이
아니다. 불행하게도 국가에 실행하지 못한다 해도 능력에 해가 되지 않
는다. 그러므로 열심히 그 뜻을 구해 실행하지 못하고 숨어 살게 되어도
번민하지 않으며 떨어져도 원망하지 않는다고 했다.51) 이로써 은구사상
은 뜻을 구하기 위해 열심히 노력해야 하며, 그것을 실행할 수 있는 기
회가 주어지지 않아도 원망하지 않는다고 했다.

농암의 이러한 사상은 洞陰對와 隱求菴記에서 그치지 않고 여러 곳
에서 볼 수 있다. 농암이 先代의 別業이 있는 茅島로 돌아가고자 하는
士興에게 선비가 난세에 태어나서 일찍 돌아갈 곳을 찾는 것도 다행한

---

50) 金昌協, 『農巖集』 卷23, 「隱求菴記」. "志也者 所以存此也 道也者 所以行此
也 求之而得於己 達之而及於物 君子之事備矣 是故其窮居而自守也 道義充
於身 而閨門之內敎行焉 其進爲而撫世也 利澤施於四海 而萬物得其所 豈不
大哉"

51) "是以古之君子 方其處畎畝之中也 儻然若無意於天下也 囂然樂而忘富貴也
惟日慥慥於身心性情之際 以求其所志 而天下國家之本在此矣 及其一朝擧
以行之 沛然四達 若決江河而放之海 莫之能禦也 是其所達卽所求 非二道也
雖其不幸而不得行於天下國家 亦不害其爲可行也 此君子所爲汲汲於求志
而遯世而不悶 遺佚而不怨" 위와 같음.

일이다. 진실로 화를 완전히 멀리 할 수 있다면 험한 산 속이나 멀리 떨어진 해변이라 할지라도 즐겁게 가야할 것이다. 하물며 茅島는 쉽게 얻을 수 있는 곳이 아니다. 지금 士興은 先人이 살았던 곳에 집을 수리하고 농사로써 自給하면서 시도 읊고 책을 읽으며 先王의 道를 연구해 詩歌로서 나타내어 담담한 심정을 표현하는 것이 마음에 즐거워 늙는 것도 잊어 세상의 화를 멀리할 수 있는 것인데 어찌 옛날 살던 곳을 잊지 못하고 있는가 했다.[52)]

茅島는 忠淸道 保寧 앞 바다에 있는 섬으로서 삼면이 바다이고 동쪽 한 면만 육지와 연결되어 있는데 潮水가 들면 완전히 섬이 된다고 한다, 그 섬에는 밭과 竹林이 있고 수십 호의 民家가 있는데 士興의 선친이 그곳에 집을 짓고 있었으나 常住하지는 않았다고 한다. 그리고 士興은 서울에서 자라 농암과 같이 北嶽山 밑에 살고 있으면서 친척과 친구들이 모두 이웃에 살며 왕래한다고 했다. 사흥이 모도로 가고자 하는 이유에 대해서는 구체적으로 말하지 않았으나 화를 멀리 할 수 있다고 한 것을 보면 서울에 사는 것이 부담이 되었던 것으로 짐작되는데, 이러한 처지가 농암과 일치한 것이 많았기 때문인지 위에 인시한 내용이 洞陰對의 내용과 차이가 없음을 알 수 있다.

농암이 벼슬을 버리고 서울을 떠나 깊은 산속과 경치 좋은 해변을 찾고자 하는 인사들이 있으면 말리지 않고 권하는 것은 자신의 사상과 일치하기 때문이라고 생각되는데, 그의 친구인 李伯祥이 시골로 돌아가고자 했을 때도 칭찬을 아끼지 않았다. 백상은 李徵明의 字이다. 그는 靜觀齋 李端相의 제자로서 농암과 동문 수학한 친구였다. 농암 연보의 기

---

52) 金昌協,『農巖集』卷21,「送士興士敬歸茅島序」. "然則士生亂世 能蚤得所歸 亦幸矣 而苟可以全身遠害 則雖險阻幽深 窮絶山海 固將樂焉 況如茅島者 豈易得哉 今士興之歸 將修葺其先人舊廬以處 耕漁以自給 而誦詩讀書 吟諷 先王之道 發爲歌詩 以宣其壹鬱 亦足樂而忘老 而其於世禍遠矣 又何眷眷乎 故居之懷也"

록에 따르면 校理 이징명의 上疏가 왕실의 친척에 미치었고, 또 坤殿을 勉戒하는 말이 있었으므로 숙종이 크게 화를 내며 그를 파직시켰다. 그때 농암이 右副承旨로 있었는데 동료들과 더불어 파직을 還收하게 청했다가 노여움을 사기도 했다.

이징명이 그의 조부가 살았던 歸去淵으로 돌아가고자 했을 때 농암은 그에게 귀거연으로 돌아가서 조부가 살았던 집을 수리하고 한 마리의 소를 사고 많은 책을 가지고 가서 독서도 하며 농사를 지어 부모도 모시며, 그리고 한가할 때가 있으면 못 주변의 水石과 松柏 사이를 거닐며 세상을 잊고 살게 했다.[53] 여기에서 이징명이 귀거연에 돌아가서 농사도 짓고 독서도 하며 여가가 있을 때는 주위의 아름다운 경치를 완상하겠다고 했는데, 이러한 내용은 앞서 언급한 사홍의 형제가 茅島에 가서하겠다는 것과 일치함을 볼 수 있으며, 洞陰對에서 지나가는 길손의 물음에 농암이 대답한 내용과 다름이 없음을 알 수 있다.

농암이 送李伯祥序를 쓴 때가 언제인지 알 수는 없으나, 이징명이 直言을 했다가 파직된 직후가 아니었던가 짐작되는데, 그가 위에서 말한 바와 같은 취지를 말했을 때 농암은 陶淵明의 사실을 들어 칭찬하며 은근히 이징명을 그에 견주어 말한 뒤에 자신이 이징명을 따라 그곳에 가서 집을 짓고 살지는 못하겠지만 가을철을 기다려 그곳을 찾아 국화를 꺾고 술을 따라 도연명의 靈에 드리겠다고 했다.[54] 이로써 보면 이징명의 그러한 태도에 농암도 적극적으로 찬동하고 있음을 알 수 있다.

그리고 농암이 그러한 은거생활을 얼마나 좋아했는가 하는 것을 들어보면 무릇 현실세계의 부귀와 공명은 누구나 탐내는 것이겠지만 그것은

---

53) 金昌協, 『農巖集』 卷21, 「送李伯祥歸歸去淵序」. "今將修葺先人之弊廬 買牛一隻 携書數百卷歸隱於斯 且讀且耕 以養吾親 而又以其餘日 徜徉游泳於淵之水石 登高而臨深 蔭松柏而濯淸泠 是亦足以樂而忘老矣"
54) "余旣不得從伯祥而歸 卜隣於此而老矣 當待秋時 一至淵上 掇寒英酌白酒 酹淵明靈 而相與擊節而歌其辭以侑之也" 위와 같음.

항시 있는 것이 아니며, 홀로 깊은 산, 숲 속의 淸逸한 즐거움은 고기의 맛과 같아 이 세상의 모든 물건으로도 바꿀 수 없는 것이다. 이러한 즐거움은 하늘이 쉽게 주는 것이 아니며 부귀와 공명보다 어려운 것이라 했다.[55] 이로써 농암이 山林속의 淸逸한 즐거움을 얼마나 좋아했는가 하는 것을 알 수 있다.

이와 같이 농암은 현실세계의 부귀에 관심을 가지지 않고 깊은 산 속 경치가 좋은 곳을 찾아 많은 책을 가지고 가서 열심히 연구하는 것을 염원으로 하고 있었는데, 이러한 隱求思想은 이십대 후반에서부터 후기에 이르기까지 변함이 없었음을 그의 문집 여러 곳에서 볼 수 있다. 농암은 화려한 가문에서 출생하였고 과거에도 우수한 성적으로 합격하여 전도가 매우 밝았으나 중년이 가까이 되면서 家禍로 은거해 있었는데, 후기의 십 수년 동안은 조정에서 높은 관직으로 계속 초치하고자 했으나, 사직소를 올리고 계속 나가지 않은 것에 대해 당시는 물론 후대에 이르기까지 높게 평가되면서 모든 것을 초월했다고 했다. 이에 대해 申靖夏는 농암이 除夜에 陳簡齋詩에 次韻하여,

青山埋骨終當朽　　　青山에 묻히게 되면 결국 썩게 되며
白雪渾頭未用驚.　　　白雪이 머리를 덮지만 놀랄 것이 없다네.

라 했는데, 십 년이 되지 못해 세상을 떠났다. 이 句를 읊으며 나도 모르게 눈물이 흐르게 된 것은 죽고 사는 것에 達觀했음이 이와 같았기 때문이다. 사람들 가운데는 은퇴한 것을 높게 말하고 있으나 그것은 지엽적인 것이라 했다.[56] 이로써 농암은 부귀와 공명에 대해 달관했을 뿐만 아

---

55) 金昌協, 『農巖集』 卷22, 「伯父谷雲先生七十歲壽序」. "凡世之功名富貴 人所共艷者 雅尙不存 而獨於山林淸逸之樂 嗜之如芻豢 擧天下萬物 無以易之 夫是樂也 天之不輕與人也 乃甚於功名富貴"

56) 申靖夏, 『恕菴集』 卷16, 「雜記」. "農巖先生嘗於除夜 次簡齋詩曰 … 後未十

니라, 사생에서도 초월했음을 알 수 있다.

2. 名分에 대한 관념

名分은 도덕상으로 반드시 지켜야 할 행위의 한계를 의미하는 것으로서 바로 名義와 일치하며, 어느 시대나 사회를 막론하고 무시되지 않았을 뿐만 아니라, 儒家思想에서 강조하는 德目 가운데 하나라고 할 수 있다. 특히 論語에서 제자인 子路가 孔子께 衛나라 임금이 선생님을 기다려 나라를 다스리게 하고자 하니 무엇부터 먼저 하겠느냐 하며 물었을 때 孔子는 必也正名이라 하여 명분을 바르게 할 것이라 했다.

子路가 그 말을 듣고 그것이 오늘의 급한 일이 아니라고 했을 때 공자께서는 명분이 바르지 않으면 말이 순하지 못하고 말이 순하지 못하면 일을 이룰 수 없고 일을 이룰 수 없으면 禮樂이 일지 않고 예악이 일지 않으면 刑罰이 바르지 아니하며 형벌이 바르지 않으면 국민이 손과 발을 둘 곳이 없다고 했다.[57] 공자께서는 이와 같이 명분을 바로 할 것을 강조했다.

공자께서 이와 같이 명분을 바로 하는 것을 중시했기 때문인지 후대의 유학자들은 한결같이 명분을 강조했으며, 농암도 이에 대해 여러 곳에서 말한 바 있다. 농암은 그의 隱求菴記에서 君子의 일에서 출처가 가장 큰 것이며, 그 출처에는 때가 중요한 것이다. 그 시기와 여건이 활동할 만한 때임에도 나가지 않는 것을 막히었다고(隘)하며, 나가서 활동할 시기가 아님에도 나가는 것을 조급하다고(躁) 한다. 조급하면 자신을

年而先生易簀 幽吟此句 不覺淚泚 死生之間 其達觀如此 而或者以先生之閒
退 爲其高處 不亦末哉"
57) 『論語』「子路篇」. "子曰 … 名不正則言不順 言不順則事不成 事不成則禮樂
不興 禮樂不興則刑罰不中 刑罰不中 則民無所措手足"

잃게 되고 막히었다면 떳떳함을 폐하게 된다. 廢倫과 失己를 군자는 하
지 않는다. 그러므로 그 때를 얻게 되면 높은 벼슬을 하여 많은 祿을
받게 되어도 큰 것이 아니며, 그 때를 얻지 못했을 때는 깊은 산 속에
살면서 좋지 않은 음식을 먹게 되어도 검소한 것이 아니라고 할 수 있는
것은 각자가 모두 당연하기 때문이다.

　그런데, 군자가 출처를 선택하는 것이 자신의 隱顯만을 중심으로 할
것인가. 반드시 하는 바의 일이 있어야 할 것이다. 그렇지 않으면 시대의
사정에 맞게 선택했다 할지라도 부귀를 탐했던가 山澤을 좋아한 것과
다름이 없을 것이니 높게 말한 것이 있겠는가. 나아갈 때는 하는 일이
있어야 하고 나가지 않을 때는 지키는 것이 있어야 한다. 이와 같이 한
사람만이 옳다고 할 것이라 했다.[58] 이러한 주장에 따르면 出處에는 때
가 중요한 것인데, 나가야 할 때 나가지 않은 것과 나가서는 아니 될 때
나가는 것은 취할 바가 아니라고 했다. 그리고 출처에는 자신만을 위한
것이 되어서는 아니 되고 하는 일과 지키는 것이 있어야 한다고 했다.

　연보에 따르면 농암이 처음 鷹巖에 들어가서 집을 지어 論語에 있는
隱求로 이름을 했는데, 보는 사람들이 외람되게 이름을 지었다고 할까
두려워 이 글을 지어 벽에 걸어 두고 그 뜻을 알리며, 또 스스로 노력하
고자 한다 했다.[59] 이때는 농암이 벼슬을 하기 전이었으나, 당시 당쟁이
치열한 것을 보고 출처에 대해 심각하게 생각하면서 명분 없는 행동은
하지 않겠다고 다짐한 것이 아닌가 한다. 그리고 위의 주장과 같은 견해

---

58) 金昌協, 『農巖集』 卷23, 「隱求菴記」. "君子之事 莫大於出處 而時爲貴 時可
　　矣而不出 謂之隘 不可矣而出 謂之躁 躁則失己 隘則廢倫 廢倫失己 君子不
　　由也 是故得其時 則冠冕珮玉 享千鍾之祿 而不以爲泰 不得其時 則巖居谷
　　處 飮食簞瓢而不以爲約 二者固各有當也 雖然君子之於出處 豈獨其身之隱
　　顯哉 必將有所事焉 不然其趣舍雖時 而亦無以異於顓冥富貴 放曠山澤者矣
　　何足尙哉 其出也有爲 其處也有守 若是者庶乎其可也"
59) 「年譜」 30歲條. "余懼夫來者 或以余僭於取名也 遂書此揭之壁上 以見其志
　　又重以自勉焉"

는 농암만이 가지고 있었던 생각이 아니고 옛날부터 선비들 사이에 계승되었던 出處觀으로서 강조되어 왔던 것이다.

이러한 명분에 대해 선비면 누구나 지켜야 한다고 하지만 지키기 어려울 뿐만 아니라, 잘 지켜지지도 않았다. 명분이 이와 같이 지키기 어려운 것은 지난 날 선비들이 출처와 상관시켜 명분을 찾고자 하기 때문이겠지만, 일상생활에서도 명분과 상관이 있는 것도 적지 않다. 농암은 이에 대해 군자가 사양해야 할 것인가 받을 것인가 하는 것은 의리로서 옳고 옳지 않는 것을 생각해야 할 것이다. 의리상으로 받아야 할 것이면 匹夫가 주는 음식도 받을 것이며, 그렇지 않으면 임금이 주는 것이라 할지라도 받을 수 없다. 그리고 의리에 합당하면 많은 祿도 받을 것이며, 그렇지 않으면 적은 것이라 할지라도 받을 수 없는 것은 임금이 주는 것과 필부가 주는 것이 다름이 없기 때문이며, 또 적은 것과 많은 것이 차이가 없는 것인데, 그것은 주는 곳이 다르다 할지라도 나의 의리를 손상시키는 것은 같기 때문이라고 했다.[60]

농암의 이러한 論說은 曾子가 季孫이 준 簀을 받은 것에 대한 말이었는데, 증자는 받은 것이 잘못된 것임을 알고 운명하기 직전에 다른 것으로 바꾸게 했다. 농암은 이에 대해 받은 것이 잘못된 것이지만 알고 바로 바꾼 것은 높게 인정해야 한다고 하면서 세상의 학자들은 관심이 있으면 그것을 덮고 변명하고자 하며 고치고자 아니하기 때문에 큰 상처를 받게 된다고 했다.[61] 이와 같이 일상생활에서도 크고 작은 것과 상관

---

60) 金昌協, 『農巖集』 卷25, 「曾子受季孫之簀論」. "君子之於辭受也 亦觀吾義之當否耳 如其義則雖匹夫之餽可受 而不然則雖天子之賜 亦不可受也 如其義則雖萬鍾之富可受 而不然則雖一芥之微 亦不可受也 不義而受之天子 與不義而受之匹夫無異也 不義而受一芥 與不義而受萬鍾無異也 蓋其所受者 雖異而卽其傷吾義則同耳"

61) "世之學者 一有過失 輒務掩護周遮 以自文飾 而不思所以遷改 故小失而累大德" 위와 같음.

없이 명분에 따라 받아야 할 것과 받지 않아야 할 것을 구분해야 하며, 잘못했을 경우에는 감추거나 변명하지 말고 바로 고쳐야 함을 강조했다.

농암은 명분에 대해 다각적으로 언급하고 있다. 그는 천하의 일에서 성공하고 하지 못하는 것은 數의 많고 적은 것에 있지 않고 名義와 順逆에 있는 것이다. 명의가 순하면 사람들이 승복하게 되고 사람이 승복하게 되면 일이 쉽게 이루어지며 그렇지 않으면 이와 반대가 된다. 陳涉이 먼저 起兵을 했고, 項羽가 힘써 공격했으나 秦을 망하게 했을 뿐 천하를 차지하지 못하고 죽게 되자 나라도 따라 망해 후세의 웃음거리가 되었다. 그들이 처음에는 매우 강성했는데 결국 그렇게 된 것은 무슨 까닭이었을까. 명의가 순하지 못해 사람들이 승복하지 않았기 때문이라고 했다.[62]

농암의 이러한 주장에 따르면 천하의 일은 强弱에 따라 결정되는 것이 아니고 명의에 의해 결정된다고 하면서 陳涉과 項羽의 역사적인 사실을 들어 확증하고자 했다. 진섭은 秦의 始皇이 죽자 먼저 起兵하여 진을 공격했으나 얼마 후 패망했다. 그리고 항우 역시 진을 멸망시키는 데는 성공했으나 천하를 차지하지 못하고 劉邦에게 패해 죽었다. 이들이 모두 패망한 것은 强盛하지 못했기 때문이 아니고 명의를 거역해 인심이 따르지 않았기 때문이라고 했다.

이러한 名分論은 儒家의 전통적인 관념을 따른 것이라 할지라도 농암 당시 시대적인 상황이 그러한 명분론을 요구하고 있었기 때문에 더욱 강조했다고 볼 수도 있을 것이다. 조선조는 仁祖 때 丙子胡亂으로 민족적인 수모를 겪게 되어 그 후 孝宗과 일부 인사들 가운데서 北伐論을 강하게 주장했는데, 그때 주장한 명분 가운데 淸朝의 王室이 漢族이 아

---

62) 金昌協,『農巖集』卷25, 雜著「審敵篇」. "天下之事 其成與否 不在强弱之數 而在於名義之順逆 名義順則人心服 人心服則事易成 不然則反是 夫以陳涉 之首事 項羽之力征 只能亡秦 而不能有天下 身死國滅 爲後世笑 是其初豈 不赫然强盛 而卒若是者何也 名義不順 而人心不服也"

니라는 것도 포함되었다. 물론 그러한 주장을 漢族中心의 中華思想에
입각한 것이라고 하겠지만, 농암에게 학문적으로 많은 영향을 끼친 宋
時烈이 강하게 주장했고 그러한 사상은 뒤에도 계속 있었다. 예를 들면
朴趾源(1725~1790)의 許生傳에 북벌 목적의 하나로 乃今欲爲大明
復讐라 했고, 金澤榮(1850~1927)은 신라의 崔致遠이 唐의 賓貢科에
합격한 것은 영광이고, 崔瀣와 李穀이 元의 制科에 합격한 것을 부끄
럽게 여기는 것은 元이고 胡虜이기 때문이라고 했다.[63] 농암이 생존했
던 시기는 丙子胡亂을 겪은 지 얼마 되지 않았고, 당시 북벌론을 강력
히 주장했던 송시열은 농암이 39세 때 後命을 받고 세상을 떠났다.

농암이 이러한 상황을 들며 大義를 강조한 것을 들어보면 북쪽 胡族
이 중국을 차지하고 있은 지 수십 년이 되었으나 우리나라는 치욕을 참
고 대의를 잊은 채 僕役하고 있으며, 한족들도 그들과 같이 하며 오랑캐
가 되었는데, 저들은 군림하며 이 세상을 자신들의 것으로 생각하고 있
다. 그런데 천하의 호걸들이 일어나 토벌하지 않고 있어 志士들이 통탄
하고 있는 것이 오래였다고 했다.[64] 이와 같이 농암은 중국이 한족이 아
닌 변방의 호족에 의해 지배되고 있는 것을 대의를 내세우면서 통한으로
여긴다고 했다. 이러한 관념은 음미해 볼 만한 여지가 있겠지만 병자호
란 후 조선조 선비들이 공통적으로 가지는 견해로서 중화사상과 민족적
인 감정이 합치된 것이 아닌가 한다.

그리고 농암은 명분에 대해 주장만 한 것이 아니고 철저하게 실행하
고자 했다. 그는 후기 십 수년 동안 조정에서 계속 관직에 임명했으나

---

63) 金澤榮, 『韶濩堂集』 文集 卷1, 「答張生書」. "所以榮者 唐也中國也 所以恥
者 元也胡虜也"
64) 金昌協, 『農巖集』 卷25, 雜著 「審敵篇」. "北虜入主中國數十年 我國固先忍
恥辱忘大義 爲之僕役 而皇朝遺黎 亦皆被髮左袵 胥而爲夷 彼方儼然處於
億兆之上 視天下若固有 而海內之英雄豪傑 汔未有奮起致討者 志士之痛恨
久矣"

취임하지 않으면서 자신이 들은 바 능력을 살펴 벼슬을 임명하는 것은
나라를 경영하는 법이고, 재능을 생각하고 직책을 맡는 것은 신하가 지
켜야 할 도리이다. 밝은 임금은 명분 없는 은혜를 베풀지 아니하고 군자
는 공이 없는 벼슬을 받지 않는다고 했다. 이 네 가지가 지켜지지 않으
면 黜陟과 勸懲의 도가 무너지고 빈자리와 청렴함이 상실되는 폐단이
일어날 것이라 했다.[65] 이와 같이 국가나 개인을 막론하고 명분 없는 것
은 하지 않아야 하고 그렇지 않으면 기강이 무너진다고 하면서 자신은
국가로부터 임명을 받을 자격과 주어진 일을 수행할 능력이 없다고 하며
취임을 사양했다. 이상에서 명분에 대한 농암의 관념과 태도에 대해 살
펴보았는데, 그가 생존했던 시기에 국가적으로는 對淸關係에서 대의를
강조하는 분위기가 팽배했고, 개인적으로는 당쟁의 참화를 겪었기 때문
에 명분이 절실하게 요구된다고 생각한 탓인지 국가 및 개인에 이르기까
지 명분의 중요성을 강조하지 않았는가 한다.

3. 佛敎에 대한 관념

佛敎는 삼국시대에 전래되어 통일신라와 고려 때에 이르기까지 크게
유행했으나, 고려 후기에는 폐단도 적지 않았다고 한다. 그러므로 고려
를 계승한 조선조는 건국과 더불어 抑佛崇儒를 정책적으로 장려하면서
고려 후기에 전래된 性理學을 지도이념으로 표방했다. 이러한 정책적인
변화에 따라 불교는 급격히 쇠퇴하게 되었고 儒學은 매우 융성하게 되
었다. 이와 같은 추세는 후대로 내려오면서 더욱 철저하여 학자들 가운
데 불교에 관심을 가졌던 인사는 극히 드물었고 무시하거나 異端으로

---

65) 金昌協,『農巖集』卷9,「辭刑曹判書疏」. "臣聞察能而授官者 有國之經也 量
材而任職者 爲臣之則也 明主不施無名之恩 君子不受無功之爵 四者或失 則
黜陟勸懲之道廢 而曠官喪廉之刺興矣"

간주하며 비난한 것이 일반적이었다. 다음에는 이러한 추세에서 활동했던 농암은 불교에 대해 어떠한 관념을 가지고 있었던가 하는 것에 대해 살펴보고자 한다.

농암은 철저한 유가의 가문에서 성장했고, 그의 師友關係에서도 불교적인 인물은 찾아볼 수 없다. 그러한 농암이 불교의 승려에 대해 처음 언급한 것은 「東遊記」에서 볼 수 있다. 동유기는 농암이 21세 때 金剛山을 유람하고 쓴 기행문이다. 그 가운데 歷九淵洞 訪眞見性記에서 돌비탈길을 따라 꼬불꼬불한 길을 얼마간 갔더니 두 암자가 있는데, 남쪽에 있는 것은 九淵菴이고 북쪽에 있는 것은 眞見性菴으로서 모두 구연동에서 가장 깊은 곳에 있었다. 높은 바위 위에 있어 매우 깨끗했으며 貫天이라는 스님이 혼자 있는데 모습이 맑고 깨끗해 한 점의 煙火의 氣가 없었다. … 다시 자리에 돌아와 같이 이야기하며 이곳에 있은 지 얼마나 되며 날마다 하는 일이 무엇인가 하고 물으니 하는 일은 없고 단지 향을 피우고 禮佛하고 그렇지 않으면 벽을 보고 趺坐해 종일 있다고 했다. 자고 먹는 것은 어떻게 하느냐 하니 밤에 一更 정도 假寐하고 날마다 솔잎과 물 한 주발정도 마실 뿐이라 하는데, 주린 기색이나 곤한 표정이 전혀 없었다. 방에 다른 것은 없고 물그릇과 솔잎주머니 뿐이다. 그 독실한 戒行이 게으른 사람에게 경종이 되겠으나, 잘못된 것을 공부해 枯木과 死灰를 이룰 뿐이라고 했다.[66] 여기에서 농암은 修行에 독실한 佛僧을 보고 공부를 잘못하여 고목과 사회를 이룰 뿐이라고 한 것을 보면 불교에 대해 조선조 선비들이 가지고 있었던 관념과 조금도 다

---

66) 金昌協, 『農巖集』卷23, 「東游記」. "從石磴間 蛇行數里 而二菴見焉 稍南者曰九淵 稍北者曰眞見性 俱在九淵洞最深處 倚巖俯壑 淸逈絶塵 有一僧獨居 名貫天 袈裟出肅 貌古意靜 無一點煙火氣 … 問老師居此久 日所事云何 曰無所事 只朝夕燒香禮佛 否則面壁趺坐以終日耳 問亦嘗睡食否 曰只夜中假寐一更 日食松葉 水一盂耳 視其色殊無飢困意 顧視室中無他物 唯淸水一罐 松葉一囊而已 其戒行之苦 誠足警惰 惜其枉用工夫 只成得一箇枯木死灰耳"

름이 없음을 볼 수 있다. 그러나 이 글은 약관이 약간 지날 즈음에 쓴 것이기 때문에 이것을 그의 불교관으로 보기는 어렵지 않을까 한다.

일반적으로 조선조 선비들이 불교를 異端視하며 접근하려 하지 않고 배척했던 것과는 달리 농암은 불경을 적지 않게 본 듯하고 불교에 대한 이해도 조선조 선비들과는 적지 않은 차이가 있다. 그는 선비들이 대부분 불교를 물리치고자 하나 참으로 불교를 아는 학자는 드물다. 韓愈와 歐陽修와 같은 분들도 그 자취만을 근거로 하여 공격하면서 人倫을 외면하고 事物을 잃어버리고 자신의 이익과 사사로움뿐이라고 했는데, 그 本源과 실체에 대해 깊게 알고 분명하게 말하지 못했다고 했다.[67] 이러한 견해는 조선조 선비들에게 찾아볼 수 없었던 것이 아닌가 한다.

농암이 학자들의 불교에 대한 잘못된 인식을 하고 있다는 것을 지적한 것은 여기에서 그치지 않고 더욱 놀랄 만한 견해를 밝힌 바도 있다. 그는 세상에서 불교가 心性에 관해 말한 것은 모두 유가의 것을 훔쳐 가져간 것이라고 하지만 그렇지 않다. 그 經論과 疏鈔를 살펴보면 그것은 대부분 唐代 이전의 글인데, 그때는 程朱의 性理說이 나오기 전이었다. 불교에서 심성에 관해 말한 것이 이치에 접근한 것이 많아 극히 精微하고 친절한 것이 있는데, 漢代 이후의 선비들이 꿈엔들 그와 같은 말을 할 수 있었겠는가. 그런데, 어찌 저들이 훔쳐간 것이라고 말할 수 있겠는가 했다.[68]

근래의 학자들 가운데는 程朱의 성리학이 형성하는 과정에는 불교의 영향을 많이 받았다는 견해가 적지 않다. 그런데, 지난날에는 우리나라

---

67) 金昌協, 『農巖集』 卷32, 雜識 內篇. "儒者類皆闢佛 而眞知佛學者亦少 如韓歐諸公 只據其跡而攻之 不過曰外人倫遺事物 自私自利而已 若其本原實見之差 則未有能深知 而明言之也"

68) "世謂佛氏心性之說 皆竊取儒家緖餘 此未必然也 今考其經論疏鈔 大抵皆唐以前書 於時程朱性理之說 未出於世 而其說心說性 已多近理 往往有極精微極親切處 漢以來諸儒何曾夢道此等語 而謂彼於何竊取耶" 위와 같음.

와 중국의 학자들이 불경을 외면하고 보지 않았기 때문에 心性에 관한
佛家의 견해가 儒家의 학설을 절취한 것으로 생각하는 학자들이 적지
않았던 것으로 볼 때 농암의 이러한 견해는 높게 평가해야 할 것이다.

그리고 농암은 불가의 견해가 심성에 관해 말한 것은 近理함이 많고
극히 정미하고 친절하다고 했을 뿐만 아니라, 達磨로부터 내려오면서
直指人心 見性成佛이라고 했는데, 그 말은 정미하고 要眇해 儒家에서
말한 것과 매우 가까우며, 같지 않은 것은 극히 적을 뿐이라고 했다.[69]
불교에 대한 농암의 이러한 견해는 조선조의 다른 학자들에게 생각하기
어려운 것이 아닌가 한다.

농암은 儒學과 佛學을 비교하면서 孟子 이후에 이른바 유학자들은
訓詁學을 전문으로 하는 것에 불과했고, 그 사이에 바탕이 아름다운 자
는 行義가 독실했고 재능이 뛰어난 자는 詞章을 잘 하는 것으로 그쳤
다. 그러므로 천 수백 년 사이에 한 사람도 자신의 본심을 이해하는 사
람이 없었다. 그것을 비유해서 말하면 각자의 집에 보물을 가지고 있으
면서 그것을 진흙 속에 버려두고 찾는 사람이 없었으니 가석한 일이다.
그런데, 불교의 무리들만이 그 뜻을 먼저 엿보고 本心을 直指하며 사람
들에게 찾게 했으며, 비록 찾고자 한 것이 靈明과 知覺이었고 性命의
실체에 대해서는 보지 못했으나 그 보고자 하는 친절함과 用力의 專精
함은 어찌 儒學者들이 미칠 바가 되겠는가. 마음은 사람마다 가지고 있
는 것인데, 지난 날에는 그것을 指示하는 사람이 없어 오래 동안 매몰되
어 있다가 지금 그들이 말하는 것을 듣게 되어 놀라고 반성하여 구하고
자 하는 생각을 가지게 되었으니 그것이 悅服하며 따르는 사람이 많은
까닭이라고 했다.[70]

---

69) "蓋自達磨以來 直指人心 見性成佛 其說精微要眇 與吾儒絶相近 所不同者
只在毫釐間耳" 위와 같음.
70) "蓋自孟子以來 所謂儒學者 不過專門訓詁之業 而其間質美者敦行義 才高者
善詞章 止此而已 千數百年間 無一人就自身上理會本心 譬如人家 各有箇光

제2장 文集과 編纂　149

농암의 이러한 주장에 따르면 孟子 이후 천 수백 년 동안 유학자들은 訓詁學에 매달리거나 詞章에 주력하여 본심에 대해서는 찾고자 하지 않았으나 불교가 들어와서 본심을 직지했을 뿐만 아니라, 그에 대한 견해가 친절하고 용력이 정밀하다고 했다. 불교에 대해 이러한 지적은 宋代의 유학자들에 의해 이미 언급되었던 바라 할지라도 조선조의 유학자들에게는 기대하기 어려운 것이다.

농암이 송대 이전의 유학은 훈고학에서 벗어나지 못했음을 비판했고, 불교가 유학에 앞서 본심을 직지했다고 지적했는데, 다음에는 농암이 불교에 대해 어느 정도 접근했는가 하는 것을 살펴보고자 한다.

위에서 지적한 바와 같이 조선조는 정책적으로 抑佛崇儒를 강조했기 때문에 불교는 급격히 쇠퇴했고 학자들은 불교에 접근하려 하지 않았다. 이러한 추세는 후대로 내려오면서 더욱 철저했다. 그러므로 불교를 외면했을 뿐만 아니라, 호기심이나 필요에 의해 보았다 할지라도 그것을 말하지 않은 것이 일반적이었다. 농암이 생장한 가정은 물론 자신도 독실한 유학자였다. 그러한 농암이 불경을 보았을까 하는 생각을 할지 모르겠으나, 그는 불교에 대해 상당한 지식을 가지고 있은 듯하고, 또 불경을 보았다는 흔적을 여러 곳에서 볼 수 있다.

그는 불교에 대해 마음을 근본으로 하는 것은 그럴 듯하다. 그러나 그 體를 말하면 善惡이 皆空이고, 그 用을 말하면 眞妄을 구별하지 못하는 것인데, 그 말이 많은 變幻을 하고 있으니 그 요지는 이 두 가지에서 벗어나지 못하고 있다고 했다.[71] 그리고 釋迦佛이 말하기를 이 몸과

明寶藏 而棄在塵土中 沒人尋覓 豈不可惜 佛氏之徒 獨先窺見此意 直指本心 敎人自求 雖其所求者 只是靈明知覺 而於性命實體 未有見焉 然其所見之親切 用力之專精 豈世之儒者所能及 況此心 是人人所固有底物事 向來只爲無人指示 埋沒多時 今被他分明說出 豈不惕然警省 有反求之意 此所以悅服信從者多也" 위와 같음.
71) "佛氏之學 以心爲本似矣 然言其體 則善惡皆空 言其用 則眞妄不辨 其說雖

마음으로 塵刹을 받들겠다고 했는데, 그것은 부처의 은혜를 갚는다고 말한 것으로서 이 말에는 깊은 의미가 있다고 했다.[72] 이러한 기록들을 미루어 보면 위에서 말한 바 유가의 성리설이 나오기 전에 이미 불가에서 먼저 본심을 直指했다는 것은 宋儒의 주장을 그대로 인용한 것이 아니고 농암의 말로써 그것은 불경에 대해 상당한 연구가 있었기 때문에 가능하지 않았던가 한다. 그리고 그는 불경의 내용뿐만 아니라, 문장에 대해서도 楞嚴經의 問答이 어린 아이의 숨바꼭질하는 것과 비슷하나 그 문장은 변화무쌍하여 자주 사람으로 하여금 현기증을 느끼게 하고 황홀하게 한다고 했다.[73]

그리고 농암이 불교의 經典을 적지 않게 읽었다는 것은 다음과 같은 기록에서 알 수 있다. 그는 「遊松京記」에서 寺僧이 函을 내어 보이는데 그 가운데 貝葉書와 栴檀香이 있었다. 글은 모두 梵字이기 때문에 알 수 없고, 香은 바로 楞嚴經에서 이른바 한 가지를 태우면 사십리 내에서 동시에 향을 맡을 수 있다고 한 것이라 했다.[74] 이 「遊松京記」는 농암이 21세 때 동생 昌翕과 같이 江都에 갔다가 돌아오는 길에 松都에 들려 그곳 산천을 두루 구경하고 쓴 기행문 가운데 있는 내용에 능엄경에 있는 말을 인용한 것을 보면 이른 나이에 佛書를 본 것으로 짐작된다. 농암이 불경을 본 것에 대해 더욱 확실한 것은 李喜朝에게 답한 글 가운데 江都로부터 돌아온 후 연일 齒痛으로 무료하게 보냈는데, 요사이 며칠 동안은 좀 나았으나 병으로 있는 날이 많아 착실하게 글을 읽지 못하고 단지 능엄경을 몇 번 보면서 그 속에 담겨 있는 뜻을 이해하게

變幻千百 要不出此二端" 위와 같음.

72) 金昌協, 『農巖集』 卷18, 答權燮. "釋氏云 將此身心奉塵刹 是則名爲報佛恩 此言深有味也"

73) 金昌協, 『農巖集』 卷32, 雜識 內篇. "楞嚴經問答 大抵類小兒迷藏之戲 特其文字瀾翻 往往使人眩悅"

74) 金昌協, 『農巖集』 卷23, 遊松京記. "寺僧出一函以示 中有貝葉書及栴檀香 書皆梵字不可識 香卽楞嚴所謂燃於一株 四十里內同時聞氣者也"

되었다고 했다.[75] 이로써 농암 자신이 능엄경을 읽었다고 했음을 볼 수 있다.

위에서 말한 바와 같이 조선조의 선비들은 불경을 외면했을 뿐만 아니라, 개인적으로 관심을 가지고 보았다 할지라도 감추고 말하지 않은 것이 일반적이었는데, 농암은 솔직히 보았다고 밝혔다. 그리고 농암이 불경을 얼마나 넓게 보았는지는 알 수 없지만 능엄경을 好讀했던 것 같고, 般若經에 대해 말한 것도 볼 수 있다. 이와 같이 농암이 불경을 읽었다는 것은 불교에 대해 독실한 信心이 있었던 것은 아닐 것이고, 그러면서도 일반적인 조선조의 선비들과는 달리 상당히 이해하고 있었던 것은 사실인 듯하나, 그가 불경을 읽은 것은 신앙과는 상관없이 학문적인 필요에 의해 읽은 것으로 보는 것이 타당하지 않을까 한다.

위에서 인시한 바와 같이 농암은 불심의 靈明 知覺에 대해서는 儒家보다 佛家에서 먼저 말했으나 性命의 實體에 대해서는 보지 못했다고 했는데, 이 性命의 실체에 대해 程朱가 성명의 理를 정확하게 파악하고 儒學에서 전해 오는 心法에 대해 깊게 연구한 것이 아니었다면 구분하기 어려울 정도로 비슷한 것을 세밀하게 분석하여 그 虛實과 邪正을 정해 內修와 아울러 물리칠 수 있었겠는가. 만약 유학에서도 내부로부터 治心의 功이 없으면 저들을 승복시킬 수 없을 것이다. 비록 마음은 다스린다고 하지만 性命의 이치에 근본을 두지 않으면 무엇을 가지고 저들의 膏肓에 대해 자극을 줄 수 있겠는가. 그러므로 韓愈가 불교를 비난하다가 太顚에게 말이 막히게 되었고, 陸九淵이 불교를 공격하다가 朱子로부터 비웃음을 사게 되었다고 했다.[76]

---

75) 金昌協, 『農巖集』卷13, 答李同甫. "此歸自江都 連以齒痛 無聊度日 近旬日稍歇 而病憊居多 不能著實讀書 只將楞嚴 開看數過 於其旨意所在 頗得勘破"

76) 金昌協, 『農巖集』卷32, 雜識 內篇 二. "向非程朱諸賢 眞有見於性命之理 而深究聖學之傳 則亦何能辨析於毫釐疑似之間 以定其虛實邪正之極 而卒成

한유는 佛骨表를 써 불교를 비난했다가 潮州刺使로 좌천되었는데, 그곳에서 승려인 태전을 만나 이야기하는 가운데 그의 깊고 박식한 것을 당할 수 없었다고 했는데 그것은 한유가 불교에 대한 지식이 깊지 못했기 때문이라고 한다. 농암이 이러한 사실을 예로 들어 儒學과 佛敎의 차이를 말할 때 불교에 대한 지식을 가지고 있어야 한다고 했는데, 여기에서 불교에 대한 농암의 태도와 그가 불경을 보게 된 이유를 알 수 있지 않을까 한다.

농암은 학문하는 태도가 냉철하여 心性에 관한 佛家의 견해에 대해 일반적인 유학자들과 같이 儒家의 것을 절취하지 않은 것으로 보았을 뿐만 아니라, 程朱의 성리학이 定立되는데 불교의 영향이 많았다는 것을 알고 있었기 때문에 성리학에 대한 학문적인 깊이를 더하기 위해 불경을 본 이유의 하나가 될 것이다. 그리고 다음에 언급되겠지만 性理說에 대해 농암이 당시 유행하는 학설에 따르지 않고 독특한 자신의 견해를 주장했는데, 그러한 사상을 정립하는 과정에서도 佛家의 心性 즉, 靈明 妙用으로부터 영향을 받지 않았을까 생각된다.

內修外攘之烈哉 若在我者無向裏治心之功 則固無以服彼之心 而雖曰治心 而不本乎性命之理 則亦將何執以鍼彼之膏肓哉 此昌黎之闢佛 終見詘於大顚 而象山之攻禪學 適見笑於紫陽者也"

제3장

學 問

제1절 성리학의 전래과정과 그 경향

농암은 다재다능했다. 위에서 언급한 바와 같이 젊었을 때는 글씨와 그림에서도 재능을 발휘하여 상당한 경지에 이른 것으로 짐작되었으며, 중년이 되면서부터 그것이 학문 연구에 방해가 되는 것으로 생각하고 자제한 듯 하고, 詩文과 논평에서도 당시는 물론 후대에 이르기까지 높게 인정을 받는 수준에 이르렀는데, 시는 그가 50세 때 아들을 잃은 후부터 짓지 않았다고 했고, 산문도 후기에는 부득이한 경우가 아니면 짓지 않으려 했으며, 그가 일생 동안 많은 공력을 들이면서 세상을 떠날 때까지 중지하지 않고 계속 열심히 한 것은 학문연구였다. 다음에는 그의 학문에 대해 살펴보고자 하는데, 그의 학문적인 성격은 당시 학계의 공통적인 추세에 따라 性理學이었으므로 먼저 농암 학문의 이해를 돕기 위해 성리학의 傳來過程과 그 傾向부터 간단히 언급하고자 한다.

性理學은 理學이라 하기도 하며, 宋代에 程子와 朱子에 의해 제창된 학문이기 때문에 宋學, 程朱學, 朱子學이라 하기도 한다. 이러한 성리학은 고려 후기 元과의 관계가 호전되면서 우리나라 학자들이 元京을 빈번히 왕래하면서 알려지게 되었는데, 초기의 대표적인 학자로는 安珦과 白頤正 등을 들 수 있다. 그러나 성리학이 이 시기에 처음 들어온 것이기 때문에 이들은 전달하고 소개하는 정도에 그쳤을 것이다.

이러한 성리학에 대해 더욱 관심을 가지고 연구가 진행되기 시작한 것은 고려 최후기 李穡(1328~1396)이 학계에 활동한 시기부터 비롯되었다. 이에 대해 恭愍王 16년에 成均館을 재건하고 이색을 大司成으로 임명하면서 生員 수를 늘리고 經典에 밝은 선비 중에서 金九容, 鄭夢周 등을 선발하여 敎官으로 했다. … 그때까지 館生의 수가 얼마 되지 않았는데, 이색이 學規를 다시 정하고 매일 가서 經典을 나누어 가르친 후에 서로 토론을 하니 학생들이 많이 모여 열심히 하게 되어 성리학이 비로소 보급되기 시작했다고 한다.[1] 이로써 성리학이 학자들 사이에 상당히 보급되었을 것으로 짐작된다.

어느 시대나 사회를 막론하고 새로운 사상이나 학문이 전파하게 되면 고유문화와 마찰이 있게 마련인데, 성리학이 처음 수입될 때 그 受用에 큰 알력이 없었던 것은 유학이 우리나라에 들어온 지 오래 되었고, 그 사이에 訓詁學이 상당히 발달되어 있었기 때문에 큰 저항 없이 순조롭게 수용되지 않았던가 한다.

고려조를 계승한 조선조는 抑佛崇儒를 정책적으로 장려했을 뿐만 아니라, 성리학을 지도 이념으로 하여 강조했다. 그러나 조선조 초기의 성리학은 이해에 그쳤고 연구 실적은 미미했다. 고려말에 理學의 祖라 불리었던 鄭夢周의 문집에서도 성리학에 대한 논설이 없는 것에서도 처음 도입된 학문의 연구가 어려웠음을 알 수 있다. 그런데, 조선조에서 성리학에 대한 최초의 연구라 할 수 있는 것은 鄭道傳(1342~1398)의 心氣理篇 및 心問, 天答과 權近(1352~1409)의 入學圖說 등을 들 수 있지 않을까 한다. 이러한 논저들은 訓詁學에서는 볼 수 없었던 것이었으나 그렇다고 해서 성리학에 대해 깊게 연구한 것으로는 볼 수 없을 것 같고, 다만 우리나라 학계에서 성리학에 대해 최초에 나온 논저였다는 것에 그 의의를 찾을 수 있을 것이다.

權近 이후에는 한동안 성리학에 대한 논저를 볼 수 없었는데, 中宗 때 趙光祖를 비롯하여 新進士類들에 의해 近思錄과 性理大全을 指針書로 하여 道學政治를 하고자 많은 개혁을 시도했으나 반대세력에 의해 좌절되었다. 이들 신진사류들은 성리학에 대해 논저를 남긴 것은

---

1) 高麗史, 列傳 卷28, 李穡條. "十六年重營成均館 以李穡判開城府事兼成均大司成 增置生員 擇經術之士金九容鄭夢周 … 皆以他官兼教官 先是館生不過數十 穡更定學式 每日座明倫堂 分經授業 講畢相與論難忘倦 於是學者坌集相與觀感 程朱性理之學始興"

없으나, 다음 세대에 성리학이 勃興할 수 있는 계기는 마련했다고 볼
수 있을 것이다.

이와 같이 조선조 전기에는 성리학에 대한 논저는 보기 드물었으나,
국가에서 계속 장려해 왔기 때문에 士類社會에 점차 넓게 보급되면서
연구열이 높아지기 시작했는데 花潭 徐敬德, 晦齋 李彦迪에 이르러
다시 논저들이 나오기 시작했다.

서경덕(1489~1546)은 그의 雜著에서 原氣論, 理氣說, 太虛說, 鬼
神死生論과 같은 논설을 들 수 있다. 그 가운데 理氣說에서 氣 밖에
理가 없으며 理는 氣를 主宰하는 것으로서 이른바 宰라는 것은 밖에서
부터 와서 宰하는 것이 아니고 그 氣의 用事를 가리키는 것으로서 그런
바의 바른 것을 잃지 않게 하는 것을 宰라고 한다. 理는 氣에 앞서지
아니하며 氣는 理와 같이 無始한 것이다. 만약 理가 氣에 앞선다면 기
도 有始한 것이라 했다.[2] 花潭의 이러한 주장에 따르면 理와 氣를 분
리해서 보지 않고 合一한 것으로 볼 수 있으며, 理보다 氣를 중심으로
한 것이 아닌가 생각된다.

李彦迪(1491~1553)은 大學章句補遺로서 유명했지만 그의 忘機堂
無極太極說後와 答忘機堂第一書에서 第四書에 이르기까지 性理學
에 관한 논설이 적지 않다. 晦齋는 理氣에 대해 이른바 靈源은 氣이며
理로써 말할 것이 아니다. 至無한 가운데 있기 때문에 無極而太極이라
하며, 理가 있은 후에 氣가 있기 때문에 太極에서 兩儀가 발생한다고
한 것이다. 그러므로 理가 氣에서 떠난 것이 아니라 할지라도 실지로
氣와 섞이지 않음을 말한 것인데, 꼭 靈源의 존재를 본 뒤에 비로소 理
의 존재를 말할 것인가 했다.[3] 이러한 晦齋의 주장에 따르면 理가 氣에

---

2) 徐敬德,『花潭集』卷2, 雜著 理氣說. "氣外無理 理者氣之宰也 所謂宰 非自
　外來而宰之 指其氣之用事 能不失所以然之正者而謂之宰 理不先於氣 氣無
　始 理固無始 若曰理先於氣 則是氣有始也"
3) 李彦迪,『晦齋集』卷5, 答忘機堂第一書. "所謂靈源者氣也 非可以語理也 至

서 분리된 것이 아니라 할지라도 氣에 섞인 것이 아니라고 했으니, 花潭의 理氣合一說과는 달리 理와 氣를 분리해서 본 것이 아닌가 한다. 이로써 볼 때 조선조 중기부터 학계에서 논의된 理氣二元論과 主氣派의 唯氣論은 화담과 회재에 의해 그 발단이 시작된 것이 아닌가 한다.

우리나라에서 성리학에 대한 연구가 활발해지면서 많은 연구 실적이 나오기 시작한 것은 退溪 李滉에서부터였다. 그는 우수한 제자를 많이 양성했을 뿐만 아니라, 啓蒙傳疑, 朱書節要, 宋季元明理學通錄, 心經釋疑 등의 편찬과 변론이 있고, 문집은 原集 49권, 別集 1권, 外集 1권, 續集 8권, 年譜 및 附錄 4권이 있다. 그는 書簡으로 많은 사람들과 학문에 대해 토론을 했지만 奇大升과의 논의는 그의 문집 16권에서 18권까지가 모두 그에게 보낸 與答書簡이다.

성리학에서 四端과 七情을 중심으로 구체적인 논의를 한 것은 朱子에서부터 비롯되었다고 하겠지만, 우리나라에서는 퇴계로부터 처음 제기되었다. 주자가 中庸章句序에서 人心과 道心을 말한 바 있었는데, 퇴계는 인심은 칠정이 그것이고 도심은 사단이 그것이라 했다.[4] 그리고 이에 따라 사단이 發함은 純理이기 때문에 착하지 아니함이 없고 칠정이 發함은 氣를 兼하기 때문에 善과 惡이 있다고 했다.[5] 이와 같이 사단과 칠정의 성격이 서로 다름을 말했다.

퇴계는 사단과 칠정의 차이에 대해 말했을 뿐만 아니라, 理와 氣에 대해서도 天下에 理없는 氣는 없고, 氣없는 理도 없다. 사단은 理에서 發하고 氣가 따르는 것이며, 칠정은 氣에서 發하고 理가 타는 것이다.

無之中 至有存焉 故曰 無極而太極 有理而後有氣 故曰 太極生兩儀 然則理雖不離於氣 而實亦不雜於氣而言 何必見靈源之獨立 然後始可以言此理之不無乎"

4) 李滉,『退溪集』卷36, 答李宏仲 問目. "人心七情是也 道心四端是也"

5) 李滉,『退溪集』卷16, 與奇朋彦. "四端之發純理 故無不善 七情之發兼氣 故有善惡"

理만 있고 氣가 따르지 않으면 하고자 하는 것을 이룰 수 없고 氣만 있고 理가 타지 않으면 利欲에 빠져 禽獸가 되는데, 이것은 바꿀 수 없는 定理라 했다.[6] 여기에서 성리학에 대한 退溪學說의 핵심이라 할 수 있는 理發而氣隨와 氣發而理乘이라는 것을 말했는데, 퇴계가 이와 같이 말한 것은 李宏仲의 問目에서 理는 본디 형상이 없는데 만약 이 氣가 없으면 어찌 홀로 發할 수 있는 理가 있겠는가 한 것에 답한 것이다.[7] 이에 대해 퇴계는 理氣互發을 말하면서 此不易之定理라 했다. 퇴계의 言行에 나타나는 인품으로 보아 이와 같은 말을 쉽게 사용하지 않을 것으로 생각되는데, 이처럼 단호하게 말한 것을 보면 그의 주장에 확고한 신념을 가지고 있었음을 알 수 있다.

퇴계가 언제부터 理氣互發說을 주장했으며, 누구에게 먼저 말했는지 알 수 없으나 奇大升에게도 말한 바 있다.[8] 그리고 기대승과는 성리학에 대해 많은 논의가 있었기 때문에 퇴계학설의 논리적인 체계를 확립하는데 적지 않은 도움이 되었다고 한다. 그러므로 그 理氣에 대해 말한 것을 들어보면 大抵 理發而氣隨가 있다는 것은 理를 중심으로 말했을 뿐이고, 理가 氣밖에 것이 아니니 四端이 그것이고, 氣發而理乘한다는 것은 氣를 중심으로 말했을 뿐이고, 氣가 理밖의 것이 아니니 七情이 그것이라 했다.[9] 퇴계가 이와 같이 주장한 것은 기대승이 만약 그렇게 했을 때 칠정은 物外之物이 되는데, 그런즉 朱子가 칠정이 氣之發이라

---

6) 李滉, 『退溪集』 卷36, 答李宏仲 問目. "天下無無理之氣 無無氣之理 四端理發而氣隨之 七情氣發而理乘之 理而無氣之隨 則做出來不成 氣而無理之乘 則陷利欲而爲禽獸 此不易之定理"
7) "理本無形 若無是氣 則奚有獨發之理乎" 위와 같음.
8) 李滉, 『退溪集』 卷16, 答奇明彦 四端七情第二書. "四則理發而氣隨之 七則氣發而理乘之"
9) 李滉, 『退溪集』 卷16, 答奇明彦 論四端七情第二書 改本. "大抵有理發而氣隨之者 則可主理而言耳 非謂理外於氣 四端是也 有氣發而理乘之者 則可主氣而言耳 非謂氣外於理 七情是也"

한 것도 또한 칠정을 性外之物이라 한 것인가 하는 말에 답한 것이다.[10] 이로써 보면 퇴계가 氣보다 理를 더욱 重視했다고 할지 모르겠으나, 主理 또는 主氣가 아닌 理氣二元的이었음을 알 수 있다.

퇴계의 이러한 주장을 더욱 분명히 한 견해를 들어보면 대개 사람의 일신은 理와 氣가 합하여 生한 것이다. 그렇기 때문에 理氣가 서로 發用하며, 그 발용은 또 相須한다. 서로 발용한 즉 각자 所主가 있음을 알 수 있고, 상수한 즉 서로 그 가운데 있음을(互在其中) 알 수 있다. 서로 그 가운데 있기 때문에 渾淪해서 말하는 것도 분명히 있을 것이고, 각자 所主가 있기 때문에 분별해서 말해도 옳지 않음이 없을 것이라 했다.[11] 이와 같이 퇴계는 渾淪 또는 分別해서 말하는 理氣는 서로 다른 것임을 분명히 말하고 있다.

퇴계는 理氣說에 대해 기대승과 오랜 시일을 통해 많은 논의가 있었고, 다른 인사들과도 말한 바가 적지 않았으나 理氣二元論에 대해서는 확고했다. 퇴계의 이러한 주장은 그가 가장 존숭했던 朱子의 말한 바에 理氣決是二物이라는 說에 영향을 받았기 때문인지 그의 논설에 대해 기대승의 여러 차례 지적에도 그에게 답한 글 가운데 改本을 보면 부분적으로 수정을 한 것은 없지 않았으나 理氣二元論에는 변함이 없음을 볼 수 있다. 그러므로 퇴계는 우리나라 儒學史에서 理氣二元論을 먼저 주장했을 뿐만 아니라, 그것을 논리적으로 체계화하여 뒤에 계승하는 主理派의 先導的인 위치를 점하게 되었다.

우리나라 유학사에서 퇴계 이황과 雙璧을 이룬 인물로서 栗谷 李珥(1536~1584)를 들 수 있다. 그는 49세의 나이로 일찍 세상을 떠났으나

---

10) "而其下詆之 曰若然者 七情是性外之物 然則朱子謂七情是氣之發者 亦以七情爲性外之物耶" 위와 같음.

11) 李滉, 『退溪集』卷16, 答奇明彦 四端七情 第二書改本. "蓋人之一身 理與氣合而生 故二者互有發用 而其發又相須也 互發則各有所主可知 相須則互在其中可知 互在其中 故渾淪言之者固有之 各有所主 故分別言之 而無不可"

학문이 높았고 우수한 제자들이 적지 않았으며, 문집은 原集 38권과 拾遺 6권이 있다.

율곡은 性理說에 대해 퇴계와 많은 차이가 있다. 퇴계의 理氣二元論이 기대승과의 與答書簡에서 많이 논의되었던 것과 같이 율곡도 이기설에 대해 成渾과의 여답서간에서 많이 논의되었다. 율곡은 四端 七情에 대해 성혼에게 답한 글 가운데 心은 하나인데 道心과 人心이라고 말하는 것은 性命과 形氣의 것을 구분해서 말한 것이며, 情도 하나인데 혹은 사단 혹은 칠정이라고 한 것은 오로지 理를 말하면서 氣와 같지 아니함을 겸해 말한 것이다. 그러므로 인심과 도심은 서로 겸할 수는 없으나 서로 終도 되고 始도 될 수 있으며, 사단은 칠정을 겸할 수 없으나 칠정은 사단을 겸할 수 있다. … 사단은 칠정의 온전한 것과 같지 못하고 칠정은 사단의 粹한 것과 같지 못하다고 했다.[12] 이와 같이 율곡은 사단과 칠정의 서로 다른 특성을 말하고 있다.

그리고 마음(心)의 역할에 대해 大抵 未發은 性이고 已發은 情이며 發해서 計較하고 생각하는 것은 意이다. 마음은 性과 情 및 意의 주가 된다. 그러므로 未發과 已發 및 計較를 모두 마음이라 할 수 있다. 發하는 것은 氣이고 發하게 하는 것은 理인데, 그 發하는 것이 바로 正理에서 나오고 氣가 用事를 하지 못하면 道心으로서 칠정의 善一邊이고, 그것이 發할 즈음에 氣가 이미 用事를 하면 人心으로서 칠정이 善과 惡을 합한 것이라 했다.[13]

12) 李珥,『栗谷全書』卷9, 答成浩原. "心一也 而謂之道謂之人者 性命形氣之別也 情一也 而或曰四 或曰七者 專言理兼言氣之不同也 是故人心道心 不能相兼 而相爲終始焉 四端不能兼七情 而七情則兼四端 … 四端不如七情之全 七情不如四端之粹"
13) "大抵未發則性也 已發則情也 發而計較商量則意也 心爲性情意之主 故未發已發及其計較 皆可謂之心也 發者氣也 所以發者理也 其發直出於正理 而氣不用事 則道心也 七情之善一邊也 發之際 氣已用事 則人心也 七情之合善惡也" 위와 같음.

이와 같이 율곡은 사단과 칠정 및 도심과 인심의 서로 다른 점을 말한
뒤에 만약 사단을 理發而氣隨한 것이고 칠정을 氣發而理乘한 것이라
고 하면 그것은 理氣가 두 개가 되어 先後로 상대해 두 가지로 나누어
져 각자 서로 나오는 것이니 사람의 마음이 二本이 되는 것이 아닌가
했다.14) 이로써 율곡은 理氣가 二物이 아니라고 하며 퇴계의 理氣互發
說을 강하게 부인했다.

율곡은 퇴계의 주장에 따라 理氣를 二物로 인정하게 되면 자신이 주
장하는 主氣論이 인정을 받기 어렵다고 생각했기 때문인지 理氣가 二
物이 아니라는 것을 여러 곳에서 말한 바 있다. 그 예를 하나 들어보면
理氣가 互發한다고 말할 것 같으면 그것은 理와 氣의 二物이 각자 마
음 가운데 자리잡고 있어 未發했을 때 이미 인심과 도심이 자리잡고 있
을 조짐이 있다가 理發하게 되면 도심이 되고 氣發하게 되면 인심이 되
는 것이다. 그렇다면 마음에 二本이 있는 것이니 어찌 크게 잘못된 것이
아니겠는가 했다.15)

율곡은 이와 같이 말하면서 理氣가 二物이 아니라고 하는 것에 대해
비록 理自理 氣自氣라고 하지만 뭉쳐 간격이 없고 先後와 離合이 없
을 뿐만 아니라, 二物로 되어 보이지 않기 때문에 二物이 아니라고 했
다.16)

율곡이 理氣가 二物이 아니라는 것에 대해 더욱 구체적으로 언급한
바 있는데, 그것을 들어보면 理는 氣의 主宰이며 氣는 理가 타는 바이
다. 理가 아니면 氣의 뿌리가 없고 氣가 아니면 理가 의지할 바가 없는

---

14) "今若曰 四端理發而氣隨之 七情氣發而理乘之 則是理氣二物 或先或後 相
　　對爲兩岐 各自出來矣 人心豈非二本乎" 위와 같음.
15) 李珥,『栗谷全書』卷10, 答成浩原. "若來書所謂理氣互發 則是理氣二物 各
　　爲根柢於方寸之中 未發之時 已有人心道心之苗脈 理發則爲道心 氣發則爲
　　人心矣 然則吾心有二本矣 豈不大錯乎"
16) "非二物者何謂也 雖曰 理自理 氣自氣 而渾淪無閒 無先後無離合 不見其爲
　　二物 故非二物也" 위와 같음.

것이다. 理와 氣는 이미 二物이 아니고 또 一物도 아니다. 一物이 아니기 때문에 하나이면서 둘이고(一而二) 二物이 아니기 때문에 둘이면서 하나이다(二而一). 一物이 아니라는 것은 무슨 말인가. 理와 氣가 서로 떨어지지 못하나 妙合하는 가운데 理는 理대로 氣는 氣대로 서로 挾雜하지 않기 때문에 一物이 아니다. 二物이 아니라는 것은 무슨 말인가. 비록 理는 理대로 氣는 氣대로라고 말하지만 뭉쳐 간격이 없고 先後의 離合이 없을 뿐만 아니라, 二物로 보지 않기 때문에 二物이 아니라고 했다.[17] 율곡의 이러한 논리에는 난해한 바 없지 않으나, 理氣가 二物이 아니라는 것에 대해 강하게 주장하고 있음을 알 수 있다.

그리고 율곡은 사단과 칠정에서 理와 氣가 하는 것에 대해 朱子가 말한 뜻도 사단은 오로지 理를 말하고 칠정은 氣를 겸해 말한 것에 불과한 것이며, 사단은 理가 먼저 발하고 칠정은 氣가 먼저 발한다고 말한 것이 아닌데, 퇴계는 이 말에 의지하여 논리를 세워 말하기를 사단은 理가 발하여 氣가 따르고 칠정은 氣가 발하고 理가 탄다고 했는데, 이른바 氣가 발하여 理가 탄다는 것은 옳으나 그것도 다만 칠정만 그런 것이 아니고 사단도 역시 氣가 발하고 理가 타는 것이다. 왜냐하면 어린아이가 우물에 빠진 것을 본 뒤에 惻隱한 마음을 발하게 되니 그것을 보고 측은하게 여기는 것은 氣이며, 그것이 이른바 氣發이라는 것이라 했다.[18] 이와 같이 율곡은 퇴계의 理氣互發說에 대해 강하게 반박했다.

---

17) "夫理者 氣之主宰也 氣者理之所乘也 非理則氣無所根柢 非氣則理無所依著 旣非二物 又非一物 非一物 故一而二 非二物 故二而一也 非一物者 何謂也 理氣雖相離不得 而妙合之中 理自理氣自氣 不相挾雜 故非一物也 非二物者 何謂也 雖曰 理自理 氣自氣 而渾淪無閒 無先後無離合 不見其爲二物 故非二物也" 위와 같음.

18) 李珥, 『栗谷全書』 卷10, 答成浩原. "朱子之意 亦不過曰 四端專言理 七情兼言氣云爾耳 非曰四端則理先發 七情則氣先發 也 退溪因此而立論曰 四端理發而氣隨之 七情氣發而理乘之 所謂氣發而理乘之者可也 非特七情爲然 四端亦是氣發而理乘之也 何則見孺子入井 然後乃發惻隱之心 見之而惻隱者

율곡은 理氣互發說에 대해 이와 같이 반박하면서 자신의 견해를 다음과 같이 말하기도 했다. 大抵 發하게 하는 것은 氣요, 發하는 것은 理이다. 氣가 아니면 發할 수 없고 理가 아니면 發할 바가 없다. 先後와 離合이 없으니 互發이라 말하는 것은 옳지 않다.[19] 율곡은 理가 아니면 發할 바가 없다고 하면서 그 말에 작은 글자로 發之以下二十三字 聖人復起 不易斯言이라 하여 發之 이하의 23자는 聖人이 다시 나타나도 이 말은 바꾸지 못할 것이라 했으니, 얼마나 자신을 가지고 말했는가 하는 것을 알 수 있다. 다시 말하면 이 말은 율곡의 主氣論에서 가장 핵심이 되는 말로서 그의 理氣에 대한 많은 논설이 이 23자에 集約되었다고 할 것이다.

율곡이 퇴계의 互發說에 대해 반대하고 있었으나, 위와 같이 구체적으로 말하게 된 계기는 다음과 같은 成渾의 물음이 있었기 때문이라고 한다. 成渾은 자신이 退溪의 말이 분명하지 못한 것에 회의를 가지고 있으면서 奇大升의 주장이 명백해 의심이 없다고 생각하고 있었는데, 근간에 읽은 朱子의 人心, 道心說에 或生 或原을 말한 것이 退溪의 說과 같은 듯했으며 … 그런데, 만약 理氣互發說이 천하의 定理가 아닐 것 같으면 朱子가 어찌 그와 같은 말을 했겠는가. 이 말이 매우 길고 본 것이 분명하지 못해 退溪와 奇大升의 是非 가운데 빠졌으니 밝게 알려 줄 수 없겠는가 했다.[20] 成渾의 이러한 물음에 栗谷이 위와 같이 말한 것이다. 退溪는 理氣互發說에 대해 奇大升의 질문이 계속되었기

氣也 此所謂氣發也"

19) "大抵發之者氣也 所以發者理也 非氣則不能發 非理則無所發 無先後無離 不可謂互發也" 위와 같음.

20) 成渾, 附問書, 『栗谷全書』卷10. "渾於退溪之說 常懷未瑩 每讀高峯之辨 以爲明白無疑也 頃日讀朱子人心道心之說 有或生或原之論 似與退溪之意合 … 然則 若非理氣互發之說 爲天下之定理 則朱子何以有此言耶 此說甚長 所見未明 已入高峯退翁是非叢中 何能渙然自釋於來喩耶"
그런데 이 글이 成渾의 문집인 牛溪集에는 실려 있지 않음.

때문에 논리적인 체계가 더욱 정비되었을 것이고, 栗谷도 成渾과의 서신을 통해 많은 논의가 있었으므로 자신의 주장을 확립하는데 적지 않은 도움이 되었을 것이다.

그리고 栗谷은 退溪의 理氣互發說을 반대하면서 退溪 學說이 精詳하고 謹密함은 근래에 없었던 바였는데, 理發氣隨說은 理氣 先後의 병이 있으므로 老先生이 세상을 떠나기 전에 그 말을 듣고 마음으로 그렇지 않음을 알고 있었으나, 나이도 적고 배운 것이 얕았기 때문에 말씀을 드려 의견의 일치를 보지 못했는데, 생각이 그것에 미치게 되면 통한스럽다고 했다.[21] 이로써 보면 栗谷이 理氣說에 대해 退溪와 직접 이야기한 적은 없었고, 退溪의 주장에 일찍 회의를 가졌음을 알 수 있다. 어쨌든, 退溪는 四端 七情에서 理發而氣隨하고 氣發而理乘한다는 理氣互發說에 대해 此不易之定理라 하여 확신을 가지고 있었고, 栗谷도 互發說을 부인하며 發之者氣요 發者理라 하며 聖人復起 不易斯言이라 했다. 그런데, 이러한 주장은 退溪와 栗谷으로 끝나지 않았고 뒤에까지 오랫동안 계속되었다. 즉, 退溪의 주장을 따르는 자를 主理派라 했는데 南人系의 학자들이 중심이 되었고, 栗谷의 學說을 옹호하는 자를 主氣派라 하며 西人系의 학자들이었다. 學說이 당쟁에까지 이용되었다면 좋게 말할 수는 없겠으나, 오래 계속되면서 논리의 개발과 학문적인 발전을 가져온 것은 사실이며, 다음에는 이와 같이 兩分된 學說에서 農巖은 어떠했는지 알아보고자 한다.

---

21) 李珥, 『栗谷全書』 卷10, 答成浩原. "退溪之精詳謹密 近代所無 而理發氣隨之說 亦微有理氣先後之病 老先生未捐館舍時 珥聞此言 心知其非 第以年少學淺 未敢問難歸一 每念及此 未嘗不痛恨也"

제2절 농암의 학문적인 태도

조선조의 性理學은 중국과 같이 諸家의 學說을 폭넓게 수용하여 多邊化하지 못하고 朱子의 學說에 지나치게 傾倒되어 이에 다른 學說을 제시하면 斯文亂賊이라 하여 용납하지 않았다. 그러므로 학계에서 朱子學說에 위배되는 다른 學說을 제시하기가 극히 어려웠다.

이러한 풍토에서 활동했던 農巖도 예외는 아니었고 朱子를 극히 존숭했다. 農巖이 朱子를 얼마나 존숭했던가 하는 것을 들어보면 朱子 이후에 儒賢이 많았는데 그 제자들과 後學들이 간혹 朱子에 비겨 높이 여겨지고 있으나, 그들은 모두 朱子가 존경을 받는 까닭을 알지 못하기 때문이다. 자신의 생각으로는 뒷날의 선비들에서 資禀과 역량은 말할 것이 없고 학문을 하는 자세와 공부한 것은 朱子에 비해 십분의 삼사에도 미치는 사람을 보지 못했는데, 어찌 쉽게 朱子에 비겨 말할 수 있겠는가 했다.[22] 이와 같이 農巖은 후학들이 자신들의 스승을 朱子에 비겨 말하는 것을 간혹 볼 수 있는데, 그것은 朱子의 資禀과 학문을 모르기 때문이라고 하면서 朱子 후에는 그와 비교할 만한 학자가 없다고 했다.

農巖이 朱子에 대한 존숭은 이로써 그치지 않았다. 그 예를 들어보면 학문은 一家의 사사로운 것이 아니고 오직 올바르게 할 따름이며, 어찌 輕重에 관심을 가지고 치우친 주장을 할 수 있겠는가. 그런데, 자신이 朱子의 학문은 孔子 후의 으뜸이라고 했는데, 그것은 宋의 여러 선생들의 高明하고 깊은 학문은 서로 비슷하다 할지라도 학문하는 자세의 지극함과 義理의 精微함과 논설의 정확함에는 朱子에 앞서는 사

---

22) 金昌協, 『農巖集』卷31, 雜識 內篇 一. "朱子以後 儒賢多矣 其門人後學尊之 往往比擬於朱子 亦皆不知朱子之所以爲朱子故耳 自余而論後來諸儒 無論 其資禀力量 其間學工夫能及朱子三四分者 亦未見其人 嗚呼 朱子豈易擬哉"

람이 없을 것이라 했다.[23] 이와 같이 農巖은 朱子를 극히 존숭했음을 알 수 있다.

위에서 말한 바와 같이 조선조의 사류사회에서 朱子에 대해 존숭하는 것은 農巖뿐만 아니라, 누구나 공통적으로 가졌던 생각이었으며 일부인사들에 의해서만 존숭되었던 것이 아니다. 그리고 農巖이 유행에 따라 맹목적으로 존숭했던 것은 아니다. 그가 朱子를 孔子 이후에 으뜸이라고 한 것은 유명했던 다른 학자들보다 義理에 대해 精微하고 논설의 정확함을 따를 자가 없었기 때문이라고 했다.

그리고 農巖은 朱子를 존숭하는 것으로 그치지 않고 그의 학문을 이해하기 위해 많은 노력을 해야 한다고 강조했다. 이에 대해 세상의 선비들이 말하기를 朱子 후에 義理가 크게 밝혀졌기 때문에 학자들이 노력을 반이나 적게 해도 공은 배가 된다고 하는데, 이 말이 그럴 듯하나 사실은 그렇지 않다. … 朱子가 大學章句를 논하면서 말하기를 자신만큼 공부를 하지 않고 자신의 학문을 보고자 하면 볼 수 없을 것이라고 했는데, 그 뜻은 자신만큼 열심히 하라는 것이다. 지금 사람들은 그 뜻을 알지 못하고 그가 말한 學說만 보고 약간 공부한 것으로서 朱子의 경지에까지 도달했다고 말하지만 접근하기에는 멀다고 말했다.[24] 이와 같이 朱子 이후의 선비들은 義理가 많이 밝혀졌기 때문에 적은 노력으로 많은 성과를 거둘 수 있는 것으로 생각하고 있는데, 農巖은 朱子만큼 노력하지 않으면 그의 學說을 이해하기 어렵다고 하며 노력을 강조했다.

---

23) 金昌協, 『農巖集』卷14, 答閔彦暉. "學固非一家之私 惟其是而已矣 豈可著意輕重 有所偏主 然嘗妄謂朱子之學 孔子後一人而已 如濂洛諸先生 高明淵懿 固無間然 而若其問學之極至 義理之精微 訓說之的當 恐莫先於朱子"
24) 金昌協, 『農巖集』卷31, 雜識 內篇 一. "世之儒者 每言朱子後義理大明 學者事半功倍 此言似之 而實不然也 … 朱子嘗論大學章句 曰不用某底工夫 看某底不出 其意正如是耳 今不識此意 只據見成說話 用得二三分工夫 便謂朱子之堂室可升 而入則豈不遠矣哉"

農巖 당시의 선비들이 朱子의 學說을 고집하며 그것을 이해하는데 만족하고자 하며 학문에 대해 안이하게 접근하려는 경향이 있다고 생각했기 때문인지 農巖은 위에서 말한 것으로 그치지 않고 주위 사람들에게 노력을 강조했다. 이러한 태도에 대해 朱子 이후에 義理가 크게 밝아졌기 때문에 講義하고 연구할 것이 없다고 말하는데, 만약 그 말과 같다고 하면 朱子 뒤에 학문을 하는 자는 간략함만 있고 넓은 것은 있을 수 없는가 … 仲氏가 자신에게 이와 같이 말하면서 세상 선비들의 학문하는 태도가 좋지 못한 것을 매우 개탄한다고 했다.25) 그리고 또 말하기를 朱子만큼 공부하지 않으면서 그의 학문을 보고자 하면 이해할 수 없을 것이다. 朱子 뒤에 태어났기 때문에 窮理하고 格物하는 것에 노력할 것이 없다고 말하는 것은 세상 선비들이 게을러서 하는 말이라고 했다.26)

조선조에서는 性理學에 대해 程朱學說과 다른 學說은 연구하기 어려웠고 背馳되는 이론도 제기할 수 없었기 때문에 朱子의 學說을 고수할 수밖에 없었다. 이러한 학문적인 풍토에 따라 朱子가 義理에 대해 구체적이고 명확하게 밝혀 놓았기 때문에 그것을 이해하는 것만으로 만족하고자 하며, 朱子 이후에 출생한 것을 다행으로 여기는 경향이 있었던 것은 사실이다. 그런데, 農巖은 누구보다도 朱子를 존숭하면서도 그의 學說을 정확히 이해하기 위해서는 그만큼 많은 노력을 해야 하며 그렇지 않을 경우에는 그의 學說을 정확히 이해할 수 없다고 했다. 農巖의 이러한 태도는 당시 학자들 가운데 朱子 이후에 출생했기 때문에 事半功倍로 안주하려는 것에 비해 높게 평가해야 할 것이다.

---

25) 金昌翕, 『三淵集』卷32, 祭仲氏農巖先生文. "有謂朱子以後 義理大明 無待講硏 此言易瞎人眼目 若如是說 則爲學於朱子後者 其將有約而無博乎 … 仲氏每與弟言此 未嘗不痛悗於世儒之陋也"

26) 金昌翕, 『三淵集』卷27, 仲氏農巖先生墓誌銘. "又嘗謂無朱子工夫 看朱子不出 以爲生於其後 不勞窮格者 乃世儒自怠之說"

그리고 農巖은 학문의 궁극적인 목적을 옛 聖賢들과 같이 품성의 수양에 두었기 때문인지 몸가짐에 대해 학문과 관련시켜 언급한 바도 있다. 그는 우리들이 학문을 할 때 記聞이 넓지 못하고 講說이 정밀하지 못함을 근심할 것이 아니고 몸가짐과 심성을 涵養하는데 긴장이 적지 않은가 하는 것을 두려워 해야 할 것이다. 만약 긴장을 하고 靜坐하여 공부하면서 한결같이 本原의 涵養에 뜻을 두고 있으면 그 효과가 반드시 있을 것이라고 했다.27) 이로써 보면 農巖의 학문하는 태도는 記聞을 넓히고 논리를 정밀하게 하는 데만 있었던 것이 아니고 本原의 涵養에도 깊은 관심을 가지고 있었음을 알 수 있다.

학문에 따른 農巖의 이러한 태도에 대해 벼슬하는 것을 단념하고 자신의 수양에 전념하여 부지런히 하면서도 미치지 못한 듯하며, 비록 참담함을 겪게 되고 병으로 고생하면서도 손에 책을 놓지 않았다고 했다.28) 이로써 보면 農巖은 朱子를 극히 존숭하면서 당시의 선비들과 같이 그의 학문을 안일하게 접근하려 하지 않았고, 朱子만큼 공부를 하지 않으면 그의 학문을 이해할 수 없다고 하고 家禍로 인해 처참했을 때와 병중에 있으면서도 책을 놓지 않았다고 하며, 그의 학문은 記聞을 넓히고 논리를 정밀하게 하는 데 그치지 않고 심성의 涵養에까지 주력했음을 알 수 있다.

위에서 언급한 바 있었지만 조선조에서는 중기로 접어들면서부터 政界에서는 東西로 나누어져 당쟁이 시작되었는데, 얼마 후 東人은 南과 北으로 나누어졌고, 西人은 老論과 少論으로 분리되어 수백년 동안 치열한 싸움이 계속되었다. 그리고 학계에서는 性理學이 점차 발달하면서

---

27) 金昌協, 『農巖集』卷13, 答林德涵. "吾人爲學 不患記問之不博 講說之不精 正恐於操存涵養處 或少著緊 今若因此靜坐 省却繙閱工夫 一意致養於本原 則其效必有進於書者矣"
28) 金昌翕, 『三淵集』卷3, 仲氏農巖先生墓表. "先生旣絶意當世 專於爲己 勉焉 孜孜 學如不及 雖以其積慘沉痼 而未嘗釋經於手"

전대와 같이 이해하는데 그치지 않고 견해와 주장이 나오기 시작했는데, 그 대표적인 것이 李退溪의 主理論과 李栗谷의 主氣論이다.

退溪가 생존했을 당시에는 東西로 분당이 되기 전이었기 때문에 당쟁과는 상관이 없었으나, 그의 제자들이 대부분 南人이었으므로 후대에 이르기까지 南人系의 학자들은 退溪의 學說을 신봉했다. 栗谷은 분당이 될 즈음에 활동하면서 兩是兩非論을 말하며 調停하고자 노력했고 어느 한쪽에 가담하지 않았으나, 그와 친분이 두터웠던 인사들이 西人에 많았기 때문에 南人들은 그를 親西로 지목했고, 그의 主氣論은 西人 특히 老論系의 학자들이 金科玉條로 여겼다.

이와 같이 學說이 당쟁과 연계되어 후대로 내려오면서 당쟁이 점차 치열해 짐에 따라 老論學者들은 退溪의 주리설을 인정하지 않으려 했고, 南人學者들은 栗谷의 주기설을 부인하려 했다. 뿐만 아니라, 어느 쪽을 막론하고 과격했던 학자들 사이에서는 退溪와 栗谷의 學說을 거론하는 것조차 기피하고자 했다. 農巖은 당쟁이 시작된 후 가장 치열했던 시기에 활동했고, 그의 家門은 여러 대로 걸쳐 높은 관직을 역임한 뿌리 깊은 老論이었다.

農巖의 학문에 대해서는 다음에 언급하겠지만 당쟁이 치열했던 시대적인 배경과 가정적인 환경에서 우선 退溪를 어떻게 생각하고 있었던가 하는 것에 대해 알아보고자 하는데, 그것은 그의 학문적인 태도를 이해하는데 중요한 의미를 지닌다고 생각되기 때문이다. 農巖은 老論학자들이 언급하는 것을 기피했던 것과는 달리 退溪에 대해 여러 곳에서 말한 바 있는데, 그 예를 들어보면 退溪는 善言學했고, 栗谷은 善言理라 했다.[29] 여기서는 退溪의 학문을 높게 말하고 있음을 볼 수 있다. 그리고 道學에 대해 趙靜菴은 倡明하여 표준이 되게 했고, 退溪는 沈潛해 많이 밝혔으며, 栗谷은 발휘해 運用을 했는데, 이들은 本朝의 儒賢들 가

---

29) 金昌協, 『農巖集』 卷32, 雜識 內篇 二. "退溪善言學 栗谷善言理"

운데 으뜸이 된다고 했다.30) 여기에서 農巖은 退溪만을 말한 것이 아니
고 靜菴과 栗谷까지 같이 들어 으뜸이라고 했는데, 이러한 주장은 우리
儒學史에서 公論이라고 말할 수 있겠지만, 당시 老論系 학자들의 분위
기를 감안할 때 農巖으로서는 말하기 쉬운 것은 아닐 것이다.

農巖이 退溪의 학문에 대해 높게 인정한 것은 여기에서 그치지 않았
다. 그는 退溪가 학문을 논한 문자는 단지 우리나라에서만 있지 않았던
것이 아니고 중국에서도 많이 볼 수 있는 것이 아니다. 眞西山은 朱子
이후의 큰 선비였으나 저술이 많지 않아 학문과 文字를 논한 것을 많이
볼 수 없고, 그 사이에 한 두 사람이 있었으나 退溪와 같이 精切하고
詳懇하지는 못했으며, 明의 선비에서 薛敬軒이 門路가 가장 바르고 踐
履가 독실하고 그의 讀書錄은 친절하며 體認한 공부가 있으나 斯道에
대해 주장하고 발휘하며 천명한 것이 退溪와 같이 강력하지 못했으니
이로써 退溪의 학문이 컸음을 알 수 있다고 했다.31) 여기에서 農巖은
朱子 후에 큰 선비로서 西山眞氏와 薛敬軒을 들 수 있는데, 西山은
그의 학문이 退溪만큼 정절하지 못하고 薛敬軒은 斯道에 대해 발휘하
고 천명한 것이 退溪와 같이 강력하지 못했다고 말했는데, 이로써 보면
우리나라는 물론 중국에 이르기까지 朱子 이후에 退溪만큼 큰 학자가
없다고 한 것이다. 이러한 주장이 사실의 當否와는 상관없이 老論學者
에 의해 나왔다는 것은 참으로 놀라운 일이며, 따라서 학문에 대한 農巖
의 태도가 매우 진실했고 偏私가 없었음을 알 수 있다.

---

30) "趙文正之倡明表準 李文純之沈潛闡繹 李文成之發揮運用 當爲本朝儒賢之
最" 위와 같음.

31) 金昌協, 『農巖集』 卷32, 雜識 內篇 二. "退溪論學文字 不但吾東方所未有 雖
在中國 亦不多見 如眞西山朱子後大儒也 著述非不富 而論學文字 殊不多見
間有一二 亦不似退溪之精切詳懇 其他又可知也 明儒唯薛敬軒 門路最正而
踐履篤實 讀書錄亦儘親切 有體認工夫 然其主張斯道 發揮闡明 却不如退溪
之有力 以此知退溪之難也"

農巖은 인품이 매우 신중해 학문이나 전대의 인물에 대해 쉽게 말하지 않았다. 그런데 退溪에 대해 우리나라뿐만 아니라, 중국에서도 朱子 이후에 宋明 사이의 큰 선비였던 眞西山과 薛敬軒도 미치지 못할 것이라고 했다. 이에 대해 위에 인시한 바와 같이 단순히 비교하는 것으로 그치지 않고 약간 구체적으로 언급한 바도 있다. 즉, 薛敬軒은 涵養한 功이 깊은 것에는 退溪가 미치지 못할 듯하나 意思가 斂藏하고 함축하는데 치우쳤고 약간 老子에 가까운 듯하다고 했으며, 眞西山은 학문이 자세하지 못하고 經義에 대한 논설이 약간 차이가 있으며 대체적으로 精微하지 못하나, 인품이 높고 經世의 재능을 갖추고 있는데 그것은 退溪가 미치지 못할 것이라고 했다.32) 어쨌든, 農巖의 이러한 논평을 종합해 볼 때 학문으로는 眞西山과 薛敬軒이 退溪에 미치지 못했다고 한 것에는 변함이 없음을 알 수 있다.

이와 같이 農巖은 退溪의 학문에 대해 우리나라는 물론 중국의 宋明代에 이르기까지 朱子 이후에 으뜸이라고 했을 뿐만 아니라, 학자로서 취한 태도에 대해서도 높게 인정했다. 農巖은 退溪가 曹植에게 보낸 書札에서 학자로서 가져야 할 태도와 말하고자 하는 것이 曲盡했고 뜻이 깊고 간절했으며, 그의 短處를 지적할 때도 다투고자 한 것이 조금도 없었으니 참으로 溫厚하고 明辯했다고 말할 수 있는데, 涵養이 깊고 이치에 밝지 않았다면 어찌 그와 같을 수 있겠는가. 학자들이 논쟁을 면하기 어려울 때가 있으면 退溪의 이러한 태도를 본받아야 할 것이라고 했다.33) 農巖은 退溪가 曹植에게 취한 태도를 이와 같이 칭찬하며 학자

---

32) "敬軒涵養之功深 退溪恐或不及 然覺得意思偏於斂藏含蓄 微近老氏 眞西山 世稱文儒 然竊考其爲學大致 似懲朱門末學之弊 … 論說經義 往往有違於 朱子本旨 … 但其人品甚高 且有經濟才具 … 此則恐非退溪所能已耳" 위와 같음.

33) 金昌協, 『農巖集』 卷32, 雜識 內篇 二. "退溪與南冥書 辨得學者爲名處 發明 曲盡 而旨意深切 直是箚著他痛處 亦絶無一毫爭氣 眞可謂溫厚而明辨 非養

들이 모름지기 법해야 할 것이라고 했는데, 그것은 자신도 법으로 하겠다는 강한 의지의 표현이었을 것이다. 따라서 農巖의 학문하는 태도가 偏私와 감정에 흔들리지 않고 진지하고 理智的이었던 것은 退溪의 그러한 자세에 힘입은 바 적지 않았을 것이다.

農巖의 학문에 따른 이러한 태도에 대해 洪直弼(1776~1852)은 農巖이 강의하고 논변할 즈음에 조금도 다투거나 이기고자 하는 생각이 없이 여러 사람의 의견을 고루 청취했고 정성을 다해 말을 했으며, 상대하고 있는 사람에게 말을 하게 해도 하지 못하고 옳다고 머리를 끄덕일 따름인데, 思辨錄辨과 知智說이 그와 같은 것이라 했다.[34] 이로써 볼 때 講辨할 때의 農巖의 태도는 그가 退溪를 말했을 때 一毫의 爭氣가 없었다는 것과 일치했음을 알 수 있는데, 이러한 태도는 학문의 객관성과 설득력을 높이는 것으로서 학자는 누구나 가져야 할 것이겠지만 어려운 것으로서 높게 평가해야 할 것이다.

제3절 性惡論辨

학자에 따라 학문은 다양하기도 하고, 이와는 달리 단순하면서도 깊이가 있는 학자도 있다. 이러한 차이는 각자의 성격이나 취향에 따라 선택된 것으로 볼 수 있겠고, 그 시대의 思潮와 학문적인 推移에 의해 달라질 수 있을 것이다. 그런데, 학문이 다양하다고 해서 그것이 꼭 단점이 될 수 있는 것은 아니고, 깊다고 해서 반드시 장점이 되는 것은 아니다.

深理明 何以及此 學者或不免與人商論 須以此爲法"
34) 洪直弼,『梅山集』『農巖集』別集 卷4, 諸家記述 雜錄. "農巖於講辨之際 無一點爭心勝氣 公聽並觀 曲盡人言 雖使其人對辨 不敢容一喙於其間 祇應言下點頭而已 如思辯錄辨 及知智說之類是已"

박식과 깊이는 누구나 가지고 싶은 것이겠지만 능력에 한계가 따르기 때문에 겸비하기는 어려운 것이다.

위에서 언급한 우리나라 학문의 경향에서 말한 바와 같이 조선조의 학문은 朱子中心의 性理學으로 일관되면서 儒學 외의 다른 학문은 물론 性理學에서도 朱子의 學說과 위배되는 것은 용납하지 않았다. 그러므로 이러한 폐쇄적인 풍토에서 다른 학문은 성장하기 어려웠고, 다만 朱子中心의 性理學만이 발전하게 되었다.

農巖이 생존했던 17세기 후반에서 18세기 초엽에는 조선조의 건국과 더불어 지도이념으로 표방해 온 性理學이 상당히 뿌리를 내려 종전과 같이 그에 대한 이해나 특정한 학자들에 의해 논의되었던 것이 아니고 많은 학자들이 참여하여 논의도 매우 활발했다. 이러한 학계의 경향과 아울러 農巖의 가문에서도 여러 대에 걸쳐 이름 있는 학자들이 배출되었기 때문인지 農巖도 朱子學을 극히 존숭했던 性理學者였다.

이와 같이 性理學이 발달함에 따라 이론도 다양하게 전개되었는데, 農巖의 學說에서 주목되는 것은 性惡論辨, 四端七情說, 人心道心說 등이다. 農巖의 學說에 대해 四七說과 人心道心說은 당시 발간된 문집에는 수록되지 않았고 뒷날 편집된 續集에 수록되어 당시 湖西의 학자들이 미처 보지 못했다. 그리하여 그에 대한 변설이 없게 된 것이라 했다.35) 그런데, 續集에 四端七情說만 실려 있고 人心道心說은 따로 실려 있는 것이 없으며 다만 雜識 內篇 二에서 단편적으로 언급되었을 뿐이다. 그러므로 人心道心說은 제외하고 여기서는 性惡論辨과 四端七情說에 대해 언급하고자 하며, 먼저 性惡論辨부터 살펴보고자 한다.

性惡論辨은 荀子의 性惡說에 대한 論辨이다. 荀子는 孟子가 性善을 말한 것에 대해 人性은 악한 것이며 선하다고 한 것은 거짓이라고 했다.36) 이와 같이 性善과 性惡으로 상반된 주장이 있었으며, 이 兩說

---

35) 李丙燾, 韓國儒學史(亞細亞文化史, 1987) 274쪽.

과 다른 주장도 있으나 후대로 내려오면서 儒家에서는 孟子의 性善說
을 따르는 것이 일반적이다. 農巖도 性善說을 따랐는데, 그가 荀子의
性惡說에 대해 어떻게 논변했는지 알아보고자 한다.

農巖은 먼저 性善에 대해 氣는 性이 아니라고 하면서 사람이 태어날
때 氣는 質이 되고 理는 性이 되는데, 理는 선하기만 하고 악한 것은
없으며 氣는 선하기도 하고 선하지 않은 것도 있다. 사람이 착하지 않은
것이 있는 것은 氣가 그렇게 할 뿐이며, 그 性은 완전히 理인데 어찌
선하지 않은 것이 있겠는가. 孔子께서 사람은 태어나면서부터 곧다고
했는데, 곧은 것은 선한 것을 이름이라 했다.[37] 農巖의 이러한 주장은
다음에 언급될 四端七情說과도 상관이 있는 것으로서 氣는 선악을 공
유하고 있지만 性은 理로서 선하지 않음이 없다고 했다.

그런데, 荀子는 옛날 聖王이 人性은 악해 그 偏險함을 바르게 못하
고 悖禮함은 다스리기 어렵다고 생각하여 禮儀와 法度로써 가르쳐 사
람의 性情을 바르게 하여 다스릴 수 있고 道에 맞게 한다고 했다.[38] 農
巖은 이에 대해 荀子의 그러한 논리는 모순이며 깊게 생각하지 못했기
때문이라고 하면서 사람의 性이 악한 것인데 선하게 된 것은 聖人이 가
르쳤기 때문이라고 한다면 옛날 聖人이 많은 사람 가운데서 뛰어났다고
하지만 그의 性도 악했을 것인데 누가 가르치고 지도했겠는가. 타고난
성에 따르지 않고 가르쳐 聖人이 되었겠는가 했다.[39] 儒家에서는 孔子

---

36) 荀子, 性惡篇, 荀子 卷17. "人之性惡 其善者僞也"

37) 金昌協, 『農巖集』卷25, 雜著, 性惡辯. "氣也非性也 人之生也 氣爲質而理爲
性 理者有善無惡 氣者有善有不善 人之有不善 氣之爲耳 乃若其性 渾然理
也 何不善之有 孔子曰 人之生也直 直也者 善之謂也"

38) 荀子, 性惡篇. "古者聖王 以人之性惡 以爲偏險而不正 悖亂而不治 是以爲
之起禮儀 制法度 以矯飾人之情性而正之 以擾化人之情性而導之也 使皆出
於治 合於道者也"

39) 金昌協, 性惡論辨. "則上古聖人 首出庶物者 其性固亦惡矣 是又孰敎之 而
孰强之 顧乃不循其性而矯之 以至於聖哉"

와 같은 聖人의 경우에는 生知라 하여 가르치고 배워서 聖人이 된 것
이 아니라고 한다. 荀子의 주장에 따라 사람의 성이 본디부터 악했다면
聖人도 사람인데 누가 가르치고 지도해서 聖人이 되었겠는가. 성이 본
디부터 착했기 때문에 聖人이 가능했다는 것이 農巖의 주장이다.

　荀子는 性惡에 대해 여러 가지로 예를 들어 논리를 개진했다. 그 가
운데 굽은 나무는 檃栝로써 교정을 한 후에 바르게 되며, 무딘 금은 갈
게 된 뒤에 날카롭게 되는 것과 같이 사람의 性도 악한 것인데 스승의
가르침을 받은 뒤에 바르게 되고 예의를 알게 된 후에 다스릴 수 있게
된다고 했다.[40] 이와 같이 荀子는 사람의 性을 曲木과 鈍金에 비유하
여 갈고 다듬은 뒤에 바르고 날카롭게 된다고 했다. 이에 대해 農巖은
荀子의 말에 따르면 굽은 나무가 바르게 될 수 없는데 연장으로 다듬어
곧게 되고, 鈍金이 날카롭게 될 수 없으나 갈게 되면 날카롭게 되는 것
은 그 성질이 剛했기 때문이다. 나무가 금과 같았다면 연장을 사용할 수
있었겠으며, 금이 나무와 같았다면 갈 수 있었겠는가. 이로써 볼 때 나무
는 곧게 될 수 있는 것인데 연장을 만나 바르게 된 것이고, 금도 날카롭
게 될 수 있었던 것이 갈게 되어 날카롭게 된 것이다. 사람도 착한 성을
가지고 있었던 것이 聖人을 만나 착하게 된 것이다. 이와 같은 것은 그
렇게 될 만한 성이 없었는데 가능했겠는가 했다.[41]

　荀子는 曲木과 鈍金을 그대로 두면 곧고 날카롭게 될 수 없으나 다
듬고 갈면 곧고 날카롭게 되는 것과 같이 人性도 본디 악한 것인데 師

---

40) 荀子, 性惡篇. "故枸木必將待檃栝烝矯然後直 鈍金必將待礱厲然後利 今人
　　之性惡 必將待師法然後正 得禮儀然後治"
41) 金昌協, 性惡論辨. "卿以爲木之曲也 無可直之理 而檃栝直之 金之鈍也 無
　　可利之理 而礱磨利之乎 必有其理而後可也 曲木之可以直也 以其性柔也 鈍
　　金之可以利也 以其性剛也 使木而如金 則檃栝得以施諸 使金而如木 則礱磨
　　得以措諸 由是觀之 則木有可直之理 而檃栝得以直之 金有可利之理 而礱磨
　　得以利之 人有至善之性 而聖人得以善之 若是者 可謂非其性而强之乎"

法과 禮儀로써 착하게 된다고 했다. 이에 대해 農巖은 曲木과 鈍金이 柔하고 剛한 성질을 가지고 있었기 때문에 곧고 날카롭게 되는 것이지 그렇지 않았다면 연장을 사용하고 간다고 해서 가능했겠는가 했다. 다시 말하면 曲木과 鈍金이 곧게 되고 날카롭게 되는 것은 본디부터 그렇게 될 수 있는 성질을 지니고 있었기 때문에 가능한 것이라 했다.

그리고 荀子는 사람이 태어나면서부터 눈으로 보게 되고 귀로 듣게 되는데, 밝게 볼 수 있는 것은 눈이 있기 때문에 가능한 것이며, 밝게 들을 수 있는 것도 귀를 가졌기 때문에 가능한 것이다. 눈과 귀로 밝게 듣고 볼 수 있는 것은 배워서 가능한 것이 아니고 태어나면서부터 그렇게 된 것이다. 孟子는 사람의 천성이 착했는데 그 타고난 성격을 모두 잃었기 때문에 악하게 되었다고 하지만 그것은 지나친 말이다. 사람이 태어나면서부터 그 質朴하고 資材의 아름다움을 상실했다는 것인가. 이로써 볼 때 사람의 天性은 악한 것이 분명하다고 했다.[42]

이러한 荀子의 주장에 따르면 착한 것을 상실했기 때문에 악하게 된 것이 아니고 타고난 天性을 바로잡지 않고 그대로 두면 質朴한 것과는 거리가 멀어지고 殘惡해 지기 때문에 인간의 본성은 악한 것이라고 했다. 農巖은 이에 대해 눈으로 볼 수 있고 귀로 들을 수 있는 것은 사람들이 천부적으로 가지고 있었던 것인데, 볼 수 없고 듣지 못하는 것은 병이며, 눈과 귀가 본디부터 그런 것이 아니다. 醫者가 치료하기 위해 약을 쓰고 침을 놓아 눈과 귀가 밝게 되었다면 醫者가 치료를 잘했다 할지라도 그렇게 될 수 없는 것을 밝게 했겠는가. 보고 듣지 못하게 하는 것을 퇴치했을 따름이다. 사람의 천성은 착한 것으로서 귀와 눈이 보고 듣는 것과 같은 것이다. 악한 것은 보지 못하고 듣지 못하는 것과 같

---

42) 荀子, 性惡篇. "今人之性 目可以見 耳可以聽 夫可以見之明不離目 可以聽
之聰不離耳 目明而耳聰 不可學明矣 孟子曰 人之性善 將皆失喪其性故也
曰若是則過矣 今人之性 生而離其朴 離其資 必失而喪之 用此觀之 然人之
性惡明矣"

은 것이고, 聖人은 치료를 잘하는 醫者이며 敎化하는 것은 약과 침과
같은 것이다. 보고 듣지 못하는 사람에게 귀와 눈이 본디 그런 것인데,
醫者가 치료를 해 밝게 할 수 있다고 하게 되면 어리석은 사람이 아니겠
는가. 荀子의 말이 그와 같다고 했다.43) 이와 같이 農巖은 눈과 귀로
보고 들을 수 있는 것은 귀와 눈의 본능이며, 보고 듣지 못하는 것은 병
인 것이다. 醫者가 치료를 해 보고 듣게 하는 것은 그 병을 치료한 것이
지 없었던 것을 가지고 와서 보고 듣게 하는 것이 아니기 때문에 인성도
그것과 같이 착한 것이라고 했다.

　　荀子는 孟子의 性善說에 대해 여러 가지로 예를 들어 반박했다. 그
가운데 性善일 것 같으면 聖王과 禮儀가 필요없을 것이며 性惡하기 때
문에 聖王을 따르며 禮儀가 귀한 것이다. 檃栝이 있는 것은 굽은 나무
때문이고 줄이 필요한 것은 곧지 않은 것이 있기 때문이며 聖王이 필요
하고 예의를 밝히는 것은 인성이 악하기 때문이다. … 굽은 나무는 檃
栝이 바로잡은 뒤에 곧게 되는 것은 그 바탕이 곧지 않기 때문이며, 人
性은 악한 것으로서 聖王이 다스리고 예의로써 교화를 시킨 뒤에 모두
선하게 된다. 이로써 인성이 악하다는 것은 분명한 것인데 착하다고 한
것은 거짓이라고 했다.44) 이와 같이 荀子는 연장과 줄이 있는 것은 굽은
것을 바르게 하기 위해 필요한 것이며, 聖人의 가르침을 따르고 예의를

---

43) 金昌協, 性惡論辨. "今夫目之能視也 耳之能聽也 人之所同得乎天也 而聾盲
不能然者病也 非耳目之性然也 善醫者治之 則投以湯丸 施以鍼炳 而目煥然
明 耳豁然聽 醫雖善也 豈能取其性之所無而與之哉 亦去其爲病者而已 人性
之必善 猶耳目之能視聽也 而惡焉者 其聾盲者也 聖人者其善醫者也 敎化刑
法者 其湯丸鍼炳也 今有見人之聾盲者 曰耳目之性然也 而醫者能聰明之 其
有不以爲愚者乎 卿之說正類此"
44) 荀子, 性惡篇. "故性善 則去聖王息禮儀矣 性惡 則與聖王貴禮儀矣 故檃栝
之生 爲枸木也 繩墨之起 爲不直也 立君上明禮儀爲性惡 … 枸木必將待檃
栝烝矯然後直者 以其性不直也 今人之性惡 必將待聖王之治 禮儀之化然後
皆出於治 合於善也 用此觀之 然則人之性惡明矣 其善者僞也"

귀하게 여기는 것은 인성이 악하기 때문이며 착했다면 聖人과 예의가 필요없을 것이라 했다.

이러한 荀子의 주장과는 달리 農巖은 聖人이 성스럽게 된 것은 선하게 하고자 해서 된 것이 아니고 지니고 있는 天性에 따라 자연스럽게 된 것이며, 사람을 가르칠 때도 억지로 따르게 한 것이 아니고 각자 그 天性에 따라 하게 하며 그 氣가 해롭게 하는 것을 버리게 했을 따름이라고 했다.[45]

荀子는 性惡篇에서 여러 가지로 예를 들어 性惡을 역설했는데, 그 중에 曲木과 鈍金을 들어 다듬고 갈지 않으면 그대로 남을 수밖에 없고, 耳目으로 視聽하는 것이 本然인 것처럼 純朴한 것을 상실한 것이라고 하지만 상실한 것이 아니고 본성이라고 하며 性惡을 강조했는데, 農巖은 曲木과 鈍金이 바르고 날카롭게 될 수 있는 것은 그렇게 될 수 있는 성질이 있었기 때문에 다듬고 가는 것으로 가능했으며, 耳目으로 보고 듣는 것은 본성이며, 聾盲은 병인데 치료를 하여 보고 듣게 된 것은 본성을 회복한 것이라 했다. 이처럼 같은 예에서도 해석을 달리 하여 상반된 주장을 하는 것은 논리의 當否와는 상관없이 매우 흥미롭다.

그리고 農巖은 性惡論辨의 結尾에서 자신에게 옛날 人性을 논한 자로서 揚雄과 韓愈도 孟子와 달랐는데 어찌 荀子만을 배척하는가 하므로 이에 대해 그들의 주장이 서로 다르기는 하지만 理氣에서 섞어서 볼 때 荀子의 주장과 다른 바 없다. 그러므로 荀子의 주장을 물리치게 되면 다른 주장에 대해서는 말할 것이 없다고 했다.[46] 이로써 農巖이 荀子의 性惡說에 대해 얼마나 적극적으로 배척했는가 하는 것을 알 수 있

---

45) 金昌協, 性惡論辨. "夫聖人者非以是爲善而爲之也 性之固然 順而循之耳 其敎人也 非固强世而從己也 亦使之各循其性 而去其氣之爲害者耳"

46) 金昌協, 性惡論辨. "或曰 子之辨則然矣 古之論性者如揚子韓子 皆異於孟氏而子何獨荀氏之闢哉 余應之曰 二氏之論 雖各自爲一說 要其混理氣 則與荀氏一而已矣 荀氏旣闢 則二說者之失 固無待於更辨矣"

으며, 그것은 荀子가 性惡說을 주장하면서 性善說을 거짓이라고 했기 때문만은 아닐 것이고, 다음에 언급될 理氣와도 깊은 관계가 있다고 생각했기 때문이 아닌가 한다.

제4절 四端七情說

農巖의 학문에서 가장 주목받을 수 있는 것은 그의 四端七情說이 아닌가 한다. 위에서 언급한 바 있었지만 農巖 당시의 학계는 南人系의 학자들을 중심으로 退溪學說을 계승한 主理派와, 西人 특히 老論系의 학자들을 중심으로 栗谷學說을 계승한 主氣派로 兩分되어 있었는데, 이러한 分派는 조정의 정치적인 세력과 연계되어 있어 그 대립이 매우 심각했다. 그런데, 農巖은 가정적으로 뿌리 깊은 老論系의 학자였으나 栗谷의 學說에 전적으로 동의하지 않고 적지 않은 반론을 제기했다. 이러한 태도는 系派를 초월한 것으로서 학문의 객관성을 가지고자 한 것이기 때문에 높게 평가받을 만하다고 인정된다. 그리고 四端七情說에서 栗谷의 學說을 비판했다고 해서 退溪의 學說을 그대로 수용하지 않고 새로운 學說을 제시한 것으로서 주목을 받을 만한 의미가 있다고 생각된다.

農巖의 四七說이 이와 같았기 때문에 老論系의 학자들은 白眼視했을 것이고, 그렇다고 해서 南人系의 학자들이 환영했던 것도 아니다. 그러나 학문은 系派로서 논의될 성질의 것이 아니고 의견을 달리한다고 해서 무시할 것도 아니며 새롭다고만 해서 환영할 것도 아니다. 다만 타당성이 얼마나 있느냐 하는 것에 그 가치가 결정되어야 할 것이다.

四七說이 栗谷의 學說에 대해 비판적이었기 때문에 農巖의 문집 原集에는 실리지 않고 續集(下卷)에 실려 있는데, 그것이 原集에 실리지

않은 경위에 대해 魚有鳳은 자신이 石室을 찾아 선생을 뵈옵고자 했더
니 편찮으시어서 내일 보자하며 亂草의 箚錄을 보내주며 보았다가 서
로 만날 때 토의하자고 했는데, 그것이 바로 선생께서 하신 退溪와 栗
谷의 四端七情에 대한 논변이다. 선생께서는 栗谷의 理氣說이 명백하
고 通透하지만 그의 人心 道心에 대해서는 어긋남이 있고, 退溪의 互
發說은 그릇됨이 있으나 깊게 생각하여 自得한 것이 많기 때문에 버릴
것이 아니라고 하며 兩說을 참고하여 깊게 연구한 것이 수십조가 되었
는데, 前賢들이 발명하지 못한 것이 많았다. 문집을 간행할 때 자신은
그것을 雜識에 편입하고자 했으나 圃陰(金昌緝)이 논쟁을 일으킬 수
있으므로 후일을 기다리자 하여 그 草本이 金濟謙의 집에 있었는데, 자
신이 일부를 謄書하고자 했으나 하지 못했다. 金彦謙의 무리들이 별도
로 기록해 두었는지 알 수 없다. 그렇지 않고 禍變이 있을 즈음 草本을
보전하지 못했다면 천고의 한이 될 것인데, 물어볼 곳이 없으므로 기록
해 둔다고 했다.[47] 이러한 魚有鳳의 기록은 四七說에 대해 많은 것을
알려 주고 있다.[48]

　　年譜에 따르면 51歲條에 論退栗兩先生四端七情說이라 했다. 이때
는 건강도 좋지 않았을 뿐만 아니라, 아들과 딸을 잃은 다음 해였다. 이

---

47) 『農巖集』別集 卷3, 魚有鳳 錄, 語錄. "余嘗出石室告謁 先生有所患 報以明
　　朝當相見 仍送示一束箚錄亂草 曰從容看閱 待相見詳討 余受而玩之 卽先生
　　所辨退溪栗谷兩先生四七書也 盖先生以爲栗谷看得理氣原頭 明白通透 而
　　其論人心道心等處 未免少差 退溪互發之論 固失矣 而其深思細繹 多所自得
　　不可一向揮斥 遂參合兩家之論 而橫豎錯綜 究極得失 幾至數十餘條 多有前
　　賢所未發者 翌日進見 略有稟質而歸矣 又遺集印出時 吾意欲編入於雜識 而
　　圃陰以爲 恐惹爭端 不如姑待後日 厥草藏在金參議濟謙所 余欲謄出一本而
　　未果 不知金彦謙諸君 或別有所錄置否 不然於其大禍變蕩殘流迸之際 或不
　　能保有本草 實爲千古之恨 而無從可問 姑置此而識之"
48) 魚有鳳은 위의 기록에서는 謄書해 두지 못했다고 했으나, 그의 문집 杞園集(卷
　　32)에 農巖先生四端七情說이 실려 있는데, 글자의 가감이 약간 있고, 끝부분에
　　서 서로 첨가된 것이 있고 없는 부분도 있다.

로써 볼 때 病苦와 슬픔에서도 포기하지 않고 계속하여 완성했음을 알
수 있다. 그리고 原集에 싣지 않았던 것은 논쟁을 야기시킬 것을 두려워
했기 때문이라고 했는데, 그것은 南人系의 학자들보다 老論系 학자들
이었을 것이다. 이렇게 보고자 하는 것은 내용이 退溪의 學說보다 栗谷
의 學說과 차이가 많았기 때문이다. 農巖의 四七說이 원집에 실리지
못한 경위에 대해 이와 같이 언급해 두고 다음에는 내용에 관해 살펴보
고자 한다.

性理學은 心性과 理氣에 관한 학문으로서 四端 七情이 그 핵심이
라고 할 수 있다. 그러므로 四端 七情에 앞서 心性 理氣에 대한 農巖
의 견해부터 간단히 언급하고자 한다. 農巖은 心性에 대해 性이라는 것
은 마음이 갖추고 있는 理이며 心은 性이 의지하는 기관이다. 仁義禮
智는 이른바 性인데, 그것이 지극히 정밀해 볼 수 없고, 虛靈知覺은 이
른바 마음으로서 그 쓰임이 극히 묘해 측량할 수 없는 것이다. 性이 아
니면 마음이 법할 바가 없고, 마음이 아니면 性이 運用할 수 없으니 이
것이 마음과 성을 구분하는 것이다. 이 두 가지는 서로 떠나지도 못하고,
또 섞이는 것을 용납하지 않는다. 그렇기 때문에 心性을 말하는 자 마음
을 性이라고 가리키는 것은 옳지만 마음이 性이 된다고 한 것은 옳지
않다.49) 이와 같이 心性을 구분하면서 그 특징에 대해 언급했다.

위에서 農巖은 마음에서 갖추고 있는 바의 理가 性이라고 하면서 仁
義禮智가 性에 속한다고 했는데, 경우에 따라서는 性도 不善할 때가
있다고 했다. 그것을 들어보면 천하에 性이 없는 물건은 없다. 不善한
것도 모두 性에서 나온 것이다. 性이 착한 것이면서 불선한 것이 나오게
되는 것은 氣에 치우친 것인데, 氣가 한쪽으로 치우치게 되면 理도 치우

---

49) 金昌協, 『農巖集』卷14, 答閔彦暉. "蓋聞之 性者心所具之理 心者性所寓之
器 仁義禮智 所謂性也 其體至精而不可見 虛靈知覺 所謂心也 其用至妙而
不可測 非性則心無所準則 非心則性不能運用 此心性之辨也 二者不能相離
而亦不容相雜 是故語心性者 卽心而指性則可 認心以爲性則不可"

치게 된다고 했다.[50] 農巖은 荀子의 性惡說을 비판하고 孟子의 性善說을 따르면서도 氣에 치우치게 되면 본디 선한 것과는 달리 불선한 것도 나타난다고 했다.

그리고 理氣에 대해서도 적지 않게 언급한 바 있었는데, 사람들이 理와 氣의 두 가지에서 理는 처음부터 볼 수 없는 것이나 先儒들이 氣는 형체가 있고 理는 없다고 했기 때문에 氣밖에 있는 것으로 인식하고 있었으므로 말로는 형체가 없다고 하나 실제로는 형체가 있는 것과 다를 바 없다고 했다.[51] 즉, 理는 형체가 없으므로 그 존재를 인정할 수 없다는 것에 대해 마음속에 있는 것으로 간주하고 있기 때문에 형체가 있는 것과 다를 바 없다고 했다.

그리고 理에 대해 형체도 없고 볼 수도 없는 것이라면 없는 것인데, 理라고 이름 할 것이 있는가 하지만, 있는 것으로 인정한다면 형체를 볼 수 없다고 말할 수 있는가 했다.[52] 性理學이 발전되면서 理의 실체에 대해 학자들 사이에서 적지 않게 논의가 되고 있었기 때문에 農巖도 이와 같이 자신의 견해를 밝힌 것으로 생각되며, 그의 이러한 주장은 朱子의 理氣決是二物이라는 것에 근거를 둔 것이 아닌가 한다.

어쨌든, 理의 실체는 볼 수 없는 것이기 때문에 그 존재를 인정하기 어려우므로 農巖도 理의 존재에 대해 다각적으로 말한 바 있는데, 그것은 性理學의 핵심이 되는 理氣에서 理의 존재가 인정되지 않으면 性理學의 성립에 문제가 있다고 생각했기 때문일 것이다. 農巖은 理의 실체에 대해 理의 명칭은 본디 사물에서 나온 것인데, 사물의 자연과 당연함

---

50) 金昌協, 『農巖集』 卷32, 雜識 內篇 二. "天下無性外之物 凡不善者 亦皆性之發也 性本善而其發有不善者 氣之偏也 氣偏理亦偏矣"

51) "世言理氣二物者 初未必灼見理體 只見先儒說氣有形 而理無形 遂認於氣外 眞有一物 懸空自運爾 是則口中雖說無形 而心裏所見 實無以別於有形之物矣" 위와 같음.

52) "夫旣曰 無形無聯 則是却都無物耳 何以有理之名也 若曰有物 則又安得無形無聯" 위와 같음.

이 바로 理인 것이다. 물을 보고 말할 때 그것이 아래로 내려가는 것이 理이며, 만약 역행을 하게 되면 理가 아니다. 이것은 물로서 자연과 당연함을 들어 理를 말한 것이며, 어찌 별도로 물체를 들어 理라고 할 것이 있겠는가 했다.[53] 이와 같이 사물인 물이 아래로 내려가는 것과 같이 자연스럽고 당연한 것이 理이며, 理가 氣밖에서 한 개의 사물이 아니라 할지라도 氣로서 理가 된다고 할 수는 없다고 했다.[54] 이로써 보면 氣를 떠나 理의 존재는 불가능하지만 그렇다고 해서 氣를 理라고 말할 수는 없다고 했다.

農巖의 四端七情說에 대해 金邁淳은 退溪와 栗谷의 四端七情을 논한 것이 서로 합치되지 않으므로 그것을 절충해서 주장한 것이 있어 그것을 四端七情說이라 하는데, 한 권이 집에 있다고 했다.[55] 이로써 農巖의 四端七情說은 退溪와 栗谷의 學說을 절충한 것임을 알 수 있고, 그의 연보에 51세 때 되었다고 했으나 그것은 완성된 것을 말한 것이며, 실질적으로는 삼십대부터 연구했던 것이 아닌가 생각된다. 이렇게 보고자 하는 것은 農巖이 策問에서 本朝에 와서 四端 七情과 人心道心說에서 退溪는 理發氣隨와 氣發理乘이라 했고, 栗谷은 發之者氣와 發者理라 하여 兩說이 합치되지 않고 있는데, 어느 주장이 옳은지 알 수 없다. 理氣에 관해서는 옛 사람들도 말을 아끼었으나 후세에 이르러 변론이 점차 많아졌는데, 그것이 과연 학문을 하는데 절실한 것으로서 늦출 수 없는 것인가. 어떻게 하면 兩說을 깊게 연구하여 同異와 得失을 절충해 의심이 없게 할 수 없을까 했다.[56] 農巖의 일생에서

---

53) "理之名 本因事物而立 蓋事物之自然當然者 卽是理故耳 今且指夫水而言曰此流而趨下者理也 若逆行則非理 此特就水上 論其自然當然底道理如此曷嘗別有一箇物事可指名爲理哉" 위와 같음.
54) "理雖非有一箇物事立於氣外 亦不可直以氣爲理" 위와 같음.
55) 金邁淳,『臺山集』卷14, 農巖先生. "李文純滉 李文成公珥 論四端七情不合先生折衷成一說 是爲四端七情說 一卷藏于家"
56) 金昌協,『農巖集』卷26, 雜著 策問. "至本朝 退栗二先生 有四七人道之辨 則

策問의 發題를 할 수 있었던 시기는 35세 때 成均館 大司成에 있을 시기로 짐작되는데, 이로써 보면 그때 이미 四端 七情에 대해 관심을 가지고 있었음을 알 수 있다. 다음에는 그의 四端七情說에 대해 살펴보고자 한다.

農巖은 四端七情說 첫 머리에 四端은 理를 중심으로 말한 것이고 氣는 그 가운데 있으며, 七情은 氣를 중심으로 말한 것이며 理는 그 가운데 있다. 四端의 氣는 七情의 氣이며, 七情의 理는 四端의 理로서 두 개가 있는 것이 아니다. 단지 四端과 七情을 구분해서 말할 때 각자 중심이 되는 바를 의미한 것이다. 語類에 四端은 理發이고 七情은 氣發이라고 했는데, 그 뜻이 위에 말한 바와 같은 듯하며, 退溪의 주장도 이 말과 가까운데 推理와 分析이 지나쳐 갈래로 나눈 병이 되었다.[57]

이러한 내용은 農巖의 四七說을 요약한 것으로서 그의 理氣說에 대한 관념을 분명히 한 것으로 볼 수 있을 것이다. 다시 말하면 理는 어디에 있으나 같은 것인데, 四端에서는 理를 중심으로 말한 것이고 七情에서는 氣 가운데 있다고 했다. 그것은 朱子의 語類에서 말한 것과 같은 것이며, 退溪의 주장과 비슷하나 그는 지나치게 분석적이기 때문에 理와 氣를 두 갈래로 나눈 병이 되었다고 했다. 이로써 보면 農巖의 理氣說은 朱子의 語類에 근거한 것으로서 退溪의 學說에 상당히 가깝게 접근하지 않았는가 생각된다.

우리나라의 性理學에서 退溪와 栗谷의 주장이 서로 다른 바 있었는

所謂理發氣隨 氣發理乘 與發之者氣 所以發者理. 二說又不相合 不知何者 爲是歟 大抵理氣之說 古人所罕言 而至後世辨論漸多 此果切於爲學 而不可 緩者歟"

57) 金昌協, 『農巖集』 續集 卷下, 四端七情說. "四端主理言 而氣在其中 七情主 氣言 而理在其中 四端之氣 卽七情之氣 七情之理 卽四端之理 非有二也 但 其名言之際 意各有所主耳 語類四端理之發 七情氣之發 其意似是如此 退陶 說亦近此 但其推說太過 剖釋已甚 遂成二歧之病耳"

데, 農巖은 栗谷의 주장에 대해 栗谷이 四端은 七情을 겸할 수 없으나 七情은 四端을 겸한다고 했는데, 사실은 七情도 四端을 겸할 수 없는 것이다. 栗谷이 공경하는 마음을 두려운 것에 소속을 시켰으나 그것은 서로 합치되지 않은 것이다. 만일 그렇다면 사양하는 마음은 七情의 어디에 소속을 시킬 것인가 했다.58) 이로써 農巖이 栗谷의 주장에 따르지 않았음을 분명히 알 수 있다.

그리고 七情이 氣를 중심으로 했다는 것을 栗谷이 옳지 않다고 했는데, 그것은 七情이 理에 근본을 하지 않았다는 것이 아니다. 비록 理에 근본을 했다 할지라도 중심이 된 바를 말할 때 氣에 있다고 했을 뿐이라 했다.59) 이와 같이 農巖은 七情이 氣를 중심으로 했다는 것에서 栗谷과 차이가 있음을 알 수 있는데, 이러한 차이는 큰 것이 아니라 할지 모르겠으나 다음에 적지 않은 차이를 가져오는 계기가 되었다고 할 것이다.

農巖은 栗谷이 四端은 善만을, 七情은 善惡을 겸했으며, 四端은 온전히 理를, 七情은 氣를 겸해서 말한 것이라고 했는데, 이것이 명백한 것이겠지만 자신의 견해와는 차이가 없지 않은데, 그 다른 바는 兼言氣한 句이다. 대개 七情은 理와 氣를 겸했다고 하지만 氣로써 중심으로 하여 그 선한 것은 氣가 循理대로 된 것이며 불선한 것은 순리대로 되지 않은 것이다. 善惡을 겸한 것도 이와 같은 것이나, 처음부터 氣를 중심으로 한 것에 방해가 된 것은 아니다. 退溪가 그것을 보았는데, 그것이 극히 精微하고 설명하기 어려우므로 분석을 할 즈음에 두 갈래로 나누어 氣發理乘 理發氣隨로 말하여 그것이 累가 된 것을 면치 못했으

---

58) "栗谷言四端不能兼七情 七情則兼四端 其實七情亦不能兼四端 栗谷雖以恭敬屬之懼 恭敬之與懼 旣不脗合 而所謂辭讓則在七情 又當何屬耶" 위와 같음.
59) "以七情爲主氣 栗谷非之 然此非謂七情不本乎理也 雖本乎理 而所主而言者則在乎氣耳" 위와 같음.

나, 그 의사가 정밀하고 자세하여 꼭 살펴보아야 할 것이라고 했다.[60]

四端 七情에 대해 위에까지 인식한 것에서는 농암이 자신의 의견을 구체적으로 제시하지는 않았으나, 退溪와 栗谷의 주장에 동의하지 않은 바가 있음을 분명히 알 수 있다. 이러한 차이는 사소한 것이라 할 지 모르겠으나 四端 七情에 대한 견해의 차이를 가지고 올 수 있는 것이다. 그리고 退溪의 주장에 대해서는 氣發理乘 理發氣隨라 하여 두 갈래로 나눈 것이 바로 본 것에는 누가 되었다고 했지만 그의 의사가 매우 정밀하고 신중하다고 했다. 위에서 말한 바 있지만 南人系의 학자들은 退溪의 學說에 대해 이의를 제기하지 못했고, 老論學者들도 栗谷의 주장에 시비를 말하지 않은 것이 일반적이었으나, 農巖은 과감하게 退溪는 물론 栗谷의 주장과 다른 자신의 견해를 말하고 있다.

그리고 栗谷은 人心 道心說에서 선한 것은 淸氣에서 나오고 악한 것은 濁氣에서 나온다고 했는데 … 淸氣에서 나오는 것이 착하겠지만 착한 감정이 모두 淸氣에서 나온다고 말하는 것은 옳지 않으며, 악한 감정이 濁氣에서 나오고는 있으나 濁氣에서 나온다고 해서 그 감정이 모두 악하다는 것은 옳지 않다고 했다.[61] 이와 같이 農巖은 栗谷이 선한 것은 淸氣에서 악한 것은 濁氣에서 나온다는 것에 대해 착한 감정이 모두 淸氣에서, 또 濁氣에서 나온다고 해서 모두 악한 것이 아니라고 하며 栗谷의 주장에 반대했다. 農巖은 栗谷의 주장을 반대하는 자신의

---

60) "四端善一邊 七情兼善惡 四端專言理 七情兼言氣 栗谷之說 非不明白 愚見不無少異者 所爭只在兼言氣一句耳 蓋七情雖實兼理氣 而要以氣爲主 其善者 氣之能循理者也 其不善者 氣之不循理者也 其爲兼善惡 如此而已 初不害其爲主氣也 退溪有見於此 而此處極精微難言 故分析之際 輒成二歧 而至其言氣發理乘 理發氣隨 則名言之差 不免有累於正知見矣 然其意思之精詳縝密 則後人亦不可不察也" 위와 같음.
61) "栗谷人心道心說 善者淸氣之發 惡者濁氣之發 … 蓋氣之淸者 其發固無不善 而謂善情皆發於淸氣則不可 情之惡者 固發於濁氣 而謂濁氣之發 其情皆惡則不可" 위와 같음.

견해에 대해 보통 이하의 사람들은 그 기가 탁한 것이 많고 청한 것이
적은데, 어린 아이가 우물에 들어가는 것을 보게 되면 측은한 생각을 느
끼게 된다. 그것을 모두 淸氣에서 나왔다고 할 수 있겠는가. 그 때 마침
淸氣가 발동했을 때라고 할지 모르겠으나 매번 볼 때마다 측은함을 느
끼게 되며, 하루에 열 번을 보아도 같이 느끼게 될 것이니 그것을 우연
히 淸氣가 발동했을 때라고 할 수 있겠는가 했다.

그리고 農巖은 淸濁의 발동에 따라 나타나는 善惡과 理氣와 결부시
켜 마음이 움직이는 것에는 理가 氣를 타게 되나 氣도 또한 理로부터
명령을 받게 된다. 만약 선악의 감정을 氣의 맑고 탁한 것으로 돌리게
되면 理의 실체와 性이 착하게 하는 것을 보지 못할 것이 아닌가 했
다.[62] 이러한 農巖의 주장에 주목되는 것은 退溪의 學說에 상당히 접
근하고 있는 것이 아닌가 생각된다. 다시 말하면 農巖이 退溪의 氣發
理乘 理發氣隨에 輒成二歧라 하여 두 갈래로 나눈 것이 累가 되었다
고 했으나, 여기에서 마음이 움직이는 것에는 理가 氣를 타게 되나 기도
또한 理로부터 명령을 받게 된다고 했으니, 退溪의 理發氣隨와 크게
차이가 없지 않은가 생각되기 때문이다.

사람의 마음이 선악으로 나누어지는 것이 氣의 淸濁 때문이라고 했
을 때 栗谷이 선한 것은 淸氣에서, 악한 것은 濁氣에서 나왔다는 것과
차이가 없지 않은가 할지 모르겠으나 栗谷의 주장은 한 사람의 마음을
淸濁 두 갈래로 나누어 理氣에서 선과 악으로 구분했지만 자신은 여러
사람의 타고난 淸濁의 분수를 비교하여 선악의 차가 생긴다고 했으니
두 견해가 같은 듯하지만 사실은 같지 않다고 했다.[63] 이로써 보면 栗谷

---

62) "是以人心之動 理雖乘載於氣 而氣亦聽命於理 今若以善惡之情 一歸之於氣
之淸濁 則恐無以見理之實體 而性之爲善也" 위와 같음.
63) "或又疑如此 則善惡之分 固由於氣之淸濁矣 又何以異於栗谷之說哉 曰栗谷
之說 卽一人之心 而分淸濁二歧 以爲善惡之別也 吾之說就衆人之稟 而較淸
濁分數 以爲善惡之差也 二說者相似而實不同也" 위와 같음.

과 農巖이 淸濁에서 선악이 나온다는 것에는 일치했으나, 栗谷은 淸氣에서 선이, 濁氣에서 악이 나온다고 했는데, 農巖은 淸濁의 分數를 비교하여 선악의 차가 생긴다고 했다.

農巖은 자신이 말한 淸濁의 分數에 대해 일반 사람들이 타고난 氣는 淸濁이 서로 반이 되었다고 하는데, 여기에서 서로 반이 되었다고 하는 것은 淸氣가 한쪽에, 濁氣가 다른 한쪽에 반씩 나누어 져 있다는 것이 아니고 매우 맑지도 탁하지도 않을 뿐이다. 매우 맑지 않기 때문에 나타나는 것이 모두 착하지 못하고, 매우 탁하지도 않기 때문에 나타나는 것이 모두 악한 것이 아니다. 따라서 그 느낀 바의 무겁고 가벼운 것과 淸濁의 分數에 따라 서로 싸워 선악으로 구분된다고 했는데, 淸濁의 二歧 또는 相半되었다는 것에 대해 淸濁이 반으로 兩分되었다고 하는 것보다 매우 맑지도 탁하지도 않은 것으로 兩分되었다고 한 것이 더욱 타당하지 않을까 생각된다.

淸濁二歧의 작용에 따라 선악이 선택되는 것으로 생각했기 때문인지 農巖은 淸濁이 相半되었다는 것에 대해 길게 설명하고 있다. 그 내용을 들어보면 일반적으로 氣가 강하고 理가 약하며 바른 것이 간사한 것을 이기지 못하는 것은 형세가 그러한 것이다. 그렇기 때문에 보통 사람의 氣에서 淸濁이 서로 반이라고 하지만 악한 감정이 비교적 많고 선한 것이 적은 것이다. 이로써 사람의 자질에 따라 등차가 있음을 알 수 있는데, 이것이 자신의 주장이다. 栗谷의 말에 따르면 마음 내부에 淸濁이 서로 섞이지 않고 있으면서 때에 따라 쓰이면서 착한 감정은 모두 淸氣에서 나오고 濁氣에서 나오는 것은 착한 감정이 없다고 했지만 그렇지 않은 것이라고 했다.[64] 이와 같이 栗谷의 주장과는 적지 않은 차이가

---

64) "蓋氣強理弱 正不勝邪 又其勢然耳 是以中人之氣 淸濁雖曰相半 而惡情較多 善情較少 自是而上下其等差可知 此吾說之意也 若栗谷之言 則似以一心之中 淸濁二氣 不相混雜 各以時迭用 而善情之發 必皆由於淸氣 而濁氣所發 無復有善情 竊意其未然爾" 위와 같음.

있음을 볼 수 있다.

農巖은 四端七情說에서 淸濁이 理氣와 직접적인 관계가 있고, 또 栗谷의 주장과 차이가 있다고 생각했기 때문인지 그 차이점을 분명히 하기 위해 여러 가지로 언급한 바 있다. 農巖은 이에 대해 사람이 타고 난 淸濁의 氣가 각자 본연의 정해진 것이 있으며, 한 사람의 氣에서 어떤 때는 맑고, 또 탁할 때도 있다. 대개 氣가 형질 면에서 일정해 바꾸어지지 않으나 마음속에서 운행할 때는 유동하고 변화해 구속을 받지 않는다. 이에 따라 淸氣가 많은 사람도 때로는 탁할 때가 있으며 濁氣가 많은 사람도 때로는 맑을 때도 있다고 전제하면서 栗谷의 주장을 이로써 미루어 보면 서로 통할 수 있겠으나 다른 점은 착한 감정은 온전히 淸氣에서만 나온다는 것이다. 그러나 이것은 분명히 타고난 바탕을 중심으로 해야 할 것이다. 본디 타고난 바탕을 중심으로 하기 때문에 맑은 자가 가진 탁한 것과 탁한 자가 가진 청한 것이 모두 적고 많지 않으며, 또 잠깐 있을 뿐 오래 가지 않는 것이다. 그렇지 않으면 賢愚와 淸濁이 정해진 분수가 없어 聖人의 氣도 때에 따라 탁한 것이 있을 수 있다는 것이니 그와 같을 수가 있겠는가 했다.[65]

이와 같이 農巖은 자신의 주장과 栗谷과의 차이점에 대해 栗谷의 주장은 淸濁이 서로 혼잡 되지도 않고, 또 두 갈래로 나누어져 착한 감정은 오로지 淸氣에서만 나온다고 했는데, 農巖은 淸濁이 정해진 分數는 있으나 서로 섞이어 맑고 탁할 때도 있으며, 이에 따라 맑은 氣가 많은 자도 간혹 탁할 때가 있으며, 탁한 기운이 많은 자도 때로는 맑을 때가 있다고 했다. 이로써 보면 선과 악이 각각 淸濁에서 나온다는 것은 일치하나, 農巖은 淸濁이 정해진 分數는 있지만 그것이 고정되어 있지 않기

---

65) "栗谷之說 以此推之 亦自可通 其未安者 只在於以善情爲專出於淸氣耳 然此亦須以本稟爲主 本稟爲主 故淸者之濁 濁者之淸 皆少而不能多 暫而不能久 不然則賢愚淸濁 無復定分 而聖人之氣 亦有時而濁矣 豈理也哉" 위와 같음.

때문에 유동하고 변화한다고 했다.

그리고 농암은 사람의 마음이 선과 악으로 나누어지는 것은 氣에서 나오는 것이며, 그 단서는 세 가지가 있는데 본디 타고난 바탕과, 때에 따라 淸濁이 유동하고 변화하는 것과, 느낌이 가볍고 무거운 것이다. 이 세 가지를 서로 비교해서 잘 알게 되면 충분히 이해가 될 것이라고 했다.66) 농암은 이러한 주장에서 사람의 타고난 바탕이 천차만별이기 때문에 일치하지 않는다는 것은 쉽게 알 수 있고, 수시로 유동 변화한다는 것과 느낌의 경중 즉, 강도는 사람과 시간에 따라 다를 수 있다고 했다. 농암의 이러한 견해는 상당히 합리적이고 설득력이 있는 것으로 생각된다.

氣의 淸濁에 따라 선과 악으로 구분된다는 것은 성리학자들의 공통된 의견이었으나 여기에서도 간단한 것은 아닌 듯하다. 농암은 이에 대해 氣가 지극히 맑은 자는 악한 감정이 전혀 발동하지 않으니 이로써 性이 본디 착한 것이며, 악한 것은 氣의 작용임을 알 수 있다. 기가 지극히 악한 자도 착한 감정을 발동하게 될 때도 있으니, 그것은 性의 근본이 착한 것을 氣가 끝내 가리지 못하게 된 것인데, 이것은 마음에서 선과 악이 주인과 손님처럼 나누어져 있음을 볼 수 있다고 했다.67) 농암은 性惡論辨에서 荀子의 性惡說의 부당성을 다각적으로 지적하며 性善을 강조했는데, 여기서도 性은 착한 것이며 사람 마음에서 善과 惡은 주인과 손님과 같은 것이라고 했다.

농암은 그의 四端七情說의 마지막에 다시 四端과 七情에 대해 언급하면서 四端은 理를 중심으로 말한 것이기 때문에 惻隱한 것에서 仁의

---

66) "大槪人心善惡之分 皆因乎氣 而其端則有三焉 本來稟賦一也 隨時淸濁二也 所感輕重三也 以此三者 參互而曲暢之 其義盡矣" 위와 같음.
67) "氣至淸者 絶無惡情之發 此見性之本無惡 而惡只是氣之爲也 氣至濁者 容有善情之發 此見善之根於性 而氣終有不能蔽也 善惡之在人心 其有賓主宗孼之分 於此亦可見矣" 위와 같음.

발단을, 羞惡한 것에서 氣의 발단을, 辭讓과 是非에서도 모두 그와 같은 것이라고 말했는데, 대개 理는 착하기 때문에 그 體用이 각자 정해져 있어 어긋나지 않으므로 그 발단이 어디에서 왔는지 알 수 있다. 그러나 七情과 같은 경우에는 氣를 중심으로 말한 것이기 때문에 愛를 말할 때 그것이 仁의 발단으로, 惡은 氣의 발단으로 정해지지 않으며, 다른 것도 그와 같다. 氣의 움직임이 循理的일 수도 있고 그렇지 않을 수도 있기 때문에 그것이 모두 착할 것이라고 믿을 수 없다고 했다.[68] 농암이 四端七情說의 첫 머리에서 四端은 主理, 七情은 主氣라고 했으며, 끝에서 다시 그와 같은 말을 하면서 理는 착한 것으로 그 본체와 작용이 분명하게 定分이 있다고 했으나, 氣는 循理일 때도 있고 그렇지 않을 때도 있어 모두 착한 것으로 믿기 어렵다고 했다.

性理學은 性과 理를 대상으로 한 학문으로서 四端 七情이 기본이 되는 것이다. 우리나라에서도 이에 대한 연구가 많았는데, 그 대표적인 것이 퇴계와 율곡의 학설이다. 농암은 두 학설 가운데 어느 것 하나를 선택하여 더욱 구체적으로 연구한 것이 아니고 부분적이기는 하나 兩說을 비판하며 자신의 주장을 제시했다고 볼 수 있다.

먼저 퇴계의 학설에 대해 그의 氣發理乘과 理發氣隨에는 두 갈래로 나눈 병이 있다고 하면서 그는 主理言而氣在其中 主氣言而理在其中이라 하여 둘로 나누지 않았다. 퇴계의 학설에서 위에 인시한 내용이 가장 要諦가 된다고 볼 수 있겠는데, 두 갈래로 나누지 않은 농암의 주장과는 다르다. 그러나 그의 의사가 정밀하다고 하면서 살펴 볼 필요가 있다고 했으며, 氣보다 理를 더욱 중시한 것은 퇴계와 일치했다고 생각된다.

---

68) "四端主理而言 故纔說惻隱 便見其爲仁之發 纔說羞惡 便見其爲義之發 辭讓是非皆然 蓋理無不善 而其體用 又各有定分 不容差互 故卽其端而可知其所自來也 若七情則主氣而言 故但說愛 未定其爲仁之端 但說惡 未定其爲義之端 他情皆然 蓋氣機之動 或循理或不循理 不能信其皆善也" 위와 같음.

율곡의 학설에서 四端은 七情을 겸하지 못하나 七情은 四端을 겸한다고 한 것에 대해 농암은 七情도 四端을 겸할 수 없다고 하면서 四端의 辭讓을 七情의 어디에 소속시킬 것인가 했다. 그리고 율곡이 喜怒와 哀樂이 옳고 옳지 않은 것을 아는 것은 是非라고 했으나 농암은 그것도 是非의 뜻에 미진한 바가 있다고 했다.

율곡은 七情이 氣를 중심으로 한 것이 아니라고 했으나 농암은 七情이 氣에 근본을 둔 것이 아니라는 것이 아니고 비록 근본은 理라 할지라도 중심이 되는 바를 말하면 氣에 있다고 했을 뿐이며, 또 율곡은 七情이 兼言氣라고 했으나 농암은 以氣爲主라 하여 율곡과 의견을 달리하고 있다. 그리고 율곡이 人心 道心說에서 선은 淸氣에서 악은 濁氣에서 나온다고 했는데, 농암은 이에 대해 착한 감정이 모두 淸氣에서, 악한 감정이 모두 濁氣에서 나온다는 것은 옳지 않다고 했다. 또 율곡은 한 사람의 마음에서 淸濁 두 갈래로 나누어 善은 淸에서 惡은 濁에서 나온다고 구분했으나, 농암은 사람들이 타고난 바탕에서 淸濁의 分類에 따라 선악의 차가 생긴다고 하면서 이에 대해서 길게 언급하며 율곡의 주장에 반대했다.

어느 분야든지 학문이 주목을 받게 되는 것은 기존의 것을 크게 확충 보완하거나 아니면 부정하고 새로운 것을 제시하여 타당성을 인정받을 때이다. 위에서 살펴본 농암의 四端七情說에서 퇴계의 학설에 대해 위에서 말한 바와 같이 두 갈래로 나눈 것을 부당하다고 지적했으나, 그의 主理的인 견해에서는 서로 상당히 접근되지 않았는가 한다. 그러나 율곡의 주장과는 적지 않은 차이가 있다.

이와 같이 농암의 견해가 율곡의 학설과 적지 않은 차이가 있었기 때문에 위에서 언급한 바와 같이 문집을 간행할 때 논쟁이 야기될 것을 두려워하며 싣지 않았고, 농암이 세상을 떠난 지 백 사십여년 후 續集이 간행될 때 비로소 싣게 되었다. 그리고 농암 당시는 물론 후대에서도 老

論 특히 그 가운데서도 湖論系의 학자들 사이에서는 율곡의 학설에 반
대하는 학설은 수용하지 않았는데, 농암의 四七說은 문집에 실려 있지
않아 보지 못했기 때문에 말을 하지 않았을 것이고, 續集이 간행될 때는
性理學이 쇠퇴되어 가는 시기였을 뿐만 아니라, 세태도 급격히 변천되
어 갔기 때문에 湖論系의 학자들도 문제삼지 않았을 것이다.

　조선조의 성리학은 朱子學에 지나치게 傾倒되어 다른 학설를 수용
하려 하지 않았고, 중기 이후에는 퇴계의 主理와 율곡의 主氣로 학계가
양분되었는데 여기에 당쟁까지 연계되어 서로 자유롭게 논의가 되지 못
하고 폐쇄된 바가 없지 않았다. 이러한 풍토에서 농암은 四端七情에 대
해 종래의 학설을 이해하는데 만족하지 않고 계파를 초월하여 퇴계와 율
곡의 학설에서도 부당하다고 생각되는 것은 과감하게 지적하며 자신의
의견을 개진하는데 주저하지 않았다. 농암이 제시한 학설에 대해 필자로
서는 쉽게 말하기 어려우나 그의 이러한 학문적인 태도는 높게 평가되어
야 할 것으로 생각된다.

제5절 四端七情說에 대한 論辨

　농암 당시의 士類社會에 유행했던 학문은 性理學이었고, 이에 따라
농암의 학문도 성리학이었으며, 그 가운데 대표적인 것이 四端七情說
이었을 것이다. 그런데, 그의 四七說은 위에서 언급한 바와 같이 문집의
原集에 실리지 않았기 때문에 많이 읽혀지지 않은 듯하며, 따라서 쟁점
이 되지도 않았다. 만약 농암의 四七說이 原集에 실려 널리 알려졌더라
면 人物性同異로 湖洛間의 쟁점이 되었던 것보다 더욱 치열했을 수도
있었을 것이다.

　이러한 四七說이 原集에 실리지 않았다고 해서 전혀 읽혀지지 않았

던 것은 아니다. 그것이 처음 완성되었을 즈음에 농암이 직접 그의 제자인 魚有鳳에게 보여 주었는데, 그것이 간행은 되지 않았으나 필사되어 그의 문집(杞園集 卷32)에 전하고 있으며, 草稿가 續集에 실리기 전까지 후손들에게 전해 오면서 주변에서 보고 언급한 것이 없지 않다. 그러므로 다음에는 그의 학문 및 四七說에 대한 論辨을 살펴보고자 한다.

吳大濬은 농암의 학문에 대해 經典과 諸子百家와 性理學에 이르기까지 정밀하게 관통했기 때문에 말을 하게 되면 논설이 시원하고 쓴 글은 명쾌하여 비록 우둔한 사람이라 할지라도 듣게 되면 쉽게 이해를 하게 되고, 알기 어려운 것이라 할지라도 그의 손을 거치게 되면 밝아진다고 했다.[69]

吳熙常(1763~1833)은 농암의 학문이 깊어 율곡 이후의 제일이었으며, 三淵이 朱子의 충신이라고 말한 것은 지나친 것이 아니다. … 國朝의 사백 년 동안 儒賢들이 많이 배출되어 宋나라 이후에는 없었던 바였는데, 斯道를 밝히고 학문이 순수하며 덕을 갖추었고 깊은 연구로 후배들에게 많은 공로가 있는 분을 말할 때 靜庵, 退溪, 栗谷만한 인물이 없었다. 그런데, 그들에 대해서는 이미 많은 사람들로부터 定論이 있었지만 농암은 생존했던 시기가 지금으로부터 멀지 않았기 때문에 그의 學德을 아는 사람이 드물었다. 시간이 흐르면 公論이 더욱 드러날 것인데 먼 훗날 참된 선비가 나오게 되면 농암에 대해 자신이 한 말을 선택할 것이라 했다.[70]

---

69) 吳大濬,『農巖集』別集 卷2, 祭文. "凡四子五經之旨 諸家百氏之趣 身心性命之故 天地萬物之變 莫不毫分縷析 豁然貫通 故發之於口 而論說灑落 筆之於書 而文字光明 雖鈍根難教之人 而一聞其說 便能釋然 微曖難明之理 而一經其手 便自煥然"

70) 吳熙常,『老洲集』卷25, 雜識 三. "農巖先生洞見道原 深造獨詣 實栗谷後一人也 三淵所謂朱子之忠臣 非過語耳 … 國朝四百年 儒賢輩出 蔚然甚盛 宋以後所未有也 然若論其倡明斯道 學純德備 發微闡奧 功存繼開 則固莫盛於靜庵退溪栗谷農巖也 然靜庵退溪栗谷 已有諸前賢定論 而今去農巖之世猶

이와 같이 吳大澂은 농암이 經典과 諸子百家에 이르기까지 박식하다고 했고, 吳熙常은 농암의 학문이 깊어 栗谷 이후의 으뜸이라고 하면서 뒷날 眞儒가 나타나게 되면 자신의 말에 동의할 것이라고 했는데, 이러한 말들은 격찬한 것으로 볼 수 있다. 그리고 金昌翕이 농암을 朱子의 충신이라고 했는데, 이 말은 여러 가지로 함축적인 의미가 있다고 생각되지만 金昌翕이 말한 의도나 당시 士林社會의 분위기를 감안할 때 학문의 독창성이 없는 것을 지적한 것으로 생각하기보다는 학문의 정통성과 아울러 朱子 연구에 깊고 충실했다는 것을 말한 것으로 보는 것이 타당할 것이다.

그런데, 吳熙常은 농암을 율곡 후의 한 사람이라고 한 것에 적지 않은 부담이 되었기 때문인지 이에 더욱 구체적으로 언급한 바가 있다. 그 예를 들어보면 자신이 보기에는 세상에서 농암을 논하는 자들은 정확하게 말하는 사람이 적은 듯하다. 말년에 그가 성취한 것에서 밝게 보고 정확하게 발휘한 것은 율곡 후의 제일이다. … 농암의 타고난 바탕은 율곡에 미치지 못했으나 학문의 폭과 깊이를 고루 갖추었으며 그의 論著들은 공정하고 분석이 정확할 뿐만 아니라, 문장도 매우 능했다. 이로써 볼 때 斯文의 발전에 도움이 되고 후진들에 영향을 끼친 것은 율곡보다 못하지 않을 것이며, 宋나라 이후의 학자들에서도 많이 볼 수 없을 것이라 했다.[71]

농암의 학문에 대해 吳熙常이 말한 것에서 앞서 언급한 雜識의 기록

未遠 知德者希矣 噫 公議久而彌章 百世之下 如有眞儒者作 庶幾有取於斯言也歟"

71) 吳熙常, 『老洲集』 卷9, 答金德叟. "竊嘗謂世之尙論農巖 鮮有得其眞者 若其晚年成就 同見道妙 抉剔發揮 栗谷後一人也 … 農巖天分雖不及栗谷 博約功至 物我兼照 凡所論著者 金枰玉尺 毫分不差 文章之盛 又極其能事 由是言之 其羽翼斯文 有功開繼 竊恐不在栗谷下 而雖求諸有宋後諸子 亦莫之多見矣"

과 위에 인시한 글 가운데 어느 것을 먼저 말했는지 알 수 없으나 뒤에
쓴 것은 먼저 쓴 글에 부담을 느끼고 쓴 것이 아닌가 생각되는데, 雜識
에 쓴 글이 뒤에 쓴 글이 아닌가 한다. 어쨌든 앞에 쓴 글에 부담을 느끼
고 뒤에 다시 쓴 것으로 생각되는데, 栗谷後一人이나 不在栗谷下는
당시 湖西 출신의 학자들이 보았다면 승복하지 않았을 것이다. 그러나
이러한 사정들과는 상관없이 농암과 같이 깊은 학문과 뛰어난 문장을 겸
비한 학자를 후대에서 찾아보기 드문 것만은 사실일 것이다.

농암 문집의 續集을 간행한 金根洙는 그 跋文에서 선생은 일찍 家
學을 이어 뿌리가 있었으며 性理學에서 그 길을 천명하고 후학들에게
많이 開示한 것 가운데는 앞서 학자들이 발명하지 못한 것도 있어 程朱
學의 정통을 계승한 것이라 했다.[72] 농암이 일찍 家學을 계승하고 뿌리
가 있다는 것은 淸陰 金尙憲이 증조부였기 때문에 그를 지칭한 것이
아닌가 생각되며, 성리학에서 전대의 학자들이 발명하지 못했던 것을 말
했다고 한 것은 四端七情說이었을 것이다.

농암은 과거에 합격하여 여러 관직을 역임했으나 家禍로 삼십대 후
반부터 출사를 단념했으며 일생 동안 건강도 좋지 않았으나 학문만은 쉬
지 않고 세상을 떠날 때까지 계속했다. 그러므로 그의 학문이 깊었고 특
히 四七說과 같은 독자적인 견해를 제시하지 않았는가 한다. 다음에는
그의 四七說에 대한 論辨을 살펴보고자 한다.

吳熙常은 농암이 퇴계와 율곡의 四端七情說을 논하면서 二家의 같
고 다른 점과 얻고 잃은 것을 辨別한 것이 정확해 조금도 어긋남이 없었
다고 했다.[73] 여기에서 퇴계와 율곡의 四端七情說을 논했다는 것은 위
에서 고찰한 바 있는 四端七情說을 말한 것으로 생각되는데, 농암은 四

---

72) 金洙根, 『農嚴集』, 續集 跋. "先生早承家學 淵源有自 而其闡明心性之奧旨
開示後學於無窮者 實有發前人所未發 以接夫洛閩之正脉者也"
73) 吳熙常, 『老洲集』卷1, 請農嚴金文簡公從祀文廟疏. "嘗論先正臣李滉李珥
四端七情說 辨別二家之同異得失 咸中其窾 錙銖不差"

七說에서 퇴계와 율곡의 주장에서 부당하다고 생각되는 것은 기탄없이 지적했는데, 그것이 모두 정확해 조금도 어긋남이 없었다고 했다.

농암의 四七說에서 퇴계의 주장에도 지적한 바가 있었지만 율곡의 주장에 지적이 많았다. 魚有鳳은 농암이 牛溪 成渾과 율곡이 理氣를 논한 글에 대해 牛溪가 처음에 퇴계의 理發 氣發說을 옳지 않다고 생각했는데, 뒤에 朱子의 生於形氣와 原於性命이라는 말을 보고 주자가 이와 같이 둘로 나누어 말했으니 퇴계의 互發이 옳지 않은가 하고 율곡에게 물었던 바 율곡은 단지 七情은 人心과 道心을 총칭한 것으로서 상대적으로 말할 수 있지만, 四端과 七情은 상대적으로 말할 수 없다고만 하고 주자의 이른바 性命 形氣와 퇴계의 理發 氣發이 가리키는 것이 본디부터 같지 않아 서로 연관시켜 말할 수 없는 것에 미치지 못했으니 우계의 물음에 바로 답하지 못했다고 하면서 퇴계의 말한 바 理發은 마음속에 있는 理와 氣를 말한 것이고, 朱子의 性命과 形氣는 사람이 가지고 있는 性과 形을 말한 것이다. 그리고 퇴계의 理發 氣發은 四端 七情이 마음속의 理와 氣에서 나타난다고 한 것이며, 주자가 말한 바 或生 或原한다는 것은 마음의 虛靈 知覺이 形氣와 혹은 性命에서 나타나는 것을 말하는 것인데 율곡이 이와 같이 명백하게 말하지 못했기 때문에 우계가 의심한 바를 해명해 주지 못했다고 했다.[74]

우리나라 유학사에서 퇴계와 奇高峯과 율곡과 우계 사이에 있었던 성리학에 대한 논의는 유명한 것으로서 성리학의 발전에 많은 공헌을 했다고 볼 수 있다. 여기에서 농암이 퇴계의 理發 氣發이라고 한 것은 四端 七情이 마음속의 理와 氣에서 나타나는 것인데 율곡이 이와 같이

---

74) 魚有鳳, 『杞園集』 卷32, 農巖先生語錄. "盖退溪所謂理氣 以心中所存之理與氣言之也 朱子所謂性命形氣 以人生所具之性與形言之也 退溪之所謂理發氣發者 謂四端七情之生 或發於心中之理 或發於心中之氣也 朱子所謂或生或原者 謂心之虛靈知覺 或爲形氣而發 或爲性命而發也 栗谷未嘗如此明白說破 故終不能解牛溪之所疑也"

명백하게 설명을 하지 못했다고 한 것은 율곡의 주장에 미진한 점을 지
적한 것으로 볼 수 있고, 또 그것은 성리학에서 율곡과 농암의 견해가
서로 다른 점을 말한 것이며, 魚有鳳이 농암의 견해가 더욱 타당하다고
한 것은 이와 같은 농암의 견해를 알리고자 말한 것이 아닌가 한다.

그리고 魚有鳳은 농암이 율곡의 人心道心說에서도 적지 않은 회의
를 가졌다고 했는데, 그것은 道心이 氣에 가리어 人心이 되었다는 것이
다. 추우면 옷을, 굶주리면 밥을 생각하는 것이 어찌 道心이 氣에 가리
어 그렇게 된 것인가. 대개 人心과 道心은 느낌에 따라 나타나는 것이
다. 춥고 배고프면 옷과 밥을 생각하는 마음이 나타나는 것은 人心이라
하고, 우물에 빠진 어린아이를 보면 惻隱하고, 羞惡하는 마음이 발동하
는 것은 道心이라 할 따름이다. 만일 道心이 氣에 가린 후에 人心이
된다고 하면 성인의 자질은 맑아 가릴 것이 없는데 그렇다고 人心이 없
을 수 있겠는가 했다.[75)]

농암의 四端七情說에서 율곡의 견해와 적지 않은 차이가 있었는데,
그 중에 여기에서 말하는 人心 道心도 그 하나이다. 다시 말하면 율곡
은 道心이 氣에 가리어 人心이 된다고 했으나, 농암은 人心과 道心은
느낌에 따라 발생하는 것이라고 하며 율곡의 주장에 반대한 것이다. 魚
有鳳이 語錄에서 농암의 이러한 주장을 기록한 것은 농암의 주장을 분
명히 밝히고자 하는 의도였을 것이며, 또 그것은 율곡보다 농암의 주장
이 진실에 가깝다고 생각했기 때문이었을 것이다.

吳熙常은 농암의 四端七情說은 깊고 정밀하여 참으로 쌓여 있는 것
을 발명하여 퇴계와 율곡이 이르지 못한 것에까지 나아갔으니 무궁한 것

---

75) "又曰 栗谷人心道心之論 不無可疑處 如道心爲氣所掩 則爲人心之語是也
夫寒而思衣 飢而思食之心 何嘗爲氣所掩而然者耶 盖人心道心隨所感而發
焉 飢寒之事感 則思食思衣之心發 而名之曰人心 入井呼蹴之事感 則惻隱羞
惡之心發 而名之曰道心而已 若曰 爲氣所掩然後爲人心 則聖人氣質淸明 理
無所掩 其將無人心耶" 위와 같음.

은 義理이며 前賢이 남겨 놓은 것을 後賢이 개발한 것이다. 들은 바
문집을 간행할 때 遂庵 權尙夏가 율곡의 학설과 다른 것이 있다고 하여
제외할 것을 강력히 주장했기 때문에 原集에 실리지 못하게 되었으며,
그 후 年譜를 간행할 때 金元行이 요약해 실었으나 全文이 완비한 것
만 같지 못해 한스럽다고 했다.[76] 여기에서 농암이 퇴계와 율곡의 이르
지 못한 점에까지 나아갔다는 것은 四七說에서 퇴계와 율곡의 학설 가
운데 옳지 않다고 여기는 것을 지적하며 자신의 주장을 제시한 것을 이
름일 것이다.

농암의 四端七情說이 『農巖集』 原集에 실리지 않은 것에 대해 魚
有鳳이 기록한 語錄에서는 문집을 간행하고자 할 때 농암의 아우인 金
昌緝이 논쟁을 일으킬 소지가 있으니 후일을 기다리자고 하여 제외되었
다고 했고, 吳熙常은 權尙夏가 율곡의 학설과 다른 것이 있기 때문에
실지 못하게 강력히 주장하여 原集에서 빠졌다고 했다. 魚有鳳은 농암
의 제자로서 문집 편찬에 직접 참여했을 것이고, 權尙夏도 농암의 四七
說을 보았다면 싣지 못하게 했을 것이다, 어쨌든, 농암의 四七說이 율
곡의 학설과 많이 달랐기 때문에 原集을 간행할 때 제외된 것만은 사실
일 것이다.

洪直弼은 농암의 四七說이 매우 정밀해 조금도 흠이 없어 농암의 글
가운데 제일 가치가 있을 것이다. 朱子 이후에 宋과 明을 비롯하여 우
리나라 선비들에 이르기까지 理에 대해 말한 사람이 수백이나 되지만
그를 앞서지 못했을 것이다. 율곡의 주장과 다른 점은 七情이 兼言氣與
主氣라고 한 것뿐이다. 농암의 주장이 理와 氣를 겸했다고 했으나 착한
것은 氣가 순리대로 된 것이고 착하지 않은 것은 순리대로 되지 않은

<hr>

76) 吳熙常, 『老洲集』 卷24, 雜著 二. "農巖四端七情說 精深微密 發明眞蘊 多
造退栗所未臻之理 可謂無窮者義理 而前賢之所留蘊 後賢發之也 曾聞印集
之時 遂庵以其有參差於栗谷 力主刪去之論 見漏於原集 其後年譜之追刊也
渼湖雖撮其要而附見 終不如全文之完備 殊可恨也"

것으로서 主氣論의 주장을 반대한 것이 아니다. 퇴계와 율곡이 발휘하지 못한 것을 했기 때문에 저 세상에 갔을 때 두 분이 웃으며 맞이했을 것이다. 율곡의 학설과 다르다고 해서 原集에서 제외하도록 한 것이 權尙夏의 제자들로부터 의혹을 사게 했다.[77]

이러한 洪直弼의 말에 따르면 농암의 학문에서 그의 四七說이 제일이라고 했다. 그리고 율곡의 학설과의 차이는 兼言氣與主氣뿐이라고 했으나, 농암은 主氣論者가 아니며 主理와 主氣를 절충한 것이라고 하나 율곡의 학설과는 적지 않은 차이가 있다. 그리고『農巖集』이 간행될 때 싣지 않았던 것이 오히려 湖西學者들로부터 더욱 의혹을 사게 되었다고 했는데, 당시 농암의 四七說이 율곡의 학설에 위배된다고 하여 湖西學者들을 중심으로 말이 있었던 것으로 짐작된다.

어쨌든, 위에 인시한 洪直弼의 기록에 따르면 四七說 내용의 일부가 알려져 물의가 있지 않았던가 짐작되는데, 만약 原集에 실렸더라면 율곡의 학설을 계승하는 主氣派로부터 적지 않은 공박을 받았을 것이다. 그러나 오늘날 성리학의 발전적인 측면에서 볼 때 四七說이 공개되어 主氣派와 아울러 많은 학자들이 참여하여 활발한 논쟁이 있었다면 성리학은 더욱 다양하게 발전했을 것이다.

---

77) 洪直弼,『梅山集』『農巖集』別集 卷4, 諸家撰述. "四七說精粹微密 無少餘欠 不直爲斯翁文字中第一 朱子後宋明及吾東羣儒言理者 不翅十百家 而未能或之先焉 與栗翁參差者 只是七情之兼言氣與主氣一句而已 農巖所云七情雖兼理氣 其善者氣之能循理者也 其不善者氣之不循理者也 初不害爲主氣者道得 退溪之未能道得發揮 栗谷之未盡發揮 九京可作 兩賢亦應莞爾而笑也 疑貳於栗谷 而勸删於原集者 竊滋惑於黃江諸賢也"

제4장

文 學

제1절 論 評

1. 散文에 대한 논평

　인간의 재능에는 한계가 있기 때문인지 역대의 문인들 가운데 산문에 뛰어나면 시에 약한 듯하고 시에 능하면 산문이 그에 따르지 못함을 볼 수 있는데, 논평에서도 각자의 소양에 따라 산문에 능하면 산문을 중심으로, 시에 능하면 시를 중심으로 논평을 하게 마련이다, 그런데 농암은 詩文에 모두 능했기 때문인지 양쪽에 논평한 것이 적지 않다. 그러므로 詩文에 대한 논평을 분리해서 언급하고자 하며, 먼저 산문에 대한 논평부터 살펴보고자 한다.

　농암의 산문에 대한 논평은 작품을 들어 언급한 바도 있지만 대부분 작가를 대상으로 했으며, 우리나라 작가뿐만 아니라, 중국 작가에 대해서도 언급한 바 있으므로 먼저 중국 작가에 대한 논평부터 살펴보고자 한다.

　농암이 산문에서 가장 주목한 중국 작가는 韓愈와 歐陽修였으며 그 다음으로는 曾鞏이었다. 농암은 韓愈에 대해 그가 글을 지을 때 묵은 말(陳言)을 사용하지 않으려 했다. 묵은 말은 일상생활에서 많이 사용하는 저속한 말이 아니고 옛 작가들이 이미 사용한 말은 모두 묵은 말인데, 左傳과 國語 및 班固와 司馬遷의 글이 비록 瑰奇하다 할지라도 한 번 사용한 말을 다시 쓰게 되면 모두 묵은 말이다. 지금 한유의 문집에 있는 글의 수백 편을 읽어보아도 옛 작가의 成句를 그대로 사용한 것이 없다. 그 예를 들면 平淮西碑文이 書經의 문체를 법했으나 書經에 있는 말을 그대로 사용한 것이 하나도 없다고 했다.[1] 이와 같이 韓愈가 작가로서 뛰어난 점은 옛 사람들이 이미 만들어 놓은 묵은 말을 사용하지 않았기 때문이라고 했다.

어느 시대의 작가를 막론하고 묵은 말을 사용하지 않고 새로운 말을 쓰고 싶지 않은 작가가 없겠지만 그것은 쉽게 되는 것이 아니다. 특히 지난 날 한문학의 작가들 가운데는 古典에 있는 말을 많이 사용하여 문장을 어렵게 만드는 것을 잘 짓는 것으로 생각하는 작가들도 적지 않았는데, 농암은 韓愈의 글에 묵은 말을 사용하지 않은 것을 지적하며 높게 평가했다. 이로써 볼 때 농암 자신도 유행과는 달리 묵은 말을 사용하지 않고자 노력한 작가가 아니었던가 한다.

그리고 농암은 韓愈의 글에서 原道 외에 與孟簡尙書書와 送浮屠文暢師序의 글이 논의가 바르고 필력이 있어 孟子의 문장에 비해 못하지 않으며 孟簡書가 더욱 좋다. 그 가운데 맹자를 논한 곳에 문장이 抑揚 反復해 극히 좋다고 했다.[2] 이와 같이 한유의 글에서 작품을 들어 그 좋은 점을 지적하기도 했다.

농암은 한유와 아울러 歐陽修에 대해서도 적지 않게 언급했다. 그는 구양수의 글에 대해 지금 구양수의 碑誌와 같은 글을 읽어보면 짓는 요령과 연결하는 것에 법이 있어 간략하면서도 갖추었고 자세하면서도 번거롭지 않았으며 생각이 한가한 듯하면서도 감정의 표현은 간곡했다. 그리고 멋과 생색을 내는 것에는 그림과 같다고 했다.[3] 농암이 구양수의 글에 대한 칭찬은 이것으로 그치지 않았다. 그의 記序와 碑誌, 祭文 등

---

1) 金昌協, 『農巖集』卷34, 雜識 外篇. "退之爲文 務去陳言 陳言非專指俗下庸常語也 凡經古人所已道者皆是 如左國班馬之文 雖則瑰奇 一或襲用 皆陳言耳 今讀韓集累百篇 無一語襲用古人成句 如平淮西碑 專法尙書 而無一尙書中語"

2) 金昌協 雜識 外篇. "韓文原道外 與孟簡書及文暢序 論議正大 筆力宏肆 不減孟子文章 孟簡書尤好 其論孟子處 抑揚反復極好看"

3) 金昌協, 雜織 外篇. "今讀歐公諸碑誌 其提挈綱領 錯綜關節 種種有法 簡而能該 詳而不繁 意度閒暇 而情事曲盡 風神生色處 又往往如畵"

의 글에 풍기는 멋이 굳세고 화려하며 音調가 逸宕해 읽으면 계속 되는 감탄에 숨이 막힐 지경이니 도저히 미칠 수 없다고 했다.[4] 이와 같이 구양수의 글에 격찬을 아끼지 않았다.

그리고 농암은 歐陽修의 글에 대해 그의 글의 문체는 司馬遷에서 나왔기 때문에 碑誌의 서술을 할 때 문장의 멋은 그로부터 많은 영향을 받았으나 법은 한유의 것을 했으므로 史記와 漢書 문체의 영향은 많이 받지 않았다고 했다.[5] 이로써 보면 구양수의 글의 기본 바탕은 사마천에서 나왔고 법은 한유의 글을 근본으로 했음을 알 수 있는데, 이것은 농암 자신의 문체와 직접 관계가 있을 것이다. 농암이 자신의 문체에 대해 직접 말한 바는 없으나, 그의 書卒에는 그의 문장이 법에 맞고 문채가 있으며 구양수의 精髓를 많이 얻었다고 했으며,[6] 李宜顯도 그의 古文이 典雅해 구양수와 曾鞏 문체의 영향을 깊게 받았다고 했다.[7] 이로써 그의 문체가 구양수의 영향을 많이 받았음을 알 수 있다.

중국 역대의 문인들 가운데 산문에서 가장 대가는 한유라고 한다. 그러나 그의 글이 너무 크기 때문에 배우고자 노력하다가 이르지 못하게 되면 다른 작가를 선택하는 경우가 많다고 하는데, 농암도 처음에는 한유의 문체를 배우고자 하다가 구양수 문체의 영향을 받게 되었는지 알 수 없지만, 누구보다도 한유와 구양수의 문체를 격찬하고 있는 것을 많이 볼 수 있다. 그리고 농암이 한유와 구양수의 문체에 대해 비교해서 언급한 것도 적지 않다. 그 예를 들어보면 한유는 格이 바르고 힘이 넘치며 구양수는 운치가 뛰어나고 연결이 원활하다고 했다.[8] 또 한유의 글

---

4) 金昌協, 雜識 外篇. "其序記碑誌祭文等文 風神遒麗 音調逸宕 俯仰感慨 一唱三歎 往往有歔欷欲絶處 此所以不可及也"

5) "若歐公則 其文調本自太史公來 故其碑誌敍事 多得其風神 然典刑則 亦本韓公 不盡用史漢體也" 위와 같음.

6) 『肅宗實錄』 卷46, 34년 4월. "爲文章典則醲郁 深得六一精髓"

7) 李宜顯, 『陶谷集』 卷27, 雲陽漫錄. "農巖爲古文 典雅稱停 深得歐曾體制"

8) 金昌協, 『農巖集』 卷34, 雜識 外篇. "韓格正而力大 歐調逸而機圓"

은 고무적이므로 읽는 사람으로 하여금 힘이 솟게 하고, 구양수의 글은 詠歎的이어서 읽는 사람을 도취시킨다고 했다.[9] 그리고 구양수는 사실에 대한 서술이 사마천의 글에 뿌리를 둔 것인데, 史記의 여러 傳의 글을 보면 그의 문체가 어디에서 나왔는가 하는 것을 알 수 있다고 했다.[10] 이와 같이 농암은 한유와 구양수 문체의 특징을 비교하며 지적했고, 또 구양수의 문체가 사마천의 영향을 받았음을 지적했다.

지난 날 문인들은 우리나라와 중국을 막론하고 碑誌와 같은 글을 많이 지었기 때문인지 농암은 한유와 구양수의 碑誌에 대한 글에도 적지 않게 언급했다. 먼저 한유와 구양수의 비지를 비교한 것부터 들어보면 한유의 비문들은 바로 서술한 것이 많은데, 구양수의 글은 섞여 있는 것이 적지 않다. 그리고 한유의 문체는 근엄하고 그 특징이 字句를 만드는 데 있으며, 구양수의 용어는 깨끗하고 순하며 그 특징은 篇章의 변화에 있다고 했다.[11] 이와 같이 韓歐의 비지 문체의 특징을 지적하기도 했다.

그리고 농암은 碑誌와 史傳의 문체가 비슷한 듯하나 史傳은 오히려 구비한 것을 위주로 하고 碑誌는 간결하고 엄정한 것을 위주로 한다. 그러므로 한유 碑誌에서 서술하는 것이 史記와 매우 다른데 그것은 문장뿐만 아니라, 그 문체에서도 다를 수밖에 없다. 구양수가 사마천의 글을 배웠다고는 하나 그가 碑誌를 지을 때는 오히려 史記의 傳體를 전적으로 따르지 않았는데, 그것은 簡嚴하지 않기 때문이었을 것이다. 그런데 明代의 문인들에 이르러 史記의 傳體로써 碑誌를 지었고, 또 옛 문인들의 서술하는 법을 알지 못했기 때문에 그들의 지은 글이 문체로서 중요한 특징이 없어 碑誌에서 簡嚴하는 법이 없어졌다고 했다.[12]

---

9) "韓文鼓舞 讀之使人氣作 歐文詠歎 讀之使人心醉" 위와 같음.
10) "歐公敍事 大抵本太史公 熟觀史記諸傳 可見其所自來" 위와 같음.
11) "韓碑多直敍 歐碑多錯綜 韓體謹嚴 其奇在於句字陶鑄 歐語雅馴 其奇在於篇章變化" 위와 같음.
12) "碑誌與史傳 文體略同 而史傳猶以該瞻爲主 至於碑誌 則一主於簡嚴 故韓

농암은 후대로 내려오면서 碑誌의 글이 이와 같이 달라졌다고 하면서 구양수가 神道碑文을 지을 때 그 출처와 사업에 대한 서술이 처음부터 끝까지 큰 마디를 이루었고 嘉言과 善行은 모두 생략했다. … 후대의 碑誌들은 비록 명현과 위인으로서 큰 사업과 名節이 있다 할지라도 그런 말을 쓰지 않고 사소한 것까지 모두 실었으며, 그렇게 하지 않으면 받아가는 사람이 불만을 하게 되고 작가도 불안하게 여겨 習俗의 폐단이 오래되어 변하기 어렵다고 했다.13) 여기에서 농암은 구양수와 후대 문인들이 짓는 비문의 차이점을 지적하며 비평했다. 지난 날에는 碑誌의 글에 청탁이 많아 작가들이 여러 형식의 글 가운데서도 많이 지었기 때문에 농암도 碑誌에 대해 적지 않게 이야기한 것으로 생각되며, 그의 지적이 상당히 설득력이 있지 않은가 한다.

농암이 산문을 중심으로 중국 작가에 대한 언급은 한유와 구양수를 중심으로 했고 蘇東坡에 대한 언급은 찾아보기 어려운데, 그것은 취향에 따라 선택했기 때문이 아닌가 생각되며, 明代 문인들의 글에 대해서도 높게 인정하지 않고 있음을 볼 수 있다. 다음에는 우리나라 문인들에 대한 논평을 들어보고자 한다.

농암이 우리나라 문인들 가운데 산문으로서 으뜸으로 여기는 인물은 李穡이 아니었던가 한다. 그는 이색에 대해 우리나라 문장을 논할 때 한 사람을 지적하여 으뜸이 된다고 말하기는 어려우나 산문에서는 이색을 대가라 할 수 있을 것이고, 시에서는 朴誾의 시를 절조라 할 수 있을 것이다. 이색은 산문에서 대가일 뿐만 아니라, 시도 宏肆하고 豪放하여

碑叙事 與史漢大不同 不獨文章自別 亦其體當然也 歐陽公雖學司馬遷 而其爲碑誌 猶不盡用史傳體 亦以此耳 至明人始純用史傳體爲碑誌 而又不識古人叙事之法 故其文遂無體要 而碑誌簡嚴之法掃地矣" 위와 같음.
13) "而歐陽公作神道碑 只叙其出處事業 終始大節 而其餘嘉言善行 皆略之 … 後來碑誌 雖名賢偉人有大事業大名節 亦必俱載其細行 至於筆翰小事 亦皆不遺 不如此則 得者不滿 而作者亦不安 習俗之弊久矣 其難變也" 위와 같음.

그 기상이 볼 만하다고 했다.14) 농암은 이색의 산문을 이와 같이 높게
평가하면서 근간에 南龍翼이 편찬한 箕雅를 본 바 李奎報의 문장을 우
리나라의 으뜸이라고 했으나 자신은 그렇게 생각하지 않는다고 했으며,
… 그의 산문은 더욱 깊게 말할 것이 못되며, 비록 詞賦 騈儷에 취할
만한 것이 있으나 이색과 같이 여러 사람들을 압도하고 우리나라에서 으
뜸이 된다는 것은 동의할 수 없다고 했다.15) 작가에 대한 논평은 평자에
따라 달라질 수 있다. 그것은 평자의 취향이 서로 다르기 때문일 것이다.
위에서 본 바와 같이 남룡익이 이규보를 우리나라 으뜸의 작가라고 한
것에 농암이 동의하지 않았으며, 농암이 으뜸이라고 추대한 이색에 대해
서도 후대에서 의견을 달리한 경우가 없지 않다. 그것은 金澤榮의 麗韓
十家文鈔에서 이색을 제외한 것에서도 알 수 있다. 이러한 차이는 평자
의 취향이 적지 않게 작용했다고 볼 수 있으므로 어느 의견이 더욱 옳다
고 말하기는 어렵지 않을까 한다.

그리고 조선조 문인들에 대해서는 崔岦, 李廷龜, 申欽, 李植, 張維
등에 대해 언급한 바 있다. 농암은 崔岦(1539~1612)에 대해 그의 문집
에서 중국 조정에 보낸 글이 가장 좋았다. 이러한 글들은 정해진 형식에
빠지기 쉬우며 그러한 것을 면하고자 하면 사정을 구체적으로 말하기 어
렵게 된다. 그런데, 그가 지은 여러 편의 奏文을 보면 사정을 조리 있게
진술하면서도 표현이 간절했고, 문장이 古雅할 뿐만 아니라, 간결하고
세련되어 조금도 필요없거나 속된 것이 없다. 이로써 볼 때 그의 재능이
뛰어나고 많은 노력을 했음을 알 수 있으며, 중국 조정의 문인들이 보고
칭찬하는 것은 마땅하다고 했다.16) 최입은 조선조에서 文運이 가장 융

---

14) "論文章於東國 固難以一人斷爲冠首 然文則當推牧隱爲大家 詩則當推挹翠
爲絶調 牧隱不獨文爲大家 詩亦玄肆豪放 氣象可觀" 위와 같음.
15) "近見壺谷所編箕雅目錄 稱李奎報文章爲東國之冠 余此論殊不然 … 至他文
尤不足深論 雖詞賦騈儷 頗有可取 而若以是壓倒牧隱諸人 而爲東國之冠 則
恐未爲允也" 위와 같음.

성했다는 선조 때 활동했던 문인으로서 당시 문명이 매우 높았으며, 임진왜란 때 사신 일행으로 중국에 여러 번 들어가서 그의 글이 그곳 문인들로부터 많은 칭찬을 받았다고 한다. 농암은 그의 산문 가운데 중국에 보낸 奏文이 투식에 지나치게 얽매이지 않으면서 사정을 자세하게 표현했다고 하며 높게 평가했다.

그리고 농암은 최입의 글에 대해서는 張維가 자세히 말했지만 장유와 비교하면 그의 높은 점에서는 장유가 따르지 못할 것이고 낮은 점에서는 장유도 하지 않을 것이므로 서로 비슷할 것이라고 했다.[17] 장유 역시 우리나라 한문학사에서 산문으로서 높게 평가받는 작가이다. 농암은 그들을 서로 비교하며 비슷하다고 했는데, 正祖도 그들에 대한 농암의 이러한 논평을 정확하게 지적한 것이라고 했다.[18] 이로써 보면 최입에 대한 농암의 논평은 상당히 설득력이 있었음을 알 수 있다.

다음에는 李廷龜(1564~1635)와 申欽(1566~1627)에 대한 논평을 살펴보고자 한다. 신흠은 타고난 재능이 민첩하고 묘했지만 깊고 두터움은 부족했다. 그리고 周代의 戰國策과 國語 및 諸子百家의 글을 배웠고, 또 명나라 대가들의 글을 좋아했다. 그러므로 그의 글이 아름답고 빛이 찬란했으나 단지 실질적인 의미와 雋永한 점이 모자란다, 이정귀는 타고난 재능이 아름답고 풍부하나 높고 간결함이 부족하며, 옛 사람의 문법에 일일이 구속을 받지 않고 매우 쉽게 쓴다. 그러므로 그의 글이 얽히면서도 유창하여 어렵고 군색한 것은 볼 수 없으나 단지 체제에 典嚴한 점이 모자라 격조가 고아하지 못한데, 두 작가의 장단점은 여기

---

16) "簡易集中 中朝奏文最好 此等文字 最易循襲常套 欲免此 則又患事情不周 匝詳盡 而簡易諸奏文 敷陳情實 旣懇切委曲 行文又古雅簡鍊 無一語冗率膚 俗 觀此可見其才高功深 宜乎中朝人之歎賞" 위와 같음.

17) "簡易文谿谷論之悉矣 今以擬於谿谷 其高處谿谷所不能 而低處谿谷所不爲 要當爲鴈行也" 위와 같음.

18) 正祖, 弘齋全書, 日得錄 4. 文學. "農嚴謂簡易之文 高處太高 低處太低 誠善 評語矣"

에서 벗어나지 않을 것이라 했다.[19] 농암이 이정귀와 신흠을 같이 묶어 언급한 것은 두 사람이 동시에 문단에서 활동하면서 문명도 서로 비슷하여 비교가 되었기 때문이었을 것이다.

농암은 두 사람의 글을 비교하면서 신흠의 글은 광채가 있고 아름다우나 실질적인 의미가 모자란다고 했으며, 이정귀의 글은 구속을 받지 않고 유창하나 격조가 고아하지 못하다고 했는데, 농암의 이러한 논평은 상당히 설득력이 있지 않을까 생각된다. 일반적으로 글이 아름다우면 浮華한 것에 젖어 실질적인 의미가 부족하게 되고 유창하게 되면 고아하기 어렵기 때문이다.

농암이 두 사람을 비교해서 언급한 것은 여기에서 그치지 않았다. 그는 이정귀와 신흠이 동시에 활동하면서 문명이 서로 비슷했기 때문에 그들에 대해 전후의 논자에 따라 차이가 있었는데, 당시 문단의 여론은 신흠을 더욱 우수했다고 여겼다. 그것은 張維가 쓴 두 사람의 문집 서문에서 볼 수 있다. 그러나 근세의 宋時烈에 이르러 비로소 이정귀가 우수하다고 했다. 신흠은 옛글을 따라 수사에 치중한 것이 많고 이정귀는 자신의 생각을 중심으로 서술하는데 뛰어났다. 그러므로 수사에 관심이 많은 자는 신흠을, 내용의 서술을 중심으로 하는 자는 이정귀를 우수하다고 했으니 서로 보는 바가 다르다고 했다.[20] 이로써 신흠과 이정귀의 글에 대해 당시는 물론 후대에 이르기까지 적지 않게 비교가 되었음을 알 수 있는데, 농암은 그들 글의 특징에 따라 尙辭者는 신흠을, 主理者는 이

---

19) 金昌協, 『農巖集』 卷34, 雜識 外篇. "象村天才敏妙 而深厚不足 又學諸子及 國策 且喜皇明諸大家 故其文態度峻厲 光彩絢爛 但少質實之意 雋永之味 月沙天才華瞻 而高簡不足 日不規規於古人繩墨 出之甚易 故其文紆餘通暢 絶無艱難拘窘之態 但體裁欠典嚴 格調不古雅 兩家長短 槩不出此"

20) "月沙象村 同時齊名 前後論者 互有軒輊 當時文苑之論 頗以象村爲勝 觀谿谷所序二公文集可見 至近世尤翁 始以月沙爲勝 蓋象村視古修辭 藻飾之功 多 月沙隨意抒寫 紆餘之致勝 尙辭者右象村 主理者取月沙 固各有所見" 위와 같음.

정귀를 더욱 우수하다고 여겼다 하며, 우열을 가리고자 하지 않고 각자 소견의 차이라고 했다. 농암이 두 사람의 글에 대해 우열을 가리지 않은 것이 애매한 태도라고 할지 모르겠으나, 글의 특징이 서로 다르기 때문에 그것을 무시하고 우열을 가리고자 하면 무리가 따를 수 있으므로 농암의 신중한 태도에 승복할 수밖에 없을 것으로 생각된다.

우리나라 작가들 가운데 농암이 가장 많이 언급한 작가는 張維가 아니었던가 하며, 그와 동시에 활동하면서 문명이 서로 비슷했던 李植(1584~1647)과 비교해서 말하기도 했다. 농암은 장유의 글이 典雅하고 유창하며 논리가 갖추어졌고 체제도 억지스러운 것이 없어 우리나라 문인들에서 大家라 할 수 있을 것이다. 그러나 그의 기운과 재능이 옛사람에 미치지 못했기 때문에 明의 문인에서 李夢陽, 王世貞의 일파이며 한유와 구양수의 正脈은 아니라고 했다.[21] 이로써 보면 그의 문장이 전아하고 조리가 있으며 유창해 우리나라에서는 대가라고 할 수 있겠으나 재능이 옛 사람에 미치지 못하며 韓歐의 정맥은 아니라고 했다.

그리고 농암은 송시열이 장유의 문장을 극히 추대하여 우리나라에서 제일이라고 하면서 李端相에게 장유의 문장은 歐陽修와 蘇軾에 가깝게 접근했으며 명의 삼백년 동안에 그와 비교할 만한 문인이 없다고 했는데, … 송시열은 明代의 글을 많이 보지 못했기 때문에 일반이 말하는 것과 같이 명나라의 문인들이 古文을 잘못 배운 것을 알고 있으며 王愼中과 唐順之의 일파가 있는 것을 모르고 있었는데, 장유는 바로 그들의 범위 내에 있다고 했다.[22]

張維는 인조, 효종 때 활동했던 문인으로서 특히 그의 산문은 높게

---

21) "谿谷典雅通暢 辭理俱備 體裁不苟 在吾東固當爲大家 然其氣調才力 實不及古人 明人如空同弇州一派 固非韓歐正脈" 위와 같음.
22) "尤翁亟推谿谷文章 謂爲東方第一 嘗語靜觀齋云 谿谷去歐蘇不遠 大明三百年未有其比 … 尤翁實不多見明文 槩謂明人皆僞學古文 不知自有遵巖荊川一派 谿谷正在其範圍中矣" 위와 같음

평가받았는데, 위에 인시한 바와 같이 그의 산문을 송시열은 우리나라에
서 제일일 뿐만 아니라, 명의 삼백년 사이에서도 그와 같은 문인은 없을
정도라고 했다. 그러나 농암은 그의 재능이 옛 사람에 미치지 못했다고
했고, 그리고 송시열과는 달리 명대에 그와 같은 문인이 없지 않았다고
했다. 농암 당시까지만 해도 우리나라 학자들이 많이 볼 수 있었던 문헌
들은 唐宋大家들의 문집에 그쳤다고 해도 과언이 아니었는데, 농암은
명대의 문집까지 많이 보았음을 그의 문집을 보면 알 수 있다.

농암은 장유의 글에 대해 위와 같이 개괄적으로 말하기도 하고 또 약
간 구체적으로 언급한 바도 있다. 그 예를 들어보면 그의 글이 典則하고
이치에 합당해 비록 宋의 대가들에 가깝다 할지라도 지나치게 平緩한
것에 빠졌다. 송의 歐陽修의 글이 寬平 和緩하나 … 미치지 못할 것이
있는데, 장유의 글은 한결같이 평완하여 전혀 자극을 주는 것이 없다.
그의 疏章은 임금의 마음을 움직이기에 부족하고 碑誌는 글이 활기가
없으며 祭文은 슬픈 감정을 자아내게 하는 것이 없다. 그의 타고난 성격
이 寬平하여 글을 쉽게 짓고 깊게 생각하지 않기 때문에 그의 글이 평완
하게 되었다. 사람들은 그의 글을 높게 여겨 圓熟하고 자연스럽게 이루
어져 전혀 다듬은 흔적과 하자로 지적할 것이 없다고 말하는데, 그것은
그렇게 말하고자 했을 때 가능했겠지만 옛날 작가와 비교했을 때 미치지
못하는 것을 보게 되면 그의 글에 지적할 것이 없다고 말하지 못할 것이
라 했다.[23]

장유의 글이 관평하고 화완하기 때문에 농암이 지적한 바와 같이 그

---

23) "谿谷之文 典則理致 雖近宋大家 然失之太平緩 宋文如歐公 雖若寬平和緩
… 此所以不可及也 谿谷一味平緩 全無激切處 爲疏章則不足以動人主之聽
爲碑誌則無風神生色 爲祭文則無悽愴嗚咽之旨 蓋其天資寬平 得之又容易
不曾致深湛之思 故所就者然耳 後人尊尙其文 以爲圓熟渾成 絶無斧鑿瑕纇
可指議 此姑卽其所就言之則可耳 若以比古人 正見其疲苶不及 安得謂無可
議也" 위와 같음.

의 疏章은 임금의 감정을 움직일 만큼 절실하지 못하고, 비지는 활기가 없으며 제문은 보는 사람으로 하여금 처창함을 느끼게 하지 못했을 것이다. 그러나 그의 문장이 流麗하면서 논리적이었기 때문에 당시는 물론 후대의 문인들까지 높게 평가했을 것이다. 그런데 농암이 장유의 글에 대해 크게 승복하지 않았던 것은 글에 대한 취향이 서로 달랐던 것도 이유의 하나가 아니었던가 한다. 李植이 장유의 문집 序文에서 取裁于 韓蘇라 하여 그의 글이 한유와 蘇東坡의 영향을 받았다고 했으며, 장유 자신도 글은 理를 위주로 해야 하는데 理가 뛰어나면 글이 좋기를 바라지 않아도 자연히 아름다워진다고 했다.24) 그리고 위에서 농암도 그의 글을 典則 理致하다고 했다. 이로써 보면 장유는 글에서 理를 매우 중시했음을 알 수 있다. 그런데 농암의 글은 구양수의 영향을 많이 받았고 理를 무시하지는 않았지만 장유와 같이 중시하지는 않았다. 이와 같이 글에 대한 취향이 서로 달랐기 때문에 장유의 글을 높게 평가하지 않은 이유의 하나가 아닌가 생각된다.

농암은 장유의 글이 우리나라에서 으뜸이라는 것에는 쉽게 승복을 하지 않았지만 대가로 인정하지 않았던 것은 아니다. 그는 우리나라 근세의 작가로서 장유와 이식을 가장 뛰어난 작가로 인정했는데, 농암이 그들의 글을 논하면서 장유는 天成에 가깝다고 했고, 이식은 노력이 많았다고 하면서 韓愈와 柳宗元과 비슷하다고 했다.25) 이로써 보면 장유의 천부적인 재능은 높게 인정하고 있었음을 알 수 있다.

그리고 이식과의 비교에서 이식의 글이 형식과 단락 면에서 조화롭게 이루어진 것은 장유에 미치지 못했으나 구성이 정밀한 것은 지나치며 장유의 詞賦와 이식의 騈儷는 서로 비슷하다고 했다.26) 장유와 이식에 대

---

24) 張維, 谿谷漫筆. "文主於理 理勝則文不期美而自美"
25) 金昌協, 『農巖集』 卷22, 息菴集序. "國朝近世文章 最推谿谷澤堂爲作家 余嘗妄論二氏之文 以謂谿谷近於天成 澤堂深於人工 比之於古 蓋髣髴韓柳焉"
26) 金昌協, 『農巖集』 卷34, 雜識 外篇. "澤堂文 體段渾成 不如谿谷 而結溝精密

해서는 正祖도 우리나라 문장이 장유와 이식으로부터 작가가 취해야 할 길을 얻게 되었다고 했다.[27] 이와 같이 이식도 장유와 더불어 우리나라에서 높게 평가받는 작가이다. 그러므로 이식과 비교해서 장유의 작가적인 비중을 정립시키고자 한 것으로 생각되며, 이것은 장유에 한정된 것이 아니고 이식의 비중도 定位시키고자 한 것이다.

농암의 장유와 이식과의 비교는 위에서 언급한 것으로 그치지 않았다. 이식의 문장은 지나치게 꽉 짜여 있어 문자 외에 다른 공간을 전혀 볼 수 없는데 이것이 장유에 미치지 못한 것이겠으나, 疏箚와 사물을 논하는 글들은 정밀하고 분석적이며 깊고 절실해 장유의 평범하고 자극을 주지 못하는 것과는 다르다고 했다.[28] 여기에서 농암은 李植의 글이 여지가 없이 꽉 짜여 있는 것을 지적했고, 장유의 글이 평범하여 독자에게 자극을 주지 못한다고 지적했는데, 지나치게 밀폐되어 있으면 공간이 없게 마련이고 평범하면 자극성이 약할 수밖에 없다. 그러므로 농암이 지적한 바와 같이 이식의 글이 지나치게 밀폐되어 공간이 없고 장유의 글이 평범했다면 자극성이 없다는 농암의 지적은 타당하다고 생각된다.

이상에서 농암이 중국을 비롯하여 우리나라 작가들에 대해 논평한 것을 살펴보았다. 많은 작가들을 대상으로 하지 않고 우수하다고 인정되는 작가들만을 선택하여 그 장점은 물론 그 단점에 이르기까지 날카롭게 지적하여 作者보다 評者가 적은 우리나라 한문학계에서 중요한 비중을 차지했다고 볼 수 있는데, 그는 작가에 대한 논평과 아울러 당시 우리나라 산문이 가지고 있는 취약점에 대해서도 언급한 바 있다. 그는 우리나라 산문이 중국의 산문에 미치지 못하는 것에는 세 가지 이유가 있는데, 얕고 가벼워 간절하거나 깊지 못하고, 지나치게 속되어 깨끗하고 빛나지

過之 谿之詞賦 澤之騈儷 又足相當"
27) 正祖, 『弘齋全書』卷165, 日得錄, 文學. "我國文章自張維李植 始得作者軌轍"
28) 金昌協, 『農巖集』卷34, 雜識 外篇. "澤堂文太密塞 文字外不見有餘地 此不及谿谷處 然如疏箚論事之文 精覈切深 不似谿谷平泛無激發處"

못하며, 섞이고 얽혀 간결하고 정제되지 못했다. 그렇기 때문에 담겨 있는 내용이 밝지 못하고 형상이 화창하지 못하며 법한 것이 볼 만한 것이 없다. 이와 같은 것이 모두 재능의 탓이겠는가. 축적한 것이 많지 않았고, 인습이 멀지 못했으며, 공력이 깊지 못했기 때문이라고 했다.[29) 여기에서 우리나라 문인들의 글이 중국 작가들에 미치지 못하는 것에 대해 지적한 것이 얼마나 정확한지 필자로서는 말하기 어려우나 金澤榮이 농암의 이 말을 인용하며 權近, 金宗直, 崔岦 등의 글이 그러한 병에서 벗어나지 못했다고 한 것을 보면[30) 상당히 설득력이 있는 말이 아닌가 생각된다. 이로써 보면 산문에 대한 농암의 眼識이 매우 높지 않았던가 한다.

이상에서 농암이 중국 작가와 우리나라 작가들의 산문에 대한 논평을 살펴보았는데 많은 작가들을 대상으로 하지 않고 비중이 크다고 생각되는 작가들을 선택했기 때문에 대상 작가가 많지 않았으며 논평은 신중하면서도 매우 날카로움을 볼 수 있다. 지난 날 우리 한문학계에서는 작자보다 평가가 적었고 산문보다 시에 대한 논평이 많았는데, 농암은 산문에 대한 논평도 적지 않은 비중을 차지하고 있음을 알 수 있다.

2. 詩에 대한 논평

다음에는 시에 대한 농암의 논평을 살펴보고자 한다. 우리나라는 고려 중기부터 조선조 초기에 이르기까지는 宋詩에서 특히 蘇東坡 시체의 영향을 많이 받았고, 그 후 한동안 송시에서 江西派 시체가 유행했으

---

29) 金昌協, 『農巖集』 卷22, 息菴集序. "蓋嘗謂我東之文 其不及中國者有三 膚率而不能切深也 俚俗而不能雅麗也 冗靡而不能簡整也 以故其情理未晰 風神未暢 而典則無可觀 若是者 豈盡其才之罪 亦其所蓄積者薄 所因襲者近 而功力未深至耳"
30) 金澤榮, 『韶濩堂集』 卷8. 雜言.

며, 임진왜란 직전부터 唐詩體의 영향을 크게 받았다. 그리고 농암이 활동했던 시기에는 당시와 아울러 明詩體의 영향도 적지 않게 받았다고 한다. 그러므로 우리나라 시의 발전에 영향을 준 唐宋 및 明의 시에 대한 농암의 견해부터 간단히 알아보고자 한다.

우리나라 문단에 唐詩體가 크게 유행했던 시기에는 지은 시가 당시의 수준에 얼마나 접근했느냐 하는 것으로 그 작가의 능력을 측정하고자 했을 뿐만 아니라, 작품의 가치까지 평가하고자 했다. 그리고 농암의 시에 대해서는 그의 書卒에 漢魏의 시에 출입했고 杜甫의 시를 날개로 했기 때문에 그의 시가 高古하고 雅健하다고 했으니,[31] 이로써보면 그 자신도 唐詩의 영향을 받았음을 알 수 있다. 이러한 농암이 당시에 대해 어떻게 생각했고, 또 어떻게 영향을 받아야 한다고 했는지 먼저 알아 볼 필요가 있을 듯하다.

농암은 唐詩에 대해 시는 性情에서 표출된 것이며 天機에서 발동한 것이다. 당대의 시인들은 그것을 터득했기 때문에 初唐, 盛唐, 中唐, 晩唐을 막론하고 시가 대체적으로 자연스러움에 가깝다. 그런데, 지금 시인들은 그것을 모르고 聲律과 氣格만을 당대의 작품에 따르고자 하면서 그것을 옛 시인들의 영역에 접근했다고 생각하고 있다. 이러한 작품은 그 성률과 형상은 비록 비슷하다 할지라도 감정과 느낌은 전혀 같지 않다. 明代 시인들의 작품이 이러했으므로 시의 자연스러움을 잃었다고 했다.[32] 이로써 보면 농암은 당시의 특징을 자연스러움에 있다고 했는데, 당시 유행하고 있는 당서체의 작품들은 성률과 기격만을 따르고자 한다고 했다. 농암의 이러한 지적은 정확하지 않았는가 한다.

그리고 농암은 唐詩의 특징에 대해 자신이 당시를 따르기 어렵다고

---

31) 『肅宗實錄』卷46, 34년 4월 "詩亦出入漢魏 翼以小陵 高古雅健"

32) 金昌協, 『農巖集』卷34, 雜識 外篇. "詩者性情之發 而天機之動也 唐人詩有得於此 故無論初盛中晚 大抵皆近自然 今不知此 而專欲摸象聲色 黽勉氣格 以追踵古人 則其聲音面貌 雖或髣髴 而神情興會 都不相似 此明人之失也"

했는데 그것은 奇俊하고 爽朗한 것이 아니고 조용하고 한가롭고 깨끗
한 것이며, 高華하고 빼어나고 빛나는 것이 아니고 온후하고 淵澹한 것
이며, 鏗鏘하고 響亮한 것이 아니고 화평하고 悠遠함이 어려운 것이라
했다.33) 이와 같이 당시의 조용하고 한아하며 화평하고 유원한 것이 배
우기 어렵다고 했다.

농암은 이와 같이 당시의 특징과 배우기 어려운 점을 지적하며 격찬
을 아끼지 않았으나 그대로 따를 것은 아니라고 했다. 농암이 唐詩에
대해 시는 마땅히 당시를 배워야 하겠지만 꼭 당시와 같이 할 필요는
없을 것이다. 당대의 시인들은 性情을 표현하는데 치중했고 故實이나
논의에는 관심을 두지 않았는데, 그러한 것이 당시를 법받을 만한 것이
다. 그러나 唐代의 시인은 그때의 사람이고 오늘 날의 사람은 今時의
사람이다. 시대의 차이가 천년이 넘었는데 성음과 氣調를 꼭 같게 해야
할 필요는 없을 것이다. 억지로 같게 하고자 하면 그것은 흙으로 彫塑한
사람과 같을 것이다. 그 형상은 비록 같다 할지라도 인간의 감정은 없을
것이니 그러한 작품을 가치가 있다고 말할 수 있겠는가 했다.34) 농암의
이러한 주장에 따르면 唐詩의 좋은 점은 배워야 하겠지만 꼭 같게 배울
필요는 없다고 했는데, 그것은 천년이 넘는 시간상의 많은 차이에서 감
정이 서로 같을 수 없기 때문이라고 했다. 농암이 이와 같이 말한 것은
당시 문인들 가운데 唐詩를 지나치게 선호한 나머지 성음과 기조에 이
르기까지 같게 하고자 했던 사람이 많았으므로 이렇게 말한 것이 아닌가
한다.

---

33) "余嘗謂唐詩之難 不難於奇俊爽朗 而難於從容閒雅 不難於高華秀麗 而難於
溫厚淵澹 不難於鏗鏘響亮 而難於和平悠遠" 위와 같음.
34) "詩固當學唐 亦不必似唐 唐人之詩 主於性情興寄 而不事故實議論 此其可
法也 然唐人自唐人 今人自今人 相去千百載之間 而欲其聲音氣調 無一不同
此理勢之所必無也 强而欲似之 則亦木偶泥塑之象人而已 其形雖儼然 其天
者固不在也 又何足貴哉" 위와 같음.

농암은 唐詩를 높게 평가하면서도 당시 유행하는 唐詩體에 대해 적지 않은 비평을 했다. 그는 宣祖 때 문인들이 많이 배출되어 唐詩를 배우는 자가 점차 많았고, 明의 王世貞과 李攀龍의 시가 우리나라에 전래되자 문인들이 그것을 모방하고자 하기도 했다. 그 뒤부터 흐름이 한결같았고 音調도 서로 비슷해 타고난 바탕의 天眞함이 있지 않았다. 그러므로 宣祖 이전의 시를 읽으면 그 시인의 감정을 볼 수 있으나, 그 후의 시를 보면 감정을 볼 수 없으니 이것으로 詩道의 성쇠를 구분할 수 있다고 했다.35) 여기에서 농암은 唐詩를 배우는 사람이 많아지고 明詩가 전래되면서 형식의 흐름과 音調가 한결같아 독자적인 개성이 없어졌기 때문에 그것으로 詩道의 성쇠를 구분할 수 있다고 했으니, 이러한 농암의 지적은 상당히 타당성이 있다고 생각되며, 자신이 唐詩를 좋아한다고 하면서 그것과 같게 하고자 하지 않고 天眞性에 따른 개성을 잃지 않고자 했음을 알 수 있다.

농암은 唐詩體가 우리나라에 유행하면서 詩道가 쇠했다고 했는데, 이에 대해 사람들이 말하기를 國朝의 시가 宣祖 때 가장 융성했다고 하나 詩道가 쇠하게 된 것은 그때부터 시작된 것이다. 宣祖 이전의 시인들은 宋詩를 배웠기 때문에 格調가 맑지 못하고 음률도 간혹 조화를 이루지 못한 것이 있으나 거칠면서도 質樸했고 沈厚하고 老健했으며 지나치게 修辭的인 기교가 없으면서도 각자가 一家를 이루었다고 했다.36) 이와 같이 농암은 우리나라에 唐詩體가 유행하면서 시가 오히려

---

35) "至穆廟之世 文士蔚興 學唐者寢多 中朝王李之詩 又稍稍東來 人始希慕倣效 鍛鍊精工 自是以後 軌轍如一 音調相似 而天質不復存矣 是以讀穆廟以前詩 則其人猶可見 而讀穆廟以後 其人殆不可見 此詩道盛衰之辨也" 위와 같음.

36) "世稱本朝詩 莫盛於穆廟之世 余謂詩道之衰 實自此始 蓋穆廟以前爲詩者 大抵皆學宋 故格調多不雅馴 音律或未諧適 而要亦疎鹵質實 沈厚老健 不爲塗澤艷冶 而各自成其爲一家" 위와 같음.

쇠퇴했다고 했는데, 그것은 唐詩體가 유행하기 전보다 개성이 없어졌기
때문이라고 한 것이다.

위에서 언급한 바와 같이 우리나라에는 고려 중기부터 조선조 초기에
이르기까지는 宋詩의 영향을 많이 받았는데, 농암은 宋詩에 대해서도
언급한 바 있다. 그는 宋詩에서도 蘇東坡와 黃山谷 전에 歐陽修과 王
安石과 같은 여러 문인들은 비록 唐詩와 같지 않았지만 律詩와 絶句의
모든 형식들이 오히려 唐調에서 크게 변하지 않았다. 蘇東坡가 나타나
면서부터 비로소 한 번 변했고, 黃山谷, 陳后山이 등장하면서 또 크게
변했다고 했다.37) 농암의 이러한 주장에 따르면 宋詩가 宋나라 건국초
기부터 唐詩와 구분되었던 것이 아니고 蘇東坡가 나오면서 변하기 시
작했고, 黃山谷, 陳后山에 이르러 크게 변했음을 알 수 있다.

그리고 宋詩에 대한 논평에서도 宋詩 가운데 黃山谷과 陳后山의 시
를 가장 높게 여기나 黃山谷의 고집스럽고 어려움과 陳后山의 굳세고
엄격한 것에는 온후한 맛이 없고, 또 逸宕한 운치도 모자라 唐詩에 비
해 많이 떨어졌고 杜甫의 시를 잘못 배웠다고 할 것이라 했다.38) 이로써
보면 농암은 宋의 시인 가운데 높게 평가받는 黃山谷과 陳后山의 시도
唐詩에 비하면 많은 차이가 있다고 지적했음을 알 수 있다. 그리고 그들
에게 杜詩를 잘못 배웠다고 한 것은 黃山谷을 중심으로 한 江西派의
宗派圖에 杜甫를 우두머리로 하여 배운다고 했지만 그들의 시가 杜詩
와 거리가 멀다고 비판한 것이다.

조선조와 明나라는 서로 비슷한 시기에 건국되어 처음부터 양국 관계
가 우호적이었다. 그리고 후대로 내려오면서 더욱 가까워져 문화면에 이
르기까지 교류가 증진되었기 때문에 임진왜란을 전후로 한 조선조 중기

<hr/>

37) "蘇黃以前 如歐陽公荊公諸人 雖不純乎唐 而其律絶諸體 猶未大變唐調 …
自東坡出而始一變 至山谷后山出 則又一大變矣" 위와 같음.
38) "宋詩如山谷后山 最爲一時所宗尙 然黃之橫拗生硬 陳之廋頸嚴苦 旣乖溫厚
之旨 又乏逸宕之致 於唐固遠 而於杜亦不善學" 위와 같음.

에는 우리나라 문단에 明詩의 영향도 적지 않았다. 그러므로 농암이 明詩에 대해서도 언급한 바 있기 때문에 들어보고자 한다.

농암은 明의 문인들이 시를 이야기 할 때 漢魏와는 거리가 멀고, 그들이 말한 바 唐詩라는 것도 또한 唐詩가 아니라고 했다.[39] 이에 따르면 明나라의 문인들이 漢魏와 盛唐의 시에 따르고자 한다 했으나 거리가 멀다고 했음을 알 수 있다.

그리고 농암은 明詩와 宋詩를 비교해서 언급한 바도 있는데, 그것을 들어보면 宋의 문인들의 시는 故實과 論議를 위주로 했는데, 그것은 詩家에서 큰 병으로 여기는 것이다. 明의 문인들이 공박한 것도 바로 그것이다. 그러나 그들이 한 것도 나은 것이 없을 뿐만 아니라, 도리어 미치지 못했다. 미치지 못한 것이 무엇이냐 하면 宋의 문인들은 비록 故實과 論議를 위주로 했으나 … 때때로 天機에서 나온 것에 가까워 읽으면 오히려 그 감정의 진실함을 볼 수 있지만, 명의 문인들은 지나치게 법에 얽매이고 모방이 많아 天眞性이 없어졌기 때문에 이것이 宋의 문인들에 미치지 못한 것이라고 했다.[40] 이러한 농암의 지적에 따르면 宋詩는 故實과 論議를 위주로 시를 지었으나 天眞性을 볼 수 있었는데, 明詩는 지나치게 법에 얽매이고 모방이 많아 오히려 宋詩보다 못하다고 했다.

농암은 明詩에 대해 이와 같이 비판적이었을 뿐만 아니라, 明의 문인들의 詩作 태도에 대해서도 비판적이었다. 그 예를 들면 李攀龍의 무리들이 시를 지을 때 用事는 唐代 이후의 말을 사용하지 못하게 했는데, 그것은 크게 웃을 일이다. 시를 지을 때 귀한 것은 性情을 묘사하는데

---

39) "明人稱詩 動言漢魏盛唐 漢魏固遠矣 其所謂唐者 亦非唐也" 위와 같음.
40) "宋人之詩 以故實議論爲主 此詩家大病也 明人攻之是也 然其自爲也 未必勝之 而或反不及焉 何也 宋人雖主故實議論 … 時有近於天機之發 而讀之猶可見其性情之眞也 明人太拘繩墨 動涉摸擬 效響學步 無復天眞 此其所以反出宋人下也歟" 위와 같음.

있으므로 사물을 자유롭게 사용하고 장소에 따라 느낀 감정에서 적당하
지 않은 것이 없는데, 사물의 精粗와 언어의 雅俗을 가리는 것은 옳지
않을 뿐만 아니라, 하물며 古今을 구별할 것인가. 李攀龍의 무리들이
옛 것을 배우면서 처음부터 神解와 妙悟함이 없이 다만 말로써 모방하
고자 했기 때문에 唐詩를 배우고자 하면 唐의 시인들이 사용한 말을,
漢의 글을 배우고자 하면 漢의 문인들이 사용한 문자를 사용하고자 했
으며, 만약 唐 이후의 用事를 사용하게 되면 그 말이 唐의 문인들이 사
용한 말과 같지 않다고 의심했으므로 서로 사용하지 못하게 금지시켰는
데, 그것이 어찌 眞文章이라 할 수 있겠는가 했다.41)

　농암은 王世貞과 더불어 明代 문인을 대표했다고 볼 수 있는 李攀
龍의 무리들이 시를 지을 때 用事의 사용에 唐代 이후의 말은 사용하지
못하게 한 것을 부당하다고 지적했다. 농암이 이와 같이 말한 것은 시에
서 중요한 것은 감정의 정확한 표현이지 用事의 선택에 있지 않다고 한
것이다. 이로써 볼 때 詩作 태도에 대한 견해는 농암이 明代의 문인보
다 앞서지 않았는가 생각되며, 또 농암의 이러한 지적은 당시 明詩의
영향을 받은 우리나라 문인들에 대한 경종일 수도 있을 것이다.

　다음에는 우리나라 문인들의 시에 대한 논평을 살펴보고자 한다. 농
암의 시에 대한 논평은 위에서 본 산문에서와 같이 체계를 갖추어 구체
적으로 언급한 것이 아니고 대상 작가를 임의대로 선택하여 단편적으로
언급한 것이 대부분이다. 그러므로 선택된 작가에 대해 개별적으로 언급
한 것을 중심으로 살펴볼 수밖에 없음을 먼저 밝혀 둔다.

　농암이 대상으로 한 작가는 대부분 조선조의 문인이었고, 고려조의

---

41) "至李于鱗輩 作詩使事 禁不用唐以後語 則此大可笑 夫詩之作 貴在抒寫性
情 牢籠事物 隨所感觸 無乎不可 事之精粗 言之雅俗 猶不當揀擇 況於古今
之別乎 于鱗輩 學古初無神解妙悟 而徒以言語摸擬 故欲學唐詩 須用唐人語
欲學漢文 須用漢人字 若用唐以後事 則疑其語之不似唐 故相與戒禁如此 此
豈復有眞文章哉" 위와 같음.

작가로는 李奎報와 李穡밖에 없다. 농암은 李奎報(1168~1241)에 대해 근간에 그의 문장을 우리나라에서 으뜸이라고 하는데, 자신은 그렇지 않다고 생각한다 하면서 李奎報는 시로써 유명한지 오래였고 前代의 많은 사람들이 그를 따를 수 없다고 했다. 그는 재능이 뛰어났고 많이 알고 있으며 시를 빨리 지었을 뿐만 아니라, 새로운 말을 만드는데 능해 이미 사용한 말은 답습하지 않았으니 시인의 재질이 있다고 말할 수 있다. 그러나 그는 학식이 鄙陋하고 기상이 용렬하며 格이 낮고 聲調가 잡되고 말이 좀스럽고 뜻이 얕다. … 우리나라에서 으뜸이 된다는 것에는 동의하기 어렵다고 했다.[42] 문학사에서 작가에 대한 논평은 시대의 思潮에 따라 다를 수 있고, 평자의 취향이 일치하지 않아 논평이 서로 다른 것을 적지 않게 볼 수 있다. 여기에 말하고자 하는 李奎報에 대한 논평도 평자에 따라 우리나라에서 으뜸이라 하고, 또 그에 동의할 수 없다고 하여 서로 차이가 있음을 볼 수 있는데, 詩作에 민첩하고 새로운 造語를 잘하는 것을 중심으로 보면 그의 詩才는 높게 평가할 수 있을 것이고, 이와는 달리 농암이 지적한 바와 같이 格調와 語意에 거친 바가 없지 않았을 것이다. 그것은 速作에 능했고 새로운 造語를 많이 했기 때문이었을 것이다. 그리고 농암이 높게 평가한 李穡에 대해서도 다른 의견이 있는 것을 보면 작가와 작품에 대한 논평이 어려움을 알 수 있다.

농암은 조선조 시인에서 李荇(1478~1592)에 대해 그의 시는 格力이 비록 朴誾에 미치지 못하나 圓渾 和雅하고 意致가 老成함은 朴誾과 충분히 적수가 될 것이며, 그의 五言古詩는 매우 아름다운 것이 있어 李安訥이 미칠 바 아니라고 했다.[43] 李荇은 朴誾과 같은 시대의 인물

---

42) "奎報詩擅名東方久矣 前輩諸公 亦皆推爲不可及 蓋其材力捷敏 蓄積富博 爭多鬪速 一時莫及 又能自造言語 不蹈襲前人以爲工 亦可謂有詩人之才矣 然其學識鄙陋 氣象庸下 格卑而調雜 語瑣而意淺 … 而爲東之冠 則恐未爲允也" 위와 같음.

로서 江西派의 시인으로 문명이 높았다. 중국 사신이 올 때 迎接使가
되어 그들로부터 크게 칭찬을 받았다고 하며, 許筠은 우리나라에서 시
로써 그가 제일이라 했다.[44] 농암도 그의 시를 朴誾과 비교하며 높게
평가하고 있다.

농암이 우리나라 시인 가운데 가장 높게 평가한 인물은 朴誾이 아니
었든가 한다. 朴誾(1476~1504)은 弱冠에 과거에 급제하여 일찍 출사했
으나 甲子士禍의 禍網에 걸려 28세 때 梟首되었다. 그는 젊은 나이에
처형되었으나 우리나라에서 江西派 시인으로서 가장 성공했다고 볼 수
있을 뿐만 아니라, 높게 평가되고 있다. 金萬重은 그에 대해 國朝 삼백
년에서 으뜸이라 했고,[45] 鄭斗卿은 자신이 어렸을 때 崔岦과 權韠이
朴誾의 문장을 우리나라에서 제일이라 하는 말을 들었는데 뒤에 보니
과연 그렇다고 했다.[46] 그리고 正祖도 세상에서 朴誾을 동국의 詩聖이
라고 추대를 하며, 黃山谷과 비슷하다고 하는데 진실로 지나친 칭찬이
아니라고 했다.[47]

농암은 이러한 朴誾에 대해 시에서는 마땅히 그의 시를 絶調가 된다
고 추천할 만하다고 했으며,[48] 또 그의 시가 江西派의 영향을 받았다고
하지만 그의 감정과 표현된 형상은 唐의 시인들과 같았으니 그것은 타
고난 재능이 뛰어났기 때문이라고 했다.[49] 여기에서 그의 시를 唐의 시
인들의 작품과 같다고 한 것은 매우 높게 평가한 말이라고 할 수 있다.

---

43) "容齋詩雖格力不及挹翠 而圓渾和雅 意致老成 足爲一時對手 其五言古詩
    往往有絶佳者 非東岳所及也" 위와 같음.
44) 許筠, 惺所覆瓿藁 卷25, 惺叟詩話. "我國詩當以李容齋爲第一"
45) 金萬重, 西浦漫筆 上. "翠軒之才 實三百年一人"
46) 鄭斗卿, 重刊挹翠軒遺稿序. "少時嘗聞崔簡易權石洲兩公 推挹翠文章東國第
    一 後見良然"
47) 正祖,『弘齋全書』卷184. 群書標記. "世推朴誾爲東國詩聖 至謂可與黃太史
    鴈行 誠非過詡也"
48) 金昌協,『農巖集』卷34, 雜識 外篇. "詩則當推挹翠爲絶調"
49) "挹翠詩雖師法黃陳 而其神情興象 猶唐人也 此皆天才高故爾" 위와 같음.

그리고 그의 시가 江西派의 시를 배웠다고 하지만 타고난 재능이 뛰어
나 거기에 구속을 받지 않았기 때문에 그의 말이 淸渾하고 格力이 자유
롭고 뛰어났으며, 그의 감정이 고조되었을 때는 천진하고 난만했으며 기
운이 넘쳐 다른 사람들이 따를 수 없을 것 같은데, 이러한 점은 黃山谷
과 陳后山도 어찌할 수 없었을 것이라고 했다.[50]

농암이 우리나라 역대의 문인들에 대해 적지 않게 논평을 한 바 있었
으나 위에서 언급한 바와 같이 朴誾에 대한 논평만큼 격찬을 한 것은
보지 못했다. 농암이 朴誾의 시에 대해 이와 같이 높게 평가했기 때문에
그의 시에 대한 인식이 달라졌다는 기록도 있다. 申靖夏는 朴誾의 시가
蘇東坡와 黃山谷에서 나왔다고 하나 그들보다 우수했는데, … 사람들
은 모르고 있다가 농암이 홀로 칭찬하며 國朝 삼백년 동안의 제일이라
고 했더니 그 후부터 사람들이 그의 시를 좋아하여 굶주린 사람이 八珍
味를 본 듯 하다고 했다.[51] 이로써 朴誾의 시가 농암의 논평에 의해 적
지 않게 알려졌음을 알 수 있으며, 그 후 朴誾의 시에 대한 인식이 크게
달라졌다고 하니 평론으로서 농암이 당시 문단에 차지하고 있었던 비중
을 짐작할 수 있지 않을까 한다.

농암은 盧守愼(1515~1590)의 시에 대해서도 적지 않게 논평한 바
있다. 그것을 들어보면 盧守愼은 宣祖 초에 가장 뛰어났는데, 그의 시
가 沈鬱하고 老健하며 莽宕하고 悲壯하여 杜甫詩의 格力을 깊게 얻
어 그 후의 杜詩를 배우는 자들이 따를 수 없었다. 대개 그의 시가 노력
이 깊었고 근심과 어려운 처지에서 얻은 것이 많았다. 자신의 생각으로
는 그의 19년 동안 海中에 있으면서 … 오로지 杜詩를 배워 그와 같이

---

50) "挹翠軒雖學黃陳 而天才絶高 不爲所縛 故辭致淸渾 格力縱逸 至其興會所
   到 天眞瀾漫 氣機洋溢 似不犯人力 此則恐非黃陳所得囿" 위와 같음.
51) 申靖夏,『恕菴集』卷16, 評詩文. "翠軒之詩 出於蘇黃 而其高過之 … 而世猶
   未之深識 獨農巖先生盛稱爲我東三百年一人 於是世之爲詩者 嗜之如飢者
   之遇八珍焉"

좋았을 것이라고 했다.52) 盧守愼은 과거에 장원하여 일찍 出仕했으나
乙巳士禍 때 尹任의 餘黨으로 지목되어 33세 때 珍島에 유배되었다가
53세 때 해배되어 돌아왔으며, 그 후 역임한 관직은 매우 화려했다.

盧守愼의 시에 대해 그의 문집이 세상에 유행하고 있으며, 그의 문장
에서 시에 가장 능해 奇拔하고 警策한 것으로 一家를 이루었으며, 한
편의 시가 나오게 되면 사방으로 傳誦되었다고 했다.53) 梁慶遇는 그의
시에서 五言律詩는 杜詩를 법해 一字 一語가 모두 杜詩에서 나왔다고
했다.54) 이로써 보면 盧守愼의 시가 杜甫詩를 법했다는 것에 대해 농
암과 의견이 일치함을 볼 수 있다. 농암은 盧守愼의 시를 당시 이름 높
은 시인들과 비교해서 언급하기도 했는데, 그것을 들어보면 세상에서
湖穌芝를 말하지만 세 사람의 시가 실제로는 같지 않다. 湖陰 鄭士龍
은 조직이 단련되었으나 西崑體의 시와 같으며, 風格이 노수신과 같지
못하다. 芝川 黃廷彧은 矯健하고 奇崛한 것은 江西派에서 나왔으나
宏放한 것은 노수신에 미치지 못하므로 노수신을 가장 우수하다고 할
것이라 했다.55) 노수신이 활동했던 시기에 黃廷彧과 鄭士龍은 다 같이
시로서 이름이 높았다. 농암은 노수신을 그들과 비교하면서 더욱 우수하
다고 했으니 그의 시를 높게 평가하고 있음을 알 수 있다.

농암이 崔岦의 산문에 대해 높게 평가하고 있음은 위에서 언급한 바
있지만 그의 시에 대해서도 상당히 높게 인정하고 있음을 볼 수 있다.

52) 金昌協,『農巖集』卷34, 雜識 外篇. "盧穌齋詩 在宣廟初 最爲傑然 其沈鬱老
健 莽宕悲壯 深得老杜格力 後來學杜者莫能及 蓋其功力深至 得於憂患者爲
多 余謂此老十九年在海中 … 獨學得杜詩 如此好耳"
53)『宣祖修正實錄』卷24, 2년 5월. "所著文集行于世 其文章最長於詩 奇跋警策
自成一家 每一篇出 四方傳誦"
54) 梁慶遇, 霽湖詩話. "盧穌齋五言律 酷類杜法 一字一語 皆從杜出"
55) 金昌協,『農巖集』卷34, 雜識 外篇. "世稱湖穌芝 然三家詩實不同 湖陰組織
鍛鍊 頗似西崑 而風格不如穌 芝川矯健奇崛 出自黃陳 而宏放不及穌 穌齋
其最優乎"

崔岦의 시에 대해 언급한 것을 들어보면 그가 문장으로 세상에 유명했
는데, 사람들이 그의 시는 본디부터 잘한 것이 아니라고 하지만 盧守愼,
黃廷彧과 같은 정도가 될 것이다. 그의 시는 風格이 호기롭고 바탕이
深厚한 것은 穌齋에 미치지 못했으나 날카롭고 굳센 것에서는 지나쳤
으며, 그의 뛰어난 것에서는 소리가 金石에서 나오는 것처럼 갱연해서
후대의 시인들이 미칠 바 아니었다. 일찍 들은 바에 따르면 權韠이 崔
岦에게 지금 문단에서 散文으로는 당신이겠지만 시에서는 누구를 추천
하겠느냐 하고 물었는데, 權韠은 반드시 자신을 추천하지 않겠는가 하
는 생각에서 한 말이었다. 崔岦이 눈을 감고 한동안 있다가 내가 죽은
뒤에는 누군가 문단을 장악할지 모르겠다고 하므로 權韠이 그 말을 듣
고 부끄럽게 여겼다고 했는데 崔岦의 자부심이 그와 같았다고 했다.[56]

  이러한 기록들에서 농암이 崔岦의 시를 盧守愼과 비교해서 언급한
것을 보면 상당히 높게 인정하고 있었음을 알 수 있다. 그리고 崔岦과
權韠과의 대화는 실지로 있었던 것인지 好事家들이 만든 이야기인지
알 수 없으나, 이러한 이야기가 전해 오고 있었다는 것은 두 사람의 詩
名이 당시에 매우 높았고, 또 자부심이 강했다는 것을 알 수 있다. 그리
고 농암이 그 이야기를 듣고 기록한 것은 그들의 지나친 자부심에 대해
嘲笑하고자 한 것이 아닐 것이고, 그들의 詩名이 높았다는 것을 인정했
기 때문이 아니었을까 한다.

  다음에는 鄭斗卿(1597~1673)에 대해 언급한 것을 살펴보고자 한다.
농암은 鄭斗卿이 문단에 늦게 나왔지만 漢魏의 古詩와 樂府에 법을
할 만한 것이 있음을 알았고, 歌行과 같은 長篇에서도 李白과 杜甫에

---

56) "簡易文章名世 人謂詩非本色 而要亦穌芝之流 其風格豪橫 質致深厚 不及
穌齋 而鑱畫矯健過之 其警絶處 聲響鏗然 若出金石 要非後來詩人所能及也
嘗聞權石洲見簡易問曰 當今文筆 固有吾丈 在詩則當推何人擅場 蓋意其必
許己也 簡易瞑目良久曰 不知老夫死後 何人擅場耳 石洲憮然有慚色 其自負
如此云" 위와 같음.

접근하고자 노력했으며, 律詩와 絶句 등 近體詩에서도 盛唐에 따르고
자 했고, 晚唐이나 宋의 蘇東坡와 黃山谷과 같은 작가에 따르고자 아
니했으니 그의 계획은 위대하다고 할 수 있다. 그러나 그의 재능과 氣力
이 朴誾과 같은 인물에 미치지 못했고, 또 세심하게 독서를 하며 詩道
를 깊게 연구해 스스로 얻고자 노력하고 변화를 확충하고자 하지 못했으
며, 단지 일시의 意氣로 옛 작가들의 영향을 따르고자 했기 때문에 그의
시가 淸新하고 豪俊해 世俗의 악착스럽고 진부한 기운은 없었다. 그러
나 그의 造語와 構想이 옛 작가의 높은 경지에까지 이르지 못했고 소재
와 형식의 변화함에 있어서도 詩家의 극치에 이르지 못했기 때문에 그
의 성취가 權韠과 李安訥을 능가하지 못했다고 했다.57)

　鄭斗卿의 시에 대한 농암의 이러한 논평은 다른 작가에 비해 상당히
구체적임을 알 수 있는데, 그 내용을 요약해 보면 그의 시가 古詩와 盛
唐의 시를 법하고자 했으며 晚唐과 宋代의 작가들을 따르고자 아니했으
니 그의 생각은 평가할 만하나 그의 재능이 朴誾 등에 미치지 못하고
詩道에 대한 깊은 연구를 하지 않고 변화에 능하지 못했기 때문에 石洲
와 東岳을 능가하지 못했다고 했다. 이와 같은 논평은 얼핏 보면 대수롭
지 않게 말한 것으로 생각되나, 위에서 본 바와 같이 농암은 朴誾을 삼
백년 사이에 제일이라고 했는데, 그와 비교해서 언급한 것은 정두경을
상당히 높게 인정하고 있었던 것만은 사실이다.

　이러한 鄭斗卿에 대해 南龍翼은 鄭斗卿이 늦게 나왔으나 그와 겨룰
사람이 없었다. 張維는 그의 시를 들으면 벽력소리를 듣는 것과 같아
사람을 놀라게 한다고 하면서 그의 警句를 벽에 써 두고 본다고 한다

---

57) "鄭東溟出於晚季 能知有漢魏古詩樂府爲可法 歌行長篇 步驟李杜 律絶近體
摸擬盛唐 不肯以晚唐蘇黃作家 計亦偉矣 然其才具氣力 實不及挹翠諸公 又
不曾細心讀書 深究詩道 沈潛自得 充拓變化 徒以一時意氣 追逐前人影響 故
其詩雖淸新豪俊 無世俗齷齪庸腐之氣 然其精言妙思 不足以窺古人之奧 橫
騖旁驅 又未能極詩家之變 要其所就 未能超石洲東岳而上之也" 위와 같음.

했다.58) 그리고 金得臣(1604~1684)이 鄭斗卿에게 당신의 시를 옛날 누구와 비교할 수 있겠는가 하고 물었더니 그는 웃으며 李白과 杜甫는 당적할 수 없으나 高適과 岑參 등과는 비슷하지 않겠는가 했는데, … 자신이 볼 때 高適, 岑參보다 나을 것이라고 했다.59) 이와 같이 여러 사람들이 그의 시에 대해 찬사를 아끼지 않았다.

그런데, 농암은 鄭斗卿의 시에 대해 찬사만으로 일관하지 않고 위에서 본 바와 같이 그의 시의 短處를 지적하기도 했다. 그리고 그의 시에 대해 총체적인 언급이 있었는데 그것을 들어보면 鄭斗卿의 시가 일반 문인들에 비해 쉽게 유명해 질 수 있었던 것은 그가 평생 동안 司馬遷의 史記 읽는 것을 좋아했고, 또 古樂府에 유의해 詩歌를 지을 때 그곳에 있는 말을 사용하기를 좋아했기 때문에 사람들이 그러한 말에 익숙하지 못해 갑자기 보면 놀라게 되는데, 사실은 옛 사람이 이른바 둔한 도적이지 감쪽같이 모르게 훔치는 솜씨는 아니라고 했다.60) 이로써 보면 농암이 鄭斗卿의 시에 대해 狐白裘를 훔칠 만한 작가로 인정하지는 않았음을 알 수 있다.

이상에서 우리나라는 물론 중국에 이르기까지 시와 산문의 작가에 대한 농암의 논평을 살펴보았는데, 많은 작가를 대상으로 하여 체계적으로 한 것은 아니라 할지라도 대상작가에 대한 논평은 매우 날카롭고 설득력이 있어 후대로 내려오면서 높게 인정을 받을 정도로 정확하지 않았는가 생각된다.

---

58) 南龍翼, 壺谷詩話. "東溟晚出 莫有能抗者 谿谷每云 聞鄭詩來則 有如雷霆霹靂 令人自怕 自寫其警句于壁上而觀止"

59) 金得臣, 終南叢志. "余嘗問東溟君平曰 子之詩於古 可方何人 君平笑曰 李杜則不敢當矣 至於高岑輩 或可比肩 … 以余觀志 可出高岑之上"

60) 金昌協, 『農巖集』 卷34, 雜識 外篇. "東溟詩所以易高於流俗者 以平生好讀馬史 又留意古樂府 爲詩歌喜用其語 此皆世人所不習 故驟見之 足以驚動耳目 而其實殆古人所謂鈍賊 非竊狐白裘手也"

제2절 농암의 散文

1. 농암의 산문에 대한 논평

　다음에는 농암의 산문에 대해 살펴보고자 하는데, 이해를 돕기 위해 그의 산문에 대한 논평부터 먼저 알아보고자 한다. 농암의 산문에 대한 그의 書卒의 기록을 들어보면 글을 지을 때 법에 맞게 하고 文彩가 있으며, 歐陽修 문장의 精髓를 깊게 터득했다. 國朝가 시작되면서부터 작가로 말할 만한 인물이 한 두 사람에 불과했는데 그가 숫발처럼 우뚝하다고 했다.[61] 농암의 산문에 대한 書卒의 이러한 기록은 정확한 지적이 아닌가 한다. 즉, 그가 글을 지을 때 법에 맞게 한다는 것과, 그의 문체가 歐陽修의 영향을 많이 받았다는 것은 정확한 지적으로 볼 수 있으며, 조선조 건국 이후 한 두 사람의 작가에 그를 포함시켰다는 것은 높게 칭찬한 것으로 볼 수 있다. 兪得一은 그의 祭文에서 그대의 문장은 韓愈보다 歐陽修의 영향을 많이 받았고, 張維와 李植과 비교했을 때 누구를 더 우수하다고 해야 할지 모르겠다고 했다.[62] 그리고 金昌翕은 농암이 글을 지을 때 韓愈와 歐陽修의 수준에까지 가깝게 접근했으나, 수사에 지나친 기교를 좋아하지 않았고 理勝한 것에 주력한다고 했다.[63] 이러한 기록들을 미루어 볼 때 농암이 韓愈와 歐陽修의 글을 좋아하며 영향을 받고자 했음을 알 수 있고, 修辭에 기교를 싫어했으며, 당시에도

---

61)『肅宗實錄』卷46, 34년 4월. "爲文章典則醲郁 深得六一精髓 國朝以來 作者不過一二公 昌協可以鼎峙云"

62) 兪得一,『農巖集』別集 卷2, 祭文. "噫 君之文章 微韓卽歐 方之谿澤 孰先孰後"

63) 金昌翕,『三淵集』卷27, 仲氏農巖先生墓誌銘. "時出爲古文辭 駸駸韓歐閫域 然不喜巧爲藻繪 務以理勝焉"

張維와 李植과 비교가 되었음을 알 수 있다.

이와 같이 농암의 산문을 張維 등과 비교하기도 했는데, 이러한 비교에 대해 농암 자신이 언급한 바가 있다. 李喜朝가 농암에게 公의 형제는 당하기가 어렵다고 했더니 농암이 무엇을 말하는 것인가 하므로 사람들이 公의 글은 張維와, 金昌翕의 시는 朴誾과 비교할 만하다고 하니 당하기 어렵지 않은가 했다. 농암이 말하기를 昌翕의 시는 朴誾에 미치지 못하고 나의 글도 張維에 미치지 못한다 하므로 무엇이 미치지 못하는가 했더니 성숙함이 미치지 못한다고 답했다 한다.64) 농암이 朴誾의 시에 대해 삼백년 동안에 제일이라고 했으니 동생인 昌翕의 시를 그와 견줄 만하다고 하지 않을 것이고, 자신을 張維와 비교한 것에 대해 그만큼 성숙하지 못했다고 한 것은 정확한지 알 수 없지만 자신과의 비교이기 때문에 미치지 못했다고 했을 수도 있을 것이다.

농암의 산문에 대해 正祖도 적지 않게 언급한 바 있다. 그것을 들어보면 농암의 시와 산문이 깨끗하다고 했고,65) 또 글을 말하는 자들이 살아 있는 사람으로는 南龍翼, 세상을 떠난 사람으로는 농암을 말하는데 뒤에 그들의 문집을 보니 그렇더라고 했다.66) 그리고 우리나라 문집에는 先儒에서 大家를 제외하고 근세의 농암, 金昌翕, 金錫冑의 글이 볼 만하고 그 외의 것은 모르겠다고 했다.67)

南公轍(1760~1840)은 金宗直, 李植 등의 문장의 특징을 말한 뒤에 농암의 글은 道服으로 정장을 하고 山林處士들이 있는 사이로 거닐면서 온화한 태도로 인사를 하는데 하는 말이 모두 이치에 맞아 참으로

---

64) 李喜朝, 『芝村集』卷29, 雜識 下. "余嘗戱謂農兄曰 公兄弟難當 農兄曰 何謂也 余曰 人以公文比谿谷 子益詩比挹翠 豈不難乎 農兄曰 子益詩不及挹翠 吾文亦不及谿谷云 余問公文之不及何事 答謂熟處不及矣"

65) 正祖, 『弘齋全書』卷164, 日得錄 四. "農巖之詩文 雅而潔"

66) 같은 책 卷163, 日得錄. "譚文者動稱生壺谷 死農巖 後就其文集, 而觀之儘然"

67) 같은 책 卷161, 日得錄 一. "我東文集 儒先大家外 如近世農淵息菴 其文亦頗可觀 餘則不知也"

선비의 기상을 가진 것과 같다고 했다.[68] 南公轍의 이러한 논평은 농암
의 글의 특징에 대해 정확히 지적한 것이 아닌가 생각된다. 그리고 正祖
는 文臣들에게 중국에는 唐宋八家와 明의 十三家 등이 있는데, 우리
나라 문인들을 그와 같이 선발하고자 했을 때 어떤 문인들을 선발대상으
로 해야 되겠냐 했을 때 문신들이 金守溫, 金宗直, 張維, 金昌協, 金
昌翕 형제들의 글이 典重하고 蒼茂하기 때문에 모두 선발이 될 것이라
고 했다 한다.[69] 이로써 농암이 우리나라에서 문장의 大家로 인정받고
있음을 알 수 있다.

그리고 근세의 金澤榮은 농암에 이르러 그 글의 두터움은 張維와 李
植에 미치지 못했으나 記事에는 매우 능했다고 했다.[70] 농암과 장유 및
이식과의 비교는 위에서도 본 바 있었는데 그것은 단순 비교에 그쳤으
나, 金澤榮은 간단하지만 장단을 언급했고, 또 張維와 李植은 전대의
좋지 못한 것을 씻고자 했으나 완전히 물리치지 못했는데, 농암에 이르
러 모두 물리쳤지만 점차 약한 병이 있었다고 했으며,[71] 그리고 그가 鈔
選한 麗韓十家文鈔에 농암을 포함시켰다. 최근의 卞榮晩(1889~1955)
은 우리나라 근대에 金昌協 … 李南珪와 현재 살아 있는 曹兢燮이 古
文家이며, 金澤榮은 시에 미치기 어렵다고 했다.[72] 金澤榮의 麗韓十
家文鈔와 卞榮晩이 말한 근대의 작가 가운데 농암이 포함된 것을 보면

---

68) 南公轍,『金陵集』; 金昌協,『農巖集』別集 卷4. "農巖之文 幅巾道服 徜徉
　　周旋乎山林經禮之間 雍容揖讓 言言中理 眞儒者之氣象也"

69) 南公轍,『金陵集』『農巖集』別集 卷4. "正廟嘗下敎于臣等曰 唐宋有八家十
　　家之目 明亦有十家十三家之選 若欲以東人文字 選入家數 則誰當居先 臣等
　　對曰 … 農淵兄弟之典重蒼茂 俱可入選"

70) 金澤榮,『韶濩堂集』文集 卷8, 雜言 四. "至金農巖 其文之厚 不及谿澤 而記
　　事甚善"

71) "張谿谷李澤堂二公 一洗前陋 而陋未盡祛 至農巖則祛盡矣 又稍病乎弱" 위와
　　같음.

72) 卞榮晩, 雜記, 山康齋文鈔. "我國近代如金昌協 … 李南珪及現存之曹兢燮諸
　　人 皆古文家 金澤榮其詩 爲難及已"

근세에 이르기까지 농암이 작가로서 높게 인정받고 있음을 알 수 있다.

농암이 학문은 물론 작가로서 적지 않은 저작을 남겼는데, 다음에는 그의 저작에 따른 태도에 대해 간단히 살펴보고자 하며 먼저 그가 저작을 하기 위해 얼마나 노력했는가 하는 것부터 알아보고자 한다. 농암이 자신이 24세 때부터 30세까지 과거를 보기 위한 준비를 하지 않고 독서에 전념해 상당히 得力을 했는데, 일생 동안 사용한 것이 이 수년 동안의 공부였다. 사람이 살아가면서 이러한 때가 필요하다고 했다.[73] 이 시기의 농암은 25세 때 처음으로 宋時烈을 찾았고, 25세부터 28세까지 아버지 金壽恒이 靈巖으로 유배되어 있었기 때문에 그곳을 자주 왕래했으며, 29세 때는 鷹巖에 집을 짓고 가족을 데리고 그곳으로 가서 살다가 30세 때 金壽恒이 領議政으로 임명되었기 때문에 서울로 돌아왔다. 이로써 보면 이 기간에 아버지 金壽恒이 몇 년 동안 유배되어 있었으나 큰 罪目이 있었던 것이 아니었으므로 공부하는데 큰 방해가 되지는 않았을 것으로 짐작된다. 그리고 이 때는 出仕하기 전이었으므로 한가했고 시간적인 여유도 있었기 때문에 독서에 전념할 수 있었던 것으로 짐작된다.

그리고 이 시기에 그의 연령을 감안할 때 어느 특정한 책을 중심으로 깊게 연구한 것은 아닐 것이고 여러 經書를 많이 읽지 않았던가 짐작되는데, 자신이 詩經과 書經을 숙독한 뒤에 문장이 자못 나아져서 간결한 문체를 얻게 되었다고 한 것이 이 시기의 독서 때문이 아니었을까 한다.[74]

농암이 저작태도에 대해 직접 말한 바는 없으나 다음 기록에서 짐작할 수 있을 듯하다. 그것을 들어보면 歐陽修 문집에 吉州學記가 二本

---

73) 『農巖集』別集 卷3, 魚有鳳 錄, 語錄. "先生曰 吾自甲寅後至庚申廢擧業 專心讀書 頗有得力 一生所用 只此數年工夫 人生處世 亦不可無此等時節"
74) "又曰 吾讀詩書熟後 文章頗進 得文字簡潔之體" 위와 같음.

이 있는데, 字句에 많은 증감이 있을 뿐만 아니라, 章과 段의 선후도 옮기고 바꾼 것이 적지 않다 … 세상에서 말하기를 歐陽修가 글을 지을 때 비록 尺牘이라 할지라도 뒤에 많이 고치고 바꾸기도 했으며 단지 述作에만 그렇게 한 것이 아니다 … 글을 지을 때 법할 것이 이런 것이라는 것을 깨닫게 되었다고 했다.75) 이로써 보면 歐陽修가 글을 지어 놓은 뒤에도 계속 많이 고친 것에 대해 글 짓는 법을 깨달았다고 했으니 농암도 짓는 과정에서 많이 고치지 않았던가 생각된다. 옛 사람들이 글을 지을 때 文不加點하고 一筆揮之하는 것을 크게 칭찬했는데, 그것은 文才를 칭찬하는 것이지 그 글까지 말하는 것은 아닐 것이다. 글은 짓는 과정도 중요하지만 알려진 글을 중심으로 평가된다. 歐陽修는 이미 보낸 편지글까지 뒤에 계속 고쳤다고 했는데, 농암도 그렇게까지 했는지 알 수 없지만 적지 않게 고쳤을 것이다.

농암이 글을 많이 읽었고, 또 글을 지을 때 많이 고쳤음을 다음과 같은 기록에서도 짐작할 수 있다. 李喜朝는 농암이 자신에게 글은 지나치게 쉽게 짓는 것이 아니라고 말하면서 자신에게 글을 지을 때 반드시 料簡할 것을 권하며, 料簡은 鍛鍊하는 것으로 다듬고 고치는 것을 의미하는 것인데, 歐陽修도 그와 같이 했다고 말했다. 이로써 보면 농암이 晚年에 병중에서 글을 지을 때도 반드시 힘을 다했으며 그렇게 했기 때문에 지은 글이 극히 적었다. 또 짓는 것을 매우 어렵게 여겼고, 짓고 난 후에 아픈 것이 더했다고 하니 料簡이 너무 지나쳤기 때문에 그런 것이 아닌가 했다.76) 이로써 보면 농암이 晚年의 병중에 있으면서도 글

---

75) 金昌協, 『農巖集』 卷34, 雜識 外篇. "歐集吉州學記有二本 不但句字多所增損 章段先後 亦頗移易 … 世言歐公作文 雖尺牘 亦多追後修改 其不苟於述作如此 … 因悟爲文之法者 正謂是耳"
76) 李喜朝, 『芝村集』 卷29, 雜記 下. "農兄又謂 文不可太易 勸余於作文時 必料簡 料簡卽鍛鍊之意也 歐陽公亦嘗如此云 蓋觀此 兄雖於晚年病中 作文必極費心力 以此作之甚罕 且以爲重難 旣作又往往添痛 似亦料簡太過之致也"

을 지을 때 정성과 노력을 다하여 지었다고 하니 매우 신중하면서 고치는데 인색하지 않았음을 알 수 있다.

2. 농암의 紀行文

농암은 시와 산문 등 여러 형식의 글을 지었는데, 그 가운데서도 그의 문명을 더욱 높인 것은 산문이 아니었던가 한다. 농암의 산문은 尺牘, 紀行文, 碑誌, 祭文 등 여러 형식의 글이 있다. 本著에서는 그의 산문에서 紀行文과 祭文 등에 대해 언급하고자 하는데 먼저 紀行文부터 살펴보고자 한다. 농암의 紀行文은 「遊松京記」,「東遊記」,「西遊記」, 「登月出山九井峰記」,「華陽諸勝記」 등 다섯 편이 그의 문집에 실려 있다.

농암의 기행문 가운데 먼저 쓴 것은 「유송경기」인데, 농암이 이 기행문을 쓰게 된 경위에 대해 그 첫 머리에 辛亥年에 동생 子益과 더불어 江都 官衙에 가서 仲父를 뵈옵고 그 곳에서 삼개월 동안 공부하고 있다가 서울로 돌아올 때 숙원을 이루고자 했다.[77] 이로써 「유송경기」는 그곳을 찾은 것이 辛亥年이라고 했으니 21세 때였음을 알 수 있다. 이 기행문에서 표현이 좋은 것은 朴淵瀑布를 보고 쓴 것이다. 「유송경기」 한 부분을 들어본다.

戊午猶未晴 第趣輿出 子益向淨慈 余徑走朴淵 兩山夾水而下 至此忽陡斷 爲大石壁 磅礴奇壯 不假層累 高凡三十仞 壁上下皆有潭 上潭直穿石以成 其規如滿月 其色深綠 當中有圓石 隆然若穹龜之伏於淵而出其背 世傳高麗文宗登其上鞭龍不可信 下潭廣袤幾六七畝 其黑黝然 類有物伏焉 上潭之水 滙而注于下潭者爲瀑 其始猶著壁耳 旣而懸空直下 如

---

77) 金昌協,『農巖集』卷23, 游松京記. "歲辛亥 與舍弟子益 往省仲父于江都留衙 因留讀書三月 將同返京師 謀取道松京 以償宿願"

滾雪如垂虹 奇逸不可狀 飛沫噴薄 人在數十步外 面髮皆濕 如立雨中 小
選陰雲解駁 旭日射之 晃朗璀璨 目眩神奪 余方大叫稱美 而子益自淨慈
至 相與縱觀劇論 以爲生平所創目 不知廬山如何耳已. (『農巖集』 卷23).

　　아직 개이지 않았는데 가마를 재촉하여 子益은 淨慈로 가고 나는 박연폭
포 쪽으로 갔다. 양쪽 산이 물을 따라 내려오다가 이곳에 이르러 갑자기 갈라
져 큰 절벽이 되었는데, 뭉쳐 있는 것이 장하며 층을 이루지 않고 높이가 삼
십 인이 되었다. 벽 위와 아래에 못이 있는데, 윗못은 돌을 뚫고 만들어져 모
양이 둥글고 빛은 짙은 초록색이었으며 그 가운데 있는 둥근 돌은 큰 거북이
엎드려 등을 내어 밀고 있는 것과 같았다. 세상에 전하기는 고려 文宗이 그
위에 올라 회초리로 용을 매질했다고 하는데 믿기 어렵다. 아래 못은 동서남
북이 육칠 이랑이나 되는 듯하며 검고 깊어 짐승이 엎드려 있는 것처럼 느꼈
다. 윗못에 물이 모여 아래못으로 쏟아져 폭포가 되는데 처음에는 벽을 따라
흐르다가 바로 공중에 달려 떨어지는 것이 꿈틀거리는 눈과 무지개와 같아
그 신기함을 표현하기 어려우며 날리는 물거품이 수십 보 떨어져 있는 사람
의 낯과 머리를 적시어 비를 맞고 서 있는 것과 같았다. 얼마 후 구름이 걷혀
밝은 햇빛이 더욱 찬란해 현기증을 느끼게 한다. 내가 탄성을 지르고 있을 즈
음 子益이 淨慈로부터 와서 서로 평생 처음 보는 것이라고 말하며 廬山瀑
布가 여기보다 나은지 알 수 없다고 했다.

　박연폭포에 대한 시는 적지 않게 볼 수 있었으나 紀行文은 보기 어려
웠는데, 위의 글은 농암이 松京을 여행하면서 쓴 것 가운데 박연폭포에
대해 쓴 것으로 표현이 매우 精巧하며 사실적이다. 농암이 25세 때 다시
박연폭포를 찾았는데, 그 때 쓴 西遊記에는 오월이어서 수량이 많았기
때문인지 물소리가 우뢰와 같았다고 했다. 농암이 이때 쓴 「遊松京記」
에는 물소리에 대해 말이 없는 것을 보면 찾았을 때가 봄이었고 그때
흐르는 물이 많지 않았던 것으로 짐작된다. 「遊松京記」는 「東遊記」와
같은 해에 쓴 것이지만 몇 개월 먼저 지은 것으로서 최초에 쓴 기행문이
다. 그때 21세였다고 했는데, 박연폭포에 대한 표현이 이와 같이 정교한
것을 보면 농암의 문장이 매우 조숙했음을 알 수 있다.
　농암의 기행문 가운데 가장 대표적인 것은 역시 21세 때 金剛山을

여행하고 쓴「東遊記」일 것이다. 농암은 자신이 금강산을 여행하게 된
경위에 대해 어렸을 때 금강산의 아름다움을 듣고 한 번 유람하기를 원
했으나, 저 세상에 있는 것처럼 바라만 보았을 뿐 사람마다 갈 수 있는
것으로 생각하지 못했다. 辛亥年 초여름에 子益이 혼자 가서 한 달이
넘게 금강산을 두루 보고 돌아오자 그 아름다움을 더욱 믿고 한 번 가려
고 했으나 그것도 쉽지 않았다. 금년 가을에 큰형과 같이 가기로 약속하
고 가는 날을 정했는데 하루 전에 큰형이 병이 나서 혼자 가는 것이 무
료했지만 이미 준비가 끝났으므로 갔다고 했다.[78]

농암은 이 여행에서 淮陽, 長安寺, 表訓寺, 正陽寺, 萬瀑洞, 楡岾
寺, 九淵洞, 萬景臺, 高城, 通川, 叢石亭을 유람하고 돌아왔다. 농암이
이러한 곳을 여행하며 쓴 글 가운데, 표현이 정교하거나 사실적인 것을
들어보고자 하는데, 먼저 長安寺에서 表訓寺로 가는 길에 주변 경치에
대한 표현을 들어보고자 한다.

> 歷地藏菴 入百川洞 一路皆怪石苦竹 藤葛交縈 幾不通人行 下輿策杖
> 宛轉傾仄以入 會值雨後 苔濕石滑 益不可行 且跌且起 努力以進 奇峰迭
> 出 直當人面 拔地劍立 崒兀可畏 始謂路窮 忽而復開 既又有峰 如向所
> 見 已又復開 盖峰不勝其迭出 洞不勝其開闔 而溪水之縈回曲折 側行詭
> 出者 又不勝其變矣. (「自長安寺至表訓記」,『農巖集』卷23).

地藏菴을 지나 百川洞으로 들어가는데 길이 모두 怪石과 시든 대나무와
칡덩굴이 이리 저리 엉켜 지나가기가 어려워 가마에서 내려 지팡이를 짚고
옆으로 굽혀 들어갔다. 마침 비가 온 뒤여서 이끼가 젖어 돌이 미끄러워 더욱
가기가 어려워 미끄러지고 일어나기를 반복하며 겨우 앞으로 가니 괴기한 봉

---

78) 金昌協,『農巖集』卷23, 東游記. "自兒時已聞金剛名 輒有一游之願 然居常
瞻望 如在天上 意非人人所可到也 辛亥孟夏 家弟子益 匹馬獨行 甫月餘日
徧觀內外山而歸 則益信其勝 不可不一游 而游又非難也 是歲仲秋 約伯氏同
往 既卜日爲行矣 先一日 伯氏遽病 念獨行殊無聊 然業已發 不可止 遂以十
一日己丑 拜辭親庭而行"

우리가 갈마들어 바로 낮을 찌를 듯하고 땅에서 솟은 칼처럼 우뚝 서 있어 두려웠다. 이제 길이 끝났는가 했더니 갑자기 다시 열리고 앞에서 본 듯한 봉우리가 막아섰다가 다시 앞이 열린다. 대개 봉우리는 갈마드는 것을 이기지 못하고 골은 열리고 닫히는 것을 견디지 못한 듯하며, 시냇물은 돌고 굽이쳐 옆으로 흐르고 어그러져 나가 이리 저리 바뀌는 것을 이기지 못한 듯하다.

위의 글은 百川洞을 들어가면서 꼬불꼬불한 험한 길과 奇怪하게 생긴 봉우리를 비롯하여 이리 저리 흘러가는 시냇물을 표현한 것인데, 극히 묘사가 섬세하며 정교하지 않은가 한다. 더구나 당시 농암의 나이 겨우 弱冠을 지나려는 즈음이었는데, 이와 같이 정교한 표현을 할 수 있었다는 것은 놀라운 것이다. 다음에는 萬瀑洞에 대한 표현을 들어보고자 한다.

盖是洞 全以大盤石爲底 石皆白色如玉 而溪水自毗盧峰以下 衆壑交流 奔趨爭先 咸會于是洞 石之嶔崎磊落 槎牙齟齬者 又離列錯置 以與水相爭 水遇石必奔騰擊薄 以盡其變 然後始拗怒徐行 爲平川爲淺瀨 間遇懸崖絶壁 又落而爲瀑. (「自萬瀑洞至摩訶衍記」『農巖集』卷23).

대개 만폭동은 바닥이 모두 큰 반석인데 바위가 옥처럼 희며 시냇물은 비로봉으로부터 흘러내려 여러 골짜기의 물이 뒤섞여 앞을 다투어 흘러 모두 이 동으로 모인다. 바위는 불끈 솟고 험하게 생긴 것이 많으며 어금니처럼 엇찍어 나오고 들어간 것이 대열에서 떨어져 어긋나게 있으면서 냇물과 서로 다투다가 물이 바위를 만나게 되면 달려들어 치면서 여러 형태로 변한 뒤에 바로 화를 풀고 천천히 흐르면서 평탄한 내가 되기도 하고 얕은 여울이 되기도 하며, 간혹 절벽을 만나면 떨어져 폭포가 된다.

위의 글은 萬瀑洞에 깔려 있는 바위와 그 곳으로 여러 골짜기에서 흘러드는 시냇물을 표현한 것이다. 당시 농암의 입장에서는 자신의 사상 감정이나 눈앞에 나타나는 형상에 대해 국문보다 한문으로 표현하는 것이 더욱 용이했을 수도 있을 것이다. 그러나 한자가 우리의 문자가 아니기 때문에 거기서 오는 부자유스러움도 없지 않았을 것임에도 불구하고 萬瀑洞의 광경을 보지 않았던 사람에게도 이 글을 읽게 되면 선하게 떠오르게 되니, 그의 필력은 높게 평가해야 되지 않을까 한다. 東遊錄에서 이러한 표현을 적지 않게 볼 수 있다. 다음에는 九淵洞을 지나 眞見性 菴으로 가는 길에서 본 광경을 표현한 것을 들어보고자 한다.

> 甲辰將上萬景臺 出寺西北 行緣溪三里 得船潭 巨石中陷 狀類舟船 衡可二丈 縱裁半之 溪水懸注其中 高幾一丈餘 水畢至石 與船之四隅等 然後乃復從石觜墜下爲小泓 以上數里 溪之爲瀑爲潭者益衆 水石甚清壯 殆欲與萬瀑伯仲 但少峰壁左右映帶耳 自過船潭 路登登浸上 往往行千 仞絶厓 籃輿直若空懸 此身幾不能自保. (「歷九淵洞訪眞見性記」『農巖 集』卷23).

> 萬景臺를 오르고자 절 서북쪽으로 나서 시내를 따라 삼 리 가량 가서 船 潭에 도착하니 큰 바위 가운데가 파져 그 형상이 배와 같았는데 크기가 두 발이나 될 듯하며 종으로 그 반이 되는데 시냇물이 그 가운데로 떨어져 그 높이가 한 발 남짓하며 물이 배처럼 생긴 곳에 가득하게 모이게 되면 다시 돌부리를 따라 아래로 흘러 小泓이 된다. 위로 얼마간 올라가니 시냇물이 폭 포와 못이 된 것이 많았는데, 물과 바위가 맑고 커 萬瀑洞과 비슷하나 봉우 리와 절벽이 주위에 늘어선 것이 적었다. 船潭을 지나 점차 높게 올라가게 되었는데, 이따금 천길 절벽을 지날 때는 가마가 공중에 매달려 있는 것과 같 아 위험함을 느끼게 되었다.

이와 같이 萬景臺로 올라가는 길에 있는 船潭에 대한 표현도 극히 정교하고 사실적임을 볼 수 있다. 그리고 이러한 표현과는 달리 가마를 타고 높고 험한 길을 올라가며 금강산을 구경했다는 것도 진풍경의 하나 가 아닐까 한다.

위에 인시한 것은 東遊錄에서 금강산의 아름다운 水石에 대한 표현 을 들어 보았는데, 다음에는 금강산에서 바라본 동해의 日出에 대한 표 현을 들어보고자 한다.

戊申曉起候日出 見天東 赤氣微暈 俄而 色漸洞赤 雲物受之 皆成五
朶 濃淡異態 頃刻萬變 已而 日冉冉從海中出 大如紫銅盤 旋又蹙入 爲
波濤所汨沒 出入良久 始乃躍而騰空 海波始赤如金 至是 汪汪若銀汞 萬
里一色 從者咸大讙叫稱奇 念余平生所未見. (「自高城至通川記」『農巖
集』卷23).

새벽에 일어나 해가 뜨기를 기다렸는데, 동쪽 하늘에 붉은 기운의 약한 해
무리가 보이더니 조금 지나자 색이 점차 밝고 붉어 구름과 바다가 모두 다섯
가지 채색을 띠어 짙고 맑은 여러 가지 형태로 순식간에 변했으며, 바로 그때
해가 바다 가운데로부터 솟아 크기가 붉은 銅盤 같았는데, 갑자기 쭈그러들
어 파도 속으로 빠졌다가 얼마 후 공중으로 뛰어 오르더니 이때 붉고 금빛
같은 파도가 비로소 넓은 수은과 같은 은빛으로 온통 변했다. 같이 온 사람들
이 모두 그 신기한 것에 놀라 부르짖으며, 내 평생에 본 것에서 그와 같은
것은 없었다.

우리나라 동해의 日出은 매우 아름다운 광경이기 때문에 옛날부터
그것을 보고 쓴 글이 적지 않았다고 생각되는데, 위에서 본 농암의 기록
과 같이 간단하면서도 사실적으로 표현한 것이 있었을까 하는 생각이 없
지 않다.

이러한 東遊錄에서 본 바와 같이 농암은 아름다운 금강산에 대해 감
탄과 아울러 많은 애착을 가졌다. 그는 금강산 여행 도중에 동생들에게
보낸 편지에 正陽寺와 靑蓮菴에 있을 때 夕陽을 보았는데 마음과 눈이
두렵고 밝음을 느끼었으며, 이로써 사람들이 간혹 좋지 않게 말하고 있
으나 그것은 想像이 지나쳤기 때문이며, 또 山水를 많이 보지 않았기
때문이라는 것을 알았다. 이번에 와서 이 산을 品評하고자 하면 우리나
라에서는 비교할 만한 산이 없고, 천하에 알려진 것이 헛된 것이 아니라
고 했다.[79] 이와 같이 농암은 우리나라에서 금강산과 비교할 만한 산이

---

79) 金昌協, 『農巖集』卷11, 與子益大有敬明. "在正陽靑蓮 連値夕陽 大覺心目
煉朗 以此知人或貶毀者 不惟想像太過 亦由經歷山水不多故耳 今行始定此
山之品 吾東方決無可與伯仲者 名聞天下不虛也"

없을 뿐만 아니라, 그 이름이 천하에 알려 지게 된 것이 헛된 것이 아니라고 하며 찬탄을 아끼지 않았다.

농암이 금강산을 유람하고 돌아온 후 오래 동안 잊지 못했음을 다음과 같은 기록에서 알 수 있다. 즉, 자신은 꿈속에서도 산수간을 유람하는 경우가 많았는데, 금강산을 여행하고 돌아온 후 팔구년 동안 꿈에 毘盧峰, 萬瀑洞 사이를 기록할 수 없을 정도로 많이 오고 가고 했다고 한다.[80) 이로써 농암이 금강산의 아름다움에 대해 얼마나 매료되었던가 하는 것을 짐작할 수 있을 듯하다.

그리고 농암은 금강산 유람을 한 번으로 그치지 않았고 뒤에도 간 적이 있었다. 그는 금강산으로 유람 가는 제자에게 보낸 글 가운데 옛날 내 나이 이십 여세 때 금강산을 유람하면서 내금강, 외금강을 연달아 보게 되어 위와 아래로 오고 가면서 깊숙한 곳에 이르기까지 좋은 곳은 조금도 남기지 않고 보고자 했으나, 毘盧, 望高, 九龍에는 부친이 가지 못하게 했으므로 위험을 무릅쓰고 가지 않았으며, 그 외에도 보지 못한 곳이 많았다. 그로부터 십오년 후에 咸鏡北道 兵馬評事에 임명되어 임지로 가면서 삼일 동안 금강산에 올라가서 구경을 했으나 여가가 없어 보고 싶은 곳을 모두 찾지 못했기 때문에 내가 금강산을 두 번 유람을 했으나 아쉬움이 남아 있었다. 그러므로 마음속에는 금강산에 대한 미련이 있어 가을철이 되면 그곳을 찾고 싶은 생각이 자주 든다고 했다.[81) 이러한 기록에 따르면 농암이 처음 금강산에 갔을 때는 부친이 위험한

---

80) 金昌協, 『農巖集』 卷34, 雜識 內篇. "余夜夢游山水極多 自游金剛還八九年間 夢踏毘盧萬瀑之間者 不可記"

81) 金昌協, 『農巖集』 卷22, 送李瑋遊楓嶽序. "昔余年廿餘 即游金剛 縱觀山內外 其所上下出入以窮幽勝者 殆不欲有尺寸之遺 然如毘盧望高九龍 皆以親戒 不敢冒危險以往 其他亦尙多未究 後十五年 又以評事往北邊 便道登覽 信宿而行 尤不暇極意搜討 蓋余於金剛 凡兩游而皆有遺恨矣 以故意中常耿耿 每遇秋風起 馬首欲東者數矣"

곳에는 가지 못하게 주의를 했기 때문에 가지 못한 곳이 있었고, 두 번째 갔을 때는 시간에 쫓겨 가고 싶은 곳을 모두 보지 못해 그것이 유한으로 마음에 항시 남아 있어 가을철만 되면 가고 싶은 생각이 자주 난다고 했으니, 농암이 금강산을 얼마나 좋아했던가 하는 것을 알 수 있다.

농암이 금강산을 좋아했다는 것은 다른 기록에서도 볼 수 있다. 그것을 들어보면 우리나라 사람들이 중국에 태어나서 천하의 명산을 두루 보지 못한 것을 한탄하고 있는데, 鴨綠江 동쪽 수천 리가 어찌 적은가. 아직 그것도 모두 보지 못했으면서 어느 여가에 먼 중국까지 생각하는지 모르겠다. 금강산은 그 이름이 천하에 많이 알려져 중국 사람들도 우리나라에 태어나서 한 번 보기를 원하고 있는데, 세상을 떠날 때까지 한 번도 보지 못하고 있으면서 가까운 데 있는 것은 소홀히 여기고 먼 곳에 있는 것만 생각하고 있으니 그것 또한 폐단이라고 했다.[82]

우리나라는 먼 옛날부터 중국과 문화적인 교류가 빈번하면서 우리의 것보다 중국의 것을 더욱 선호하는 것이 관행처럼 되어 왔기 때문에 농암이 말한 바와 같이 우리나라 사람들이 산에 대해서도 우리의 금강산을 보지 못했으면서 중국의 명산은 보고 싶어 했던 것도 사실이었을 것이다. 그러므로 농암은 가까운 것은 소홀히 여기고 먼 것을 좋게 여기는 관행을 지적하면서 중국 사람도 우리나라에 태어나서 금강산 보기를 원한다고 했다. 이로써 볼 때 농암이 금강산에 대해 얼마나 긍지와 애착을 가지고 있었던가 하는 것을 짐작할 수 있을 듯하다.

농암의 「東遊記」는 기행문으로서 긴 편에 속한다고 볼 수 있는데, 위에 인시한 부분뿐만 아니라, 전편의 문장이 아름답다. 다시 말하면 금강산의 아름다운 경치에 대한 표현이 정교하고 사실성이 뛰어났다는 것이

---

82) 金昌協, 『農巖集』 卷25, 題鄭可淑四遊錄後. "東人每恨不得生中國 徧觀天下名山 然鴨水東數千里 豈少山哉 而尙未能徧觀 何暇遠慕中國 且以金剛擅名天下 中國人至有生高麗一見之願 而或至老死 而不一見 忽近而慕遠 其亦蔽也已"

다. 따라서 이 「東遊記」가 알려지면서 농암의 문명도 일찍 높아지기 시
작한 것이 아닌가 한다.

다음에는 「登月出山九井峰記」에 대해 살펴보고자 한다. 이 紀行文
은 쓴 시기를 밝히지 않았기 때문에 정확히 알 수 없으나, 月出山이 全
羅道 靈巖에 있는 산이므로 농암이 그곳을 찾은 시기와 상관이 있을 것
이다. 농암이 月出山을 유람하게 된 것은 그의 아버지 金壽恒이 靈巖
에 유배되어 있을 때 그곳에 가서 한 것이 아닌가 한다.

농암의 연보에 따르면 25세 때 7월에 金壽恒이 配所인 영암으로 갈
때 같이 가서 8월에 月出山을 유람했다고 하며, 26세 때는 3월과 12월
에 영암으로 갔는데 두 번째 갔을 때 또 月出山을 유람했다고 한다.
부친이 유배되어 있었는데 그곳에 가서 유람이 가능했겠는가 할지 모르
겠으나, 당시 金壽恒의 유배가 큰 잘못이 있어 간 것이 아니고 宋時烈
과 같이 당쟁에 밀려가게 되었으며, 또 농암이 그 곳에 가서 바로 올라
온 것이 아니고 일 개월 이상 머물러 있었기 때문에 시간적인 여유도
있었다.

이 기행문은 짧을 뿐만 아니라, 내용도 九井峰에 오르는 과정이 험한
것을 표현한 것이므로 登頂記라고 하는 것이 마땅할 것이다. 다음에는
그 내용을 들어보고자 한다.

> 月出山之絶頂 爲九井峰 四隅皆峻崖巉巉 獨西厓下 有小穴徑僅尺
> 許者 上穿以達于頂 凡上頂 必自穴中取道 其入穴 必匍匐蛇行乃入 然
> 非去冠巾 亦不容 … 穴墮而窄 行者束身兩厓間 其耳如屬垣者 數武而
> 穴窮 穴窮而乃上出 如自井中者出 而又卽道絶厓 厓下者無地 其隙之
> 通人行者 裁容一足 置行者 必前後代置 足乃得方 方前足置厓上而後
> 足尙銜穴 未危也 及後足代前足置厓上 則是專以身寄厓也 危甚矣 然
> 度此 卽爲絶頂 俯觀大海 如在履底 則又爽然矣. (「登月出山九井峰記」
> 『農巖集』 卷23).

　　월출산 절정을 구정봉이라고 하는데 네 모퉁이가 모두 높고 비탈졌으며 홀로 서쪽 비탈진 끝에 작은 굴이 있어 그 폭이 한 자 남짓했다. 그 굴이 위로 정상을 통하고 있는데 정상으로 올라가려면 반드시 이 굴을 통해 가야하며 굴에 들어갈 때는 뱀처럼 기어가야 들어갈 수 있고 갓이나 망건도 쓸 수 없었다. … 굴이 무너져 좁아 가는 사람이 양쪽 벽 사이로 몸을 묶어야 하며 귀를 벽에 붙여야 했다. 몇 걸음이면 굴을 지나 정상으로 올라갈 수 있는데, 우물 속에서 나오는 것과 같았다. 길은 바로 절벽이며 절벽 밑에는 흙이 없어 그 사이로 지나는 사람은 겨우 한 발만 디딜 수 있어 가고자 하는 사람은 반드시 전후로 발걸음을 바꾸어 놓아야 건널 수 있다. 바야흐로 앞발로 비탈 위를 밟고 뒷발은 아직 굴속을 밟고 있으면서 위험하다고 생각되지 않을 때 뒷발을 비탈 위에 밟고 있던 앞발 자리로 옮겨 놓으면서 몸을 온전히 비탈에 의지해야 하니 매우 위태롭다. 그러나 그곳을 건너 바로 절정에 올라 아래를 내려다 보면 큰 바다가 발밑에 있는 것 같고 또 상쾌하다.

　이러한 구정봉기는 문장이 극히 화려하거나 힘이 있어 들어 놓은 것이 아니고, 표현이 매우 정교하고 섬세하며 사실적이기 때문이다. 다시 말하면 농암은 밀가루 반죽으로 임의대로 만두나 국수를 만드는 것처럼 문자로써 쓰고 싶은 대로 자유롭게 표현하는 것이 아닌가 하는 생각이 들 정도이다.

3. 疏文과 祭文

　다음에는 농암의 疏文과 祭文 등에 대해 살펴보고자 하는데 먼저 소문부터 몇 개 골라 언급하고자 한다. 소문은 어떤 목적을 가지고 그것을 달성하기 위해 임금에게 올리는 글이다. 위에서 고찰한 바에 따르면 농암은 張維의 글이 寬平하고 和緩하기 때문에 전혀 격렬하고 간절한 것이 없어 임금의 감정을 움직이는데 부족하다고 지적했다.[83] 이러한 지

---

83) 金昌協,『農巖集』卷34, 雜識 外篇. "谿谷一味平緩 全無激切處 爲疏章則不足以動人主之聽"

적을 감안하면서 먼저 辭戶曹參議疏에서 한 부분을 들어보고자 한다.

농암은 37세 때 11월에 淸風府使에 임명되었다가 39세 되던 해 2월에 아버지 金壽恒이 유배되자 사직하고 서울로 올라왔고, 그 해 4월에 그의 아버지가 珍島에서 後命을 받게 되자 鷹巖으로 들어가서 나오지 않았다. 그런데, 농암이 44세 때 한동안 정권을 장악했던 남인들이 물러나고 서인들이 들어서면서 농암도 戶曹參議에 제수되었다. 辭戶曹參議疏는 이때 사직하고자 올린 글이다.

> 昔緹縈一女子耳 猶能以咫尺之書 感悟主意 脫父於刑禍 田橫之客 非有骨肉之恩 而徒以義氣相感 不惜一死 以相殉於地下 若臣當先臣禍變之日 進旣不能碎首北闕 以丐其生 退不能引伏歐刀 與之同死 是則身爲男子 而曾不及一弱女 親爲父子 而反不若從游之客也 … 而臣等罔念負乘之戒 止足之訓 冥行冒進 乘至盛而不返 終使滿盈之菑 獨及於先臣 而臣則倖免 其爲不孝 又莫大於此矣 臣每念及此 未嘗不慚痛冤酷 汗淚俱下 竊自誓長爲農夫 以沒其世 而不復列於士大夫之林久矣 今若幸一時之會 忘宿昔之志 輒復影纓結綬 以馳騁於當世 則是將重得罪仁孝君子 而無以見先臣於地下矣 臣雖甚頑 豈忍爲此哉. (『農巖集』 卷8).

옛날 緹縈은 한 여자였으나 짧은 글을 올려 임금의 마음을 감동시켜 그의 아버지를 형벌에서 벗어나게 했고, 田橫의 부하들은 골육의 은혜가 있었던 것이 아니었고 단지 의기로 감동해 죽는 것을 아끼지 않고 저 세상에까지 따라 갔습니다. 신은 아버지가 화변을 당하던 날 나아가서 머리를 대궐에 부수어 삶을 빌지도 못했고 물러나서 칼 위에 엎드려 따라 죽지도 못했습니다. 이 것은 남자이면서 약한 여자에 미치지 못했고, 부자이면서도 從遊한 사람 같 이도 하지 못했습니다. … 신의 형제들이 처신을 잘 하라는 주의와 만족하면 그치라고 한 가르침을 생각하지 않고 앞도 보지 못하며 나아가서 가득하게 되었음에도 돌아가지 못하고 마침내 재앙을 부친에게 미치게 하고 신만 요행 히 면하게 되면 불효함이 이것보다 큰 것이 있겠습니까. 생각이 여기에 미치 게 되면 부끄럽고 원통해 땀과 눈물이 쏟아져 스스로 맹세하기를 농부가 되 어 한 평생 숨어 살면서 다시는 사대부들 속에 참여하지 않기로 한 것이 오래 였습니다. 지금 일시의 다행한 기회로 전날 먹었던 생각을 잊고 관복을 입고 활동을 하게 되면 그것은 군자에게 두 번 죄를 얻게 되며, 저 세상에서 아버지 뵈올 면목이 없게 될 것이니 아무리 어리석다 할지라도 어찌 그렇게 할 수 있겠습니까.

농암이 이 소문에서 말한 제영은 前漢 文帝 때 그녀의 아버지가 죄를 범해 처형이 될 처지었는데 자신이 노예가 되어 그 죄를 대신하겠다고 글을 올려 그 효심에 감동한 문제가 그녀 아버지의 죄를 사해 주었다는 故事이다. 그리고 田橫은 齊나라 임금의 아우였는데 제나라가 劉邦의 장수인 韓信에게 패해 왕이 잡혀가자 전횡이 부하 오백명을 데리고 섬으로 들어가서 왕이 되었다. 그 후 유방이 부르자 전횡은 신하되기를 거부하고 자살했으며, 그의 부하 오백명도 모두 따라 죽었다고 한다. 농암은 이러한 고사를 들어 자신의 아버지가 사사될 때 제영처럼 죄를 대신하겠다고 글을 올려 진정하지 못했고, 부자간이면서 전횡의 부하와 같이 따라 죽지도 못했다고 하면서 부임할 수 없는 사정을 간곡하게 호소했다.

농암의 이러한 소문은 자신이 부임할 수 없는 사정을 이해시키는데 충분했겠지만 그 글을 본 숙종은 더욱 농암을 초치하고 싶은 충동을 느끼지 않았을까 생각된다. 이때 농암은 辭職疏를 여러 번 올렸으나 숙종은 허락하지 않았고 농암도 부임하지 않았다. 그 후 조정에서는 한 해에도 여러 차례 다른 관직으로 임명하며 불렀으나 나가지 않았기 때문에 숙종은 농암의 형 金昌集에게 취임할 것을 권하게 했다.

숙종이 농암을 관직에 임명하여 초치하고자 한 것은 한 두 번이 아니었고 농암이 세상을 떠나기 한 해 전까지 계속되었으며, 임명된 관직도 많았으나 그 가운데 位品이 높은 것을 들어보면 刑曹 및 禮曹判書와 大提學 등이었다. 농암이 당시 학문과 덕망으로 이름이 높았다 할지라도 청풍부사로 그친 그에게 파격적인 예우가 아니었던가 한다. 농암은 새로운 관직에 임명될 때마다 취임을 하지 않았기 때문에 사직소를 올리게 되었고, 조정에서는 임명을 취소하지 않았으므로 농암은 여러 번 사직소를 올렸는데, 그 중에 辭刑曹判書疏의 한 부분을 들어본다.

夫六官之長 位尊任重 苟非資器地望爲輿論所歸者 莫宜居之 況凡陞秩授官 政體尤重 必其任使旣久 功用彰而閱閱多 然後施之不濫 而受之不僭 是又安可苟也 臣之庸陋短拙 實出人下 雖方立朝陳力 猶不合進據六卿之班 以任詰姦禁暴之政 矧今積年屛廢 不曾一日供職 有違慢不恭之罪 無歷試可紀之勞 … 臣聞察能而授官者 有國之經也 量材而任職者爲臣之則也 明主不施無名之恩 君子不受無功之爵 四者或失 則黜陟勸懲之道廢 而曠官喪廉之刺興矣 臣之不肖 猶不忍以其身上累明主之政而下爲君子之棄 豈以殿下之聖而獨不念及於此哉. (『農巖集』 卷9).

대개 육조의 장은 위품도 높고 책임도 중하기 때문에 재능과 덕망으로 사람들이 우러러보는 자가 아니면 맡는 것이 부적당합니다. 하물며 직급을 올려 임명하는 것은 국가를 통치하는 데도 매우 중요하기 때문에 반드시 오래 동안 맡겨 보아 실적이 많은 뒤에 임명해도 지나치지 않을 것이며 그때 취임해도 외람되지 않은 것인데 어찌 구차하게 맡기고자 하십니까. 신은 다른 사람에 비해 능력도 없고 옹졸해 계속 조정에서 벼슬을 하고 있었다 할지라도 六卿의 지위에서 간악하고 포학한 것을 응징하는 책임으로는 적합하지 않습니다. 더구나 여러 해 동안 물러나 있으면서 하루도 직책을 맡은 적이 없어 방자하고 불공한 죄도 있고 능력을 시험해 본 적도 없었습니다. … 신이 들은 바 능력을 살펴 관직을 임명하는 것은 국가를 통치하는 법이며 능력을 생각하고 직책을 맡는 것은 신하가 지켜야 할 도리입니다. 明主는 명분 없는 은혜를 베풀지 않으며 君子는 공 없는 벼슬은 받지 않는다고 합니다. 이 네 가지를 잃게 되면 권장하는 도가 무너지고 직무를 태만하여 염치없다는 지적을 받을 것입니다. 신이 불초하나 자신의 일로써 위로 군주의 통치에 누를 끼치며 아래로는 군자로부터 버림받는 일을 할 수 있겠습니까. 전하께서도 어찌 생각이 여기에 미치지 않으십니까.

앞서 인시한 辭戶曹參議疏는 농암 자신이 출사할 수 없는 것을 감정에 호소하는데 치중했다면 辭刑曹判書疏는 취임할 수 없는 사정을 理智的으로 논지를 정연하게 전개시키지 않았는가 생각된다. 다시 말하면

농암이 임명한 직책에 부임할 수 없는 것에 대해 자신은 능력도 없을
뿐만 아니라, 인정받을 만한 공적도 없기 때문에 취임할 수 없다고 하면
서 明君은 명분 없는 은혜를 베풀지 않고 군자는 공 없는 벼슬은 받지
않는다고 했다. 이와 같이 농암의 사직소는 감정에 호소하여 보는 사람
의 심금을 울리게 하고, 또 이와는 달리 임명의 부당함을 이지적으로 전
개하여 논리성이 명확함을 볼 수 있다.

다음에는 농암이 지은 祭文 등에 대해 살펴보고자 하는데, 먼저 亡弟
再荐祭文부터 들어보고자 한다. 이 제문에서 亡弟는 여섯 째 동생 昌
立이다. 그는 열여덟에 죽었으나 文才가 있어 澤齋稿라 이름 하여 수십
편의 시가 있었다고 한다. 농암이 쓴 그의 墓誌銘에 따르면 부친이 後
命을 받았을 때 자신에게 너희 동생 墓誌文을 내가 짓고자 한 것이 오
래되었으나 너무 슬퍼 짓지 못하고 이렇게 되었으니 네가 지어야 할 것
이다라고 했다. 농암도 짓지 못하고 오래 있다가 7년 후에 誌文을 지었
다고 했다.84) 농암은 그의 誌文과 祭文을 지었는데, 여기에 亡弟再荐
祭文 일부를 들어본다.

> 然吾於汝 忽焉相忘 其已久矣 內迫於夙夜 外騖於原隰 鞅掌王事 不
> 暇顧私 朝脯之饋 朔望之奠 曠而不與十八九矣 生憐而死捐 固其然乎 日
> 遠而日忘 固謂是乎 我固負汝乎 汝固恨我乎 嗚呼 此何爲哉 夫送終之節
> 亦多變矣 斂而蓋棺 其形隱矣 葬而封墓 其柩閟矣 期而小祥 其服改矣
> 其節每變 而其痛每新 然猶筵几未撤 哭泣有所 則幽明之間 未甚闊 而魂
> 氣之交 未甚疎也 乃今將曠然廓然 使死者純乎鬼 而生者一無憑焉 則送
> 終之變 於是乎極矣 而惟我與汝 方始大訣於今日矣 此其可以無慟乎 慟
> 其可以不甚乎. (『農嚴集』卷29).

내가 너를 잊은 지 오래였다. 안에서는 아침, 저녁으로 다급했고 밖으로는
크고 작은 일에 분주하고 국가의 일을 맡게 되어 내 사사로운 일을 돌아볼

---

84) 金昌協, 『農嚴集』卷27, 六弟墓誌銘.

여가가 없어 아침, 저녁 먹을 때와 초하루 보름에 奠을 할 때 참석하지 못한 적이 많았으니, 살았을 때는 어여삐 여기다가 죽으면 잊는다는 것이 진실로 그런 것인가. 세월이 흐르면 잊혀 지게 된다는 것이 그런 것인가. 내가 너를 등진 것인가. 너는 나를 원망하겠지. 아 이것을 어떻게 하랴. 죽은 사람을 보내는 절차도 많이 달라진다. 염을 해서 관을 덮으면 그 형상을 볼 수 없게 되고 장사를 지내 봉분을 하게 되면 관은 닫히게 된다. 小祥을 당하게 되면 입는 옷을 바꾸어야 하는데, 그 절차가 매번 변할 때마다 슬픔은 새로워진다. 그러나 자리와 궤가 그대로 있기 때문에 생각이 날 때 울 곳이 있어 살아 있는 나와 죽은 너와의 사이가 넓지 않았으므로 너의 혼과의 거리가 멀지 않았는데, 지금부터 멀고 텅하게 비어 죽은 자로 하여금 완전히 귀신이 되게 하고 살아 있는 사람에게는 하나도 의지할 곳이 없게 되어 죽은 사람을 보내는 절차의 변함이 이제 끝이 났으므로 내가 너와 더불어 마지막 이별을 하게 되었으니 애통하지 않겠느냐. 애통함이 심하지 않겠느냐.

　지난 날 우리나라 문인들의 문집에는 적지 않은 제문이 있다. 이 제문은 죽은 이를 조상하는 글로서 친척과 친지 등 여러 사람이 대상이 될 수 있다. 그러나 죽은 이와의 관계에 따라 감정의 표현에 대한 심도가 달라질 수 있다. 위에서 말한 바와 같이 이 제문은 농암이 18세에 죽은 막내 동생 再莽 때 지은 것인데, 슬픈 감정을 담담하게 표현하면서도 보는 사람의 심금을 울리게 하고 있다. 더구나 再莽이므로 지금까지 있었던 筵几가 오늘이 지나면 거두어 지기 때문에 의지해 울 곳도 없어 완전히 귀신이 되어 자신과 멀어지므로 더욱 슬퍼한다고 했다.

　다음에는 농암이 아들, 딸들이 죽었을 때 지은 제문을 살펴보고자 한다. 농암은 화려한 가문에 출생하여 학문과 문명이 일세를 풍미했으나 다른 한편으로는 극히 불행했다고 볼 수 있다. 그것은 앞서 언급한 바와 같이 일생 동안 건강이 좋지 않았고 자녀가 모두 1남 5녀였는데, 두 딸과 아들은 농암에 앞서 젊은 나이로 세상을 떠났기 때문이다. 그들의 죽음에 대한 농암의 애절한 제문이 있으므로 그들이 세상을 떠난 차례대로 셋째 딸 吳氏婦에 대한 제문부터 들어보고자 한다.

吳氏婦는 농암이 50세 때 産後에 바로 세상을 떠났다. 제문에 앞서 농암이 쓴 그녀의 墓誌銘이 있으므로 제문의 이해를 돕기 위해 묘지명의 내용을 간단히 들어보고자 한다.

吳氏婦는 농암이 29세 때 永平 白雲山 밑에 隱求菴을 짓고 있을 때 태어났기 때문에 이름을 雲이라 했다고 한다. 농암이 아버지 金壽恒이 後命을 받자 출사를 단념하고 있을 때 오씨부는 동생 崇謙과 같이 글을 배웠는데 얼마 후 문리가 통해 綱目을 스스로 읽었다고 하며 論語와 書經을 배웠다고 한다. 그때 농암은 그녀와 더불어 고금의 治亂을 논하고 성현들의 언행을 말하며 즐거웠다고 했다.

농암이 50세 되던 해 7월에 오씨부를 잃었고, 그 해 10월에 아들 숭겸을 잇따라 잃었다. 그때 오씨부는 22세였다. 농암은 그 제문에서 자신이 50세가 되기까지 여러 가지 禍故를 겪었기 때문에 깊은 산 속에 살면서 세간의 부귀는 바라지 않고 너희들 형제가 탈 없이 자라 제때 성혼시키게 된 것을 사람들이 복이라 하고 나도 그렇게 여기었다고 하면서 祭亡女吳氏婦에서 다음과 같이 애절한 감정을 말하고 있다.

鳴呼 此福此願 豈其侈哉 而天顧何爲而遽奪汝 又何爲而繼奪阿崇 使余白首之年 兀然爲天下至窮人耶 人之有子 莫不欲男多女少者 常情也 以余之有五女一男也 而其憐汝 顧甚於人之一女者 以其靈心慧識 不止爲閨房之秀也 其視崇乃多於人之十男者 以其儁材偉器 必能有以昌大家聲 是以雖窮居無藉 而入而見汝之在側 則言笑怡然 出而見崇之隨後 則志意充然 蓋自農巖 以至三洲 十數年中 鮮有不樂者 徒以汝兩人耳 崇在而汝死 余固若割其半體 崇死而余則無身矣 居則忽忽 行則芒芒 殆不知天地之爲大 而日月之爲明 若是者 雖欲以須臾之頃 復求如前日之樂 安可得也. (『農巖集』卷30).

아 이 복과 바람이 어찌 사치한 것인가. 하늘이 갑자기 너를 빼앗고 잇따라 숭겸까지 빼앗아 나로 하여금 이 세상에서 홀로 지극히 궁한 사람이 되게 하느냐. 사람들이 자식을 가지되 아들이 많고 딸이 적은 것을 바라는 것은 일

반적인 생각이겠지만, 나는 딸 다섯과 아들 하나인데 너를 딸 하나인 것보다
더욱 사랑한 것은 네가 총명해 여자로서 빼어난 것에 그치지 않은 것이기 때
문이며, 숭겸도 다른 사람의 열 아들보다 많다고 생각한 것은 그가 재능이 뛰
어나고 그릇이 커 집안 명성을 빛낼 수 있기 때문이었다. 그러므로 비록 궁하
고 의지할 곳이 없었으나 들어와서 네가 옆에 있는 것을 보면 즐거웠고 나갈
때 숭겸이 뒤에 따라오면 마음이 든든했으며, 鷹巖에서 三洲에 이르기까지
십 수년 동안 즐거웠던 것은 너희들 때문이었다. 숭겸이 살아 있고 너만 죽어
도 내 몸이 반은 떨어져 나간 것인데 숭겸까지 죽었으니 앉아 있으면 불안하
고 나가면 어리둥절해 하늘과 땅이 넓고 큰 것과 해와 달이 밝은 줄을 모르게
되었으니 이와 같은 자가 잠깐이라도 앞날과 같은 즐거움을 다시 구할 수 있
겠는가.

농암은 딸을 잃고 3개월 뒤에 아들을 잃었기 때문인지 딸의 初碁의
제문에 아들 잃은 슬픔까지 말해 더욱 애절하게 하고 있다. 다시 말하면
자신이 바라는 복이 얼마나 사치하다고 해서 사랑하는 딸과 아들을 비슷
한 시기에 빼앗아 가느냐 하면서 너희들이 살았을 때는 집에 있을 때나
나갈 때도 즐거웠는데 이제 천지가 크고 일월이 밝아도 크고 밝은 줄을
모르겠다고 했으니, 얼마나 지극한 슬픈 감정의 표현인가. 농암은 이렇
게 절규하면서 너희들로 하여금 이에 이르게 한 것은 무슨 까닭이었을
까. 나는 알고 있는데 그것은 모두 내가 타고난 운명이 기구해 자식들을
보전하지 못하고 죄가 깊게 쌓여 그 화가 사랑하는 너희들에게 옮겨진
것이니 나의 허물이며 너희들이 무슨 죄가 있는가 했다.[85] 이와 같이 농
암은 아들딸들의 이른 죽음에 대해 너희들의 죄가 아니고 내가 운명이
기구하고 죄가 많아 그것이 너희들을 빼앗아 간 것이라고 했다.

다음에는 아들 숭겸을 잃고 지은 제문에 대해 살펴보고자 하는데, 그
의 인물에 대해서는 앞서 농암의 가족에 대해 언급하면서 말한 바 있으

---

85) 金昌協, 『農巖集』卷30, 祭亡女吳氏婦文. "然則 使汝輩至此者 又曷故哉 嗚
呼 我知之矣 此皆余賦命奇窮 不足以保子姓 而釁孽深積 移禍於所鍾愛耳
惟我之咎 汝輩何罪"

므로 여기서는 제문에 앞서 농암이 그를 잃고 얼마나 슬퍼했는가 하는
것부터 간단히 알아보고자 한다.

농암이 아들 숭겸을 잃은 후부터는 시를 짓지 않았다고 하며, 그때
자식을 보내 조문한 朴鐔에게 답한 글에 지난겨울부터 두 번이나 자식
들을 잃은 아픔을 당했다. 연전에 당한 화도 매우 깊어 놀랐는데, 또 거
듭되었으니 어떻게 견딜 수 있겠습니까. 이 슬픈 생각을 그칠 수 없으며,
그 사이에 겪은 것을 어찌 참고 말할 수 있겠습니까. 내 한 몸이 궁하고
외로운 것은 두고라도 그의 재질과 포부가 녹록하지 않았는데 그의 아비
가 쌓은 앙화로 성취하지 못하고 죽은 것이 슬픈 것이며 어찌 어미 소가
송아지를 사랑하는 사사로운 정이겠습니까 했다.[86] 농암은 이와 같이
자식을 잃은 슬픈 감정을 말하고 있다.

그리고 숭겸이 죽은 다음 해 壻郎인 吳晉周에게 보낸 편지에 載大
외에 누구와 같이 가느냐. 내 아이가 살았다면 兩君 뒤에 있지 않았을
것인데 지금 홀로 空山에 누워 한줌의 흙이 되고 있으니 이것이 무슨
일이냐. 兩君을 생각하며 말을 하다가 여기에 미치게 되어 눈물을 금할
수 없다. 내 병상은 전과 같으나 홀로 있는 며느리는 목이 많이 쉬었고
근간에 감기가 매우 심했는데 지금 조금 나았으나 아직 크게 염려되며
집사람도 병이 가볍지 않은데 근심과 슬픔이 뭉쳐 있으니 몸이 남아 있
겠느냐 했다.[87] 이로써 숭겸이 죽은 다음 해까지 농암 및 가족들의 건강
과 처참한 가정 분위기를 짐작할 수 있다.

---

86) 金昌協, 『農巖集』卷16, 答朴大叔 鐔. "第承去冬以來 再遭尙右之慟 年前喪
   禍 已深驚怛 況此洊仍 何以堪之 區區仰念 誠不自已矣 此間所遭 又何忍言
   一身窮獨 固置不論 念其才質志尙 實不碌碌 特坐其父積殃 不得成就以死
   此其可哀 豈獨爲舐犢之私耶"

87) 金昌協, 『農巖集』卷20, 與吳晉周. "載大外 又誰同往耶 使吾兒在者 必不後
   於兩君 而今獨長臥空山 塊然作一抔土 此何事耶 哀哉痛哉 想兩君道語及此
   亦不禁一涕也 區區病狀 只如前 而孀婦澌敗之極 頃得感寒甚重 今雖差歇
   尙有深慮 室人病亦不輕 悲憂交鑠 身其餘幾"

숭겸이 죽은 다음 해 농암의 제자이며 그와 친하게 지냈던 李瑋에게
보낸 편지에 깊은 밤에 누워 외부 사람을 만나지 않고 아침부터 저녁까
지 생각이 한결같이 그에게 있으니 옛 사람이 말한 바 다시 서로 볼 날
이 없으니 어찌 잠깐인들 잊을 수 있으랴 한 것이 참으로 이 마음을 잘
표현한 것이다. 우연히 문밖을 나가 봄에 만물이 무성하게 자라는 것을
보면 더욱 슬퍼 차마 볼 수 없으니 이렇다면 백년을 살아 있다 할지라도
무슨 즐거움이 있겠는가.[88] 이와 같이 죽은 아들에 대해 잊혀 지지 않고
또 잊을 수 없음을 말하고 있다.

위에서 살펴본 바와 같이 농암이 아들을 잃고 얼마나 슬퍼했는가 하
는 것을 전제해 두고 제문을 살펴보고자 한다. 제문은 亡兒生日祭文,
祭亡兒文, 亡兒初朞祭文, 祭亡兒墓文 등 네 편이 있는데 이 가운데
표현이 주목되는 것을 중심으로 살펴보고자 한다. 먼저 亡兒生日祭文
부터 언급하고자 하는데, 이 제문은 숭겸이 죽은 지 열흘 뒤가 그의 생
일이었기 때문에 지은 것이며, 이때 祭需는 그의 妻家에서 차려왔다고
한다. 내용의 한 부분을 들어본다.

> 嗚呼 十九年前此月之晦 卽汝降生之辰也 其墮地喤喤 寢床而弄璋者
> 自今追憶 宛如昨日 而乃遽化爲異物 戢于一木 號呼求覓 不可復覿 此何
> 爲也 此何爲也 余老無他子 汝又無子而死 子然白首 遂爲天下窮獨人 此
> 固人理之至痛 此固人理之至痛 … 今汝之亡未幾 而又値此日 惟是淸酤
> 旨羞 不與父母兄弟同飮食 而乃以陳於柩前 曾謂人事之變 一至於此耶.
> (『農巖集』卷30).

> 십구년 전 이 달 그믐은 네가 태어난 때였다. 처음 우는 소리에 아들임을
> 기뻐한 것을 생각하면 어제 같은데 이제 異物이 되어 관속에 염이 되어 부르
> 며 찾아도 볼 수 없으니 이것이 어떻게 된 것이냐, 어떻게 된 것이냐. 내가

---

88) 金昌協, 『農巖集』卷20, 與李瑋. "深臥一室 不接人客 自朝至暮 無一念不在
於渠 古人所謂 更無相見日 那有暫忘時 眞寫出此心矣 偶一出戶 見春物藹
然 益復感傷 不忍擧眼 似此雖復百年在世 亦有何樂"

늙었는데 다른 아들이 없고 너도 자식 없이 죽었으니 나이 많아 외롭게 되어 천하에 궁하고 외로운 사람이 되었으니 사람으로서 가장 슬픈 일이 아니냐. … 지금 네가 죽은 지 며칠 되지 않아 이 날을 맞이하게 되었는데, 술과 맛있는 음식을 부모와 형제들과 같이 먹지 못하고 관 앞에 베풀어 놓았으니 사람의 일이 이와 같이 변할 수 있는가 했다.

숭겸이 죽은 지 열흘 후에 맞이한 생일이기 때문인지 딸 셋을 낳은 뒤에 아들이었으므로 당시 기뻐했던 것과 지금 관속에 염이 되어 볼 수 없는 것을 비교하며 슬픈 감정을 말하고 있다. 그리고 사후에 바로 맞이한 생일이기 때문인지 차린 음식을 부모와 형제들과 같이 먹지 못하고 관 앞에 베풀어 놓은 것에 대해 사람의 일이 갑자기 이렇게 변할 수가 있느냐 하며 통탄했다.

다음에 祭亡兒文의 내용에서 들어보고자 하는데, 이 제문은 장례 때 지은 제문이다.

> 六月之末 汝母入京 汝與諸姊妹隨之 不兩旬而吳妻遽死 吾與汝同往
> 送葬于廣州之阡 今又未百日而汝死 獨使老父扶櫬而送葬 嗚呼 禍變之
> 酷 人事之不可常 何若是之甚哉 … 余自哭吳妻 精神都喪 疾病益深 而
> 及夫哭汝 則忽忽茫茫 如癡如狂 無復有生人意思矣. (『農巖集』 卷30).

> 유월 말에 너의 어머니가 서울에 갈 때 네가 자매들과 함께 모시고 갔는데, 이십일이 되지 않아 吳妻가 갑자기 죽었을 때 내가 너와 더불어 광주에까지 가서 장례에 참석했고, 그 후 백일이 되지 않았는데 네가 죽어 늙은 아비가 관을 잡고 장례를 치르게 되었으니, 아 화변의 혹독함과 사람의 일이 한결같지 않음이 이처럼 심할 수 있는가. … 내가 吳妻를 잃고 정신을 상실하게 되어 병이 더욱 깊어졌고, 너의 죽음을 당하게 돼서 갑작스럽고 아득해 넋을 잃은 듯 미친 듯 살아 있는 사람의 의사가 다시는 없을 듯하다.

이 제문은 出喪 바로 전에 있었던 것인데 살아 있었을 때 가족들이 단란했던 것을 회상하며 갑자기 당한 화변의 혹독함을 탄식하고 슬퍼했다.

　다음에는 祭亡兒墓文에서 들어보고자 한다. 이 제문은 숭겸이 죽은
지 3년이 되던 해 寒食에 며느리와 같이 그의 무덤에 가서 제를 지낼
때 지은 것이다. 보기 드문 長文인데 내용에서 더욱 절실하다고 생각되
는 부분을 들어본다.

　　世間喪子者 夫亦何限 而率皆有可慰者 有他子則可慰 有孫子則可慰
今汝死而只吾子然一身耳 生而莫養於下 死而無託於後 天地茫茫 形影
相弔 若是者 吾將何以自慰耶 此其可哀者一也 … 余自禍故以來 絶意仕
宦 屛居田園 雖其窮約已甚 而尙幸汝兄弟無故 室家粗安 汝旣頭角嶄然
才學日進 而吳女又聰慧識字 居然一男子 每出入內外 迭侍傍側 談說詩
書 以爲至樂 而不幸吳女遽死 則吾之生趣 已減半矣 然猶自慰者 徒以汝
在耳 曾未幾何而汝又至此 朝夕之所覩聞者 唯汝母之淚顔 與汝婦之哭
聲耳 自是以往 雖欲復求如前日閨門之樂 何可得也. (『農巖集』卷30).

　세상에서 아들 잃은 사람을 어찌 한정할 수 있겠는가, 그러나 그들은 대부
분 위로할 것이 있었으니 다른 자식과 손자가 있어 위로가 되었다. 지금 네가
죽었으니 내 한 몸만 우뚝했을 따름이다. 살아 있으나 슬하에 기르는 자손이
없고 죽어도 뒤에 의탁할 곳이 없어 하늘과 땅이 까마득하고 내 몸과 그림자
만이 서로 위로 하게 되었으니 이와 같은 자가 무엇으로 위로하겠느냐. 이것
이 슬퍼하는 것 가운데 하나이다. … 내가 禍故를 당한 후부터 벼슬에 관심
을 두지 않고 산골에 물러나 살면서 비록 궁하고 어려움이 많았으나, 너희 형
제들이 무고하고 집안에서도 큰 탈이 없었으며 네가 자라면서 재능이 날로
나아갔고 吳女도 총명해 글을 알아 어엿한 남자와 같았다. 내가 드나들면서
너희들이 옆에 있으면 詩書를 이야기하는 것을 지극한 즐거움으로 여겼는데,
불행하게도 吳女가 갑자기 죽었으니 사는 즐거움이 반이나 줄었다. 그러나
스스로 위로한 것은 네가 있기 때문이었는데, 얼마 후 너도 이렇게 되었으니
아침저녁으로 보고 듣는 것은 너희 어머니의 눈물 젖은 얼굴과 너의 처가 우
는 소리뿐이니, 지금부터 전일과 같은 집안의 즐거움을 구하고자 한들 어찌
얻을 수 있겠는가.

　우리나라에서는 지금도 남아를 선호하는 사상이 농후한데 그것은 儒
家思想의 영향으로 後嗣와 상관이 있는 것이다. 조선조 시대는 유가사

상이 더욱 철저했기 때문에 이 제문에서 농암은 외아들을 잃은 슬픈 감
정을 일곱 가지를 들어 말했는데, 위에서 인시한 바 후사가 없어지게 된
것을 첫째로 들었으며, 너희들이 있을 때 가졌던 閨門의 즐거움이 없어
진 것을 세 번째로 들었다. 이 제문은 보기 드물게 긴 편이다. 농암의
記序와 書簡 등의 글이 일반적으로 길었다고는 말할 수 없을 것 같은
데, 이 제문이 장문인 것을 보면 그의 아들을 잃은 슬픈 감정을 짐작할
수 있을 듯하다.

다음에는 祭亡女李氏婦文을 살펴보고자 한다. 李氏婦는 둘째 딸로
서 농암이 53세 때 세상을 떠났다. 농암이 이 제문의 첫 머리에서 너도
또 죽느냐. 너 동생들이 잇따라 부모를 버리고 죽은 지 얼마가 되었다고
너도 또 죽느냐 했는데,[89] 이 얼마나 슬픈 감정의 절규인가. 농암은 이
와 같이 말하면서 그의 슬픈 감정을 더욱 구체적으로 나타내었다.

　　且禍患之來 宜有其極 余雖罪惡深積 而天旣以數月之間 奪其二兒而
後嗣遂斬焉 則其爲罰已酷 而亦足以懲其惡矣 豈宜復夭汝命 此余意汝
之或不死也 余之所自怙於其中者旣如此 而汝亦屢經危域 綿延不絶 以
至累歲之久 則益復意汝之終不死也 豈謂汝竟欺我而死矣 汝嘗謂吾疾
非不知難醫 而吾必欲忍而不死者 以吾父母情事慘毒 庶復爲人娛侍膝
下 以少寬其意耳 斯言可悲 天或見憐 而豈謂汝竟棄我而死矣. (『農巖集』
卷30).

　　禍患이 닥치는 것도 한계가 있는 것인데, 내 죄악이 비록 많이 쌓였다 할
지라도 하늘이 이미 몇 개월 사이에 딸과 아들을 빼앗아 후사가 끊겼으므로
그 벌이 이미 혹독하여 그 죄악을 충분히 징계했기 때문에 어찌 너까지 일찍
죽게 하겠는가. 이것이 너는 죽지 않을 것이라고 내가 생각했던 것이다. 내가
마음속으로 이렇게 생각하고 있었고, 너도 여러 번 위험한 고비를 넘기면서
죽지 않고 살아온 것이 여러 해가 되었기 때문에 나는 네가 죽지 않을 것이라

_____

89) 金昌協, 『農巖集』 卷30, 祭亡女李氏婦文. "嗚呼 汝又死乎 汝又死乎 汝妹汝
弟之相繼棄父母死者幾時 而汝又死"

고 생각했는데, 결국 네가 나를 속이고 죽느냐. 네가 일찍 말하기를 내 병이
치료하기 어려운 것을 모르는 것이 아니나 내가 죽지 않고 견디고자 하는 것
은 우리 부모의 사정이 너무나 참혹해 슬하에서 모시고 있으면서 마음을 조
금이라도 위로하고자 한다고 했는데, 이 말이 너무 슬퍼 하늘이 혹시 가련하
게 여길까 했더니 결국 나를 버리고 네가 죽느냐 했다.

농암은 아들과 셋째 딸을 연달아 잃었고, 또 수삼년 사이에 둘째 딸까
지 사별하게 되었는데, 이와 같은 참혹한 운명에 하늘을 향해 절규하는
농암의 이 제문은 보는 사람으로 하여금 눈물을 자아내게 하고 있다. 농
암이 張維의 제문에 대해 처참하고 오열함이 부족하다고 한 바 있었는
데, 제문은 생자와 사자와의 관계에 따라 차이는 있을 수 있겠지만 사자
와의 영원히 이별하는 순간에서 하는 말이므로 슬플 수밖에 없고, 또 자
식을 잃은 부모의 비통한 심정은 누구나 다를 바 없을 것이다. 농암은
결혼까지 시킨 아들딸들을 셋이나 연달아 사별하게 되어 운명이 너무나
참혹했기 때문인지 제문의 내용이 처절할 뿐만 아니라, 감정의 표현이
참으로 곡진함을 느낄 수 있다.

옛날부터 우리나라와 중국 문인들의 문집에는 祭文이 적지 않게 실
려 있으나 근세에 와서 문학에 대해 西歐的인 개념의 규정에 따랐기 때
문에 제문이 한문학의 연구에서 제외되고 있다. 소박한 의미에서 문학이
사물에 대한 감정을 미적으로 표현한 것을 말한다면 제문도 문학 연구에
서 포함시켜야 하지 않을까 생각한다. 더구나 위에서 살펴본 농암의 제
문들은 감정의 표현이 얼마나 치밀하면서도 절실한가. 그리고 한문학의
연구 범위를 확대해야 할 필요가 있다는 주장도 없는 바 아니므로[90] 이
에 따라 제문에 대한 태도도 달라져야 할 것이다.

---

90) 鄭堯一, 漢文學 硏究의 方向, 震檀學會, 震檀學報 第 95號, 2003년.

제3절 농암의 詩

농암은 평론과 산문뿐만 아니라, 시에서도 많은 작품을 지었고, 또 높게 인정을 받았다. 다음에는 그의 시에 대해 고찰해 보고자 하는데 먼저 그의 시작 태도에 대해 간단히 언급하고자 한다. 농암의 제자였던 魚有鳳은 자신이 지은 詩卷을 농암에게 보였던 바 보기를 다한 후에 시는 좋으나 法이 없는 것이 결점이다. 시가 비록 小道라 할지라도 반드시 법이 있어야 한다. 主唐, 主杜, 主宋 가운데 어느 것을 선택해서 법을 하여 중심이 잡힌 뒤에 볼 만한 작품이 될 것이라 했다.[91] 이로써 보면 농암이 시를 짓는 데서도 법이 중요하다고 했음을 알 수 있다.

농암이 활동했을 당시 우리나라 문단에 유행했던 詩體로는 唐詩體가 주류를 이루었고 宋詩와 明詩體도 유행을 하고 있었다. 이러한 시체들의 유행에서 농암이 法한 시체는 어느 것이었을까. 이에 대해 농암이 직접 말한 바는 없으나 肅宗實錄의 그의 書卒에 그의 시가 漢魏에 출입하면서 杜甫의 시를 날개로 하여 高古하고 雅健했으며 浮華한 것은 하지 않았다고 했다.[92] 이로써 보면 漢魏의 古詩와 唐詩에서도 두보시의 영향을 받았음을 알 수 있다. 이와 같이 농암의 시는 杜詩의 영향을 받았을 뿐만 아니라, 송시와 명시보다 당시를 좋아했던 것은 사실이다. 그러나 당시가 좋다고 해서 맹목적으로 추종하지는 않았다. 그는 당시에 대해 시는 마땅히 당시를 배워야 하겠지만 꼭 당시와 같이 할 필요는 없을 것이라고 강조했다.[93]

---

91) 魚有鳳, 『農巖集』別集 卷3, 附錄, 錄 語錄. "余嘗以詩卷質于先生 則先生覽訖曰 頗好 但欠無法 爲詩雖小道 亦必有所師法 或主唐主杜主宋 以爲安身立命處 亦有可觀"
92) 『肅宗實錄』卷46, 34년 4월. "詩亦出入漢魏 翼以小陵 高古雅健 不事膚革"
93) 金昌協, 『農巖集』卷34, 雜識 外篇. "詩固學唐 亦不必似唐"

　　그리고 시를 지을 때의 태도에 대한 後生들의 물음에 聲音과 面貌
외에서 옛 사람의 것을 찾고자 하지 말고 반드시 성정의 진실함과 성실
한 태도에서 구할 것이며 작은 규칙으로써 옛 사람을 본받고자 하지 말
고 반드시 큰 규모와 온전한 기상을 얻고자 할 것이다. 한가롭게 그 의
사를 서술하며 순박하게 하여 그 기운은 완전하게 할 것이며, 지나치게
새롭고 놀랄 만한 것을 찾아 雋永한 맛이 없게 하지 말고 오로지 淸亮
한 것을 좋아하여 음절의 和緩한 것을 잃지 않을 것이다. 이것이 어려운
것이기는 하나 앞으로 나아가는 데는 도움이 될 것이니 어떻게 생각하느
냐 했다.94) 여기에서 농암의 詩作 태도를 짐작할 수 있게 했는데, 그는
지나치게 옛 것을 따르고자 하지 말고 性情의 진실함과 큰 규모와 기상
의 온전함을 구할 것이라고 했고, 지나치게 새로운 것을 구하다가 깊은
맛이 없게 하지 말 것이며 온전히 맑고 밝은 것을 숭상하다가 화완함을
잃지 못하게 했다. 농암의 시가 고고하고 아건한 것은 漢魏의 古詩에
많이 출입하여 지나치게 新警한 것을 구하지 않고 순박하게 그 기운을
온전히 했기 때문이 아닌가 한다.

　　시작에서 농암이 이러한 주장을 하게 된 것에 대해 자신이 詩道에 대
해 생각해 본 바가 있는데 쉽지 않다는 것을 알았다. 스스로 자랑하고자
하면 진실한 뜻이 부족하고 지나치게 가다듬고자 하면 天機에 누가 있
게 된다. 그리고 말을 새롭게 하고자 하면 맛이 짧아지고 소리가 밝으면
마디가 급해 진다. 이러한 것은 옛날의 시인들도 어렵게 여겼다고 했
다.95) 이로써 농암의 시작에 대한 태도는 감정의 진실한 표현에 역점을

94) 金昌協,『農巖集』卷18, 答崔昌大. "但欲足下勿索古人於聲音面貌之外 而必
　　求其性情之眞 問學之實 勿效古人於尺寸繩墨之間 而必得其規模之大 氣象
　　之全 優游以抒其意 樸茂以完其氣 無過求新警 而使旨味雋永 無專尙淸亮
　　而使音節和緩 此或可爲百尺竿頭 更進一步之助 不審足下以爲如何"
95) "然以僕之嘗粗涉詩道 而知其爲之不易也 矜持則少眞意 洗削則累元氣 語之
　　警者 味或短 聲之亮者 節易促 此自古人已難之矣" 위와 같음.

두고자 했으며, 지나친 수사와 新語의 모색은 의미와 음절에 좋지 않은 영향을 끼칠 수 있다고 했다. 농암의 詩作 태도에 대해 이와 같이 전제해 두고 다음에는 그의 시에 대해 살펴보고자 한다.

농암은 50세 때 아들을 잃은 후부터 시를 전혀 짓지 않았다고 하며 挽詩와 送別詩 같은 것도 일체 응하지 않았다고 한다.[96] 그러나 그의 문집에 1권부터 6권까지는 모두 여러 형식의 시이다. 이와 같이 많은 작품에서 그의 시에 대한 연구는 어느 특징적인 기법을 중심으로 유형을 나누어 고찰하지 않고 대상작품의 선택의 기준은 표현이 좋다고 생각되는 것과 농암을 이해하는데 도움이 되겠다고 인정되는 것을 비롯하여 서민들의 애환을 반영한 작품들을 중심으로 하고자 하며, 선발한 작품 가운데는 필자의 韓國漢文學作家 2의 金昌協 硏究에서 언급된 작품도 몇 수가 포함되었음을 밝혀 둔다. 먼저 咸興詩 其二를 들어본다.

樂民樓廻倚層空	樂民樓는 공중에 높게 솟았고.
萬歲橋長臥彩虹	萬歲橋는 무지개처럼 길게 누었다.
橋上人行樓上坐	다리 위에 가는 사람, 누에 앉은 사람
相看俱是畵圖中.	서로 보니 모두 그림 속에 있다오.
<卷二>	

이 시는 함흥을 지나면서 그곳에 있는 樂民樓와 萬歲橋가 한곳에 어울러져 있는 것을 보고 지은 것인데 언제 지은 시인지 정확히는 알 수 없으나 전후에 실려 있는 시들로 미루어 볼 때 농암이 35세 때 함경북도 兵馬評事로 있을 때 그 곳 列鎭을 순찰한 적이 있는데 그때 함흥을 지나면서 지은 것이 아닌가 한다. 이 시에는 起承兩句는 낙민루와 만세교가 서로 마주보고 있는 것을 표현한 것에 불과하나 轉結兩句에서 높은

---

96) 『農巖集』別集 卷3, 魚有鳳 錄, 語錄. "先生自哭子後 絶不作詩 如挽別之屬 一切不應"

낙민루에 앉아 있는 사람과 긴 만세교 위로 가는 사람이 모두 아름다운 그림 속에 있는 것과 같다고 했는데 높은 루와 긴 다리가 같이 어울러져 조화를 잘 이루고 있다고 한 것이며, 淸新함이 돋보이는 시가 아닌가 한다. 다음에는 八月十五挐舟溯江凡行十里乃泊岸夜已過半矣詩 네 수에서 又賦 두 수를 들어본다.

蒹葭岸岸露華盈   갈대 잎마다 이슬에 젖었고
蓬屋秋風一夜生   蓬屋에 갑자기 가을바람 불어온다.
臥溯淸江三十里   누워 맑은 강 삼십 리를 거슬러 가니
月明柔櫓夢中聲.   밝은 달 노 젓는 소리 꿈속에 들린다.

一年一度中秋月   일년에 한번 맞는 한가위 달
無雨無雲此夜晴   비도 구름도 없이 맑게 개였구나.
好放扁舟江闊處   편주를 넓은 곳으로 흘러가게 놓아 두고
柁樓看到打三更.   柁樓에 와서 보니 삼경을 알린다.
　　<卷三>

이 시는 같은 시제로서 五言律詩 네 수를 짓고 又賦라 하여 七言絶句 두 수를 지은 것이다. 이 작품은 언제 어디에서 지었는지 알 수 없으나, 詩題에서 알 수 있는 바와 같이 배를 저어 강을 거슬러 수십 리를 갔다고 했고, 전후에 실려 있는 시들이 청풍부사로 있을 때 지은 시들과 바로 앞서 우암 송시열과 함께 화양동과 선유동을 유람하며 지은 시가 있다. 농암의 연보에 따르면 청풍부사로 부임한 다음 해 화양동에 가서 우암을 보고 선유동까지 유람했다고 한다. 이로써 미루어 볼 때 부사로 있을 때 틈을 내어 화양동에 갔다가 청풍으로 돌아올 때 배를 타고 거슬러 오면서 아름다운 주변의 야경을 보고 지은 작품임을 알 수 있다.

첫 작품이 起承兩句에 강변의 갈대는 이슬에 젖었고 봉옥에는 가을 바람이 분다고 했는데 배를 타고 가면서 보이는 야경이며 이때 추풍은 춥지 않았을 것이다. 轉結兩句는 달밤에 노 젓는 소리를 들으며 누워서

강을 거슬러 간다고 했는데 운치가 있으며 성조도 매우 좋다고 생각된
다. 其二는 구름 한 점 없는 한가위의 밝은 달빛 아래 밤 깊게까지 배를
타고 간다고 했다. 이들 작품은 성조도 좋지만 淸絶하여 전혀 俗氣가
없는 것이 좋지 않은가 한다. 다음에는 朴淵詩 열 수 가운데 두 수를
골라 들어본다.

東韓有此朴淵勝　　우리나라에 이같은 박연폭포 있으니
天下應爲瀑水難　　세상에 폭포 되기 어려우리라.
可說今成三度至　　지금까지 세 번 찾았지만
須知不厭百回看.　　백 번 보아도 싫지 않으리.
　　<卷六 其一>

蒼山白雨古來飛　　푸른 산에 옛부터 빗방울 날라
盡日松杉濕不晞　　종일 소나무 잎이 마르지 않았다오.
滿面行塵須一洗　　낯에 묻은 먼지 깨끗이 씻을 테니
就中誰敢惜春衣.　　이 세상 누군들 옷을 아끼리.
　　<卷六 其四>

　농암은 박연폭포를 여러 번 찾았는데, 위에 인시한 시는 세 번째 갔을
때 지은 시라고 하며, 같은 시제로 지은 열 수 가운데 첫 수와 其四이다.
처음에 든 시는 박연폭포가 장관임을 말하고자 한 것인데 바로 말하지
않고 이 폭포 때문에 다른 폭포가 폭포 되기 어려울 것이라고 했으니,
바로 이 세상에서 으뜸이 된다고 한 것이므로 표현 수법이 좋지 않은가
한다. 그리고 백 번을 보아도 싫지 않은 것이라고 했다. 두 번째 시는
폭포가 장관임을 경탄하는 것으로 그치지 않고 폭포 주위에 떨어지는 빗
방울이 낯에 묻은 먼지를 깨끗이 씻어주고 있으니 누군들 옷을 아껴 가
까이 가는 것을 거절 하겠는가 했다. 폭포를 폭포로 보지 않고 세속의
풍진까지 씻고자 했다. 폭포가 웅장했기 때문인지 시의 格調도 그에 따
라 雄健함이 있지 않은가 한다.

앞에서 살펴본 시들은 칠언절구였는데 다음에는 오언률시 몇 수를 들어보고자 하며 먼저 曉發天安詩를 들어본다.

征途不可問   가는 길은 물을 수 없어
雲物晦山川   안개가 산천을 가리었다.
露菊明秋岸   이슬 젖은 국화는 언덕에 피었고
星河耿曉天   은하는 새벽 하늘에 반짝인다.
鷄鳴人起後   닭은 늦게 울고
鴈度客行前   기러기는 앞서 날아간다.
駐馬望朝日   말을 멈추고 아침 해를 바라보며
長安何處邊.   서울이 어느 쪽에 있을까.
　　<卷一>

이 시는 시제에서 알 수 있는 바와 같이 천안에서 새벽에 목적지를 향해 출발하면서 지은 작품이다. 首聯은 갈 길이 멀었든지 일찍 일어나 출발하고자 할 때 산천에 안개가 자욱하게 끼어 방향까지 알 수 없음을 표현한 것이다. 頷聯은 출발했을 때의 주변 景物을 나타낸 것인데 이슬에 젖은 국화가 길옆 언덕에 피었고 은하수의 별들은 반짝인다고 했으니 계절은 가을이었음을 알 수 있다. 頸聯은 먼 길을 가기 위해 새벽에 일찍 일어났음을 말한 것이다. 시골 닭들은 이른 새벽부터 몇 차례 울게 되는데 시계가 없었던 옛날에는 그것으로 시간을 가늠했다. 사람은 일어났는데 그 후에 닭이 울었다고 하니 닭이 울기 전에 일찍 일어났다고 한 것이다. 그리고 늦가을이면 초저녁이나 이른 새벽에도 기러기는 날아간다. 尾聯은 낯이 선 곳에서 새벽에 일찍 일어나 여행을 하게 되니 해가 뜰 즈음에는 서울이 어느 쪽에 있는지 모르겠다고 한 것은 방향 감각을 잃었다고 한 것이다. 즉, 낯선 곳에서 산천에 안개까지 끼어 동서남북을 모르겠다고 한 것이다. 이 시는 詩想이 새롭거나 묘사가 정교해 여기에서 언급하고자 한 것이 아니고 농암 시의 특징을 이해하는데 도움을

얻고자 한 것이다. 다시 말하면 이 시는 수사에 집착한 흔적이 없으면서 古雅한 격조를 지니고 있는데, 이러한 점이 농암 시의 특징의 하나가 아닌가 한다. 다음에는 詠田中羣雁詩를 들어본다.

萬里隨陽鴈	멀리서 따뜻한 곳 찾아온 기러기는
先霜發北邊	서리 오기 전에 북쪽에서 떠났다오.
含蘆愁遠道	갈대 물었으니 먼 길 걱정되고
啄穗下寒田	벼이삭 먹기 위해 논으로 내려온다.
顧影頻疑網	그림자 보고 그물인 듯 의심하고
聞聲誤怯弦	소리 듣고 활시위인가 겁낸다오.
冥冥九霄意	까마득한 넓은 하늘 날고 싶으나
終被稻粱牽.	벼 낟알에 이끌리게 되었다네.

<卷一>

이 작품은 시제에서 알 수 있는 바와 같이 늦가을 이후에 논에 기러기 떼가 앉아 있는 것을 보고 지은 것이다. 기러기는 候鳥로서 여름철에는 북쪽에 있다가 늦가을이 되면 우리나라에 내려온다. 수련은 늦가을 서리가 오기 전에 따뜻한 곳으로 찾아온 기러기 떼를 보고 표현한 것으로써 起辭에 불과하며 특별한 의미가 있는 것은 아닌 듯하다. 함련은 갈대밭과 논에 앉아 있는 기러기 떼를 보고 작자의 관찰과 상상을 접근시키고 있다. 경련은 표현이 참으로 절묘하다. 주위의 그림자를 보고 그물인가 의심하고 소리만 들려도 활시위인가 겁을 낸다고 했는데, 예리한 관찰로써 이 시를 여기에서 언급하게 한 것이 될 것이다. 미련은 함축적인 의미도 있는 것으로 생각된다. 다시 말하면 넓은 창공을 임의대로 날을 수 있음에도 불구하고 벼 낟알에 유혹되어 위험한 논에 앉아 있는 것은 현실에서 많은 선비들이 功名을 탐내어 학문을 포기하는 것에 대한 풍자가 아닌가 한다. 다음에는 上驪江舟中夜宿詩를 들어본다.

江漢秋濤盛　　　한강에 가을 물결이 높아
孤槎似泛河　　　작은 배가 황하에 떠 있는 듯.
月高檣影直　　　달이 중천에 있어 돛대 그림자 바르고
沙闊露華多　　　넓은 사장에 이슬이 많이 내린다.
隔岸望煙火　　　건너 언덕에 불빛이 보이고
隣船聽笑歌　　　이웃 배에 웃는 소리 들린다.
潛魚亦不睡　　　물 속 고기도 잠을 자지 않은 듯
舷底暗吹波.　　　뱃전에서 몰래 물결을 일으킨다.
　　<卷一>

　　이 시는 언제 지었는지 알 수 없으나 시제에서 말한 바와 같이 달밤에
驪江에서 배를 타고 올라가면서 지은 것인데 내용의 분위기로 보아 친
구들과 함께 船遊하면서 지은 것은 아닌 듯하고 배 안에서 야숙을 한다
고 했으니 서울에서 늦게 출발하여 배를 타고 멀리 가면서 지은 것인
듯하다. 수련은 강물이 많다는 것을 표현한 것이며 함련과 경련은 달 밝
은 밤에 배에서 원근을 바라본 夜景인데 하늘에 떠 있는 달에서부터 넓
은 강변의 사장과 건너 언덕 위에서 비치는 불빛과 그리고 웃음소리까지
들리는 이웃 배로 시계가 점차 좁혀지고 있다. 미련은 아름다운 夜景에
도취된 시인의 기분을 알았다는 듯 타고 가는 뱃전 밑에 고기들도 자지
않고 놀고 있다는 것인데 그것을 暗吹波로 표현한 것이 좋지 않은가 한
다. 이 시는 처음부터 끝까지 작자의 감정을 반영하지 않은 寫景詩인데,
표현이 정교한 면이 있으면서도 典雅함을 느낄 수 있다. 그것은 농암
시의 특징으로 볼 수 있을 것이며 그가 漢魏의 古詩를 좋아했기 때문일
것이다. 그리고 위에 든 시와 같이 농암의 시 중에 좋은 작품이 五言詩
에 많은 것도 고시와 상관이 없는 것은 아닐 것이다. 다음에는 칠언률시
에 대해 알아보고자 한다. 먼저 歸到萬瀑洞口遇雨詩를 들어본다.

步自摩訶日午歸　　　마하연에서 걸어 한낮에 돌아와
行經萬瀑已斜暉　　　만폭동을 거치니 석양이 되었다.

林間好鳥啼難盡　　숲 속 꾀꼬리는 아직 울고 있고
木末幽花開不稀　　나뭇가지에 꽃은 지금도 피었다.
眞歇臺西雲驟變　　眞歇臺의 구름은 빨리 지나가고
香鑪峰下雨紛飛　　香鑪峰 위에 비가 많이 내린다.
山僧定怪游人意　　스님은 遊人의 뜻을 이상히 여기며
堅坐蒼巖聽濕衣.　　바위에 굳게 앉아 빗소리 듣는다.
　　　＜卷二＞

　이 시는 詩題에서 알 수 있는 바와 같이 金剛山 萬瀑洞에서 지은
것이다. 농암은 금강산을 두 번 유람한 적이 있었는데, 처음은 21세 때
였고, 두 번째는 35세 때 咸鏡北道 兵馬評事로 임명되어 갈 때 며칠
간 금강산을 재차 유람했다고 한다. 농암이 이 시를 언제 지었다고 말하
지 않았기 때문에 알 수 없는데, 필자는 作家硏究에서 처음에 갔을 때
지은 것이 아닐까 하는 생각을 한 적이 있었으나, 이 글을 초하면서 다
시 살펴본 바 뒤에 갔을 때 지은 것으로 생각된다. 이렇게 보고자 한 것
은 이 시의 전후에 萬瀑洞과 연관이 있는 시들이 여러 수 있는데, 처음
에 갔을 때 약관이 겨우 지난 시기임을 감안할 때 그와 같은 좋은 시를
많이 지을 수 있었을까 하는 생각이 없지 않다. 그리고 金剛山詩가 끝
난 다음에 바로 北評事로 가면서 지은 시들이 연결되어 있기 때문이다.
　수련은 摩訶衍과 萬瀑洞 등 금강산에서도 유명한 곳을 바쁘게 찾아
다녔다고 한 것이다. 함련은 숲 속에서 꾀꼬리가 울고 나뭇가지에서 꽃
이 피는 것은 자연현상으로서 신기할 것이 없겠으나 여기에서 표현이 좋
다고 생각되는 것은 시이기 때문인지 알 수 없다. 경련은 여름철 금강산
의 기후의 변화무쌍함을 나타낸 것이다. 내용에 맞추어 語勢도 豪健함
이 있으며, 금강산 내에 있는 眞歇臺와 香鑪峰으로 좋은 對句를 이루
고 있다. 미련은 금강산의 아름다운 경치에 도취된 자신과는 달리 스님
은 수도에 정진하고 있다고 했는데, 이것은 儒釋의 異質性을 나타낸 것
으로 볼 수 있을 듯하다. 이 작품은 특별한 의미가 있는 것은 아니고 기

행시로서 전체적으로 표현이 좋다고 생각되기 때문에 들어보았다. 다음
에는 訪重興寺詩를 들어본다.

高秋霜露洗林丘	늦가을 서리에 나뭇잎이 떨어지니
喜見三峰天畔浮	三峰이 하늘 가에 떠 있다오.
絶壁冷霞餘雨氣	절벽은 안개로 습기에 젖었고
壞城斜日映寒流	허물어진 성에 햇빛은 흐르는 물에 비친다.
藤蘿古道深難取	덩굴 얽힌 옛 길은 가기 어렵고
燈火禪房暝始投	등불 켠 선방에 어두움이 찾아든다.
勝處每懷長往志	좋은 곳 찾고자 오래 기다렸으니
會攀叢桂共僧留.	달빛 아래 스님과 같이 놀련다.

<卷一>

　이 시는 重興寺에 가서 지었다고 했는데, 내용의 분위기로 보아 친구
또는 제자들과 같이 가서 지은 것이 아닌가 한다. 수련은 찾았을 때의
계절과 청명한 날씨를 말한 것인데, 浮字의 표현이 절묘하지 않은가 한
다. 함련과 경련은 重興寺 주변의 경치와, 절이 깊은 산 속에 있고 사람
들이 잘 다니지 않은 옛 길에 덩굴들이 엉켜 있어 가기가 어렵다고 했으
니 古刹임을 알 수 있다. 미련은 이와 같이 경치가 좋은 곳을 찾고자
항시 생각하고 있었기 때문에 달빛 아래 스님과 함께 머물러 있고 싶다
고 했다. 이 작품은 紀行詩로서 古刹 주변의 경치를 표현한 것이면서
典雅하고 高古함이 있다. 농암의 시를 분리해서 말하기는 어렵겠지만
대체적으로 五言律詩와 古詩가 漢魏 古詩의 영향을 적지 않게 받았다
면 七言律詩는 杜詩의 영향을 받아 沈重하면서도 典雅하지 않았던가
한다.

　농암이 35세 때 5월에 咸鏡北道 兵馬評事에 임명되어 그곳 列鎭을
순찰하고 그해 10월에 돌아왔다. 그때 적지 않은 시를 지었으므로 몇 수
들어 보고자 하는데, 먼저 登茂山箏嶺始見豆滿江詩를 들어본다.

我馬日北首	내 말이 연일 북쪽을 가더니
朝嘶白山外	아침에 白頭山 밖에서 운다.
揚鞭上隴首	채찍을 휘둘러 언덕에 올라
據鞍臨荒塞	말을 타고 거친 변방에 다다랐다.
胡山鬱滿眼	胡國의 울창한 산들은 눈에 가득하고
豆江細縈帶	豆滿江 물은 띠처럼 흐른다.
平生四方志	평생에 사방을 경영하기 바랐으니
遠游無此快	멀리 다녀도 오늘처럼 상쾌하랴.
惜哉手中箠	아깝게도 손에 잡은 채찍으로
未笞中行背	바로 가는 말을 재촉하지 못했다.
攬轡空一歎	고삐 잡고 부질없이 탄식하는 것은
悲風感征斾.	悲風에 흔들리는 깃발에 감회가 서렸다오.

<卷二>

이 작품은 五言古詩이다. 역대의 우리나라 문인들은 律詩와 絶句를 많이 지었고, 古詩를 짓지 않았던 것은 아니나 많이 볼 수 없는 詩型이었는데, 농암의 시에서는 古詩가 적지 않을 뿐만 아니라, 좋은 작품도 많다. 이 시는 농암이 兵馬評事로서 列鎭을 순회하는 과정에 비로소 豆滿江을 보고 감회에 젖은 것을 표현한 것이다. 첫 련은 여러 날 동안 말을 타고 북쪽을 가서 白頭山 근처에 도달했다는 것이며, 다음 양련은 높은 곳에 올라 豆滿江과 胡地의 山河를 바라본 감회를 표현한 것인데, 국내의 다른 지방을 여행하는 것과는 달리 북쪽 변방에서 두만강을 사이에 두고 胡地를 처음 바라보는 감회는 달랐을 것이다. 그리고 그다음 연은 평생 동안 사방을 경영해 보고 싶었던 壯志를 가지고 있으면서 여러 곳을 다녀보았지만 이곳에 와서 국경 넘어 胡地를 바라보는 것만큼 상쾌할 수 있겠는가 했다. 그 다음 연은 손에 잡고 있는 채찍으로 타고 있는 말을 쳐 광활한 胡地의 벌판을 달리고 싶었으나 그렇게 하지 못해 안타깝다고 했다. 마지막 연은 그와 같은 雄志를 펼쳐 보지 못했기 때문에 타고 있는 말고삐를 잡고 바람에 나부끼는 깃발을 보며 깊은 감

회에 잠긴다고 했다. 다시 말하면 이 작품은 豆滿江을 앞에 둔 국경지대에서 胡地를 짓밟아 보고 싶은 雄志를 펴지 못한 감회를 표현한 것으로 볼 수 있으며 格調도 豪健함이 있다. 다음에도 역시 그곳에서 지은 詠懷詩 여덟 수 가운데 첫 시를 들어보고자 한다.

少小無遠略	어렸을 때부터 큰 뜻이 없어
枉作章句儒	쓸모없는 글 하는 선비가 되었다오.
讀書何用多	글은 무엇 하러 많이 읽었느냐
未曾窺孫吳	일찍 孫吳兵書도 보지 못했다네.
却來佐戎幕	요사이 陣中 일을 도우며
輒擬禽單于	문득 單于 잡는 연습을 한다오.
短衣曳長劍	짧은 옷에 긴 칼 차고
扼腕談雄圖	주먹 불끈 쥐고 큰 계획 말한다.
深知賈生憤	賈生이 분해함을 잘 알겠고
未覺終童愚	終童의 어리석음 깨닫지 못했다.
時哉苟有會	만약 때가 기회를 주게 되면
或可封狼居.	혹시 狼居山의 封함을 받게 될까.

<卷二>

농암은 위의 시에서 말한 바와 같이 독서만 했던 선비였으나 이곳 兵馬評事에 임명되어 北關에 와서 그때까지 체험한 것과는 다른 분위기에서 일을 하면서 지난날과 비교하여 감회가 적지 않았을 것으로 짐작되는데, 이 詠懷詩들은 그러한 감정을 표현한 작품이다. 첫 연과 다음 연은 어렸을 때부터 큰 뜻 없이 글은 많이 읽었으면서도 春秋戰國時代 전략가인 孫臏과 吳起의 兵書를 읽지 못한 것이 후회가 된다는 것인데, 그것은 지금까지 읽었던 글이 그곳에서 하는 일에 전혀 도움이 되지 않기 때문이었을 것이다. 그 다음 연은 요사이 陣中에서 무장을 하고 胡族의 酋長 잡는 연습을 하며 원대한 계획을 말한다고 했는데, 농암이 살아온 것과 전혀 다른 세계를 말한 것이다. 그 뒤의 연에서 賈生이 분

해함을 알겠고 終童의 어리석음을 깨닫지 못했다고 했는데, 賈生은 前漢 때 賈誼일 것이다. 그는 文帝에게 중국을 침범하는 匈奴族을 격퇴시키지 못하고 굴욕적인 외교를 하는 것에 대해 통분하게 여겼는데, 농암이 胡地를 바라보고 그러한 역사적인 사실을 되새기며 국토를 확장하지 못한 것에 대해 賈生과 같이 분하게 여긴 것이 아닌가 한다. 終童은 어떤 인물인지 알아보지 못했기 때문에 억지로 해석은 않고자 한다. 끝연은 자신에게 기회가 주어진다면 胡地 깊숙이 있는 狼居山의 봉함을 받을 수 있을까 했는데, 胡地를 평정해 보고 싶은 野望일 것이다. 이 시는 국경지대의 戎幕에서 처음으로 광활한 胡地를 바라보고 국토를 넓게 개척해 보고 싶은 감정을 표현한 것으로 생각된다. 그리고 이 작품은 농암의 시에서 보기 드물게 豪健함을 볼 수 있는데, 그것은 그러한 시를 짓지 못했거나 않았던 것이 아니고 장소와 詩題에 따라 지을 수 있었음을 알 수 있다. 다음에는 鍾城客館詩를 들어보고자 한다.

愁州城外野茫茫	이곳 성 밖에 들은 까마득하고
磧草連天落日黃	강변의 풀밭에 황혼이 든다.
客路已臨胡地盡	순찰은 이미 胡地까지 다다랐는데
鄕心直共暮雲長	고향 생각은 그치지 않는다오.
烽傳遠火明孤戍	봉수대의 불빛은 수자리를 비추고
江湧寒波下大荒	출렁거리는 강물은 먼 바다로 흐른다.
不恨樓笳侵曉夢	새벽꿈을 깨우는 피리소리보다
歸魂元自阻關梁.	관문과 다리가 가는 길을 막는다오.

　　　　　　<卷二>

농암이 北關에서 지은 시는 古詩가 많았는데, 이 시는 七言律詩이다. 그 곳 兵馬評事의 직책은 鏡城에 머물고 있다가 관할하는 列鎭에 일이 있으면 순찰하는 것으로 짐작되는데, 이 작품의 詩題를 鍾城客館이라 한 것을 보면 그곳을 순찰하기 위해 왔다가 客館에 자면서 지은

시인 듯하다. 수련은 그곳 풍경을 표현한 것으로서 망망한 들판에 황혼이 든다고 했으니 쓸쓸함을 느끼게 한다. 함련은 이미 胡地가 닿는 지역까지 순찰을 했다고 한 것은 고향을 떠나 이곳 任地에 온지도 오래되었다는 의미도 포함되었을 것이다. 그렇기 때문에 고향을 생각하는 마음이 저녁 하늘에 펼쳐 있는 구름처럼 길다고 한 것이 아닌가 한다. 경련은 명멸하는 불빛과 출렁거리는 강물이 고향 생각을 더욱 간절하게 한다고 했다. 미련은 구슬프게 들리는 피리소리에 새벽잠을 깨어 고향 생각에 잠기게 하는 것을 원망하는 것보다 관문과 다리에 막혀 돌아가지 못한다고 했다.

당시 농암은 관직에 있었기 때문에 머물고 돌아가는 것은 王命에 따를 뿐인데, 임금을 말하지 않고 관문과 다리에 막혀 돌아가지 못한다고 말한 것에서 그의 인품의 忠厚함을 짐작할 수 있을 듯하다. 이 시는 먼 변방에서 집을 떠난 지 수개월이 되면서 客館에서 고향을 생각하며 지은 것인데 落日, 暮雲, 孤戍, 曉夢 등의 말에서 그의 思鄕心을 짐작할 수 있을 듯하다. 다음에는 농암이 淸風府使로 있을 때 지은 시들을 살펴보고자 한다.

농암은 37세 때 淸風府使로 부임하여 일 년이 약간 넘게 있었는데, 그때 가정에서도 별탈이 없었고, 자녀들도 잘 자라 일생에서 가장 행복했던 때가 아니었던가 한다. 농암이 그곳에 있을 때 丹陽의 명승지를 유람했고, 權尙夏도 가까운 곳에 있었기 때문에 수시로 만난 듯 하며, 李喜朝와 李端相의 門下에서 동문수학한 李徵明이 동생과 자질들을 데리고 왔으며, 동생 金昌翕과 洪世泰도 왔기 때문에 그들과 적지 않은 시를 짓기도 했다. 그 가운데 郡齋送子益入寧越詩를 들어 본다.

玉筍峰前春水綠	옥순봉 앞에 물빛은 푸르고
仙巖洞裏早花紅	선암동에 일찍 꽃들이 피었다.
丹丘勝處經行盡	단양 八景 두루 구경하고

又逐靑山入越中.　　　다시 靑山을 따라 寧越로 가네.
　　<卷三>

　농암의 연보에 따르면 부임한 다음 해 3월에 동생 昌翕과 단양의 경치 좋은 곳을 구경하며 많은 시를 지었다고 했는데, 이 시는 昌翕이 형의 부임해 있는 곳에 와서 그곳 구경을 하고 다시 寧越로 갈 때 농암이 지은 송별시이다. 자신은 직무에 얽매여 가지 못하면서 명승지를 자유롭게 찾는 동생을 부러워하며 지은 것으로 생각된다. 이 시는 동생을 보내면서 애틋한 감정을 내포한 함축된 의미는 없으나 볼 때 재차 읽고 싶은 충동을 느끼는 것은 聲調가 좋기 때문이 아닌가 한다. 어쨌든 俗氣가 없고 淸逸함이 있다. 다음에는 送洪生往二潭詩를 들어본다.

漠漠丹丘峽　　　단양의 산들은 높고 깊으며
春雲繞島龜　　　島潭과 龜潭에 안개가 끼었다.
送君從此路　　　그대 이 길로 보내면서
駐馬久尋思　　　말을 멈추고 오래 생각한다오.
吹笛中峰是　　　吹笛은 中峰이 좋을 것이고
維舟幾曲疑　　　배는 몇 곡에서 매어야 할까.
樵柯容易爛　　　도끼자루 쉽게 썩나니
莫被羽人欺.　　　신선의 유혹에 속지 말게나.
　　<卷三>

　앞서 언급했던 바와 같이 洪生 世泰는 신분은 한미했으나 시를 잘 지었기 때문에 농암 형제가 매우 친근하게 대했다. 이때도 농암이 洪世泰가 문상하러 忠州에 온 것을 알고 말을 보내오게 했다고 한다. 그리고 淸風에서 金昌翕과 합류하여 그곳 명승지를 구경하며 시를 지었다. 위시의 수련과 함련은 단양의 명승지를 말하면서 자신이 먼저 와서 있었기 때문에 그곳으로 유람 가는 洪世泰에게 어떻게 하면 구경을 잘 할 수 있을까 하는 것을 말을 멈추고 오래 생각한다고 했다. 경련은 유람하는

과정에 따른 안내가 되겠고, 미련은 우리나라 俗談에 산에 나무하러 갔던 나무꾼이 신선의 놀음에 같이 있다가 도끼자루 썩는 줄을 몰랐다는 말을 인용하여 그곳에 가서 오래 있지 말고 빨리 돌아오라는 당부인데, 각별한 우정을 느낄 수 있지 않을까 생각된다. 이 시는 표현에 특별히 좋은 것이 있어 들었다기보다는 속담을 들어 우정을 표시한 것이 돋보이지 않는가 한다. 다음에는 子益將登舟賦得寒碧樓前一樹梨與洪生和之詩를 들어본다.

> 寒碧樓前一株柳　　寒碧樓 앞 한 그루 버들은
> 千條縮盡錦屛煙　　가지마다 錦屛山 안개가 끼었다.
> 春風長得空如許　　봄바람이 이처럼 불면서도
> 不繫歸人下瀨船.　　여울로 가는 배 매지 못한다오.
> 　　　<卷三>

이 시는 淸風에서 농암이 자신을 찾아온 동생이 돌아가고자 배를 탈때 석별의 정을 나타낸 작품이다. 起承兩句는 당시의 주변 경관을 표현한 것이기는 하나 버들가지마다 연기가 끼었다는 것은 석별의 감정을 암묵적으로 반영한 것이 아닐까 한다. 轉結兩句는 봄바람이 계속 불면서도 배를 가지 못하게 하지 못한다고 했으니 석별의 정을 반영한 것이다. 농암은 서울에서 멀리 떨어져 있는 任地까지 찾아온 동생을 보내면서 석별의 정을 깊게 느끼었는지 위의 시의 표현이 야단스럽지 않으면서 무거운 정회를 느끼게 한다.

다음에는 농암이 후기에 깊은 산 속인 鷹巖과 三洲에 살면서 자연과 親和하며 지은 시에서 몇 수 들어 살펴보고자 한다. 농암의 연보에 따르면 29세 때 鷹巖에 들어가서 집을 짓고 가족을 데리고 가서 살았으나 그때는 잠깐 있다가 올라왔고, 39세 때 아버지 議政公이 珍島에서 後命을 받게 되자 그 해 9월에 다시 鷹巖으로 들어가서 三洲로 옮길 때까지 그곳에 많이 있으면서 학문 연구와 찾아오는 제자들을 가르치기도 하고 시도 적지 않게 지었다.

농암은 서울의 화려한 가문에서 성장했고, 과거까지 합격하여 位品은 높지 않았다 할지라도 여러 관직을 역임했는데, 아버지 議政公이 後命을 받게 되자 出仕하는 것을 단념하고 응암으로 들어갔다. 당시 농암이 그러한 태도를 취하게 된 것은 부친의 후명에 따른 충격도 크겠지만 농암에게는 한적한 시골을 동경하는 잠재의식이 있었기 때문에 그러한 결정을 더욱 쉽게 하지 않았던가 한다. 이렇게 보고자 하는 것은 농암의 그러한 선택이 불가피한 것은 아니라고 생각된다. 다시 말하면 벼슬은 하지 않는다 할지라도 깊은 산 속으로 꼭 가야 할 것은 없다고 생각되기 때문이다. 그리고 그곳에 가서 쉽게 친화가 되는 것에서도 알 수 있지 않을까 한다. 농암이 그곳에 가서 지은 시에서 먼저 還山詩 10수 가운데 其五를 들어본다.

我昔鑿三池	내 옛날 三池를 파게 된 것은
本爲荷蒪魚	연과 물고기를 기르고자 함이었네.
蕪穢久不治	오래 동안 손을 보지 못해
一半生荻蘆	반은 갈대가 무성하다오.
淸泉固有源	맑은 샘은 근원이 있어
活水不曾枯	솟는 물이 마르지 않았다.
戢戢蒪稍出	모여 있는 양화는 점점 자라고
發發魚可罟	빠른 물고기는 그물질을 해야겠다.
吳會何必憶	吳의 會稽를 꼭 생각하랴
眼前生五湖	눈앞에 五湖가 펼쳐 있다오.
便作羹膾計	국과 회를 한다 해도
雖早未爲迂	이르지만 못할 것이 없다오.
白頭尙淸債	白頭에 아직 빚이 있나니
未了種芙蕖	연을 심지 못한 것이라네
何當滿樓香	연꽃 향기 누에 가득하게 되면

坐披濂溪書.　　그곳에서 周濂溪 시를 읊으련다.
　<卷六>

농암 시의 편집은 淸風府使로 있을 때까지의 시는 지은 장소와 시기에 따라 순차적으로 편찬되어 있는 듯하고 그 후에 지은 것은 여러 곳에서 지은 것이 섞여 있다. 그것은 한 곳에 오래 머물러 있지 않고 자주 옮겨 다녔기 때문일 것이다.

위의 시는 詩題를 還山이라고 했으니 다른 곳에 있다가 옛날에 있었던 산으로 돌아갔다는 것인데, 농암이 이 시에 대해 어디에서 지었다고 말하지는 않았으나 응암으로 돌아가서 지은 것으로 볼 수 있는 것은 그 곳에 있을 때 집 주위에 못을 팠다는 말이 있고, 같은 詩題의 還山詩 其八의 시에 晨興望白雲 山氣晴更肅이라 했는데, 白雲山은 鷹巖 주위에 있는 산이다. 이로써 응암에서 지은 시임을 분명히 알 수 있다.

농암은 응암에 29세 때 가족을 데리고 들어갔다가 얼마 되지 않아 바로 나왔고, 39세 때 다시 들어갔다. 그런데, 두 번째 갔을 때는 여러 해 있었으나 常住하지는 않고 다른 곳에 수개월 동안 머물다가 들어가기도 했다. 그러므로 이 시는 두 번째 들어갔을 때 지은 것이 틀림없으나, 내용으로 보아 바로 지은 것이 아니고 뒤에 지은 것이 아닌가 한다.

이 시는 16句나 되는 五言古詩인데, 앞부분은 그 동안 돌보지 못했기 때문에 전날 파놓은 못에 갈대가 무성했으나 물을 마르지 않았다고 했다. 가운데 부분은 손질을 많이 했더니 양화도 점점 자라고 물고기도 활발하게 놀아 자신에게는 會稽의 五湖에 비해 못하지 않다고 했다. 그리고 끝부분은 이 못에 아직 연을 심지 못했는데, 만약 연을 심어 꽃이 피게 되면 주위에 있는 정자에 앉아 周濂溪의 愛蓮說을 읽으며 연꽃을 감상할 것이라고 했다.

그런데, 이 還山詩가 왜 못에만 치중했는가 할지 모르겠으나, 위에서 말한 바와 같이 還山詩는 모두 10首로서 정원에 있는 花草와 소나무를 비롯하여 주변의 아름다운 경치에 이르기까지 다양하게 표현되었는데, 위에 인시한 其五의 시는 그 가운데 오로지 못을 중심으로 표현한 것이기 때문이다. 이 還山詩는 10首가 모두 五言古詩로서 句數는 10句에서 20句까지 장단이 일치하지 않다. 농암이 入山한 동기는 어쨌든 悠悠自適하는 산중생활을 여실히 표현한 長篇敍事詩가 될 것이다.

농암은 재차 응암으로 들어간 후 세상을 떠날 때까지 20년 가까운 세월 동안 서울에 가서 살지 않고 시골인 응암과 三洲를 오고 가며 살았는데, 농암이 어디에 있었든지 학문 연구와 찾아오는 제자들을 가르치는 것은 쉽지 않았다. 그러나 긴 세월 동안 그것이 생활의 전부일 수는 없기 때문에 위에서 그곳에 있을 때 농사도 약간 짓지 않았던가 했는데, 다음에는 농사와 상관이 있는 田園詩에 대해 살펴보고자 하며, 먼저 宿石谷大有莊舍詩를 들어 그가 젊었을 때부터 농사에 관심이 있었던 것을 말하고자 한다.

馳出靑門驛路長　　東門을 나서 긴 驛路를 달리니
鐵關雲嶺極茫茫　　鐵關과 雲嶺이 매우 넓구나
浮名未使吾高臥　　뜬 이름이 물러나 있게 하지 않아
羨爾墙頭十畝桑.　　너 담장머리 뽕밭이 부럽다네.
　　<卷二>

이 시는 동생인 金昌業의 莊舍에 자면서 지은 시라고 했는데, 그때 昌業은 공명에 뜻을 두지 않고 서울을 떠나 시골에서 농사를 지으며 살았다고 한다. 농암이 이 시를 언제 지었는지 알 수 없으나 초기에 지은 시들과 같이 묶여 있고 내용으로 보아 朝廷에서 벼슬하고 있을 때 지은 것으로 짐작된다. 그런데, 이 시에서 주목되는 것은 轉結兩句로서 浮名이 자신을 물러나 있게 하지 않아 너 담장 머리 뽕밭을 부러워 한 것이

다. 이로써 보면 농암이 처음 벼슬할 즈음에도 시골에 물러나 있으면서 농사나 짓고 살았으면 하는 생각이 없지 않았던 것으로 짐작된다. 다음 에는 課農詩를 들어본다.

耕田白雲中　　흰 구름 속에 밭을 갈다가
飯牛靑溪側　　푸른 냇가에서 쇠죽을 먹인다.
時來閱耘耔　　때가 오면 연장을 점검하고
倚杖遂終夕　　지팡이 짚고 늦게까지 서 있다.
耒耜猶未親　　따비에 아직 익숙하지 못해
緬焉謝沮溺.97)　우두커니 바라보며 농부에 사례하련다.
　　<卷三>

이 시는 五言古詩인데 내용과 전후에 있는 시들로 보아 응암에 있을 때 지은 것으로 짐작된다. 첫 兩句는 그림 같은 시골 풍경이다. 서울에 서 생장했던 농암이 처음 그러한 광경을 보고 아름답게 여겼을 것이다. 다음 兩句는 농사철이 가까워지면 농사짓는 연장을 점검하고 때로는 집 밖에 나가 산과 들을 바라본다고 했는데, 봄이 되면 老農이 하는 일이 다. 그리고 마지막 兩句에서는 자신이 아직 농사일에 익숙하지 못하기 때문에 농부에게 사례한다고 했다. 이 작품은 농암이 농사일을 직접 하 지는 않았겠지만 농촌생활에 점차 가깝게 접근하고 있음을 알 수 있게 한다. 다음에는 觀耕詩를 들어본다.

菖杏春深布穀鳴　　깊은 봄 창포꽃 피고 뻐꾸기 우니
田家炊黍午煙生　　한낮 농가에 점심하는 연기 난다오.
年衰自覺扶犁倦　　늙어 쟁기질하기 어려워
曳杖閒看柳外耕.　　지팡이 짚고 밭가는 것 본다네.
　　<卷五>

---

97) 沮溺은 論語에 나오는 長沮 桀溺으로서 시골에 숨어 농사짓는 隱者였다.

이 시는 詩題를 觀耕이라 했으니 시골에서 봄날 논밭을 갈고 있는 것을 보고 지은 것이다. 起承兩句는 창포와 살구꽃이 피고 뻐꾸기 우는 봄날 田家에서는 점심하면서 나는 하얀 연기가 굴뚝에서 피어오른다고 했으니 깊은 봄 산골 농가의 아름다운 정경이다. 轉結兩句는 이제 늙어 쟁기질하기에 힘이 부치기 때문에 지팡이 짚고 밭 갈고 있는 것을 한가롭게 바라본다고 했는데, 이것은 농촌의 노인들에서 흔히 볼 수 있는 것으로서 꼭 농암이 그렇게 했다고 생각할 것은 아니다. 이 시는 농암이 농촌생활에 더욱 가깝게 접근했다고 볼 수 있을 뿐만 아니라, 田園詩로서 보기 드문 秀作이 아닌가 한다. 다음에는 春日居齋詩를 들어 본다.

田家聞布穀	농가에서 뻐꾹새 소리 들리면
耒耜日就治	날마다 따비를 손질한다.
相呼種春麥	서로 봄보리 심을 것 의논하며
東作自玆始	농사일이 지금부터 시작된다.
而余長京洛	나는 서울에서 성장하여
生不識田事	본디 농사일은 알지 못했다.
明農古有言	옛부터 明農의 말이 있나니
素食詩人恥	먹기만 하는 것을 부끄럽게 여겼다.
今我不努力	지금 내가 노력하지 않으면
歲暮將何俟.	겨울철에 무엇을 먹으리오.

<卷一 其七>

이 시는 詩題에서 陶淵明의 辭에 木所向榮 泉涓始流라 한 것에서 分韻해 지었다고 했으니 내용이 田園詩임을 짐작할 수 있고, 모두 여덟 수인데 여기에 든 시는 其七이다. 이 시 역시 언제 어디에서 지었는지 말하지 않았으나 초기에 지은 시와 같이 묶여 있고, 이 작품 전후에 있는 시에 可愛白雲西와 山居無事 등의 말이 있는 것으로 보아 응암에서 지은 것이 틀림없을 것으로 생각된다. 이 시는 五言古詩인데 앞의

四句는 봄철 농사일이 시작되는 시기에 산골마을의 풍경을 표현한 것이다. 농암의 시에서 이러한 농촌 풍경을 표현한 작품을 앞에서 본 觀耕詩와 아울러 그 외에도 여러 편을 볼 수 있는데, 그것은 시골에서 농사일이 시작되는 봄 풍경이 농암에게는 처음 보는 것으로서 신기했기 때문이었을 것이다. 그리고 뒤의 六句는 자신은 서울에서 성장하여 농사일에 대해 전혀 아는 것이 없으나 無爲徒食하는 것은 明農도 부끄럽게 여긴다고 했으니 부끄럽지 않게 일을 하겠다는 것이며, 지금 하지 않으면 歲暮에 무엇을 먹을 것인가 했다. 이로써 보면 농암이 처음 응암에 들어갈 때는 家禍로 인해 현실을 외면하고자 들어갔다 할지라도 들어가서는 적응하고자 노력했음을 알 수 있다.

지난 날 우리나라 문인들은 대부분 시골 출신이었는데, 그들의 문집에 田園詩를 많이 볼 수 없는 것은 항시 보는 것이기 때문에 고된 농사일에 신기함을 느끼지 못했을 것이다. 그런데 농암이 鷹巖에 들어가기 전까지는 서울에서 생장하며 살았기 때문에 시골 농가의 정경을 가까운 거리에서 보는 것이 처음이었으므로 신기했을 것이며, 이에 따라 田園詩를 많이 짓게 되었을 것이다. 어쨌든, 농암에 의해 아름다운 田園詩가 많이 지어졌다는 것은 우리 漢文學史에서는 큰 수확이며 주목해야 할 것이다. 다음에는 摘果詩를 들어본다.

山果非一種	산에 과일이 여러 종류가 있어
霜餘溢甘芳	서리 내리자 달고 향기가 있다.
行隨樵子覓	나무꾼 따라가서 찾아
坐共林僧嘗	스님과 같이 먹었다.
高蔓摘未盡	높은 덩굴에 달린 것은
留作鼪鼯糧.	다람쥐 양식하게 남겨두었다.
<卷三>	

이 시의 詩題를 摘果라 했으니 늦가을 산의 과일나무에 달려 있는

과일을 딴다는 것인데, 내용은 산에 있는 여러 종류의 과일들이 늦가을 서리가 내리고 나면 더욱 맛이 달고 향기가 있다. 나무꾼을 따라가서 딴 과일을 스님과 같이 나누어 먹었다고 했다. 그리고 높은 덩굴에 달려 있는 것은 다람쥐 먹게 남겨두었다고 했는데, 산골마을의 후한 인심을 반영한 것으로서 늦가을 정취를 느끼게 하는 작품이다. 이 시에서 높은 덩굴에 달려 따기 어려운 것은 다람쥐 양식하게 남겨 두었다고 했는데, 이 말은 농암이 처음으로 한 것이 아니고 시골 노인들이 하는 말로써 어렸을 때 들은 것이다. 이로써 볼 때 농암이 응암에서 산골마을의 생활양상을 다양하게 체험했음을 알 수 있다.

다음에는 위에서 살펴본 牧歌的인 화평한 田園詩와는 달리 서민들의 고된 생활양상을 소재로 한 시에 대해 살펴보고자 한다. 지난 날 우리나라는 빈곤에 많이 시달려 왔는데, 농암이 그러한 빈곤을 어떻게 보았는지 알아보는 것도 흥미 있다고 생각되며, 또 그것은 당시의 빈곤상태를 파악하는데 도움이 될 것이다. 먼저 山民詩부터 들어본다.

下馬問人居	말에 내려 사람이 있는가 물으니
婦女出門看	부인이 문을 나서 바라본다.
坐客茅屋下	손을 띠집에 앉혀 놓고
爲客具飯餐	밥을 차려 먹게 한다.
丈夫亦何在	남편은 어디 갔느냐 하니
扶犁朝上山	밭 갈려 일찍 산에 갔다 한다.
山田苦難耕	山田이 갈기 어려워
日晚猶未還	해가 졌으나 아직 돌아오지 않는다.
四顧絶無隣	사방을 보아도 이웃은 전혀 없고
雞犬依層巒	닭과 개는 바위틈에서 놀고 있다.
中林多猛虎	숲 속에는 범이 많고
朶藿不盈盤	콩잎을 따 왔으나 소반에도 차지 않는다.
哀此獨何好	아 이곳에 무엇이 좋아
崎嶇山谷間	기구하게 산속에서 홀로 사나뇨.
樂哉彼平土	평지가 좋기는 하겠지만

欲往畏縣官.　　　縣官이 무서워 가지를 못한다오.
　　<卷一>

　　이 시는 초기에 지은 시들과 같이 실려 있으나, 언제 어디에서 지었는지 밝히지 않았기 때문에 알 수 없다. 농암이 여행을 좋아했으므로 여행 도중에 산골 외딴집에 살고 있는 山民을 보고 지은 것인지, 아니면 응암에 있을 때 더욱 깊은 白雲山 속에 있는 山民을 보고 지은 것인지 알 수 없다. 추측으로는 전자가 아니었을까 생각되는데, 그것은 농암이 응암에 있을 때는 이미 山民과 가까워졌기 때문에 그들의 생활에 흥미를 느끼지 못했을 것으로 생각되기 때문이다. 어쨌든, 서울에서 생장한 농암에게는 깊은 산 속 山民의 생활이 흥미가 있었을 것이다.

　　이 작품에 반영된 내용은 깊은 산 속 외딴집에 살고 있는 山民의 어려운 생활상과 아울러 이들이 산 속에서 외롭고 고되게 살면서도 사람들이 많이 살고 있는 평지로 가지 않는 것은 고을 관리들이 무섭기 때문이라고 했는데, 농암은 鷹巖과 三洲 등의 시골로 옮겨 살았으나 그는 귀족이었지 山民은 아니었다. 이러한 농암이 깊은 산 속에 살고 있는 山民을 소재로 하여 그들이 고된 생활을 하면서도 떠나지 못하는 것은 그곳에 애착이 있기 때문이 아니고 縣官이 무서워 평지로 가지 못한다고 한 것은 주목할 만하다고 생각되는데, 그것은 세태와 상관이 있는 것으로서 당시 일반 서민들이 縣吏들로부터 많은 횡포와 착취를 당하고 있었음을 반영한 것이기 때문이다. 다음에는 夜臥聞主翁與僕夫語記之詩를 들어본다.

僕夫夜附火　　　僕夫가 불을 쬐이는데
主翁來近邊　　　늙은 주인이 다가왔다.
更闌語不休　　　쉬지 않고 말을 하는데
問答頗連綿　　　주고받는 이야기가 자못 길었다.
自言閱歲多　　　긴 세월 살아왔지만

饑荒無今年	금년 같은 흉년은 없었다오.
百死得一生	죽지 않고 살아남은 것은
正賴明府賢	이 고을 守令이 현명했기 때문이었소.
忍飢哺赤子	주린 것 참고 백성을 먹여
無一溝中捐	거리에서 죽는 사람이 없었다오.
所憂秋雖熟	걱정은 가을이 되었다 할지라도
官私無宿儲	官私에 남은 곡식이 없는 것이오.
緩死且今冬	금년 겨울은 죽지 않는다 할지라도
開歲將何如	내년을 어떻게 하리.
木綿況空田	목화도 따지 못했으니
最悶衣裳單	입을 옷이 없어 가장 걱정이오.
霜降應不遠	霜降이 멀지 않았으며
白露前夜寒	白露 전에도 밤은 춥다오.
側聽爲不寐	옆에서 듣고 잠을 이루지 못하고
靜念民生艱	백성들의 어려움을 생각해 본다.
風謠誠可采	백성들의 소리에도 들을 것이 있나니
何由達縣官.	縣官에게 어떻게 알릴 수 있으랴.

<卷四>

이 시는 詩題도 길지만 시도 22句나 되는 長篇의 五言古詩이다. 언제 지었는지 밝히지 않았으나, 이 작품 전후에 江原道 原州 지방의 지명을 詩題로 한 시들이 있고 그 밑에 觀黃生柱河葬이라는 詩題의 시가 있다. 黃生 柱河는 농암이 사랑했던 제자였는데, 연보에 따르면 농암이 46세 때 그가 일찍 죽었으므로 그 해 8월에 그의 고향인 原州까지 가서 問喪했다고 한다. 이 시는 그때 도중에 민가에 자면서 지은 것이 아닌가 한다. 이 시는 여행 중에 민가에 들려 밤에 자고자 할 때 아궁이 앞에서 불을 쬐이는 僕夫와 늙은 주인과의 대화 내용을 담은 것이다. 내용은 혹독한 흉년에 먹을 약식과 입을 옷이 없어 살아가기가 큰 걱정이라는 것이다.

농암이 여행 도중에 농촌의 비참한 생활상을 보고 들은 것을 주인과 복부와의 대화로써 표현한 것인데, 그것이 실질적으로 있었던 것인지 허구로 한 것인지는 알 수 없지만 사실 여부와는 상관없이 농민의 입을 빌어 참상을 말하게 한 것은 이 시를 보는 사람으로 하여금 흥미와 아울러 더욱 박진감을 느끼게 할 것이다. 그리고 앞서 살펴본 山民詩에서는 縣官이 무서워 평지로 내려가지 못한다고 했는데, 이 시에서는 守令이 현명하게 대처해 혹독한 흉년에 한 사람도 죽지 않았다고 했다. 다음에는 鑿氷行詩를 들어 본다.

季冬江漢氷始壯	늦겨울 한강에 얼음이 두꺼우면
千人萬人出江上	많은 사람들이 강으로 간다.
丁丁斧斤亂相斲	얼음 뜨는 정정한 도끼소리는
隱隱下侵馮夷國	河伯이 있는 곳까지 들리겠다.
斲出層氷似雪山	뜬 얼음은 눈더미 같고
積陰凜凜逼人寒	음산한 날씨는 매우 춥다.
朝朝背負入凌陰	아침마다 등에 지고 氷庫로 가고
夜夜椎鑿集江心	밤에는 쇠뭉치로 강에서 뜬다.
晝短夜長夜未休	낮과 긴 밤까지 쉬지 못해
勞歌相應在中洲	이곳 저곳에서 지친 소리 들린다.
短衣至骭足無屝	짧은 옷과 발에는 짚신도 없고
江上嚴風欲墮指	차가운 바람에 손가락이 빠지는 듯하다.
高堂六月盛炎蒸	높은 집 유월 매우 더울 때
美人素手傳淸氷	미인이 흰 손으로 얼음을 가져온다.
鸞刀擊碎四座徧	예쁜 칼로 부셔 고루 나누니
空裏白日流素霰	개인 대낮에 흰눈이 내리는 듯.
滿堂歡樂不知暑	모두 즐거워하며 더위를 모르는데
誰言鑿氷此勞苦	누가 얼음 뜨는 고된 것을 말하랴.
君不見道傍喝死民	그대는 길옆에 더위 먹고 죽은 사람 보지 못했는가
多是江中鑿氷人.	대부분 강에서 얼음 뜨는 사람이라네.
<卷一>	

이 시는 『農巖集』 1권 앞부분에 실려 있는데, 제일 첫 머리에 실린 시는 敬次尤齋宋先生題道峰詩이고 그 다음 네 번째에 이 시가 실려 있으며, 바로 뒤에 將隨家大人赴謫朗州詩이다. 농암이 송시열을 처음

보게 된 것은 24세 때이고 아버지 議政公이 靈巖으로 유배된 것은 25
세 때이다. 이로써 미루어 보면 25세 전후에 지은 것이 아닌가 짐작된다.
이 시의 詩題가 鑿氷行인데, 行은 古詩의 한 형식으로서 五言 또는 七
言으로 지어졌으며, 王維의 老將行, 白樂天의 琵琶行 등과 같은 작품
이 있으나 많이 유행한 시형은 아니다.

鑿氷은 한 겨울 강에서 얼음 뜨는 것인데, 이 작품은 그것을 詩題로
한 것이다. 내용에는 서로 다른 두 세계가 반영되어 있다. 하나는 얼음을
뜨는 과정의 고된 노동을 반영한 것인데, 엄동설한에 강에 나가 밤낮으
로 쉬지 않고 얼음을 떠서 등에 지고 氷庫로 나른다. 추운 날 이와 같은
고된 노동에도 입고 있는 옷은 정강이까지 내려오는 짧은 것이며 발에는
짚신도 신지 못했는데, 매섭게 추운 겨울날 옷도 제대로 입지 못하고 차
가운 얼음을 만지게 되면 손가락이 빠지는 것처럼 아프다고 했다.

이와 같이 어렵고 고된 노동이 있는가 하면 더운 여름철 高堂에서는
미인의 손으로 나누어 주는 시원한 얼음이 맑게 개인 대낮에 흰 눈처럼
내린다고 했으며, 그것을 먹고 즐거워하면서 더위를 모르고 있는데, 그
들 가운데 누가 얼음 뜰 때의 고된 것을 말하는 사람이 있는가 했다.

四書의 하나인 大學에서도 伐氷之家라는 말이 있고, 우리나라 古都
에 石氷庫가 남아 있다. 이로써 보면 먼 옛날부터 겨울에 伐氷한 것을
저장해 두었다가 더운 여름에 먹었음을 알 수 있는데, 어디에서든지 뜨
는 사람과 먹는 사람의 신분과 재력의 차는 있었겠지만, 이 시에서 뜨는
사람과 먹는 사람의 대조적인 표현은 깊은 감동을 주고 있다.

우리나라 漢詩에서는 가난한 서민들의 애환을 담은 시들은 보기 드
물 뿐만 아니라, 농암이 생존했던 시기에는 더욱 어렵지 않았던가 한다.
그런데, 농암은 서울의 화려한 家門에서 성장했으면서도 위에 고찰한
바의 시에 따르면 깊은 산 속에 살고 있는 山民, 농사를 짓고 있으나
먹고 살기 어려운 농민, 그리고 서울과 같은 도시 근처에서 노동으로 생

활하는 서민들의 참담한 생활양상을 반영한 것은 높게 평가할 만한 의미가 있지 않은가 한다. 다음에는 이들 시와는 성질이 다른 露梁三冢有感詩를 들어보고자 한다.

颯爽春天變雪霜	상쾌한 봄 하늘에 눈서리 내려
蕭條古壟寄綱常	쓸쓸한 옛 무덤 綱常에 부치었다.
玉環縱少當時殉	玉環은 그때 죽을 것을 어찌 일찍 알았으며
碧血猶徵是處藏	진한 피는 이곳에 묻혔음을 알린다.
數字荒碑唯有姓	몇 자의 거친 비에 姓字만 있고
千秋朽骨尙聞香	백골은 길이 향기를 전한다
英靈陟降知何所	英靈들은 여기가 어디인 줄 아느뇨
錦水東來接露梁.	흐르는 강물이 露梁에 닿는 곳이요.
<卷六>	

이 시는 死六臣의 묘를 보고 지은 것이다. 死六臣은 端宗 복위를 계획하다가 탄로되어 처참한 국문을 받고 노량진에서 처형되었는데, 그들에 대해 肅宗 때 伸冤이 되기까지는 王室의 태도가 냉담했기 때문에 士林들 사이에 그들의 충절을 높게 찬양하면서도 말하기는 어려웠던 것이다. 이 시는 농암이 후기에 지은 시와 같이 묶여 있는데, 사육신의 신원이 되기 전에 지었는지 뒤에 지었는지 알 수 없으나, 뒤에 지었다 해도 부담이 없지는 않았을 것이다.

수련의 첫 句는 극히 상징적인 표현이다. 세조가 受禪한 것을 상쾌한 봄 하늘에 갑자기 된서리가 내리는 것이라 했는데, 그것은 세조의 혈통이 왕위를 계승해 오고 있었기 때문에 死六臣에 대한 신원이 된 후에 지었다 할지라도 그렇게 표현할 수밖에 없었을 것이다. 그리고 둘째 句는 쓸쓸한 옛 무덤이지만 儒家에서 가장 강조되었던 도덕인 三綱과 五倫과 관계되는 것이라 하여 死六臣의 충절을 찬양한 것이다. 함련의 첫 句는 난해한 바가 없지 않다. 玉環은 楊貴妃의 字이다. 그는 安祿山의 반란이 일어나자 唐 玄宗과 같이 피난을 가다가 호위군졸들에 의해 죽음을 당했는데, 그도 死六臣처럼 어찌 일찍 죽을 것을 알았겠는가 한 것인데 이해하기 어려우며, 玉環이 다른 의미로 사용되었는지 알 수 없다. 둘째 句는 死六臣이 처형될 때의 흘린 피를 碧血이라고 하며, 그것이 이곳에 死六臣이 묻혔음을 실증한다고 했다.

그리고 경련은 姓字를 새긴 荒碑이지만 그들의 이름은 후세에까지 길이 전할 것이라고 했으며, 미련은 묘의 소재를 밝혔는데 동쪽에서 흐르는 한강물이 닿는 露梁이라고 했다. 이 시는 死六臣의 충절을 찬양하고자 한 작품인데 현실적으로 제약을 받았기 때문인지 표현수법이 상징적이며, 格調도 내용에 따라 莊重함이 있다. 다음에는 哭林德涵詩 다섯 수 가운데 其五를 들어본다.

相看病甚已堪悲	서로 보고 병이 깊어 슬퍼했는데
何意重來哭縕帷	어찌 또 와서 상청에 곡하랴.
月墮曉天餘太白	달 진 새벽하늘에 太白星만 남았고
琴含流水失鍾期	맑은 거문고 소리 알아줄 사람 잃었다.
九泉未卜交游樂	저 세상에서 다시 만날지 알 수 없으며
千古同傷殄瘁詩	항시 파리한 것을 같이 근심했다오.
湖外亂山迷宰樹	많은 산들에 맡길 나무 찾지 못해
異時懸劍定何枝.	뒷날 칼을 어느 가지에 걸어두리오.

<卷四>

이 시는 詩題에서 알 수 있는 바와 같이 林泳이 세상을 떠났을 때 지은 挽詩인데, 그때 농암은 46세였다. 林泳과의 관계는 위에서 언급한 바 있었는데, 그는 농암보다 두 살 많았으며 비슷한 시기에 靜觀齋 李端相의 문하에서 수학하여 일생 동안 어려운 일이 있으면 서로 위로하며 사이좋게 지냈다.

지난 날 우리나라 문인들의 문집에는 많은 挽詩가 실려 있다. 그러나

『農巖集』에는 挽詩를 많이 볼 수 없는데, 그것은 농암이 선별해서 지었기 때문이었을 것이다. 그럼에도 林泳의 죽음에는 挽詩가 七言律詩로 다섯 수나 되는 것을 보면 그들 사이가 매우 가까웠음을 짐작할 수 있다.

위의 시에서 수련은 문병을 갔을 때 병이 중한 것을 보고 매우 슬퍼했는데, 어찌 또 와서 상청에서 곡을 하게 되었느냐 하며 그의 죽음을 애도했다. 함련은 학문적으로 뛰어났고 자신을 누구보다도 이해할 수 있는 인물을 잃은 것에 대해 매우 탄식하고 있다. 경련은 다시 만날 수 없는 이별과 함께 건강이 좋지 않아 항시 서로 근심했던 것을 회상하며 슬퍼했다. 그리고 미련은 故事를 인용하여 다시 찾아 만날 수 없게 된 것을 비통해 했다. 이 시는 다섯 수 가운데 끝에 있는 것이기 때문인지 다시 볼 수 없는 죽음의 비통한 감정이 더욱 깊게 반영되지 않았는가 한다.

이상에서 농암의 여러 형식의 시들을 임의대로 선택하여 살펴보았는데, 농암의 시에 대해 위에서도 인시한 바 있었지만 肅宗實錄의 농암 書卒에 漢魏의 시에 출입했고 杜甫詩의 영향을 받았다고 했으며, 그리고 李宜顯은 古詩의 체제에 관한 것이 작가들에 전해 지지 않았기 때문에 漢魏의 古詩에 대해 일반적으로 어두웠다. … 근래에 농암 형제가 古詩에 접근하고자 많은 노력을 했을 뿐만 아니라, 저작도 많았는데 후대 사람들이 그것을 어떻게 생각할 것인지 알 수 없다고 했다.[98] 이로써 농암의 시가 漢魏의 古詩 영향을 많이 받았음을 알 수 있다. 이와 같이 농암의 시는 漢魏 古詩의 영향을 많이 받았기 때문에 당시 유행했던 詩體와는 차이가 있었다. 다시 말하면 농암 당시의 우리나라에 유행했던 詩風은 唐詩에서도 晚唐詩의 영향을 받아 纖麗하고 浮華한 경향이 적지 않았으나, 농암의 시는 당시의 유행과는 달리 高古하고 雅健했으며, 그의 시도 五言古詩에 우수한 작품이 많았다.

---

98) 李宜顯, 『陶谷集』 卷27, 雲陽漫錄. "古詩選體 諸家無可傳 由昧漢魏故也 … 近來農巖兄弟 刻意追古 亦多述作 未知後人 尙論以爲如何耳"

李宜顯은 농암의 시에 대해 후대의 사람들이 어떻게 말할지 모르겠다고 했는데, 그의 작품의 우수성에 비해 논평이 많지 않은 것은 사실이다. 여기에는 몇 가지 이유가 있다고 생각한다. 즉, 그의 산문이 주목을 많이 받았기 때문에 시가 가리어져 빛을 많이 보지 못했던 것이 아닌가 생각되며, 농암의 시가 漢魏의 古詩에 접근하고자 하여 당시의 유행했던 詩體와 차이가 있었던 것도 이유의 하나가 되지 않을까 한다. 그리고 조선조 후기로 내려오면서 시에 대한 논평이 전대에 비해 활발하지 못했던 것도 하나의 이유가 될 것이다. 다시 말하면 후대에도 詩話集이 없었던 것은 아니었으나 徐居正의 東人詩話, 金宗直의 靑丘風雅, 許筠의 國朝詩刪, 洪萬宗의 小華詩評과 같이 많은 시인을 대상으로 한 저작들을 볼 수 없어 작가에 대한 논의가 활발하지 못했던 것도 들 수 있지 않을까 한다.

위에서 지적한 이유들로 인해 농암의 시가 크게 주목받지 못했던 것은 사실이었지만, 그렇다고 해서 전혀 주목을 받지 못했다는 것이 아니고 작품의 가치만큼 크게 주목을 받지 못했을 따름이라고 했을 뿐이다. 농암은 당시 유행과는 달리 古詩에 접근하고자 노력했고, 또 그의 시에 대해서도 논평이 많지 않았을 뿐이지 전혀 없지는 않았다. 농암이 古詩에 대해 晩年에 시를 논하면서 내가 시를 짓지 않은 것은 아들이 죽은 것도 이유가 되겠지만 해야 할 일도 있고 老子의 爲道日損의 의미도 있었기 때문이었는데, 근간에 때로 古詩를 지어 뜻에 따라 寓興을 하는 것도 무방하다고 한다 했다.[99] 농암이 아들 죽은 후에 시를 짓지 않았다고 했지만, 古詩만은 만년에 지었다고 했으니 그것에 대한 애착을 짐작할 수 있다.

---

99) 『農巖集』別集 卷3, 魚有鳳 錄, 語錄. "晚年嘗論詩曰 吾之不作詩 不但爲悼死 欲仍以省事 亦老子爲道日損之意也 近欲時作古詩 以取適情寓興 亦無妨也"

그리고 농암의 詩作에 대해서도 높게 인정한 견해가 있다. 농암이 松都에 鄭圃隱을 享祠하는 崇陽書院詩의 頷聯에 春風萬里空花發 夜雨靑山有蕨生이라 했다. 이에 대해 申靖夏는 자신이 농암의 시에서 배우기 어려운 것은 用事에 있다고 했더니 그 말을 들은 농암이 내 평생에 用事를 잘 사용하지 못하고 사용한 경우도 드문데 무엇을 보고 하는 말인가 했다. 자신이 위의 詩句를 들며 이것이 用事를 잘 사용한 것이라고 했더니 선생께서 點頭하며 인정했다. 이 句에서 圃隱의 충절을 伯夷와 叔齊에 비교하는데 단지 有蕨生이라고 한 것으로 족했으니 꼭 알아두어야 할 것이라고 했다.[100]

伯夷와 叔齊는 周의 武王이 殷을 멸망시키자 주나라의 곡식 먹는 것을 부끄럽게 여기고 首陽山에 들어가서 고사리만 먹고 지내다가 굶어죽었다고 했는데, 농암이 그 시에서 圃隱의 충절을 夷齊와 비교하면서 단지 有蕨生이라고 한 것에 대해 用事가 좋다고 한 것이다.

用事는 한시에서 특히 律詩에는 구조상으로 사용하게 마련이다. 그러나 지나치게 사용하는 것도 좋을 것이 없고, 사용하게 될 때는 잘 사용해야 할 것이다. 농암의 시에 用事를 많이 사용하지 않은 것도 사실이지만, 用事를 사용할 때는 精巧함이 있었던 것으로 짐작된다. 그 예를 들면 그의 舟中載竹盆賦之詩의 頷聯에 浪沫吹湘雨 秋陰割渭川이라 했는데, 湘江과 渭川은 중국 남부에 있는 강 이름으로 주위에 대나무가 많다고 한다. 농암이 대나무 盆栽한 것을 배에 싣고 가면서 배에 물방울이 튀었을 때 湘江의 대나무에 비가 내리는 것 같고 그늘이 질 때는 渭川의 대나무에서 온 것이 아닌가 했으니 用事가 좋지 않은가 한다. 농암이 용사를 이와 같이 잘 사용했다는 것은 詩作의 수준이 높았다는 것을

---

100) 申靖夏,『恕菴集』卷16, 雜記. "僕嘗謂農巖先生詩曰 其難學處 在於用事處 先生曰 吾平生於詩 不善用事 亦罕用事 子言云何 僕遂擧其嵩陽書院作 … 之句 曰此用事之善者也 先生點頭許之 蓋先生以圃隱之節 況夷齊而 只曰 有蕨生而已足 此不可不知也"

實證한 것이 될 것이다.

이러한 농암의 시에 대해 李德懋(1741~1793)는 題農巖先生五律抄
後에서 이 시를 읽는 사람은 거처하는 집과 앉은 자리를 깨끗이 하고
향을 피워 놓고 완상해야만 그 의취를 이해할 수 있을 것이며, 또 늙은
소나무와 냇물이 흐르는 옆에서 소리 높여 낭송하면서 소나무 가지의 바
람소리와 물 흐르는 소리의 그 맑고 깨끗한 聲韻과 같이 하게 되면 아마
춤을 추고 싶을 것이고 잇따라 날아가고 싶을 것이다. 또 한 번 본 뒤에
눈을 감고 있으면 마음이 밝고 깨끗해 져 건강에도 도움이 되어 병이
없어 장수하게 될 것이고, 더럽혀진 마음도 씻을 수 있을 것이며, 명예와
이익에 젖은 사람들은 말할 것이 없다고 했다.[101] 이러한 李德懋의 말
에 따르면 농암의 시에 대해 매우 높게 평가하고 있으며, 특히 五言律
詩의 성률이 대단히 좋다고 했음을 알 수 있다.

이상에서 농암의 여러 형식의 시에 대해 임의대로 선택하여 살펴보았
는데, 위에서 언급한 바와 같이 시가 그의 학문과 산문에 가리어 실체만
큼 평가를 받지 못한 점도 없지 않았다고 생각되는데, 사실 그의 시는
당시의 유행에 따르지 않고 漢魏의 古詩와 杜甫詩의 영향을 받아 高
古하고 雅健한 특징을 지니고 있으며, 그의 여러 형식에서도 五言古詩
와 五言律詩에 좋은 작품이 더욱 많은 것은 漢魏古詩의 영향을 받았기
때문일 것이다.

---

101) 李德懋,『靑莊館全書』卷4, 嬰處文稿 二. "讀是詩者 淨室潔席 焚香而翫
可得其趣 亦於古松流水之側 高吟朗誦 與松聲水音 共其琤琮淸泠之韻 甚
至起欲舞 或恐舞而仍飛去也 又一迴看過 一迴闔眼 心孔玲瓏透徹 足以養
生 亦足無病長年 至於洗滌塵腸 名利薆如者 不暇論"

제5장

結 言

역사상의 인물에 대한 연구는 그 목적에 따라 초점이 달라질 수 있겠는데, 본저의 농암 연구는 그의 특정한 부분에 목적을 둔 것이 아니고 그의 생애, 사상, 학문, 문학에 이르기까지 총체적인 연구를 시도해 보고자 한 것이다.

본저에서 농암의 생애를 前期와 後期로 나누었다. 전기는 그의 출생에서부터 그의 아버지 金壽恒이 賜死되자 그 해 바로 응암으로 들어갔으며 그때 농암은 39세였는데, 그때까지로 했다. 그리고 후기는 응암에 들어간 해로부터 세상을 떠날 때까지로 했다.

농암은 화려한 家門에서 출생하여 文才도 뛰어나 일찍부터 문명이 널리 알려졌고, 과거에 합격한 후 한동안 벼슬길도 순탄했으나, 그의 일생을 통해 볼 때 불행이 더욱 많지 않았던가 생각된다. 그는 36세 때 吐血症으로 遞職이 된 적도 있었는데, 그때의 吐血이 처음이 아니었다고 하며, 세상을 떠날 때까지 치유되지 않고 계속 되었다고 하니 일생동안 건강이 좋지 않았음을 알 수 있다. 농암의 이러한 건강은 그의 학문 연구에도 적지 않은 영향을 끼쳤을 것이다.

그리고 가정적으로 화려했던 것과는 대조적으로 불행도 적지 않았다. 위에서 말한 바와 같이 그는 39세 때 그의 아버지 議政公이 유배지인 珍島에서 賜死되는 비운을 겪게 되었다. 그 후부터 농암은 출사를 단념하고 鷹巖과 三洲로 옮겨 다니며 서울에 있지 않았다. 그리고 그는 44세 때 南人들이 물러나고 西人들이 다시 정권을 장악하게 되자 朝廷에서 그가 세상을 떠나기 직전까지 계속 관직을 임명하며 불렀으나 농암은 끝까지 사양하며 한 번도 취임하지 않았다. 이때 임명된 관직은 여러 가지었는데, 뒤에는 大提學, 刑曹判書, 禮曹判書 등 位品이 높은 관직들이었다.

그리고 50세 때 몇 개월 사이에 셋째 딸 吳氏婦와 아들 崇謙을 잃었다. 또 53세 때 둘째 딸 李氏婦를 잃었다. 특히 崇謙은 문재가 뛰어나 농암은 물론 주위로부터 촉망이 컸다. 이와 같은 잇따른 자녀들의 참상에 농암은 적지 않은 충격을 받았고, 崇謙이 죽은 후부터 시를 짓지 않았다고 한다.

농암이 중년 이후부터 가정적으로 겪었던 이러한 참화가 그의 학문 연구와 작품 활동에 어떠한 영향을 끼쳤을까 하는 것을 생각해 보는 것도 무의미하지는 않을 것이다. 농암은 아버지 議政公이 後命을 받지 않았다면 벼슬을 계속하면서 서울에 있었을 것이다. 그리고 자녀들의 참상을 운명이라고 했을 때 서울에 있었다고 해서 피하기는 어려웠을 것이다. 농암은 崇謙이 죽은 후부터 시를 짓지 않았다고 했으니 이러한 가정적인 참화가 작품 활동을 위축시킨 것만은 사실일 것이다. 이와는 달리 농암이 후기까지 계속 벼슬을 하면서 서울에 있었다면 鷹巖과 三洲에 있었던 것보다 학문에는 지장이 있지 않았을까 한다.

조선조의 士林社會에서 학문과 詩文은 누구나 성취하고 싶었던 것이겠지만 성질이 서로 다른 것이기 때문에 학문이 깊게 되면 詩文이 따르기 어려웠을 것이고, 반대로 시문에 능하게 되면 학문에 소홀할 수밖에 없었을 것이다. 그런데, 농암은 보기 드물게 학문에도 연구가 깊었고 詩文에도 능했다. 농암의 학문과 시문에서 그를 대표할 수 있는 것이 어느 것이었을까 하고 물었을 때 누구나 대답하기 어려울 것으로 생각되는데, 농암 자신은 분명히 학문이라 했을 것이고, 후대 사람들은 시문이라 하지 않았을까 추측된다.

어쨌든, 농암은 학문에 깊은 연구가 있었고 詩文에서도 우수했다. 그렇다면 그의 학문은 어떤 것이었을까. 우리나라는 고려조 후기 성리학이 전래되면서 조선조 후기에 이르기까지 다른 학문은 외면하고 오로지 성리학 특히 朱子學에 집중했는데, 주자학은 四端 七情에 따른 理氣哲

學이다. 농암이 생존했을 당시의 학계는 성리학이 전래되어 보급과 아울러 이해하는 수준에서 벗어나 상당히 깊은 수준의 연구가 있었는데, 여기에 대표되는 것이 退溪와 栗谷의 학설이었다.

　퇴계와 율곡의 理氣說은 서로 다른 점이 적지 않았는데, 그것이 학문으로 그치지 않고 당시 치열했던 당쟁과 깊은 관계가 있었다. 즉, 퇴계의 학설은 南人學者들이 계승하면서 다른 학설은 수용하지 않으려 했고, 율곡의 학설은 西人學者들 가운데 특히 老論系의 학자들이 신봉하면서 다른 학설은 외면하며 배척했다. 그런데, 농암은 가정적으로 그의 부형들이 노론계의 핵심적인 인물들이었음에도 불구하고 퇴계설을 어느 정도 수용하면서 율곡설에 적지 않은 異議를 제기했다. 물론 농암이 퇴계설을 수용했다고 해서 전적으로 수용한 것은 아니고, 율곡설에 반대했다 할지라도 전체적인 것은 아니고 부분적이었다. 그런데, 농암이 理氣說에서 퇴계학설보다 율곡학설에 반대한 것이 많은 것만은 사실이다.

　학문의 발전은 기존의 학설을 확대 심화하거나 아니면 부정하고 새로운 것을 제시하는데 있다고 할 것이다. 농암은 당쟁을 초월하여 학문중심으로 보고자 했다. 즉 당시 노론학자들이 퇴계학설을 반대하거나 인정하지 않으려는 것에 동의하지 않았고, 율곡학설을 金科玉條로 신봉하는 것에도 맹종하지 않으려 했다. 그러면서 반대만 하지 않고 자신의 주장을 제시했다. 四七說에 따른 理氣說에 대한 농암의 견해가 얼마나 타당한가 하는 것은 필자의 식견으로 말한 바 아니다. 그러나 농암의 학문하는 태도는 높게 인정해야 할 것으로 생각된다.

　농암은 평론과 아울러 산문 및 시에 이르기까지 모두 능했다. 평론은 시뿐만 아니라, 산문에도 했으며, 우리나라 작가와 아울러 중국 문인들에 대한 논평도 했다. 많은 작가를 대상으로 하지 않고 선별해서 했는데, 그것은 체계를 갖추어 평론을 하고자 한 것이 아니고 생각하고 느낀 것을 그대로 쓴 것이기 때문이었을 것이다. 그리고 지적이 신중하면서도 예리

했다. 이에 대해서는 후대의 문인들도 상당히 인정한 것으로 짐작된다.

산문은 농암의 문학을 대표하는 것이다. 紀行文을 비롯하여 疏文과 祭文 등에 좋은 글을 적지 않게 저작했다. 그런데, 그의 문명에 비해 碑誌와 記序 등의 글이 많지 않는 것은 글을 선별해서 써 주었고, 또 많이 아꼈기 때문이었을 것이다.

농암의 시는 그의 산문에 가리어 그 빛을 충분히 보지 못한 것이 아닌가 한다. 이렇게 보고자 하는 것은 그의 산문에 대한 명성이 높은 반면에 시는 그 수준만큼 주목을 받지 못한 것이 아닌가 생각되었기 때문이다. 농암의 시가 크게 주목을 받지 못한 것에는 몇 가지 이유가 있겠는데, 당시 유행에 따르지 않은 것도 이유의 하나가 되었을 것이다.

농암의 시가 당시 유행에 따르지 않았다는 것은 그의 시가 漢魏 古詩의 영향을 받았다는 것인데, 그것은 당시는 물론 후대 문인들의 작품에서도 흔하게 볼 수 있는 것은 아니다. 어떤 사물이든지 유행을 거부한다고 해서 꼭 좋은 것은 아니다. 왜냐하면 유행에는 그만한 가치가 있기 때문이다. 그러나 비슷한 것이 유행하며 경쟁하는 것보다 이질적인 것이 나타나면 새로울 뿐만 아니라, 경쟁도 치열해 발전에도 도움이 될 것이다. 이러한 의미에서 농암의 시는 높게 평가되어야 할 것이며 특히 그의 五言의 田園詩는 주목할 가치가 있다.

그리고 여기에 첨가해 언급하고자 하는 것은 농암이 다재다능하여 그림과 글씨에도 상당한 소양이 있은 듯 했으나 학문에 방해가 되는 것으로 생각하고 일찍 단념했으며, 평생 동안 학문과 시문에 주력했다. 농암이 兩立하기 어려운 이 두 가지에 능했으므로 더욱 높게 인정받고 있는 것도 사실이기는 하나, 일찍부터 학문과 詩文 가운데 어느 것을 선택하여 精進했더라면 그 분야에서 더욱 뛰어나지 않았을까 하는 아쉬움도 없지 않다.

찾아보기

차 용 주 車溶柱

啓明大學校 國文學科 敎授 및 西原大學校 國文學科 敎授 歷任

著 書

夢遊錄系構造의 分析的 硏究, 玉樓夢硏究, 古小說論攷, 韓國漢文小說史,
韓國漢文學史, 許筠硏究, 韓國漢文學作家硏究 1·2·3, 韓國 委巷文學作家
硏究, 韓國 漢文學의 理解

譯 註

彰善感義錄

鈔 譯

陽園遺集, 海鶴遺書, 明美堂集, 韶濩堂集, 深齋集

編 著

燕巖硏究, 韓國漢文選

農巖 金昌協 硏究　　　　　　　정가 : 16,000원

2007년 5월 8일 초판 인쇄
2007년 5월 15일 초판 발행

저　　자 : 車溶柱
회　　장 : 韓相夏
발 행 인 : 韓政熙
발 행 처 : 景仁文化社
편　　집 : 金曍珠
서울특별시 마포구 마포동 324-3
전화 : 718-4831～2, 팩스 : 703-9711
http://www.kyunginp.co.kr | 한국학서적.kr
E-mail : kyunginp@chollian.net
등록번호 : 제10-18호(1973. 11. 8)

ISBN : 978-89-499-0481-8　94910
ⓒ 2007, Kyung-in Publishing Co, Printed in Korea